Neutestamentliche Entwürfe zur Theologie

Band 17 · 2011

Herausgegeben von Eve-Marie Becker, Jens Herzer, Friedrich W. Horn, Oda Wischmeyer und Hanna Zapp

Michael Schneider

Gottes Gegenwart in der Schrift

Intertextuelle Lektüren zur Geschichte Gottes in 1Kor

A. Francke Verlag Tübingen und Basel

Bibliografische Information der Deutschen Nationalbibliothek

Die Deutsche Nationalbibliothek verzeichnet diese Publikation in der Deutschen Nationalbibliografie; detaillierte bibliografische Daten sind im Internet über <http://dnb.d-nb.de> abrufbar.

Dischingerweg 5 · D-72070 Tübingen

Gedruckt auf säurefreiem und alterungsbeständigem Werkdruckpapier.

Internet: http://www.francke.de
E-Mail: info@francke.de

Printed in Germany

ISSN 1862-2666
ISBN 978-3-7720-8379-2

Meiner Familie
in Dankbarkeit

Inhaltsverzeichnis

Zweiter Hauptteil
Zur Rede von Gott im Ersten Korintherbrief
Intertextuelle Studien

Schlussbetrachtung
Gottes Gegenwart in der Schrift.
Die Geschichte Gottes im Ersten Korintherbrief

Anhang

Vorwort

Die vorliegende Untersuchung wurde im Sommersemester 2008 vom Fachbereich Evangelische Theologie der Johann Wolfgang Goethe-Universität Frankfurt am Main als Dissertation angenommen. Sie ist zwischenzeitlich leicht überarbeitet worden.

Mein erster Dank gilt meinem Doktorvater und Erstgutachter der Dissertation Prof. Dr. Stefan Alkier. Er hat in besonderer, freundschaftlicher Weise mein Interesse an der wissenschaftlichen Auseinandersetzung mit exegetischen, hermeneutischen und theologischen Fragestellungen geweckt und gefördert. Stefan Alkier hat somit nicht nur den Grundstein zu dieser Arbeit gelegt, sondern deren Entstehung mit seiner Begeisterung für die wissenschaftlich verantwortliche Lektüre neutestamentlicher Texte stetig begleitet.

Dass diese Arbeit im Gespräch zwischen deutschsprachiger und amerikanischer Exegese entstehen konnte, verdankt sich der Unterstützung durch Prof. Dr. Dr. h.c. Richard B. Hays. Ihm danke ich darüber hinaus für die Erstellung des Zweitgutachtens und seine kritisch-konstruktiven Anmerkungen in der Vorbereitung der Drucklegung.

Wichtige Anstöße verdanke ich der Projektgruppe „Biblische Intertextualität" der Wissenschaftlichen Gesellschaft für Theologie, an der ich auf Einladung ihres Leiters Prof. Dr. Dieter Sänger mehrfach als Gast teilnehmen durfte sowie der Frankfurter Tagung „Die Bibel im Dialog der Schriften". Mein Dank gilt weiterhin der „Ökumenischen neutestamentlichen Sozietät" in Frankfurt (Prof. Dr. Stefan Alkier, Prof. Dr. Thomas Schmeller, Prof. Dr. Ute E. Eisen) sowie den Teilnehmerinnen und Teilnehmern der neutestamentlichen Oberseminare (Prof. Dr. Stefan Alkier), mit denen ich wesentliche Teile meiner Arbeit diskutieren konnte. Besonderer Dank für ihre kritischen Rückfragen gilt den Studierenden meiner Lehrveranstaltungen in Frankfurt, Gießen und Darmstadt während der Zeit als Assisstent am Lehrstuhl für Neues Testament und Geschichte der Alten Kirche.

Die Entstehung dieser Arbeit und ihre Vorbereitung für die Drucklegung verdanken sich der kritischen und freundschaftlichen Diskussion mit vielen Kolleginnen und Kollegen am Fachbereich Evangelische Theologie in Frankfurt. Besonders danke ich Katrin Krüger und meinem Bruder Andreas Schneider für die Mühe des Korrekturlesens während der Erstellung der Dissertation, Dr. Sylvia Usener für die Überprüfung der griechischen Textpassagen sowie Karen Einloft, Anne Rachut und Michael Rydryck, M.A., für die erneuten Korrekturarbeiten vor der Drucklegung. Meine Frau Simone Schneider hat vom ersten Satz bis zur Drucklegung immer wieder theologische und formale Korrekturen ergänzt.

Ich danke Prof. Dr. Eve-Marie Becker, Prof. Dr. Jens Herzer, Prof. Dr. Friedrich Wilhelm Horn, Prof. Dr. Oda Wischmeyer und Dr. Hanna Zapp für die Aufnahme in die Reihe „Neutestamentliche Entwürfe zur Theologie (NET)" sowie dem Francke-Verlag, insbesondere Frau Susanne Fischer, für die freundliche Unterstützung bei der Drucklegung.

Für die Gewährung eines Druckkostenzuschusses danke ich der Evangelischen Kirche von Kurhessen-Waldeck, für die finanzielle Unterstützung darüber hinaus meinen Eltern, Elisabeth und Jürgen Schneider.

Gewidmet ist diese Arbeit meiner Familie, die mir Schule, Studium und Promotion ermöglicht hat und mir immer wieder genauso liebenswert wie deutlich vor Augen führt, dass es ein Leben jenseits der wissenschaftlichen Arbeit gibt.

Frankfurt am Main / Sinntal
am Reformationstag 2010

Michael Schneider

EINLEITUNG

Als ich zu Ende war, sagte er zögernd, dann, von dem gewichtigen Anliegen hingerissen, immer leidenschaftlicher: „Wie bringen Sie das fertig, so Mal um Mal ‚Gott' zu sagen? Wie können Sie erwarten, daß ihre Leser das Wort in der Bedeutung aufnehmen, in der Sie es aufgenommen wissen wollen? Was Sie damit meinen, ist doch über alles menschliche Greifen und Begreifen erhoben, eben dieses Erhobensein meinen Sie; aber indem Sie es aussprechen, werfen Sie es dem menschlichen Zugriff hin. Welches Wort der Menschensprache ist so mißbraucht, so befleckt, so geschändet worden, wie dieses! All das schuldlose Blut, das um es vergossen wurde, hat ihm seinen Glanz geraubt. All die Ungerechtigkeit, die zu decken es herhalten mußte, hat ihm sein Gepräge verwischt. Wenn ich das Höchste ‚Gott' nennen höre, kommt mir das zuweilen wie eine Lästerung vor." […] „Ja", sagte ich, „es ist das beladenste aller Menschenworte. Keines ist so besudelt, so zerfetzt worden. Gerade deshalb darf ich darauf nicht verzichten. Die Geschlechter der Menschen haben die Last ihres geängstigten Lebens auf dieses Wort gewälzt und es zu Boden gedrückt; es liegt im Staub und trägt ihrer aller Last. Die Geschlechter der Menschen mit ihren Religionsparteiungen haben das Wort zerrissen; sie haben dafür getötet und sind dafür gestorben; es trägt ihrer aller Fingerspur und ihrer aller Blut. Wo fände ich ein Wort, das ihm gliche, um das Höchste zu bezeichnen! Nähme ich den reinsten, funkelndsten Begriff aus der innersten Schatzkammer der Philosophen, ich könnte darin doch nur ein unverbindliches Gedankenbild einfangen, nicht aber die Gegenwart dessen, den ich meine, dessen, den die Geschlechter der Menschen mit ihrem ungeheuren Leben und Sterben verehrt und erniedrigt haben. Ihn meine ich, ja, ihn, den die höllengepeinigten, himmelstürmenden Geschlechter der Menschen meinen. Gewiß, sie zeichnen Fratzen und schreiben ‚Gott' darunter; sie morden einander und sagen ‚in Gottes Namen'. Aber wenn aller Wahn und Trug zerfällt, wenn sie ihm gegenüberstehn im einsamsten Dunkel und nicht mehr ‚Er, er' sagen, sondern ‚Du, Du' seufzen, ‚Du' schreien, sie alle das Eine, und wenn sie dann hinzufügen ‚Gott', ist es nicht der wirkliche Gott, den sie alle anrufen, der Eine Lebendige, der Gott der Menschenkinder?! Ist nicht er es, der sie hört? Der sie – erhört? Und ist nicht eben dadurch das Wort ‚Gott', das Wort des Anrufs, das zum Namen gewordene Wort, in allen Menschensprachen geweiht für alle Zeiten? Wir müssen die achten, die es verpönen, weil sie sich gegen das Unrecht und den Unfug auflehnen, die sich so gern auf die Ermächtigung durch ‚Gott' berufen; aber wir dürfen es nicht preisgeben. Wie gut läßt es sich verstehen, dass manche vorschlagen, eine Zeit über von den ‚letzten Dingen' zu schweigen, damit die mißbrauchten Worte erlöst werden! Aber so sind sie nicht zu erlösen. Wir können das Wort ‚Gott' nicht reinwaschen, und wir können es nicht ganzmachen; aber wir können es, befleckt und zerfetzt wie es ist, vom Boden erheben und aufrichten über einer Stunde großer Sorge." Es war sehr hell geworden in der Stube. Das Licht floß nicht mehr, es war da. Der alte Mann stand auf, kam auf mich zu, legte mir die Hand auf die Schulter und sprach: „Wir wollen uns du sagen." Das Gespräch war vollendet. Denn wo zwei wahrhaft beisammen sind, sind sie es im Namen Gottes.

Martin Buber (Gottesfinsternis, 508-510)

Zur Fragestellung

Wie von Gott reden? – Mit dieser Frage ist zu Beginn dieser Arbeit das Fundamentalproblem der Theologie schlechthin angesprochen. Die Antworten fallen nicht nur im Rahmen der kanonischen Schriften jüdischer wie christlicher Tradition, sondern auch in der akademisch-theologischen Diskussion seit ihren Anfängen höchst unterschiedlich aus. Begleitet werden die verschiedenen Positionen zum ‚Wie?' einer angemessenen Gottesrede immer wieder auch von ganz grundsätzlichen Überlegungen, inwieweit bzw. ob ein solches Nachdenken überhaupt möglich ist. Pointiert wie grundlegend für die Theologie des 20. Jahrhunderts formuliert Karl Barth dieses Problem: „Wir Theologen sind durch unsern Beruf in eine Bedrängnis versetzt, in der wir uns vielleicht vertrösten, aber nicht trösten lassen können. [...] Ich möchte diese unsere Situation in folgenden drei Sätzen charakterisieren: *Wir sollen als Theologen von Gott reden. Wir sind aber Menschen und können als solche nicht von Gott reden. Wir sollen Beides, unser Sollen und unser Nicht-Können, wissen und eben damit Gott die Ehre geben*. Das ist unsre Bedrängnis. Alles Andre ist daneben Kinderspiel."[1]

Im Ensemble der theologischen Disziplinen fällt der Exegese die Aufgabe zu, vor einer umfassenden gegenwartsorientierten Systematisierung zunächst einmal eine möglichst angemessene Deskription der Theologie(n) zu geben, die die Schriften des Alten und Neuen Testaments entwickeln. Der Stellenwert, den die Rede von Gott dabei mit Blick auf das paulinische Schrifttum innehat, scheint relativ eindeutig zu sein: „Gott ist das unhinterfragbare und zugleich alles bestimmende *Axiom* paulinischer Theologie, ihr weltanschaulicher Ausgangspunkt. Der sprachliche Befund signalisiert die Bedeutsamkeit des Themas, denn in den Protopaulinen erscheint ὁ θεός 430mal. Die Existenz Gottes steht für Paulus außer Frage; das Wissen um Gott gehört zu seinem natürlichen Lebensgefühl und prägt sein Wirklichkeitsverständnis."[2]

Ähnliche Formulierungen findet man in der entsprechenden Literatur zu anderen Teilen des Neuen Testaments; die wesentliche Rolle, die dieses Zitat der Rede von Gott bei Paulus zuschreibt, besitzt zunächst also auch Evidenz für die neutestamentliche Exegese wie für die Theologie insgesamt. Die Annahme, in der Korrespondenz zwischen Paulus und den Adressaten seiner Briefe gehe es im Kern um den kommunikativen Austausch bzw. die Darlegung, Weitergabe und Präzisierung einer bestimmten *Vorstellung von Gott* mittels einer bestimmten Form der *Rede von Gott*, ist daher durchaus nahe liegend.

---

1 Barth, Wort, 148.150f. (Hervorhebungen M.S.).

2 Schnelle, Paulus, 441.

Trotz der bedeutenden Rolle, die der Gottesrede im Rahmen der paulinischen Theologie eingeräumt wird, bietet diese in weiten Bereichen keinen eigenen Untersuchungsgegenstand innerhalb der Paulusforschung: „Alle theologischen Aussagen des Apostels sind eng mit der Rede von Gott verbunden. Dem steht die überraschende Tatsache gegenüber, daß die paulinische Rede von Gott kein Zentralthema der Paulusforschung darstellt. Das zeigt schon ein kurzer Blick in die verschiedenen Darstellungen der paulinischen Theologie. Entweder wird die Rede von Gott gar nicht eigens thematisiert und die Auffassung des jeweiligen Interpreten zu dieser Thematik läßt sich lediglich aus der Gesamtdarstellung erschließen, oder sie erscheint nur am Rande. Letzteres dokumentiert ebenfalls, daß ihr zumindest kein eigener besonderer Stellenwert für das paulinische Denken beigemessen wird."[3] Dieses Ergebnis erscheint umso erstaunlicher, als sich einerseits gerade in der Rede von Gott fundamentale Oppositionen in der Vorstellungswelt des ersten Jahrhunderts gegenüberstehen und andererseits auch im Laufe der Theologiegeschichte Grundzüge paulinischer Theologie immer wieder Ausgangs- und Zielpunkt systematischer Entwürfe zur Theologie waren und weiterhin sind.

Betrachtet man die – mehr oder weniger umfangreichen – Ausführungen verschiedener Exegeten zur paulinischen Rede von Gott, fällt auf, dass immer wieder versucht worden ist, gerade die Spezifika der paulinischen Konzeption(en) im Gegenüber zu anderen Kontexten und Kotexten darzulegen.[4] Solche Ansätze zur Profilierung paulinischer Theologie arbeiten mit drei unterschiedlichen, voneinander abgegrenzten Blickrichtungen: Sie untersuchen die Bezüge paulinischer Briefe zu zeitlich früheren, zu zeitgenössischen und auch zu späteren Texten. Je nach Perspektive stehen dabei dann der paulinische Umgang mit der ihn prägenden *Tradition*, die Attraktivität des paulinischen Christentums in seinem *zeitgeschichtlich-kulturellen Kontext* oder die *Wirkungsgeschichte* paulinischer Theologie im Blickpunkt. Die paulinische Gottesrede weist somit offensichtlich *per se* über den Rahmen des *Corpus Paulinum* hinaus, lenkt den Blick in Abgrenzung oder Bestätigung auf ganz unterschiedliche andere Texte und lässt in diesem Rahmen ihre Besonderheiten erkennen, kurz: Die verschiedenen Entwürfe, die sich mit der paulinischen Theologie auseinandersetzen – sei es auf historischer Ebene oder im Bereich theologischer Systematik –, arbeiten meist implizit mit *intertextuellen* Ansätzen.

---

[3] Klumbies, Rede, 11. Auch wenn sich in jüngerer Zeit etwa mit den Paulus-Monographien von Udo Schnelle und Eckart Reinmuth die Perspektiven etwas verschoben haben, so trifft die Beobachtung mit Blick auf weite Teile der Forschungsgeschichte weiterhin zu.

[4] Vgl. beispielhaft Klumbies, Rede, der bereits im Titel über eine rein intratextuelle Untersuchung der Protopaulinen hinausweist (Die Rede von Gott in ihrem *zeitgeschichtlichen* Kontext) oder den Abschnitt „Die Neuheit und Attraktivität der paulinischen Rede von Gott" in Schnelle, Paulus, 458-461.

Die vorliegende Arbeit möchte die paulinische Rede von Gott am Beispiel des 1. Korintherbriefes näher beleuchten, des Briefes innerhalb der paulinischen Korrespondenz, der nach dem Römerbrief die meisten Belege für verschiedene Varianten des Syntagmas ὁ θεός aufweist. Gerade mit dem 1Kor liegt jedoch auch ein Schreiben vor, das wie kein zweites innerhalb des *Corpus Paulinum* von einer doppelten Pluralität - mit Blick auf die diskutierten Themen einerseits, mit Blick auf die Situation der Adressaten andererseits - geprägt ist.[5] Dieser Brief sträubt sich gegen eine einfache Gliederung in größere zusammenhängende Hauptteile, er spricht die unterschiedlichsten Themen an, er erscheint einerseits als situatives Schreiben, enthält aber auch zusammenhängende argumentative und narrative Passagen, die von einer konkreten Situation zwar angestoßen, in ihrer Komplexität dagegen wohl kaum umfassend zu erklären sind.

Die exegetische Forschung legte in der Vergangenheit ihren Fokus in der Erforschung des 1Kor verstärkt auf die Unterschiedlichkeit der thematischen Schwerpunkte - Untersuchungen zu den verschiedenen Gruppierungen innerhalb der korinthischen Gemeinde und ihren jeweiligen Anfragen an Paulus sowie Arbeiten, die auf einer literarkritischen Ebene eine Reihe von Einzelbriefen isolieren, belegen dies eindrucksvoll.[6] Gerade ein solches Schreiben wie der 1Kor aber wirft die Frage auf, inwieweit den verschiedenen Argumentationslinien verbindende Grundannahmen mit Blick auf das Gottesbild gegenüberstehen, auf welche Art und Weise sich also überhaupt von einer ausformulierten Rede von Gott bei Paulus sprechen lässt.

Unabhängig von der Kontingenz paulinischer Briefliteratur mit Blick auf bestimmte Gemeindesituationen, gibt es aber durchaus Arbeiten, die die Kohärenz paulinischer Theologie betonen und versuchen, diese systematisch darzustellen. Solche Untersuchungen wiederkehrender Argumentationsmuster innerhalb des *Corpus Paulinum* näherten sich dem Thema jedoch - wie Paul-Gerhard Klumbies[7] in seinem Blick in die Forschungsgeschichte überzeugend dargelegt hat - meist aus anderen Perspektiven: Die Rede von Gott wurde eher vor dem Hintergrund des exklusiven Handelns Gottes im Christusereignis oder mit Blick auf die paulinische Anthropologie näher entfaltet. So ist es einerseits der literarkritischen Diskussion um

[5] Diese doppelte Pluralität hat bekanntermaßen zu einer Reihe von literarkritischen Hypothesenbildungen geführt, um gerade die Heterogenität der Fragestellungen zu erklären. Damit verbunden ist auch immer die grundlegende Annahme, dass Widersprüche, die sich aufgrund neuzeitlicher Wirklichkeitsannahmen und Kohärenzerwartungen ergeben, innerhalb einer Schrift nicht nebeneinander stehen können, sondern adäquat nur mit der Zuteilung zu unterschiedlichen Schriften erklärt werden können.

[6] Vgl. beispielhaft Schmithals, Gnosis; ders., Briefe sowie zusammenfassend zu verschiedenen Teilungshypothesen zum 1Kor Sellin, Hauptprobleme.

[7] Klumbies, Rede, 13-33.

die Einheitlichkeit des 1Kor, andererseits der Integration theologischer Fragestellungen in Christologie bzw. Anthropologie geschuldet, dass eine detaillierte Betrachtung der Rede von Gott im 1Kor in der Forschung weitgehend unterblieb. Erst in der neueren Debatte - gerade auch nachdem literarkritische Fragestellungen weniger stark im Zentrum der Diskussion standen[8] - entstehen Darstellungen, die die Rede von Gott in der paulinischen Korrespondenz ausführlicher analysieren.[9]

Die wenigen einleitenden Bemerkungen zeigen, dass die Frage nach der Rede von Gott im 1Kor wenigstens zwei gleichermaßen unterschiedliche wie grundlegende Fragenkomplexe motiviert:

- Werden die unterschiedlichen Themen auf der einen und die verschiedenen Gruppierungen im Bereich der Adressaten auf der anderen Seite im Rahmen einer bestimmten Theologie angesprochen oder spiegelt sich deren Unterschiedlichkeit auch gerade in unterschiedlichen Formen der Rede von Gott? Inwieweit lässt sich somit überhaupt in systematischem Sinn von einer kohärenten Theologie des Paulus bzw. einer Theologie des 1Kor sprechen?
- Wie begründet der 1Kor seine Argumentationsschritte? Welche Verweise auf andere Texte werden gegeben, welche intertextuellen Lektüren setzt der Text selbst zu seinem angemessenen Verständnis voraus bzw. werden von ihm motiviert? Inwieweit haben diese Bezugstexte konstitutiven Charakter für das Verständnis des 1Kor und wie verändert der 1Kor umgekehrt die Deutung seiner Referenztexte?

Grundlegende Voraussetzungen

Die zuletzt genannte Fragestellung nimmt den - neben der grundlegenden thematischen Ausrichtung an der Rede von Gott im 1Kor - zweiten Fokus der vorliegenden Untersuchung in den Blick: Viele Passagen des 1Kor weisen über den Zusammenhang des Briefes hinaus und motivieren die Leser[10] dazu, die Argumentation - auch anhand anderer Texte - nachzuvollziehen und zu beurteilen. Eine solche Aufforderung findet man viel-

[8] Die Mehrzahl der Ausleger geht mittlerweile von der Einheitlichkeit des 1Kor aus. Grundlegend vgl. hierzu Merklein, Einheitlichkeit.

[9] Vgl. für den deutschsprachigen Bereich grundlegend Klumbies, Rede sowie die Entwürfe von Alkier, Wunder; Schnelle, Paulus und Reinmuth, Paulus.

[10] Im Sinne der besseren Lesbarkeit wurde zumeist auf inklusive Formulierungen wie z.B. „Leserinnen und Leser“ verzichtet. Neben der Lesbarkeit verdankt sich dies v.a. sachlichen Gründen: Mit Begriffen wie „Leser“, „Hörer“ oder „Autor“ sind im Zusammenhang dieser Arbeit geprägte Konzepte bzw. Termini aufgenommen, die sich gerade nicht in erster Linie auf empirische „Leserinnen und Leser“, „Hörerinnen und Hörer“ oder „Autorinnen und Autoren“ beziehen.

leicht am deutlichsten im gesamten Brief in der direkten Ansprache der Rezipienten in 1Kor 10,15: ὡς φρονίμοις λέγω· κρίνατε ὑμεῖς ὅ φημι.[11]

Neben der bereits angesprochenen Tatsache, dass ganz unterschiedliche theologische Entwürfe immer wieder auf die paulinische Korrespondenz als Referenztext Bezug genommen haben, stellt also auch der 1Kor selbst die Frage, wie theologische Grundaussagen innerhalb des Briefes argumentativ verteidigt werden und welche Bezugstexte als Legitimation im Rahmen einer bestimmten (rhetorischen) Textstrategie relevant sind. Der 1Kor als „komplexes intertextuelles Dokument"[12], das so immer wieder die Lektüre anderer Texte motiviert, bietet sich daher auch als exemplarischer Text zur methodologischen Klärung des Terminus Intertextualität im Rahmen der Bibelwissenschaften an. Das Aufgreifen intertextueller Theorien im Rahmen der vorliegenden Arbeit ist somit einerseits der Eigenart der paulinischen Argumentation geschuldet, andererseits macht die umfangreiche Intertextualitätsdebatte selbst eine zusammenfassende hermeneutische Diskussion des Begriffs nötig. Eine solche prinzipielle Betrachtung im Rahmen exegetischer Methodendiskussion erscheint zum einen binnentheologisch - wegen der vielfältigen Ansätze, die mittlerweile aus alt- bzw. neutestamentlicher Forschung vorliegen - zum anderen auch mit Blick auf die Mannigfaltigkeit der literaturwissenschaftlichen Debatte der letzten Jahrzehnte lohnenswert, da auf diese Weise nach deren Bedeutung für die Auslegung von Texten innerhalb der Theologie gefragt wird.

Mit dem Paradigma Intertextualität liegt somit selbst ein schillernder Terminus vor, der mit ganz eigenen Problemen behaftet ist: Intertextualität ist Modebegriff[13], Intertextualität ist „trendy"[14], Intertextualität fördert eine Vielzahl weiterer Begriffsbildungen[15] und wird schließlich als Sammelbegriff für sämtliche Beziehungen zwischen Texten verwendet. So lässt sich mittlerweile danach fragen, wie der Begriff überhaupt mit Inhalt zu füllen ist: „Der Terminus ‚Intertextualität', in den späten 60er Jahren von Julia Kristeva geprägt, um das zu kennzeichnen, ‚was sich zwischen Texten abspielt', ist in der Folgezeit in einer Weise expandiert, daß es mittlerweile schwerfällt, sich seines begrifflichen Gehalts noch zu vergewissern." [16]

Das Ziel dieser Arbeit, die paulinische Rede von Gott am Beispiel des 1Kor in einer intertextuellen Perspektive zu untersuchen, stellt so zunächst einmal die Aufgabe, das Phänomen Intertextualität selbst genauer zu fas-

11 Zur weiteren Diskussion dieses Verses vgl. unten Abschnitt 5. Eine vergleichbare Aufforderung zur Bildung eines eigenständigen Urteils findet man in 1Kor 14,29: προφῆται δὲ δύο ἢ τρεῖς λαλείτωσαν καὶ οἱ ἄλλοι διακρινέτωσαν.

12 Hays, Intertextualität, 55.

13 Vgl. Heinemann, Eingrenzung, 38.

14 Vgl. Wolde, Trendy Intertextuality.

15 Vgl. Heinemann, Eingrenzung, 38, der mindestens 48 unterschiedliche Begriffsbildungen gezählt hat.

16 Holthuis, Intertextualität, 1.

sen. Um die verschiedenen Aspekte, die der Begriff Intertextualität impliziert, ausreichend differenzieren zu können, erscheint es sinnvoll, sich dem Paradigma zunächst in seiner Entwicklung innerhalb der Literaturwissenschaft zu nähern, zumal sich mit Blick auf die theologische Exegese daran anschließende, aber auch spezifische Problemstellungen ergeben. Beispielsweise wurden die Texte der Bibel seit ihrer Entstehung immer schon in unterschiedlichsten intertextuellen Bezügen rezipiert und analysiert, so dass mit dem Terminus Intertextualität auf den ersten Blick keine Innovation verbunden zu sein scheint. Diese grundlegende Einsicht betonen auch viele der bisher im Bereich der deutschsprachigen Exegese vorgelegten intertextuellen Untersuchungen, die i.d.R. darauf verweisen, dass gerade die Betrachtungen alttestamentlicher Einflüsse in neutestamentlichen Schriften immer schon Gegenstand der Exegese waren. Auch wenn man den Blick über ausschließlich innerbiblische Bezüge hinaus erweitert, ändert sich am Befund wenig: Fragen nach Parallelen biblischer Texte in der antiken Literatur, nach religionsgeschichtlichen Vergleichstexten und nach bearbeiteten Quellen und der daraus resultierenden Theologie eines bestimmten biblischen Textes standen immer schon im Interesse biblischer Exegese. Verbirgt sich somit hinter der wachsenden Zahl an exegetischen Publikationen[17], die mit dem Schlagwort Intertextualität arbeiten, lediglich eine neue Terminologie für überkommene Forschungsgegenstände, wird also „alter Wein in neue Schläuche gefüllt“[18]?

Indem die vorliegende Untersuchung das Thema Intertextualität aufgreift, stellt sich ihr daher auch die Aufgabe, ganz grundlegend nach dem Mehrwert bzw. dem spezifischen Nutzen einer solchen Aufnahme in die exegetische Arbeit zu fragen.

Zum Aufbau der Arbeit

Die skizzierten Fragestellungen bzw. Voraussetzungen der Arbeit legen eine Untersuchung in zwei Hauptteilen nahe. Der *erste Hauptteil* hat in zwei zu unterscheidenden Abschnitten die genauere Ausarbeitung der Fragestellung zum Ziel:

Abschnitt 1 umreißt wesentliche Positionen der Forschungsgeschichte zur Rede von Gott bei Paulus, im Besonderen mit Blick auf den 1Kor.[19]

---

17 Vgl. zur Einführung und zum Überblick Schneider, Texte und den Sammelband Alkier/Hays, Bibel, sowie die folgenden Einzelstudien: Alkier, Intertextualität; Pfister, Konzepte; Holthuis, Intertextualität; Moyise, Intertextuality; Hatina, Intertextuality; Schmitz, Literaturtheorie.

18 Vgl. den Aufsatztitel von Boyarin, Wine.

19 Dies kann in gebotener Kürze geschehen, da ein ausführlicher Forschungsüberblick bei Klumbies, Rede zu finden ist. Ziel wird es vielmehr sein, Probleme aufzuzeigen, die sich durch die jeweiligen methodischen Grundannahmen ergeben.

Hier wird auch zu zeigen sein, welche hermeneutischen und methodischen Annahmen zu den jeweiligen Ergebnissen führten bzw. inwieweit diese eine weitergehende methodologische Reflexion motivieren.

Ein umfangreicherer *Abschnitt 2* beginnt dann mit einigen literaturtheoretischen Bemerkungen zu grundlegenden Fragestellungen und Problemen des Intertextualitätskonzeptes (*2.1*), um dann die Aufnahme verschiedener Ansätze im Bereich der Bibelwissenschaften[20] an ausgewählten Beispielen vorzustellen (*2.2*). Auf der Basis dieser forschungsgeschichtlichen Einblicke wird ein Intertextualitätsmodell entwickelt (*2.3*), das zugleich als Basis für die exegetischen Untersuchungen des zweiten Hauptteils gedacht ist.

Der *zweite Hauptteil* der Arbeit greift auf die Ergebnisse des ersten Teils zurück und analysiert ausgewählte Abschnitte des 1Kor zum Thema Rede von Gott in intertextueller Perspektive. Dabei werden zunächst (*Abschnitt 3*) Präskript und Proömium des 1Kor ausführlicher betrachtet, um die grundlegenden Annahmen, die hier getroffen werden für die folgende Arbeit zu berücksichtigen. Die Abschnitte 4-6 versuchen jeweils, zunächst einzelne Textpassagen des 1Kor mit Blick auf das Thema der Untersuchung knapp zu kommentieren. Ziel dieser Analyse ist es auch, aufzuzeigen, wie der jeweilige Passage auf andere Texte verweist und welche Funktion diese Verweise haben. Somit können intertextuelle Studien folgen, die das Verhältnis zwischen referierendem und referiertem Text näher beleuchten.

Am Beispiel der Rede von Gott im 1Kor möchte die vorliegende Untersuchung so einen hermeneutisch wie methodisch begründeten Beitrag zur theologischen Arbeit des angemessenen Verstehens biblischer Texte in ihren intertextuellen Bezügen leisten. Eine Zusammenfassung und Systematisierung der Ergebnisse der exegetischen Studien findet sich in der Schlussbetrachtung *Gottes Gegenwart in der Schrift.*

---

20 Der Terminus „Bibelwissenschaft" bzw. „Bibelwissenschaften" wird im Folgenden verwendet, wenn er als Sammelbegriff entweder aus systematischen (etwa im Gegenüber zu anderen Disziplinen der Theolgie oder der Literaturwissenschaft) oder hermeneutischen Gründen (aufgrund vergleichbarer Ansätze und Probleme der Intertextualitätsdebatte im Bereich des Alten Testaments und des Neuen Testaments) angebracht erscheint.

Erster Hauptteil

Die Ausarbeitung der Fragestellung

Indem Texte auf vielerlei Weise einander bedingen und miteinander verzahnt sind, wird deutlich, daß ein Text niemals ganz autonom sein kann, sondern immer in ein Geflecht von Beziehungen zu anderen Texten eingebunden, immer selbst Intertext ist.

Günter Weise (Spezifik, 41)

Paulus hat als Sohn seiner Zeit zu seinen Zeitgenossen geredet. Aber viel wichtiger als diese Wahrheit ist die andere, daß er als Prophet und Apostel des Gottesreiches zu allen Menschen aller Zeiten redet. Die Unterschiede von einst und jetzt, dort und hier, wollen beachtet sein. Aber der Zweck der Beachtung kann nur die Erkenntnis sein, daß diese Unterschiede im Wesen der Dinge keine Bedeutung haben. Die historisch-kritische Methode der Bibelforschung hat ihr Recht: sie weist hin auf eine Vorbereitung des Verständnisses, die nirgends überflüssig ist. Aber wenn ich wählen müßte zwischen ihr und der alten Inspirationslehre, ich würde entschlossen zu der letzteren greifen: sie hat das größere, tiefere, wichtigere Recht, weil sie auf die Arbeit des Verstehens selbst hinweist, ohne die alle Zurüstung wertlos ist.

Karl Barth (Römerbrief, 1)

1 Einführung in die exegetische Problemlage

1.1 Grundlegende Beobachtungen zur Forschungsgeschichte

Unterschiedliche Aspekte der Theologie - verstanden im wörtlichen Sinn als „Gottes-Rede" - werden i.d.R. aus systematischer Perspektive als Gegenstand der Fundamentaltheologie (etwa im Zusammenhang mit der Offenbarungsfrage) oder der materialen Dogmatik (Gotteslehre) diskutiert. Dagegen gilt für die Erforschung einer *biblischen Rede von Gott* durchaus Ähnliches wie für die exegetischen Disziplinen insgesamt: Bibelwissenschaftliche Erkenntnisse werden im Rahmen einer theologischen Enzyklopädie meist als historische Prolegomena weiterführenden systematisch-theologischen Fragens betrachtet: „Biblische und historische Theologie werden als notwendig vorausgesetzt, sind aber nicht hinreichend zur Bestimmung der Eigenständigkeit der Systematischen und der Praktischen Theologie."[21]

Indem sich im Laufe der Geschichte der Bibelwissenschaften - abhängig von zeitbedingt jeweils unterschiedlichen hermeneutischen Prämissen - auch deren Fachverständnis veränderte, eröffneten sich immer wieder neue Perspektiven auf die Rede von Gott in den paulinischen Briefen wie im Neuen Testament insgesamt. Während die ältere neutestamentliche Forschung seit dem 19. Jahrhundert die Frage nach den Spezifika einer paulinischen Gottesrede eher am Rande untersuchte bzw. nicht als eigenständigen Gegenstand betrachtete,[22] rücken Veröffentlichungen der jünge-

---

21 Deuser, Einführung, 178. Dass die Exegese als historische Disziplin in dieser Weise die Grundlagen für weiterführendes theologisches Fragen liefern soll, ist dabei keine Entwicklung der jüngeren Zeit. Vielmehr ist die Eigenständigkeit bzw. die Existenz der Bibelwissenschaften als eigenständige Disziplin im Kanon der theologischen Wissenschaften aufs Engste verbunden mit der Entwicklung historisch-kritischen Fragens seit dem 18. Jahrhundert. Vgl. zur Geschichte der Neutestamentlichen Wissenschaft Alkier, Urchristentum; Dohmen, Bibel, 43-91; Ebeling, Bedeutung; Frei, Eclipse; Kümmel, Testament sowie Merk, Theologie.

22 Vgl. die umfangreichen Ausführungen zur Forschungsgeschichte bei Klumbies, Rede, insbes. 11-33. Klumbies zeigt auf, dass die (in der Forschung bis zur Bultmann-Schule meistens vernachlässigte) *theologische* Auseinandersetzung mit der paulinischen Rede von Gott stark geprägt ist von der jeweiligen systematisch-theologischen Position. So unterscheiden sich Positionen, die - auch für Paulus - einen strengen Monotheismus einfordern, dem die Christologie dann auf unterschiedliche Weise zugeordnet werden kann, etwa von der Bultmannschen Konzeption, die die Theologie im Gegenüber zur Anthropologie profiliert sehen möchte.

ren Zeit[23] das Thema mehr und mehr in das Zentrum paulinischen Denkens. Trotz der zu konstatierenden Polyvalenz der Ansätze lassen sich dabei im Laufe der Theologiegeschichte drei Grundtendenzen der Forschung identifizieren, die immer wieder im Mittelpunkt des Interesses standen bzw. stehen. In diesem Zusammenhang ist zuerst die Frage zu nennen, inwieweit sich bei Paulus überhaupt so etwas wie eine *genuine Gottesrede* zeigt oder eher von der Übernahme überkommener Theologoumena (des Judentums) zu sprechen ist, die wiederum lediglich für die Situation der paulinischen Gemeinden profiliert wurden. Unmittelbar damit zusammen hängt der zweite Fragekomplex, der die Theologie jeweils anderen Untersuchungsfeldern (etwa der Christologie oder der Anthropologie) zu- bzw. unterordnet und damit im Grunde *systematisch* nach ihrem Charakter und ihrem Ort innerhalb paulinischen Denkens fragt. Schließlich wird die paulinische Rede von Gott oftmals gerade in der *Auseinandersetzung mit anderen (schriftlichen) Traditionen* - sei es bestätigend oder widersprechend - profiliert.

Ausgehend von diesen drei Leitperspektiven lassen sich wesentliche Problemstellungen der exegetischen Forschung zur paulinischen Theologie bis in die Gegenwart hinein nachzeichnen. Die folgenden drei Abschnitte wollen diese grundlegenden Fragen exemplarisch vertiefen und Folgerungen bzw. Konsequenzen für den Gang der Untersuchung zusammenfassend darstellen.

1.2 Zur Frage einer genuin paulinischen Rede von Gott

1.2.1 Paulus und die Rede von dem einen Gott

Ein wiederkehrender Gedanke innerhalb der paulinischen Korrespondenz ist das Bekenntnis zu dem einen Gott, der sich gerade durch diese Einzigkeit bzw. Einzigartigkeit auszeichnet.[24] Doch schon diese Feststellung verlangt nach einer Präzision, die in der Forschungsgeschichte durchaus unterschiedlich ausfällt. Impliziert das Bekenntnis zu dem einen Gott

---

[23] Einen einführenden Überblick zur Fragestellung liefert etwa Schrage, Einheit. Bemerkenswert ist auch die - wenn auch im Detail unterschiedliche - prinzipielle zentrale Stellung, die der Theologie im Rahmen der beiden neueren deutschsprachigen Gesamtentwürfe zu Paulus von Udo Schnelle (vgl. insbes. ders., Paulus, 441-462) und Eckart Reinmuth zuteil wird - letzterer trägt sogar den Untertitel „Gott neu denken". Insgesamt lässt sich für die deutschsprachige Exegese ein vermehrtes Interesse an der Thematik seit dem Ende der 1970er Jahre erkennen. Ein grundlegender Impuls ging dabei sicherlich von dem Aufsatz Lindemann, Rede aus.

[24] Vgl. neben dem Bekenntnis zum einen Gott im Angesicht der vielen Götter und Herren (z.B. 1Kor 8,6) die Betonung der Einheit Gottes im Zusammenhang der Rechtfertigung für Juden und Heiden (z.B. Röm 3,29f.) oder die endzeitliche Einheit Gottes (z.B. 1Kor 15,26-28).

zunächst ausschließlich die alleinige Verehrung dieses Gottes im Sinne einer *Monolatrie*? Träfe dies für die paulinischen Briefe zu, bliebe die Frage nach der Existenz anderer Gottheiten weiterhin offen. Es müsste also sodann untersucht werden, wie Bekenntnis, Verehrung und Akzeptanz eines Gottes einerseits und die Frage der Existenz weiterer Gottheiten andererseits (*Henotheismus*) in Beziehung zu setzen sind. Schließlich wäre zu klären, inwieweit in diesem Zusammenhang dann überhaupt die oft gebrauchte Bezeichnung des *Monotheismus* für das paulinische Gottesbild verwendet werden kann.[25]

Neben diesem eher terminologischen Problem, das zugleich auch pointiert die Frage nach einem Spezifikum des *Wesens* paulinischer Gottesrede stellt, wird bis hin zu zeitgenössischen Paulusdarstellungen immer wieder auf die paulinische Verwurzelung in jüdischen Denkvorstellungen hingewiesen und damit die *Originalität* seiner Position hinterfragt. Die Überzeugung, dass in der paulinischen Korrespondenz letztlich traditionelle Vorstellungen des Judentums weiterleben, teilen bereits die meisten Darstellungen des 19. Jahrhunderts, und bis in die neueste Forschungsgeschichte hat sich daran wenig geändert: „Eindeutig ist zunächst, daß das Bekenntnis Israels zu dem einen Gott (Dtn 6,5 u.ä.), dem nichts an die Seite gestellt werden darf (Ex 20,23), trotz vieler gegenteiliger Beispiele für illegitime Abirrungen als geradezu axiomatische Aussage alle anderen Verehrungen und Kulte fremder Götter grundsätzlich ausschließt."[26]

Diese nahezu gänzliche Einordnung der Gottesrede in eine jüdische Tradition - sei es direkt über jüdische Schriften, sei es indirekt vermittelt über eine bestimmte religiöse Praxis des Judentums im 1. Jahrhundert[27] - führte dazu, dass die paulinische Lehre von Gott nicht zu einem eigenen Forschungsgegenstand wurde. Sie wurde vielmehr als Bestandteil einer

---

25 Vgl. zur Problematisierung der Termini auch die Diskussion bei Schrage, Einheit, 2f., der neben der Möglichkeit der Monolatrie bzw. des Henotheismus auch noch auf die verschiedenen im exegetischen Sprachgebrauch anzutreffenden Kategorien des exklusiven bzw. inklusiven sowie abstrakten und konkreten Monotheismus verweist. Die *Monotheismusfrage* hat in jüngerer Zeit sowohl im Bereich der Religionswissenschaft als auch im Bereich der theologischen Disziplinen wieder an Bedeutung gewonnen. Aus der größeren Zahl an Publikationen, die in jüngerer Zeit das Thema Monotheismus aus religionswissenschaftlicher und theologischer Perspektive wieder stärker in den Blick nehmen, vgl. etwa nur die Sammelbände Popkes/Brucker, Ein Gott; Krebernik/van Oorschot, Polytheismus; Klauck, Monotheismus. Neutestamentliche Exegese kann in diesem Zusammenhang einen gewichtigen Beitrag leisten, sollte aber darauf hinweisen, dass sich ntl. Gottesrede nicht in der Monotheismus-Debatte erschöpft. Gerade weil die Rede von Gott im Neuen Testament i.d.R. mit seinem ganz spezifischen Handeln verknüpft ist, greift eine solche Debatte, die versucht quasi-ontologische Aussagen zu treffen, zu kurz.

26 Schrage, Einheit, 7.

27 Vgl. auch Breytenbach, Gott.

Lehre, in deren Zentrum die Christologie steht[28] abgehandelt bzw. als jüdisches Erbe des Paulus der Tradition zugeschrieben. Diese Position, die sich in Grundzügen bis in die Paulusforschung des 20. Jahrhunderts erhalten hat, lässt sich beispielhaft bereits in William Wredes Paulusmonographie[29] zeigen. Er zieht aus der Verankerung paulinischen Denkens im Judentum den Schluss, dass Fragen der Gottesrede im Rahmen einer paulinischen Theologie nicht eigens zu thematisieren seien: „Daß in der paulinischen Gedankenwelt ein großes jüdisches Erbe steckt, läßt sich nun auch bestimmt beweisen. [...] Als geschulter Theologe hat er eben eine besondere Fülle ausgeprägt jüdischer Ideen besessen. Ohne zu große Mühe ließe sich aus den Briefen eine leidlich umfassende jüdische Theologie zusammenstellen; die jüdischen Parallelen wären leicht zu beschaffen. Wir skizzieren nur die Hauptsachen. Vom Monotheismus dürfen wir schweigen. Aber auch die ganze Vorstellung vom Walten des Einen Gottes, wie er in die Geschichte eingreift, seine Zwecke in ihr durchführt, wie er alles vorhersieht und vorherbestimmt, hat nicht erst der Christ Paulus erdacht. Jene harten Gedanken von Gottes Prädestination und allmächtiger Willkür – er begnadet, wen er will, und verhärtet, wen er will – hätte er als Pharisäer zwar nicht auf Israel angewendet, aber fremd waren sie ihm darum nicht."[30] Nach Wredes Grundüberzeugung ist Kern bzw. wesentlicher Inhalt und damit Basis für weitere Ausführungen innerhalb der paulinischen Verkündigung der Tod und die Auferstehung Jesu Christi. Alle Gedanken, die sich nicht unmittelbar aus diesem Theologoumenon ableiten lassen, schreibt er der jüdischen Tradition zu: „Wer vermöchte sie [Gottes Prädestination und Willkür im Handeln, *M.S.*] auch aus der Anschauung von Christus, seinem Tode und seiner Auferstehung herzuleiten? Und alles, was daraus nicht herzuleiten ist, ist durchweg jüdisch."[31]

Wrede begreift die paulinischen Briefe dabei ganz von ihrem Verfasser, dessen Biographie und Missionstätigkeit her: „Paulus hatte bereits eine Theologie, als er Christ wurde. Natürlich vermochte er sie nicht wie ein abgetragenes Kleid von sich zu werfen. Die neue Anschauung, die die Bekehrung brachte, konnte die alte wohl umschmelzen, mußte aber auch ein gut Teil in sich aufnehmen. Überhaupt erzeugt eine neue Religion neue Anschauungen nur insoweit, als neue religiöse Realitäten vorhanden sind. Deren gab es im Jesusglauben damals aber eigentlich nur zwei: Jesus selbst mit seinem Leben und die Gemeinde. Diese Realitäten haben die originalchristlichen Gedanken geschaffen, und die sind gewiß das Entscheidende;

---

28 Vgl. grundlegend etwa bereits Baur, Vorlesungen, 205f.

29 Vgl. etwa Wrede, Paulus, 80f.

30 Ebd., 80.

31 Ebd.

aber der Zahl nach verschwinden sie vor den jüdischen Anschauungen, die in sie aufgehen oder unverändert mit ihnen verwachsen."[32]

Diese Position war gleichermaßen paradigmatisch wie traditionsbildend innerhalb der Exegese des ausgehenden 19. und beginnenden 20. Jahrhunderts. Sie steht beispielhaft für eine Paulusinterpretation, die in der Christologie ihren eigentlichen Schwerpunkt ausmacht, die Theologie dagegen einer vorpaulinischen bzw. jüdisch geprägten und über die Person des Apostels vermittelten Tradition zuschreibt. Eine solche Position macht eine Verhältnisbestimmung der beiden Größen Christologie und Theologie allerdings umso notwendiger.

Auf die prinzipielle Problematik, eine solche systematische Verhältnisbestimmung aus dem *Corpus Paulinum* zu entnehmen, hat daher bereits Johannes Weiß hingewiesen.[33] Er konstatiert zunächst, dass man mit Blick auf die Paulusforschung den Eindruck gewinnen könne, „als ob in der Christus-Verehrung oder Christus-Mystik die Religion des Paulus nicht nur kulminiere sondern geradezu sich erschöpfe, als ob Christus für ihn an die Stelle Gottes getreten, und Gott völlig in den Hintergrund gedrängt sei."[34] Weiß differenziert im Rahmen seiner Darstellung und betont dabei die Subordination Christi, allerdings nicht ohne auf das für ihn grundlegende „paulinische Dilemma"[35] hinzuweisen, dass er in der Verbindung zwischen Messias- und κύριος-Glauben sieht. Paulus beraube sich durch die Übernahme des Messias-Gedankens (aus seiner jüdischen Tradition) der Möglichkeit, einen „reinen Monotheismus" darzustellen: „Weil Paulus sich zu der Überzeugung gedrungen sah, der Gekreuzigte sei der Messias, sah er sich auch gezwungen, diesen Messias und sein Werk in sein religiöses System einzufügen, obwohl die Erlösung durch Christus sich mit der vorzeitigen Erwählung und Bestimmung zum Heil nicht ganz organisch zusammendenken läßt."[36]

An dieser grundsätzlichen Position ändert sich auch über weite Strecken des 20. Jahrhunderts nur wenig. So schreibt etwa Rudolf Bultmann in seiner *Theologie des Neuen Testaments*: „Solche Predigt des Monotheismus ist natürlich nicht für Paulus speziell charakteristisch. Er setzt darin die Propaganda des hellenistischen Judentums fort, und aus dessen Schriften darf man sich die urchristliche Missionspredigt, für die uns ja die direkten Quellen fehlen, anschaulich machen."[37] Auch weiten Teilen der Paulusforschung der vergangenen Jahrzehnte ist die Frage gemeinsam, ob das The-

---

32 Wrede, Paulus, 80.

33 Weiß, Urchristentum, v.a. Kapitel 14 und 16 (341-396). Vgl. auch Klumbies, Rede, 15.

34 Weiß, Urchristentum, 362. Zur Problematik der Beziehung Christologie – Theologie, die Weiß im Weiteren entfaltet siehe unten Abschnitt 1.3.1.

35 Weiß, Urchristentum, 365 u.ö.

36 Ebd., 364.

37 Bultmann, Theologie, 70-74, hier: 71f. Vgl. zu Bultmanns Position ausführlicher Klumbies, Rede, 19f. und Lindemann, Rede.

ma der Gottesrede überhaupt eine Frage innerhalb paulinischer Theologie darstellt, oder ob Paulus - sei es unter bewusster oder unbewusster Bezugnahme auf bestimmte religiöse Traditionen - eine bereits vorhandene Gottesrede übernimmt. Die Kontinuität bzw. traditionelle Gestalt dieses Gottesbildes wird dabei der Person des Apostels und seiner jüdisch-pharisäischen Provenienz zugeschrieben.[38]

1.2.2 Tradition und Interpretation - Texttheoretische Anfragen und Folgen für die Fragestellung

Die beiden wesentlichen Untersuchungsgegenstände innerhalb paulinischer Gottesrede, nämlich deren Wesen und Originalität, führen schließlich zur Frage, welche nicht-paulinischen Schriften für das *Corpus Paulinum* autoritative Funktion besitzen und wie deren Beziehungsgeflecht angemessen beschrieben werden kann. Lässt sich exegetisch (und damit theologisch wie texttheoretisch) eine Position aufrechterhalten, die in der Rede von Gott den von der Tradition geprägten Rahmen sieht, in die die Rede von Jesus Christus integriert wird? Kann man legitimerweise die paulinische Korrespondenz als jüdisch bzw. der jüdischen Tradition zugehörig beschreiben, dabei aber gleichzeitig den Kern der paulinischen Verkündigung in der Christologie verorten? Und schließlich: Lässt sich texttheoretisch weiterhin daran festhalten, dass Tradition und Kontinuität in der (historischen) Person des Paulus gegeben sind, die sodann (jüdische) Traditionen für jeweils unterschiedliche (Gemeinde)Situationen modifiziert bzw. instrumentalisiert?

Die Art und Weise, wie in der Geschichte der Paulusexegese Wesen und Originalität paulinischer Gottesrede bestimmt wurden, lässt die Frage aufkommen, inwieweit nicht Probleme und Aporien in diesem Zusammenhang die Folge bestimmter hermeneutischer, methodischer und texttheoretischer Prämissen sind. Es bleibt schließlich äußerst fragwürdig und zweifelhaft, ob sich mit Kategorien wie Einfluss, Tradition und situationsbedingte Transformation die paulinische Gottesrede adäquat klassifizieren lässt, ob die Theologie einseitig als Vorbedingung der Christologie zu sehen ist und inwieweit die (Dis-)kontinuität zwischen verschiedenen Texten/Textkorpora in der Person des Paulus zu suchen ist.[39] Daraus ergibt sich exegetisch wie texttheoretisch die Aufgabe, angemessene Kategorien

---

[38] Diese Position lässt sich bis zu neuesten Veröffentlichungen verfolgen: Vgl. etwa das Heft „Gott und Gottesvorstellungen" der Berliner Theologischen Zeitschrift (BThZ 1/2005), das sich um eine sehr differenzierte Betrachtung der Thematik bemüht, an der grundlegenden Position aber wenig modifiziert.

[39] Vgl. Schnelle, Paulus, 441, der das von ihm als „christologischer Monotheismus" bezeichnete Modell, gerade mit dieser Grundfrage beginnt, inwieweit die Christologie bei Paulus ein (in weiten Bereichen tradiertes) Gottesbild verändert.

zur Beschreibung unterschiedlicher Text-Text-Bezüge zu entwickeln bzw. einer Interpretation zugrunde zu legen.

Die systematische Frage nach der Existenz einer genuin paulinischen Rede von Gott lässt sich somit auf unterschiedlichen Ebenen in exegetische Fragen überführen:

- Mit welchen Begriffen lässt sich das *Wesen* paulinischer Gottesrede angemessen beschreiben?
- Lässt sich an den paulinischen Texten eine *Originalität* paulinischer Theologie erkennen, ist von einer Übernahme überkommener Vorstellungen zu sprechen oder führt diese Alternative in die Irre?
- Wie ist *texttheoretisch* die intertextuelle Wechselwirkung zwischen paulinischen Schriften und anderen Texten genauer zu fassen? Inwieweit lassen sich etwa einzelne Teile der paulinischen Korrespondenz der Tradition, andere der paulinischen Theoriebildung[40] selbst zuweisen? Lässt sich diese Trennung texttheoretisch und theologisch aufrechterhalten?
- Wie lassen sich schließlich terminologische Kategorien entwickeln, die die Übereinstimmungen und Differenzen im alt- und neutestamentlichen, im christlichen und jüdischen, im paulinischen und außerpaulinischen Denken adäquat zu beschreiben in der Lage sind?

1.3 Zur Systematik einer paulinischen Rede von Gott

1.3.1 Theologie im Spannungsfeld von Christologie und Anthropologie

Die Geschichte der Erforschung paulinischen Denkens zeigt einen gewissen Konsens darüber, dass Gott in den Paulusbriefen letztlich nie „in seinem Sosein, sondern immer als Handelnder in den Blick“[41] kommt. Dem entspricht bereits der bloße Textbefund im *Corpus Paulinum*: „Gottes Wesen erweist sich durch sein entsprechendes Wirken. Und so verwendet der Apostel zumeist dort, wo er durch attributive Rede von Gott spricht, mit der er so etwas wie Gottes Wesen zu erfassen sucht, nicht Adjektive, sondern die vom Verb abgeleiteten Partizipien. […] Diese Sprachform ist theo-

---

40 Klumbies, Rede, 14 beschreibt am Beispiel Wredes den Versuch, genau die Trennung zu etablieren: „Zentral für Wredes Paulusinterpretation ist die Entfaltung der Christologie und des Erlösungsgeschehens. Die Rede von Gott gibt dazu den – eher formalen – Rahmen ab bzw. wird der Tradition zugeordnet. Sie bildet jedoch keinen Gegenstand eigener Betrachtung. Eine besondere Bedeutung für die paulinische Theologie wird ihr von Wrede nicht beigemessen.

41 Schnelle, Paulus, 441. Mit dieser grundlegenden Position lässt sich Paulus bspw. von Entwürfen wie Cicero, *De Natura Deorum* abgrenzen, die Fragen der Gotteslehre primär mit ontologischen Kriterien zu klären suchten.

logisch aufschlussreich, denn während Adjektive das göttliche Sein *qua* Eigenschaften definieren, machen Partizipien deutlich, daß dieser Gott seinem Wesen nach eine wirkende, auf andere bezogene Macht ist, eine Macht, welche, das zeigt die nähere Betrachtung dieser Partizipien, diesem Gegenüber zugute kommt."[42] Indem Gott in dieser Weise als Handelnder in seiner Wirkmächtigkeit charakterisiert wird, kommen für eine paulinische Theologie den Zielen bzw. Objekten des Handelns - die Jesus-Christus-Geschichte einerseits, die Menschen der ἐκκλησία andererseits - eine besondere Bedeutung zu. Somit sind in der Forschungsgeschichte Christologie und Anthropologie als Dialogpartnerinnen der paulinischen Theologie ebenfalls Gegenstand der Untersuchung.

Bereits im 19. Jahrhundert steht in Paulusdarstellungen das Verhältnis zwischen *Christologie und Theologie* im Mittelpunkt: „Für die ältere Forschung seit Ferdinand Christian Baur ist hinsichtlich des paulinischen Gottesverständnisses in erster Linie die Frage nach dem Verhältnis zwischen Gott und Christus von Interesse."[43] So unterschiedlich innerhalb der jeweiligen theologischen Richtung das Verhältnis von Gott und Jesus Christus in den *paulinischen Schriften* skizziert wurde, so verschiedenartig wurde in der Folge auch die Rolle der Christologie bzw. der Theologie innerhalb der *paulinischen Lehre* bestimmt. In der neueren Forschung wird nicht nur konstatiert, dass Jesus Christus „nur von Gott her und auf Gott hin zu verstehen"[44] ist, sondern auch eine Umkehrung dieser Verhältnisbestimmung richtig ist: „Gott ist einer, er ist der Schöpfer, der Herr und der Vollender der Welt. Zugleich verändert die Christologie fundamental die *Theo*logie, Paulus verkündigt einen christologischen Monotheismus."[45]

Dieses Wechselverhältnis lässt sich auch innerhalb des *Corpus Paulinum* nicht vorschnell eindeutig auflösen: „Das Verhältnis Jesu Christi zu Gott lässt sich im paulinischen Denken am sachgemäßesten als ‚Hinordnung' bezeichnen. Jesus Christus ist zugleich dem Vater untergeordnet und umfassend in sein Wesen und seine Stellung mit einbezogen. Diese Dynamik darf weder zur angeblichen Wahrung eines ‚reinen' Monotheismus noch zur neutestamentlichen Begründung ontologischer Kategorien der altkirchlichen Lehrbildung in die eine oder andere Richtung verschoben werden."[46] Gerade wenn die Interdependenz und stetige Beeinflussung von Christologie und Theologie betont wird, lässt sich aber keine Vorordnung

---

42 Feldmeier, Gott, 140. Feldmeier führt eine Reihe von Textstellen auf, mit denen er diesen Befund stützt.

43 Klumbies, Rede, 13. Klumbies bezeichnet dieses Verhältnis als Grundfrage der neutestamentlichen Forschung seit Baur bis zu Bultmann und seinen Schülern. Vgl. zu dieser Fragestellung auch grundlegend Feldmeier, Gott, 141f.

44 Schrage, Einzigkeit, 200.

45 Schnelle, Paulus, 441.

46 Ebd., 448.

eines bestimmten, traditionelle Positionen übernehmenden Gottesbildes bei Paulus *a priori* postulieren.

Diese Problematik wird noch verstärkt, wenn neuere Paulusdarstellungen das Handeln Gottes sogar als Ausgangspunkt und zentrale Kategorie hervorheben: „Bei Paulus ersetzt die Christologie nicht die Theologie, sondern wer und was Jesus Christus ist, wird vom Handeln Gottes her beantwortet. Gottes Handeln an und durch Jesus Christus ist die Grundlage der Christologie."[47] Wenn sich dieses Handeln Gottes sowohl an Israel,[48] als auch besonders im Rahmen der Jesus-Christus-Geschichte[49] manifestiert, wird die Vorstellung von einem ausschließlich der Tradition verpflichteten Gottesbild noch weniger plausibel. In diesem Zusammenhang stellt sich die Frage nach der jüdischen Tradition des Paulus vielmehr als Frage nach einer angemessenen Beschreibung des Verhältnisses zwischen dem Handeln Gottes in der Geschichte Israels und seinem Handeln an Jesus Christus.

Arbeiten, die stärker Gottes Handeln an und in der ἐκκλησία im Blick haben, bestimmen die paulinische Rede von Gott weniger in ihrem Zusammenspiel mit der Christologie als mit der *Anthropologie*. Grundlegend für die Theologiegeschichte des 20. Jahrhunderts ist in diesem Zusammenhang die Position Rudolf Bultmanns: „Wenn gefragt wird, wie ein Reden von Gott möglich sein kann, so muß geantwortet werden: nur als ein Reden von uns. Andernfalls verfällt die Theologie der Spekulation über Gott."[50] Diese – zuweilen besonders von der Religionskritik missverstandene – Äußerung verweist gerade nicht auf eine anthropomorphe Rede

---

47 Schnelle, Paulus, 444.

48 In diesem Punkt gibt es durchaus unterschiedliche Positionen. So kritisiert etwa Schnelle, Paulus, 449, FN 29 Klumbies, der feststellt: „Gott ist für Paulus nicht über sein Handeln in der Geschichte Israels zu definieren." (Rede 213).

49 Vgl. zu diesem Begriff grundlegend Reinmuth, narratio.

50 Bultmann, Theologie, 192. Bultmann hat in seinem Aufsatz „Welchen Sinn hat es, von Gott zu reden?" (hier: 26-28 i.A.) diese Position entfaltet: „Versteht man unter ‚von Gott' reden ‚über Gott' reden, so hat solches Reden überhaupt keinen Sinn; denn in dem Moment, wo es geschieht, hat es seinen Gegenstand, Gott, verloren. Denn wo überhaupt der Gedanke ‚Gott' gedacht ist, besagt er, dass Gott der Allmächtige, d.h. die Alles bestimmende Wirklichkeit sei. Dieser Gedanke ist aber überhaupt nicht gedacht, wenn ich *über* Gott rede, d.h. wenn ich Gott als ein Objekt des Denkens ansehe, über das ich mich orientieren kann, wenn ich einen Standpunkt einnehme, von dem aus ich neutral zur Gottesfrage stehe, über Gottes Wirklichkeit und sein Wesen Erwägungen anstelle, die ich ablehnen, oder wenn sie einleuchtend sind, akzeptieren kann. [...] Denn in wissenschaftlichen Sätzen, d.h. in allgemeinen Wahrheiten von Gott reden, bedeutet eben, in Sätzen reden, die gerade darin ihren Sinn haben, dass sie allgemeingültig sind, dass sie von der konkreten Situation des Redenden absehen. Aber gerade indem der Redende das tut, stellt er sich außerhalb der tatsächlichen Wirklichkeit seiner Existenz, mithin außerhalb Gottes, und redet von allem andern als von Gott. [...] Es zeigt sich also: will man von Gott reden, so muss man offenbar von sich selbst reden."

von Gott, sondern auf eine theologische Bestimmung der Anthropologie: „Man kann dies leicht mißverstehen, als ob die Aussagen über Gott letztlich nur Aussagen über den Menschen seien, so daß das Geheimnis der Theologie […] die Anthropologie sei. Bultmann hat dies keineswegs so gemeint, sondern er wollte damit auf den Begriff bringen, was er als Neutestamentler gerade bei Paulus gesehen hatte: Nicht die Anthropologie ist das Geheimnis der Theologie, sondern die Theologie ist das Geheimnis der Anthropologie. Die Theologie ist das Geheimnis der Anthropologie, insofern vom Menschen nur dort recht geredet wird, wo dieser durch Gott erkannt wird und dieses Urteil dankbar als sein Wesen anerkennt. Nur in dieser Erkenntnis, selbst von Gott erkannt, das heißt: von Gott als recht erkannt zu sein, kann er auch seinerseits Gott recht erkennen. Oder um es in der Sprache des Paulus zu sagen: Wer sich als von Gott gerecht gemachten Sünder erkennt, kann Gott als den erkennen, der ihn gerecht gesprochen hat."[51] Ein Reden von Gott als „Reden von uns", eine Verschränkung von Anthropologie und Theologie wird an unterschiedlicher Stelle im Rahmen der paulinischen Korrespondenz motiviert[52] und führt offensichtlich zu zwei grundlegenden Aussagen innerhalb der paulinischen Gottesrede. Einerseits ist auch hier wieder (implizit oder explizit) Gott als Handelnder im Blick[53]; andererseits wird die Frage nach der Erkenntnis Gottes – verstanden als *genitivus subiectivus* und *genitivus obiectivus* – interessant, insbesondere mit Blick auf den sich im Christusereignis offenbarenden Gott.[54] Somit führt auch die Frage nach einer Anthropologie im Angesicht der Gottesrede wieder zur Dichotomie von Christologie und Theologie.

1.3.2 Kontingenz und Kohärenz – Das Problem einer Systematik im paulinischen Denken und Folgen für die Fragestellung

Die paulinische Rede von Gott wurde offensichtlich – sofern sie explizit zur Sprache kommt – in der neutestamentlichen Forschung in vielerlei Hinsicht im Gegenüber zu anderen Fragestellungen profiliert. Insbesondere scheint paulinische Theologie sich gerade durch ein bestimmtes Wechselverhältnis zur Christologie auszuzeichnen. Viele exegetische Studien zeichnen sich zudem durch die (wenigstens implizite) Annahme eines kohärenten, in sich schlüssigen Systems paulinischen Denkens aus. Sie erörtern dann einzelne Fragestellungen paulinischer Theologie immer im Kontext *aller* Protopaulinen – eine implizit intertextuelle Arbeitsweise, die die Eigenständigkeit und Situationsbezogenheit paulinischer Korrespondenz i.d.R.

---

51 Feldmeier, Gott, 146f.

52 Vgl. Schnelle, Paulus, 451: „Gott begegnet den Menschen als Berufender und Erwählender, aber auch als Verwerfender."

53 Vgl. etwa Feldmeier, Gott, 147: „Der lebendige Gott als der ‚Lebendigmachende'".

54 Vgl. Bultmann, Christologie, 260: „in Christus geschehener Heilstat Gottes".

ausklammert. Es sind also mehrere Fragestellungen zugleich, die für den exegetischen Umgang mit dem paulinischen Denken und damit für die vorliegende Arbeit zu beachten sind:

- Mit Blick auf die paulinischen Briefe stellt sich die Frage, inwieweit hier überhaupt im systematischen Sinne von einer Theologie zu sprechen ist[55] bzw. in welchem Umfang sich jeweils kontingente und kohärente Strukturen im paulinischen Denken gegenseitig befruchten.[56]
- Dies impliziert sogleich die Folgefrage nach der Beziehung zwischen diesen kontingenten und kohärenten Strukturen. Viele Paulusdarstellungen beantworten dieses Problem mit dem Verweis auf eine implizite paulinische Theologie, die je nach Situation transformiert wurde. So betont etwa Wolfgang Schrage, „daß Paulus auch bei seiner Theo-logie kein systematisch ausgewogenes Lehrgebäude errichtet, sondern auf konkrete Fragen und Probleme seiner Gemeinden eingeht, doch ist nicht zu übersehen, daß sich in seinem dialogischen Denken und Schreiben bestimmte Grundzüge auch in seiner Theo-logie durchhalten, die vorausgesetzt oder expliziert werden. Zu diesen Grundvoraussetzungen gehört aber fraglos, daß Paulus unbeirrt an seinem alttestamentlich-jüdischen Erbe des Bekenntnisses zu dem einen Gott festhält. Die Frage ist allein, in welchem Sinn und mit welchem Gewicht er dieses Erbe in die Debatte einbringt."[57] Geht man umgekehrt zunächst von der Situationsbedingtheit paulinischer Korrespondenz aus, so lässt sich eine zusammenhängende paulinisch-theologische Lehre nur im intertextuellen Zusammenspiel der jeweiligen Einzeltexte des *Corpus Paulinum* entwickeln. Dem Konzept einer paulinischen Gottesrede liegt dann eher die Vorstellung eines dynamischen Wechselverhältnisses *zwischen* als die einer systematisierenden Meta-Theologie *hinter* den Argumentationen der einzelnen Briefe zugrunde.
- Sodann ist zu fragen, inwieweit diese Theologie mit ganz unterschiedlichen Einzelfragen - etwa aus dem Bereich der Anthropologie, Christologie, Soteriologie und Eschatologie - korreliert und wie deren Verhältnis zueinander beschrieben werden kann. Es gilt dabei zu bedenken, inwieweit sich auch diese Kategorien bei Paulus überhaupt erheben lassen oder ob im *Corpus Paulinum* nicht be-

---

55 Mit Blick auf die Christologie hat Hendrikus Boers in jüngster Zeit das Vorliegen eines solchen systematischen Entwurfs verneint und macht das bereits im Untertitel seiner Monographie (Christ in the Letters of Paul: In Place of a Christology) deutlich.

56 Vgl. immer noch grundlegend zur kontingenten wie kohärenten Struktur paulinischen Denkens, Beker, Sieg, bes. Kapitel III und IV.

57 Schrage, Einzigkeit, 43.

reits Zentralbegriffe wie *θεός*, *Χριστός* oder *κύριος* in jeweils unterschiedlicher Weise gebraucht werden.

Es ist daher also wiederum ein hermeneutisches bzw. texttheoretisches Problem, wie das intertextuelle Wechselspiel zwischen Einzelbrief und *Corpus Paulinum* adäquat bestimmt wird. Eine autorenzentrierte Hermeneutik wird in ihrer Tendenz immer von einer (feststehenden oder sich im Laufe der Zeit wandelnden) paulinischen Lehre ausgehen, die sich in unterschiedlicher Weise in den einzelnen Briefen manifestiert. Dieses Vorgehen unterliegt einerseits der Gefahr, eine systematische Struktur paulinischen Denkens in der Person des Autors Paulus als gegeben vorauszusetzen, andererseits darin, den Duktus des Einzelbriefes nur unzureichend zu würdigen. Eine textbezogene Hermeneutik schlägt dagegen einen umgekehrten Weg vor: Die paulinischen Texte werden zunächst in ihrem je eigenen Charakter untersucht, bevor in einem weiteren Schritt gefragt wird, wie sie wiederum andere Texte wahrnehmen. Auf diese Weise ist eine paulinische Theologie wie auch die paulinische Rezeption anderer Schriften nicht Ausgangspunkt, sondern Ziel der Exegese.

1.4 Zur Rolle außerpaulinischer Schriften für die paulinische Rede von Gott

1.4.1 Gott und die Götter im paulinischen Denken

Verschiedene Untersuchungen haben immer wieder die paulinischen Ausführungen zur Gottesfrage einerseits im Zusammenhang der Monotheismusdebatte innerhalb des Judentums oder andererseits mit Blick auf die Abgrenzung von polytheistischen Kulten dargestellt. In einer der wenigen Monographien zum Thema (*Götter, ‚Götzen', Götterbilder. Aspekte einer paulinischen ‚Theologie der Religionen')* nimmt Johannes Woyke umfangreich Stellung zur Forschungsgeschichte der Bedeutung und Darstellung der εἴδωλα bzw. der θεοί in den biblischen Schriften und ihrer Umwelt.[58] Woyke stellt dabei fest, dass die Erarbeitung der paulinischen Position gegenüber Fremdgöttern genauso wenig ein Feld umfassender exegetischer Forschung darstellt wie die paulinische Gottesrede selbst: „So gehört der Glaube an Gott (1Thess 1,8) – nicht zuletzt im Gegenüber zu den heidnischen Götter(bilder)n – zu den fundamentalen Inhalten paulinischer Verkündigung, mithin seines Evangeliums. [...] Angesichts dieses Befundes – aber auch der Tatsache, dass die ‚Theologie' bzw. der ‚Dialog der Religionen' ein in den vergangenen Jahren kirchlich wie systematisch-theologisch virulentes Thema darstellt – muss es verwundern, dass die paulinische

[58] Vgl. zur den einzelnen Abschnitten bei Woyke auch den zweiten Hauptteil dieser Arbeit, insbesondere zu 1Kor 8.

Sicht heidnischer Götter(bilder) augenscheinlich nicht zu den essenziellen Topoi einer Darstellung paulinischer Theologie gehört."[59] Die Ursache dafür findet Woyke – in nahezu völliger Parallelität zum Thema der paulinischen *Gottes*rede[60] – in der Einordnung der Götterfrage in die von Paulus bereits übernommene Tradition: „Die Hauptursache indes dürfte darin liegen, dass man bei der Thematik der Götter(bilder) das für Paulus Spezifische vermisst und die paulinischen Anschauungen als traditionell alttestamentlich-frühjüdisch sowie als frühchristliches Allgemeingut einstuft."[61] Vergleichbar mit den Ausführungen zur paulinischen Gottesrede, finden sich Ergebnisse zur paulinischen Wahrnehmung anderer Götter in durchaus unterschiedlichen systematischen Zusammenhängen, etwa der Gotteslehre, Anthropologie oder Schöpfungslehre.[62]

Eine umfangreiche Untersuchung zur Profilierung paulinischer Rede von Gott innerhalb ihres zeitgeschichtlichen Kontexts hat in jüngerer Zeit Paul-Gerhard Klumbies vorgelegt.[63] Für ihn ist Paulus „ein Theologe, der tief in der jüdischen Tradition verwurzelt ist. Um Antwort auf die vielfältigen Fragen zu erhalten, soll daher zunächst untersucht werden, wie in jüdischen Quellen von Gott geredet wird. Dazu sollen Schriften des palästinischen wie des hellenistischen Judentums herangezogen und auf das in ihnen enthaltene Gottesverständnis hin befragt werden."[64] Klumbies betont also zuerst die starke Verankerung der paulinischen Rede von Gott in der jüdischen Tradition und untersucht daher zunächst theologische Entwürfe aus dem Judentum um die Zeitenwende. In einem weiteren Schritt wird nach Spuren dieser Texte im *Corpus Paulinum* gesucht, wobei in der Logik dieses Vorgehens i.d.R. Texte, die sich mittelbar oder unmittelbar mit den referierten Texten des Judentums in Bezug setzen lassen, in den Blick kommen. Klumbies formuliert dann als Ergebnis, dass sich der paulinische Umgang mit den jüdischen Schriften in der Gottesfrage als „Anknüpfung und Abgrenzung"[65] beschreiben lässt, wobei die paulinischen Schriften stärker passivisch als Reaktion denn als aktives Schreiben einer eigenen Theologie verstanden werden: „Neben der prinzipiellen Gleichartigkeit des

---

59 Woyke, Götter, 1f.

60 Vgl. oben Abschnitt 1.2.

61 Woyke, Götter, 2.

62 Vgl. Woyke, Götter, 4. Neben der ausführlichen Darstellung der Forschungsgeschichte ist an Woykes Arbeit v.a. die exegetische Detailarbeit hervorzuheben, die sich zunächst ausführlich mit der Syntax einzelner Abschnitten aus dem *Corpus Paulinum* auseinandersetzt. Die Arbeit löst die Einzelfragen der jeweiligen Briefe nicht vorschnell in einer systematischen „Rede von den Göttern bei Paulus" auf, sondern versucht – mit Rückgriff auf die Bekerschen Begriffe der Kontingenz und Kohärenz – Einzeltext und paulinisches Denken in Beziehung zu setzen.

63 Klumbies, Rede.

64 Ebd., 32.

65 Ebd., 250.

Umgangs mit jüdischen und frühchristlichen Theologoumena gibt es zweifellos jedoch auch Unterschiede im Tonfall, mit dem Paulus auf jüdische und frühchristliche theologische Aussagen reagiert. Die Abgrenzung im Bereich der Gottesfrage wird gegenüber dem Judentum deutlicher kenntlich gemacht als gegenüber dem vor- und nebenpaulinischen Christentum, stellenweise greift Paulus sogar zur Polemik, um sich zu distanzieren. Sicher spielt hierbei auch die Abgrenzung von seiner Vergangenheit eine Rolle. In erster Linie ist es jedoch seine christologisch begründete Haltung gegenüber dem Gesetz, die die jüdische Theologie zu einem direkten Widerpart für Paulus werden läßt. Entsprechend erfolgt hier die Auseinandersetzung schärfer als mit einer theologischen Richtung, die immerhin das Christusbekenntnis mit ihm teilt - wenn auch nicht in der Weise, in der er es, speziell in der Bedeutung für das Gottesverständnis, verstanden wissen möchte. Folglich ist seine Differenz dort im Ton zurückhaltend formuliert. Paulus knüpft an Vorhandenes an, nimmt scheinbar lediglich Ergänzungen bzw. Korrekturen daran vor, kommt aber unter der Hand zu einer prinzipiellen Neuformulierung des theo-logischen Gedankens. Unterschiedlich ist also die Art und Weise, in der Paulus auf die Tradition eingeht, aus der er kommt und in der er steht. Charakteristisch für ihn ist jedoch, daß er sich *in der Sache* gegenüber jüdischen wie der frühchristlichen Tradition gleich verhält. Auf beide Traditionsstränge bezieht er sich, an beide knüpft er an, von beiden grenzt er sich theologisch an zentraler Stelle ab."[66]

Es bleibt die Frage, inwieweit sich Klumbies von den von ihm wegen ihres statischen Gottesbildes kritisierten Entwürfen der älteren Forschungsgeschichte abhebt. Grundlage seines Entwurfes ist ein - gleichwohl polyvalenter - Pool traditionell geprägter Gottesbilder, denen Paulus positiv oder negativ gegenübersteht. Die paulinische Gottesrede zeichnet sich demgegenüber in Klumbies´ Entwurf besonders als Weiterentwicklung aus. So kann er etwa feststellen, dass Gott „für Paulus nicht über sein Handeln in der Geschichte Israels zu definieren“ [67] ist. Somit lässt sich zwar nicht mehr von einer traditionellen Theologie sprechen, die einen Rahmen für die Christologie abgibt;[68] doch auch Klumbies zeichnet ein Bild traditionell geprägter Theologumena, in die sich der paulinische Entwurf - entweder bestätigend oder abgrenzend - einzeichnen lässt.

---

[66] Klumbies, Rede, 252. Interessanterweise begegnet hier bei Klumbies die Vorstellung, Paulus distanziere sich in der Gottesfrage durch seine Polemik nicht nur vom Judentum, sondern damit gleichsam auch von seiner eigenen Provenienz. In diesem Punkt ist eine Verschiebung zur älteren Forschung zu konstatieren, die Paulus ja gerade (s.o.) im Bereich seiner Gottesrede in der (ungebrochenen) Kontinuität zu seiner jüdischen Herkunft sieht.

[67] Klumbies, Rede, 213.

[68] Vgl. oben Abschnitt 1.3.1.

1.4.2 Der paulinische Text und seine Prätexte - Hermeneutische Anfragen und Folgen für die Fragestellung

Gerade Klumbies´ Untersuchung basiert auf einer Hermeneutik, die eine Reihe der zu Beginn angesprochenen Probleme augenfällig werden lässt. Wie in vielen exegetischen Untersuchungen, die mit Hilfe des historisch-kritischen Methodenrepertoires die *Rezeption* traditioneller Gottesvorstellungen darstellen möchten, fehlt hier paradoxerweise eine ausgearbeitete *Rezeptionstheorie.* Die Defizite zeigen sich in unterschiedlichen Fragestellungen:

- Eine einseitig autorenzentrierte Vorgehensweise muss letztlich entweder zum Ergebnis kommen, Paulus habe sich von einer bestimmten Tradition entweder abgegrenzt oder diese bestätigt. Es fehlt die Vorstellung von einer im Text angelegten Vielfalt der Interpretationen, die sich nicht durch die Autorenintention erschöpft und die in unterschiedlichen Kontexten auch unterschiedliche Deutungen als legitim und adäquat erscheinen lässt. Die Folgen einer nicht weiter reflektierten, aber implizit angewendeten Texttheorie für die theologische Urteilsbildung werden in diesem Zusammenhang noch einmal besonders deutlich: Gerade im Dialog zwischen den Schriftcorpora des Judentums und des Christentums führt eine solche Exegese entweder zu einem historischen Relativismus oder zu einer systematischen Abgrenzung.[69]
- Übersehen wird zudem die Multiperspektivität, die jüdische Schriftauslegung - auch und gerade mit Blick auf eine innerbiblische Auslegung - bereits zur Zeitenwende auszeichnete.[70] Gerade wenn man der Auslegung dieser Schriften in einem historischen Sinne gerecht werden möchte, muss man konstatieren, dass die Auseinandersetzung mit dem „Gesetz und den Propheten" zur Zeit des Paulus grundlegend anders als heute geschah.
- Weder die Lesepraxis noch der Auslegungskontext (und damit auch die Texte in deren Zusammenhang paulinische Briefe gelesen wurden) der Antike sind mit der heutigen Bibelrezeption vergleichbar. Insbesondere mit Blick auf die wissenschaftliche Untersuchung des paulinischen Texts im Zusammenhang seiner Prae-

---

69 In unterschiedlichen Veröffentlichungen hat Hans Hübner auf das Problem der Beziehung zwischen Altem und Neuem Testament, insbesondere aber auf die Unterschiedlichkeit der Rezeption alttestamentlicher Texte in Judentum und Christentum hingewiesen. Seine Unterscheidung zwischen *vetus testamentum* und *vetus testamentum in novo receptum* birgt zwar wiederum begriffliche Probleme, verweist aber auf eine hermeneutisch unerlässliche Unterscheidung zwischen den verschiedenen Rezeptionskontexten eines Textes. Vgl. einführend etwa Hübner, Vetus Testamentum.

70 Vgl. grundlegend etwa Grohmann, Psalm 113, besonders 138-140 und die dort genannte weiterführende Literatur.

texte verschwimmen aber oft genug die Grenzen zwischen verschiedenen Rezeptionszusammenhängen. In der Folge einer texttheoretischen Diskussion muss die Exegese Untersuchungen des paulinischen Textes innerhalb des biblischen Kanons, im Gegenüber zu seinen zeitgeschichtlichen Paralleltexten oder vor dem Hintergrund alttestamentlicher Schriften stärker differenzieren können.

1.5 Schlussfolgerungen: Intertextualität als Beschreibungskategorie paulinischer Gottesrede

Ein kurzer Blick auf einige Tendenzen der Forschungsgeschichte zeigt, dass das Thema einer paulinischen Gottesrede explizit und implizit durchaus Gegenstand unterschiedlicher exegetischer Untersuchungen ist. Mit den grundlegenden Fragen nach Existenz und systematischer Einordnung der paulinischen Rede von Gott sowie nach der Bedeutung außerpaulinischer Schriften sind allerdings sehr unterschiedliche Fragekontexte der Religionsgeschichte, Biblischen Theologie und Systematischen Theologie angesprochen. Eine exegetische Untersuchung, die das Phänomen der paulinischen Gottesrede - wenn auch am Beispiel ausgewählter Texte - umfassender beleuchten möchte, muss versuchen, diese verschiedenen Aspekte miteinander ins Gespräch zu bringen.

Eine solche Zusammenführung der verschiedenen Fragestellungen scheint schon deshalb möglich, da letztlich immer die Beziehung des paulinischen Texts zu anderen Schriften im Mittelpunkt des Interesses steht. So wird etwa nach Originalität der paulinischen Theologie gerade im Gegenüber zu anderen Entwürfen gesucht (sei es aus dem Bereich des Polytheismus, sei es aus dem Bereich des Monotheismus). Grundlegend sind daher Überlegungen auf der methodologischen Ebene, die es ermöglichen, die paulinischen Texte nicht nur zum Ausgangspunkt unterschiedlicher, nebeneinander stehender Untersuchungen zu machen, sondern diese auch in einer gemeinsamen Texttheorie aufeinander zu beziehen.

Dieses Vorgehen scheint umso mehr geboten, als die Untersuchung der genannten Textbeziehungen oftmals auf der Basis einer nur implizit formulierten und einseitig auf die Produktionsbedingungen abzielenden Hermeneutik basiert. Grundlage ist dann ein Textbegriff, der das i.d.R. vielschichtige Beziehungsgeflecht zwischen verschiedenen Schriften ausschließlich mit Kategorien von kausaler Abhängigkeit bzw. Einfluss beschreibt. Deutlich wird die Problematik dieses Textbegriffs gerade auch dann, wenn das Verhältnis des Paulus zu Schriften aus dem Bereich des Judentums näher beschrieben werden soll: Indem der Autor als alleiniger Garant für die Deutung des von ihm verfassten Textes gilt, kann eine Rezeption dieses Textes (im vorliegenden Fall durch Paulus) immer nur entweder als verstehendes Fortführen einer Tradition oder als abgrenzende Fehlinterpretation bzw. Missbrauch deklariert werden.

Um die Textbeziehungen, die sich zur Deskription paulinischer Theologie ergeben, in einem umfassenderen Sinne nachzeichnen zu können, widmet sich der nächste Abschnitt dieser Arbeit auf einer allgemeineren Ebene dem Phänomen der *Intertextualität*. Grundlegend ist dabei die Überzeugung, dass eine ausführlichere Diskussion des Paradigmas Intertextualität hermeneutische Impulse, aber auch konkrete Perspektiven für die exegetische Arbeit bieten kann. Die Überlegungen gehen dabei von ausgewählten Ergebnissen literaturwissenschaftlicher Intertextualitätsforschung (Kapitel 2.1) aus, um in weiteren Schritten einen Blick in die Forschungsgeschichte exegetischer Intertextualitätsentwürfe zu werfen (Kapitel 2.2) bzw. daraus folgend ein eigenes Intertextualitätsmodell vorzustellen (Kapitel 2.3). Diese Überlegungen sind dann Grundlage für die Einzelexegesen des zweiten Hauptteils, die an ausgewählten Abschnitten des 1Kor das Thema Rede von Gott bei Paulus exemplifizieren.

2 Der Text im Universum der Texte – Zum Paradigma Intertextualität

Texte beziehen sich immer auch auf andere Texte, sind Teil des gesamten ‚Universums von Texten'. Kein Text steht in den verschiedenen Kontexten seiner Rezeption und Produktion für sich alleine. Mit diesen wenigen Worten lässt sich die Grundüberzeugung des Paradigmas Intertextualität beschreiben. Das Phänomen Intertextualität lässt sich dabei überall dort beobachten, wo Texte eine Rolle spielen, nicht zuletzt – so das Ergebnis des letzten Kapitels – im Rahmen der alt- und neutestamentlichen Schriften.[71] So einfach diese grundlegenden Bemerkungen zum Thema zu treffen sind, so schwierige Fragen ergeben sich auf den zweiten Blick: Welche Texte lassen sich in einem spezifischen Zusammenhang als potentielle Intertexte bezeichnen, wie sind die Kategorien ‚Text' und ‚Textualität' überhaupt näher zu fassen und welche Rolle spielt dabei das Umfeld der Textproduktion und Textrezeption?

Diese wenigen Grundfragen lassen sich zunächst im Bereich der Literaturwissenschaften verorten, so dass hier auch der Ausgangspunkt weiterer Untersuchungen liegt, bevor in weiteren Abschnitten dann nach Konsequenzen für die biblische Exegese gefragt wird.

2.1 Intertextualitätskonzepte in den Literaturwissenschaften

Die umfangreiche Diskussion zum Thema Intertextualität hat – v.a. in der Literaturwissenschaft – bereits eine Reihe von Forschungsüberblicken hervorgebracht, und auch in einigen exegetischen Werken wurde mit verschiedenem Interesse ein Überblick über zentrale Felder der Intertextualitätsforschung gegeben.[72] Diesen Überblicksdarstellungen soll an dieser Stelle kein weiterer hinzugefügt werden. Vielmehr soll es bereits in diesem ersten Abschnitt darum gehen, Grundeinsichten des Paradigmas Intertextualität pointiert darzustellen, um auf dieser Basis einen möglichst weiten

---

71 Dass der Blick auf literarische Texte bzw. biblische Texte das Phänomen Intertextualität insgesamt einschränkt bzw. unterbestimmt lässt, werden die Ausführungen der folgenden Abschnitte zeigen. Die Intertextualitätsdebatte führt sowohl in ihren Grundlegungen der 1960er-Jahre als auch in der Diskussion der nächsten Jahrzehnte über Deskription von Einzeltextbezügen deutlich hinaus. Intertextualität erweist sich als hermeneutisches Phänomen *sui generis*, das in der Untersuchung konkreter Texte seine Präzisierung erfahren kann, dadurch aber nicht erschöpfend dargestellt wird. Zur Tragweite des Intertextualitätsbegriffs vgl. grundlegend Alkier, Intertextualität.

72 Ausführlicher zur Rezeption und Entwicklung von Intertextualitätskonzepten in der Exegese vgl. unten Kapitel 2.2.

und gerade dadurch für die Exegese fruchtbaren Intertextualitätsbegriff zu entwickeln. Dass dabei der Weg zurück führt bis zu dessen erster Erwähnung, verdankt sich einer doppelten Einsicht: Einerseits wird der ursprüngliche Kontext allzu schnell einer bestimmten philosophischen Denkrichtung zugerechnet und ihm damit jegliche Relevanz für die Textanalyse abgesprochen; andererseits scheint gerade die Weite des ursprünglichen Ansatzes Impulse für die Exegese auch im Gespräch mit den anderen theologischen Disziplinen zu ermöglichen.

2.1.1 Text und Kultur - Zu den Anfängen des Paradigmas Intertextualität

Die erste Erwähnung des Begriffs „Intertextualität" am Ende der 1960er Jahre lässt sich in zweierlei Hinsicht mehr als Evolution denn als Revolution[73] bezeichnen. So ist - *erstens* - das zugrunde liegende Phänomen bereits Gegenstand von Untersuchungen ganz unterschiedlicher Fachdisziplinen und Epochen der Geistesgeschichte: „Der Terminus ‚Intertextualität' ist jünger als die verschiedenen traditionellen Begriffe für den Bezug von Texten auf Texte, die er neu und pointiert zusammenfassend beschreibt, und wesentlich jünger als die Sache selbst [...] Schon in der Antike haben sich Texte nicht nur in einer *imitatio vitae* unmittelbar auf die Wirklichkeit, sondern in einer *imitatio veterum* auch aufeinander bezogen."[74] Was für die Literaturwissenschaft gilt, ist in diesem Fall - wie Marianne Grohmann feststellt - wenigstens genauso für die Exegese zutreffend: „Literaturwissenschaftliche Konzepte von Intertextualität sind zur Zeit im englischsprachigen Raum beliebt, werden in der deutschsprachigen Exegese aber wenig rezipiert, obwohl Intertextualität eigentlich genau das beschreibt, womit sich theologische Exegese seit jeher beschäftigt: Beziehungen von bestimmten alttestamentlichen Texten zu neutestamentlichen Texten, die diese alttestamentlichen rezipiert haben."[75] Die „Sache selbst", das Phänomen der Beziehung bzw. Bezugnahme von Texten auf andere Texte stellt also weder für die Literaturwissenschaft noch für die Exegese ein neues Thema dar.[76] Schon die erste Bemerkung führt damit zu einer grundlegenden Anfrage an das Intertextualitäts-Paradigma: Inwieweit korrelieren mit dieser „neuen" Begriffsbildung auch perspektivische Erweiterungen des Fragehorizonts bzw. Methoden zur Textanalyse?

---

73 Vgl. Kristeva, Revolution.

74 Pfister, Konzepte, 1.

75 Grohmann, Aneignung, 54.

76 Neu ist dagegen die Reflexion dieser Fragestellung unter einem weiteren hermeneutischen Blickwinkel. Vgl. dazu die weiteren Ausführungen sowie die Anmerkungen in Fußnote 71.

Zweitens versteht sich Intertextualität selbst als Weiterentwicklung des Begriffs der Dialogizität, geprägt von Michail Bachtin.[77] Mit diesem Terminus hat Bachtin bestimmte Eigenschaften jeweils eines konkreten zu untersuchenden Texts im Blick: „Dialogizität meint, daß in einem Romantext nicht eine Stimme, nämlich die des Autors, dominiert und über die Stimmen der Romanfiguren triumphiert, sondern daß viele und teilweise einander widersprechende Stimmen gleichberechtigt nebeneinander erklingen." Diese nebeneinander stehenden Positionen sieht Bachtin als Motivation für den Leser, kritisch den gelesenen Text zu hinterfragen und sich nicht einer bestimmten (vorherrschenden) Position automatisch anzuschließen bzw. unterzuordnen. Bachtins Entwurf - darauf wurde mehrfach hingewiesen[78] - beschreibt also in erster Linie ein *intra*textuelles Konzept, betrachtet somit Phänomene innerhalb eines bestimmten gegebenen Textes: „Jedes Wort (jedes Zeichen) eines Textes führt über seine Grenzen hinaus. Es ist unzulässig, die Analyse (von Erkenntnis und Verständnis) allein auf den jeweiligen Text zu beschränken. Jedes Verstehen ist das In-Beziehung-Setzen des jeweiligen Textes mit anderen Texten und die Umdeutung im neuen Kontext (in meinem, im gegenwärtigen, im zukünftigen). [...] Die Etappen dieser dialogischen Bewegung des Verstehens sind: Ausgangspunkt - der vorliegende Text, Bewegung zurück - die vergangenen Kontexte, Bewegung nach vorn - Vorwegnahme (und Beginn) des künftigen Kontextes. Der Text lebt nur, insofern er sich mit einem anderen Text (dem Kontext) berührt."[79]

Differenziert wird im Rahmen dieses Konzepts dann zwischen Texten, die monologisch angelegt sind und solchen, die einen Dialog der Stimmen ermöglichen[80]: „Monologische Texte halten den Leser in Unmündigkeit, dialogische erziehen ihn zur Mündigkeit. Monologische Texte bedienen sich ausschließlich des gehobenen Stils und zeichnen sich durch Humorlosigkeit aus. Dialogische Texte dagegen bedienen sich der unterschiedlichsten Stilebenen vom hohen bis zum niederen Stil; ihre Quellen sind heilige Texte ebenso wie die Volkspoesie; sie lösen eher Lachen als Ergriffenheit aus und ironisieren jedes falsche Pathos."[81]

---

77 Diese Anlehnung wird bereits im Titel des einschlägigen Aufsatzes von Julia Kristeva deutlich: „Bakhtine, le mot, le dialogue et le roman." Vgl. auch die umfangreichste Bachtin-Rezeption innerhalb der deutschsprachigen Exegese bei Steins, Bindung.

78 Exemplarisch vgl. etwa Pfister, Konzepte, 4 u.a.

79 Bachtin, Ästhetik, 352.

80 Die Bachtinsche Unterscheidung zwischen monologischen und dialogischen Texten stellt dabei nur einen Sonderfall seiner viel umfassenderen Bestimmung von Monologizität und Dialogizität dar. Mit diesen Begriffen beschreibt er in einem weitergehenden Sinn gesellschaftliche Systeme bzw. Strukturen.

81 Tegtmeyer, Begriff, 52. Vgl. auch den Abschnitt „Rabelais und Gogol. Die Wortkunst und die Lachkultur des Volkes, in: Bachtin, Ästhetik, 349-357.

Obwohl es also bereits Vorgängerarbeiten zur hermeneutischen Reflexion und analytischen Betrachtung der Beziehung zwischen mehreren Texten gibt und mit der Bachtinschen Dialogizität auch verwandte literaturwissenschaftliche Entwürfe existieren, weist die erste Definition des Konzepts Intertextualität durch Julia Kristeva durchaus neue Perspektiven auf. Sie erweitert den Dialogizitätsbegriff Bachtins[82] und bezieht ihn auf drei Elemente bzw. Dimensionen des textuellen Raums: „Die drei Dimensionen sind: das Subjekt der Schreibweise, der Adressat und die anderen Texte. (Diese drei Elemente stehen miteinander in einem Dialog). Der Wortstatus lässt sich also folgendermaßen definieren: *a) horizontal*: das Wort im Text gehört zugleich dem Subjekt der Schreibweise und dem Adressat, und *b) vertikal*: das Wort im Text orientiert sich an dem vorangegangenen oder synchronen literarischen Korpus."[83] Auf dieser Basis gelangt Kristeva schließlich in einer weiteren Definition zum Terminus Intertextualität: „Jeder Text baut sich als Mosaik von Zitaten auf, jeder Text ist Absorption und Transformation eines anderen Textes. An die Stelle des Begriffs der Intersubjektivität tritt der Begriff der Intertextualität und die poetische Sprache lässt sich zumindest als eine doppelte lesen."[84] Bemerkenswert an der Kristevaschen Definition ist zunächst, dass Intertextualität eine generelle Eigenschaft *aller* Texte bezeichnet. Es geht dabei nicht um die Vielfalt der „konkurrierenden Stimmen" innerhalb eines Textes wie bei Bachtin, sondern um die Wechselbeziehungen zwischen mehreren Texten bzw. weiterführend das gesamte Universum aller Texte.

Unmittelbar augenfällig wird hier bereits der universale Textbegriff Julia Kristevas, der in einer weiteren Definition noch deutlicher zutage tritt: „Wir nennen *Intertextualität* dieses textuelle Zusammenspiel, das im Innern eines Textes abläuft. Für den Sachkenner ist Intertextualität ein Begriff, der anzeigt, wie ein Text die Geschichte ‚liest' und sich in sie hineinstellt."[85] Somit bezeichnet Intertextualität nicht nur eine generelle Eigenschaft aller Texte - auch das, was mit „Text" bezeichnet werden soll, ist bei Kristeva kaum mehr einzugrenzen: „Denn hinter dem metaphorischen Ausdruck, daß Intertextualität ein Indiz dafür sei, wie ein Text die Geschichte lese und sich in sie einschreibe, verbirgt sich nichts anderes als die Subsumption *aller* semantischer Strukturen unter den Begriff der Intertextualität. Mit anderen Worten, es gibt für Kristeva keine extratextuellen Bezüge, also keine Bezüge zwischen Text und textexterner Welt. Was wir üblicherweise die Bedeutung eines Textes oder auch seine referentiellen Beziehungen

---

82 Vgl. Dieckmann, Segen, 59: „Von Bachtin und Kristeva werden wir erfahren, dass Intertextualität mehr ist als ein Ausdruck zur Beschreibung von Text-Text-Beziehungen und der Begriff Dialogizität die Vielstimmigkeit von bestimmten Texten in einem außergewöhnlich tiefgehenden Sinne erfasst."

83 Kristeva, Bachtin, 336.

84 Ebd., 337.

85 Kristeva, Probleme, 255.

nennen, ist bei Kristeva selbst ein textuelles Phänomen. Der erweiterte Textbegriff Kristevas besagt, dass Texte Symbolstrukturen sind; Symbolstrukturen aber verweisen nicht etwa auf wirkliche Dinge, sondern auf andere Symbole und Symbolstrukturen. In der Konsequenz ist es unmöglich, Texte zu individuieren; kein Text ist verständlich ohne das Universum der Texte, das man Kultur nennt."[86] Neben der Ausweitung der Bachtinschen intratextuellen Perspektive auf das Verhältnis zwischen verschiedenen Texten liegt somit an dieser Stelle die umfangreichste Veränderung dieses Konzepts: „Während Bachtin sehr wohl zwischen der Wirklichkeit von Geschichte und Gesellschaft einerseits und den Wörtern, der Rede und der Sprache andererseits unterschied, wird hier [i.e. bei Kristeva] der Textbegriff im Sinn einer allgemeinen Kultursemiotik so radikal generalisiert, daß letztendlich alles, oder doch zumindest jedes kulturelle System und jede kulturelle Struktur, Text sein soll."[87]

Wissenschaftshistorisch betrachtet ist Kristevas Aufgreifen des Bachtinschen Entwurfs sicherlich als Versuch zu erklären, mit dessen Hilfe eine Kritik bzw. ein Aufbrechen werkimmanenten, strukturalistischen Denkens der 1960er Jahre in Frankreich angestrebt wird. Es geht Kristeva um eine „Dynamisierung" dieses strukturalistischen Denkens, um die umfassende Veränderung überkommener Vorstellungen wie der Abgeschlossenheit eines Textes, der Möglichkeit einer werkimmanenten Analyse eines gegebenen Textes und in der Folge um das Aufbrechen „bürgerlicher Ideologien" insgesamt. „Die Dynamisierung des Strukturalismus wird erst durch eine Auffassung möglich, nach der das ‚literarische Wort' nicht ein *Punkt* (nicht ein feststehender Sinn) ist, sondern eine *Überlagerung von Text-Ebenen*, ein Dialog verschiedener Schreibweisen: der des Schriftstellers, der des Adressaten (oder auch der Person), der des gegenwärtigen oder vorangegangenen Kontextes."[88]

So ist es auch dieses Konzept von Intertextualität, das Kristevas Lehrer Roland Barthes so überzeugt, dass es ihm zu einer Veränderung seiner eigenen Position verhilft. Im Anschluss an Kristeva hebt Barthes die Rolle hervor, die deren Perspektive für ihn im Rahmen seiner eigenen Theoriebildung spielt: „Und eben das ist der Inter-Text: die Unmöglichkeit, außerhalb des unendlichen Textes zu leben – ob dieser Text nun Proust oder die Tageszeitung oder der Fernsehschirm ist."[89] Hier zeigt sich „eine Grundvorstellung des Poststrukturalismus und des Dekonstruktionismus, und diese schwindelnde Perspektive markiert auch den theoriegeschichtlichen

86 Tegtmeyer, Begriff, 52f. Tegtmeyer ist in seiner Grundaussage zuzustimmen, wenn auch seine Kristeva-Darstellung mit Hilfe der Gegenüberstellung von „Symbolstrukturen", „wirklichen Dingen" und „Symbolen" terminologisch unscharf und problematisch bleibt.

87 Pfister, Konzepte, 7.

88 Kristeva, Bachtin, 335.

89 Barthes, Lust, 53f.

Ort, dem Kristevas Konzept der Intertextualität entstammt und dem es seine Konjunktur zunächst verdankte. Hier blieb es auch nicht ein der Literaturwissenschaft vorbehaltenes, analytisches Konzept, sondern wurde zum Programm einer neuen, radikal intertextuellen Schreibpraxis [...].“[90]

Kennzeichnend für die Radikalität dieser neuen Position ist die Abkehr von den überkommenen Vorstellungen eines Autors, aber auch des Lesers. Werden Autor und Leser in *Bachtin, das Wort und der Roman* zunächst noch als „Elemente des textuellen Raums“ genannt, die auf der horizontalen Ebene dieses textuellen Raums miteinander in einen Dialog treten, so gehen sie im Laufe der Argumentation in der anonymen intertextuellen Stimmenvielfalt des „allgemeinen Texts“ auf. An dieser Stelle übernimmt Kristeva gerade nicht das Bachtinsche Konzept der Inter*subjektivität*, sondern ersetzt es durch das der Inter*textualität:* Der Verfasser eines Textes wird zuallererst gedacht als ein Leser des allgemeinen kulturellen Textes; die Vorstellung eines Autors als eines historisch zu verortenden personalen Subjekts wird zugunsten eines Modells aufgegeben, das den Autor zugleich als Leser und den Leser gleichsam als Autor begreift. Beide jedoch verlieren sich im intertextuellen Spiel innerhalb des Textes,[91] so dass letztlich alle Vorstellung von Produktivität bzw. Kreativität auf den Text übertragen wird. Obwohl Barthes stärker als Kristeva von der Funktion des Lesers spricht und gerade hier die Einheit des Textes verortet sieht - und nicht in seiner Produktion -, fehlt auch bei ihm die Vorstellung eines Leser*subjekts*.[92] „Intertextualität ist somit für Kristeva und Barthes ein anonymer und nicht-personaler Prozeß von Überlagerung, Überschneidung, Zusammenstößen, Aufeinandertreffen von Texten, nicht von Menschen als Autoren bzw. Autorinnen oder Lesern bzw. Leserinnen. Die Entgrenzung des Textbegriffs, die Anonymisierung der textuell Handelnden, des schreibenden und lesenden Subjekts, die Vorstellung der Transposition von einem Zeichensystem in ein anderes bilden den theoretischen Ausgangspunkt des Konzeptes Intertextualität, gleichzeitig sind diese Überlegungen Teil einer allgemeinen poststrukturalistischen Kritik an den konventionellen Themen des westlichen Humanismus und Existentialismus.“[93]

Schon diese kurzen Ausführungen lassen erkennen, dass sich Kristevas Begriffsbildung zwar als Ausgangspunkt einer ausufernden Debatte zum Stichwort Intertextualität beschreiben lässt, ihr Ansatz sich aber einer Anwendung in der konkreten Textanalyse wie einer wissenschaftlichen Methodisierbarkeit überhaupt entzieht - ja entziehen soll. Weiterbringend und

---

90 Pfister, Konzepte, 9f.

91 Kristevas Position ist demnach auch deutlich zu unterscheiden von späteren rezeptionsorientierten Modellen, die gerade dem Leser die Kompetenz zur Herstellung intertextueller Bezüge zugestehen.

92 Vgl. Barthes, Image-music-text, 148.

93 Gillmayr-Bucher, Intertextualität, 10.

zugleich problematisch für die textanalytische Arbeit in Literaturwissenschaft und Exegese ist v.a. der Kristevasche Textbegriff, der nicht mehr zwischen Text und Kultur schlechthin unterscheidet, sondern „Textualität und Kultur koextensiv“[94] denkt. Gleichwie das Konzept der Intertextualität auch weiterentwickelt wird, untrennbar damit verknüpft ist die Notwendigkeit, die jeweiligen Begriffe von Text und Textualität darzulegen; diese Einsicht ergibt sich bereits aus der Betrachtung seiner ersten Definition.[95]

Bemerkenswert ist schließlich, dass Kristeva bei aller Offenheit ihres Begriffs und obwohl sie sich selbst auf unterschiedliche Theoriesysteme bezieht, schnell den Missbrauch bzw. verfälschenden oder zu Unrecht perspektivisch eingeschränkten Gebrauch ihres Terminus im Sinne von „Quellenkritik“ oder kausaler Beeinflussung kritisiert. Diese Kritik führte bei ihr schließlich zur neuen Definition: „Der Terminus Intertextualität bezeichnet eine solche Transposition eines Zeichensystems (oder mehrere) in ein anderes: doch wurde der Terminus häufig in dem banalen Sinne von Quellenkritik verstanden, weswegen wir ihm den der Transposition vorziehen.“[96] In dieser Kritik wurde sie von unterschiedlicher Seite bestärkt, denn „two contradictionary definitions of intertextuality are prevalent and at war with each other“[97]. Zu erwähnen ist diese Diskussion vor allem auch deswegen, weil die Veröffentlichungen Kristevas selbst zeigen, dass Intertextualität in ihrer Definition für Textanalysen kaum methodisierbar ist – sie kehrt gerade bei eigenen Textuntersuchungen zu Fragestellungen wie der nach den verarbeiteten literarischen Quellen zurück.[98]

Dieses Vorgehen Kristevas scheint paradigmatisch für eine ganze Reihe von Studien, die vom weiten Intertextualitätsbegriff zu konkreten Textanalysen kommen wollen: „Kristeva´s procedure is instructive because it illustrates the way in which the concept of intertextuality leads the critic who wishes to work with it to concentrate on cases that put in question the general theory. A criticism based on the contention that meaning is made possible by a general, anonymous intertextuality tries to justify the claim by showing how in particular cases, a text works by absorbing and destroying at the same time the other texts of the intertextual space' and is happiest or most triumphant when it can identify particular pretexts with which the work is indubitabely wrestling.“[99]

---

94 Tegtmeyer, Begriff, 50.

95 S. unten 2.1.3.1.

96 Vgl. Kristeva, Revolution, 69.

97 Mai, Bypassing Intertextuality, 52.

98 Vgl. z.B. Kristevas eigene Ausführungen: „Pour comparer le texte présupposé avec le texte des Poésis II, il serait nécessaire d´établir quelles éditions (!) de Pascal, de Vauvenargues, de la Rochefoucauld, Ducasse a pu utiliser (!), car les versions varient beaucoup d´une édition à une autre.“ (Révolution, 343.)

99 Culler, Presupposition, 106f.

Es bleibt festzustellen, dass die Intertextualitätsdebatte im Anschluss an Kristeva eine Reihe engerer und weiterer Konzepte entwickelt. Die „Intertextualitätsforschung divergiert in der Folgezeit daher in zwei Richtungen: Während das eine Lager - im Gefolge Kristevas - am Postulat des sich selbst reproduzierenden ‚offenen Textes' festhält, versucht das andere Lager - eher dem Strukturalismus denn dem Poststrukturalismus verpflichtet - Intertextualität nicht als allgemeine, sondern als spezifische Eigenschaft von Texten festzulegen und im Text als spezifische Strategie zu verorten."[100] Offen bleibt dabei - gerade auch mit Blick auf Kristevas eigenes Œuvre - wie sich die beiden Richtungen zueinander verhalten. Wenn sich beide Perspektiven so auseinanderentwickeln, wie das von verschiedenen Autoren beschrieben wird, ist es in der Tat sinnvoll mit Kristeva auch begrifflich zwischen „Transposition" als literarturkritischer, dekonstruktivistischer und poststrukturalistischer Theorie und „Intertextualität" im engeren Sinne als methodisierbarer Lehre von den Bezügen von Texten aufeinander, zu trennen. Oder ist die Unterscheidung zwischen „dem globale(n) Modell des Poststrukturalismus, in dem jeder Text als Teil eines universalen Intertexts erscheint, durch den er in allen seinen Aspekten bedingt wird, und prägnanteren strukturalistischen Modellen, in denen der Begriff der Intertextualität auf bewusste, intendierte und markierte Bezüge zwischen einem Text und vorliegenden Texten oder Textgruppen eingeengt wird"[101] zwar sinnvoll, aber nicht kontradiktorisch. Nach den unterschiedlichen Weiterentwicklungen, aber auch nach dieser Verhältnisbestimmung wird in den folgenden Abschnitten zu fragen sein. Dabei werden solche Theorien im Vordergrund stehen, die mittelbar oder unmittelbar Auswirkungen auf die Textanalyse haben.

2.1.2 Dimensionen und Taxonomien - Aspekte von Intertextualität

In der Folge Kristevas wurde das Paradigma Intertextualität nicht nur auf unterschiedlichste Art weiterentwickelt; sehr bald führte die Fülle immer neuer Terminologien und Theorien zur Notwendigkeit, deren Verhältnis zueinander näher zu bestimmen. Es entstanden die verschiedensten Klassifikationen und Definitionen, die sich oftmals insofern von der grundlegenden Definition Kristevas entfernten, als sie Intertextualität weniger als konstitutives Element eines jeden Textes („*jeder* Text baut sich als ein Mosaik von Zitaten auf") und mehr als ganz konkrete Eigenschaft bestimmter Texte betrachteten. Doch schon auf dieser - deutlich eingegrenzten - Betrachtungsebene führte die breite Diskussion des Intertextualitätsbegriffes in der Literaturwissenschaft zu einer schier unüberschaubaren Fülle an Intertextualitätsdefinitionen, Differenzierungen und Kategorisierungen.

---

[100] Holthuis, Intertextualität, 16.

[101] Pfister, Konzepte, 25.

Die verschiedenen Ausdifferenzierungen des Konzeptes entspringen teilweise der Kritik, der Kristevasche Ansatz sei nicht methodisierbar und somit nicht wissenschaftlich verwertbar, teilweise sind sie als Konkretisierungen des ursprünglichen Ansatzes zu verstehen Zur Einordnung der unterschiedlichsten Ansätze ist es Gewinn bringend, sich zunächst einmal sehr grundsätzlich zu vergewissern, welche Dimensionen, welche Aspekte der Intertextualitätsbegriff impliziert, wo seine Grenzen und Chancen liegen. Ein solches Vorgehen geht von der grundlegenden Einsicht aus, dass Intertextualität zunächst „*keine Methode* [ist], sondern *eine Theorie bzw. eine Gruppe von Theorien*, die sich mit der Produktion von Bedeutung beschäftigen."[102]

Auf der Basis dieser Annahme erarbeitet Renate Lachmann drei prinzipiell differierende Aspekte der Intertextualität, die alle (freilich in verschiedenen Kontexten unterschiedlich stark) mitbedacht werden müssen, um dem Paradigma in seiner Gänze gerecht zu werden: „Läßt sich ‚Intertextualität' als eine Kategorie etablieren, die eine generelle Dimension von Texten, ihre Implikativität, benennt? Oder ist der Begriff eingeschränkt zu gebrauchen im Sinne einer reinen Beschreibungskategorie für Texte, deren Struktur durch die Interferenz von Texten oder Textsegmenten organisiert ist? Oder hat der Begriff zur Hauptsache ein literaturkritisches Potential, indem er bestehende Konzepte zur Literatur (Einmaligkeit, Abgeschlossenheit, strukturale Totalität, Systemhaftigkeit) in Frage stellt?"[103] Nach dieser Darstellung ergeben sich also drei Aspekte bzw. Ebenen, die sich auch direkt aus der Kristevaschen Definition ableiten lassen:

- Die allgemeine *texttheoretische Ebene*: Intertextualität hängt untrennbar mit Textualität zusammen. Wie bereits die Kristevasche Definition zeigt, lässt sich die Bestimmung von Intertextualität nicht unabhängig von der jeweiligen Texttheorie bzw. dem jeweiligen Textbegriff erarbeiten. Zu fragen ist auf dieser Ebene also insbesondere, inwieweit Intertextualität ein zwingendes Element der Textualität schlechthin ist und somit jeder Text auch intertextuell zu verstehen wäre, oder ob sich stärker intertextuell geprägte Texte von anderen unterscheiden lassen.
- Die *textanalytische/textdeskriptive Ebene*: In der Folge Kristevas wurden in diesem Bereich – gerade in der deutschsprachigen Literaturwissenschaft – die meisten Arbeiten vorgelegt. Die verschiedenen Ansätze versuchen i.d.R. aus produktions- und rezeptionsorientierter Perspektive konkret nachweisbare intertextuelle Bezüge zwischen wenigstens zwei vorliegenden Texten nachzuweisen, genauer zu beschreiben und die sich daraus ergebenden Bedeutungsverschiebungen zu charakterisieren. Bei der Entwicklung ei-

---

102 Moyise, Intertextualität, 23 (Hervorhebung M.S.).

103 Lachmann, Ebenen, 134.

nes textanalytischen Instrumentariums ist auf dieser Ebene aber auch zu fragen, welche Funktion die jeweils identifizierten intertextuellen Verweise für die Interpretation des Gesamttextes haben.

- Die *literatur- bzw. kulturkritische Ebene*: Bei Kristeva verschwimmen die Grenzen zwischen Text und Kultur bzw. Gesellschaft; Literaturwissenschaft wird zu Gesellschaftskritik: „Die ‚Dezentrierung' des Subjekts, die Entgrenzung des Textbegriffs und Texts [...] läßt das Bild eines ‚Universums der Texte' entstehen, in dem die einzelnen subjektlosen Texte in einem *regressus ad infinitum* nur immer wieder auf andere und prinzipiell auf alle anderen verweisen, da alle nur Teil eines ‚*texte général*' sind, der mit der Wirklichkeit und Geschichte, die immer schon ‚vertextete' sind, zusammenfällt."[104] Auf dieser Ebene wird Intertextualität kein analytisches literaturwissenschaftliches Konzept, sondern bildet die Grundlage für eine Literatur- und Kulturkritik: „Intertextualität ist eine Metaebene zur Textanalyse. Sie problematisiert Textgrenzen, löst die Rede von *der* Bedeutung, *dem* Subjekt, *dem* Ursprung einer Schrift auf; jeder Text gilt als polysem, Texte fließen immer in andere Texte über."[105]

Diesen Gesamtrahmen gilt es zu bedenken, auch wenn die überwiegende Mehrheit der Ansätze mittlerweile zum Schluss kommt, dass „Intertextualität nicht als universelles Prinzip ästhetischer Literatur bzw. Rezeption erscheint, sondern als eine Möglichkeit, eine Alternative, ein Verfahren des Bedeutungsaufbaus literarischer Werke."[106]

Die Kategorisierung Renate Lachmanns erlaubt es, verschiedene Arbeiten zur Intertextualität einzuordnen und in ein angemessenes Verhältnis zu setzen; andererseits wird auch eine Konzentration auf einen Aspekt (z.B. auf den textanalytischen) von Intertextualität möglich.[107] Sie nötigt aber auch dazu, die Aspekthaftigkeit der eigenen Arbeit zu bedenken: Intertextualität erstreckt sich immer auf die genannten *drei* Ebenen, Konzentration auf eine Dimension ist zwar in der Praxis notwendig bzw. methodisch geboten, bleibt aber *per definitionem* aspekthaft und unabgeschlossen.

Wie stark sich die Geschichte der Intertextualitätsforschung in weiten Teilen als eine Forschung zu Klassifikationen, Terminologien, Taxonomien und Kategorisierungen beschreiben lässt, zeigt ein Blick auf Gérard Genette. Genette verwendet – wohl auch in Anlehnung an den Kristevaschen Begriff der Transposition – den Sammelbegriff *„Transtextualität"*. Er entwi-

---

104 Pfister, Konzepte, 9f.

105 Grohmann, Aneignung, 31.

106 Preisendanz, Beitrag, 26f.

107 Annette Merz hat in diesem Zusammenhang davon gesprochen, dass das große heuristische und methodische Potential an Lachmanns Ansatz darin liege, dass er es ermögliche, die verschiedenen Aspekte zu unterscheiden, obwohl sie nicht zu trennen sind. Vgl. Merz, Selbstauslegung, 9.

ckelt sodann[108] fünf verschiedene Untertypen dieser Transtextualität: Den Terminus *„Intertextualität"* verwendet Genette in eingeschränkterem Sinne als Kristeva zur Bezeichnung der Kopräsenz mehrerer Texte, wobei i.d.R. ein Text in einem anderen präsent ist; als Beispiel wären Zitat, Anspielung oder Plagiat zu nennen. *„Paratextualität"* nennt Genette den Bezug zwischen dem Text und seinen rahmenden Elementen wie Titel, Nachworte, Einleitungen oder Fußnoten etc. Die Beziehung zwischen einem Text und einem Metatext wie man sie bspw. in Kommentaren findet, wird nun mit *„Metatextualität"* bezeichnet, während *„Architextualität"* die Beziehung Text - Textsorte beschreibt. Schließlich nennt Genette *„Hypertextualität"* die Beziehung zwischen einem Text B (Hypertext) und einem Text A (Hypotext). Im Unterschied zu Renate Lachmann, die das Paradigma Intertextualtität in seinen verschiedenen Dimensionen differenzieren möchte, bietet Genette ein eigenes Modell, eine eigene Definition des von ihm Transtextualität genannten Phänomens. Sein Entwurf beschreibt so im Vergleich zu Lachmann einen engeren Ausschnitt des Themas, kann aber als Beispiel für Ausdifferenzierung des Intertextualitätskonzeptes auf der Basis spezifischer Terminologien gelten.

Neben dieser Arbeit an Kategorisierungen für die verschiedenen Formen der Intertextualität liegt der Schwerpunkt der Forschungen v.a. auf der Entwicklung spezieller Intertextualitätsmodelle, die - im Sinne der Lachmannschen Kategorien - häufig einen Aspekt der Intertextualität betonen. Im folgenden Abschnitt sollen zwei Modelle vorgestellt werden, die Intertextualität im Rahmen eines texttheoretischen Gesamtkonzepts verorten.

2.1.3 Text und Leser - Modelle rezeptionsorientierter Intertextualität

Versucht man, Intertextualität nicht mehr umfassend jedem Text zuzuschreiben, sondern sie im engeren Sinne als Konstitutivum bestimmter Texte zu verstehen und entsprechende Werkzeuge zur Textanalyse zu entwickeln, werden Kriterien notwendig, die stärker intertextuell konstituierte Texte von anderen unterscheidbar machen. Entscheidende Fragen sind dabei, wie intertextuelle Verweise in einem Text als solche erkannt werden und wie Bezüge zu anderen Texten hergestellt werden. Mehrere Arbeiten haben in diesem Zusammenhang die Rolle des Lesers hervorgehoben. So formuliert Michael Riffaterre: „Intertextualité est un mode de perception du texte, c'est le mécanisme propre de la lecture littéraire."[109] An anderer Stelle hebt er hervor, dass ein Inter-Text ein „corpus of texts, textual fragments, or text-like segments of the sociolect that shares a lexicon and, to a lesser extent, a syntax with the text we are reading (directly or

---

108 Genette, Palimpseste, bes. 10-15.

109 Riffaterre, Syllepse, 496.

indirectly) in the form of synonyms, or even conversly, in the form of antonyms"[110] sei. Grundsätzlich findet man somit bei Riffaterre - trotz seines weiten Ansatzes im Anschluss an Kristeva - ein Modell, das Intertextualität im Rahmen der Rezeptionstheorie verortet: Texte besitzen keine ihnen inhärente Bedeutung, sondern ermöglichen Interpretation erst im Zusammenspiel mit dem Leser.[111]

Ein ausgearbeitetes und häufig zitiertes rezeptionsorientiertes Konzept legt Susanne Holthuis vor. Ihre Arbeit zeigt die enge Beziehung zwischen Textualität und Intertextualität, gerade auch im Rahmen eines engeren Modells, das die konkrete Arbeit mit Texten vor Augen hat.

2.1.3.1 Textualität und Intertextualität: Susanne Holthuis

Ähnlich wie Riffaterre untersucht Susanne Holthuis das Phänomen Intertextualität im Rahmen der Rezeption von Texten. Intertextualität ist in ihrer Konzeption zwar nicht gleichzusetzen mit Textualität schlechthin, dennoch betont sie in ihrer Studie *Intertextualität. Aspekte einer rezeptionsorientierten Konzeption*[112], dass eine Definition von Intertextualität „abhängig ist von der zugrunde gelegten Texttheorie und ihren theoretisch-methodologischen Implikationen und von der daraus resultierenden Bestimmung des Text-Begriffs selbst. Die Definition von Intertextualität steht und fällt daher mit den ihr unmittelbar zuzuordnenden Kriterien von Text und Textualität, Entscheidungen auf dieser Ebene determinieren alle folgenden Konzeptionen zu intertextuellen Relationen in Texten."[113] In der Folge diskutiert die Autorin Konzeptionen von Text und Textualität, wobei sie sich stark an das Textkonzept Janos S. Petöfis anlehnt: „Für uns ist Textualität keine inhärente Eigenschaft verbaler Objekte. Ein Produzent oder ein Rezipient betrachtet ein verbales Objekt als Text, wenn er glaubt, daß dieses verbale Objekt ein zusammenhängendes und vollständiges Ganzes ist, das einer tatsächlichen oder angenommenen kommunikativen Intention in einer tatsächlichen oder angenommenen Kommunikationssituation entspricht."[114]

---

[110] Riffaterre, Intertextual representation, 142.

[111] Damit unterscheidet sich sein Ansatz auch deutlich von den exegetischen Entwürfen, die mit dem Schlagwort Intertextualität lediglich eine Einbeziehung wirkungsgeschichtlicher Fragestellungen vor Augen haben. Im Blick ist vielmehr eine genau umgekehrte Sichtweise, die Hans Robert Jauß in einem grundlegenden Artikel beschreibt: „Wirkung benennt dann das vom Text bedingte, Rezeption das vom Adressaten bedingte Element der Konkretisation oder Traditionsbildung." (Jauß, Racine, 383).

[112] Holthuis, Intertextualität.

[113] Ebd., 29.

[114] Ebd., 31.

Somit ergibt sich für Holthuis auch für Intertextualität eine analoge Definition wie für Textualität: Intertextualität ist ebenfalls nicht als Eigenschaft bestimmter Texte, sondern als Ergebnis einer Interaktion zwischen Leser und gegebenem Text im Lektüreakt zu verstehen: „Demzufolge muß auch *Intertextualität* verstanden werden als eine Texten nicht inhärente Eigenschaft, auch hier muß davon ausgegangen werden, daß intertextuelle Qualitäten zwar vom Text motiviert werden können, aber vollzogen werden in der Interaktion zwischen Text und Leser, seinen Kenntnismengen und Rezeptionserwartungen. Mit anderen Worten konstituiert sich Intertextualität als Relation zwischen Texten erst im Kontinuum der Rezeption und nicht, wie von ausschließlich textimmanent verfahrenden Konzeptionen angenommen, im und durch den Text selbst."[115] Somit lässt sich schließlich Intertextualität beschreiben „als Phänomen der TEXTVERARBEITUNG, abhängig von a) der (gegebenen oder angenommenen) ‚intertextuellen Disposition' des Textes zum einen und b) Aspekten einer ‚intertextuell gelenkten Textverarbeitung' zum anderen."[116]

Holthuis differenziert sodann verschiedene Formen intertextueller Disposition, und zwar zunächst anhand der Frage nach dem referierten Text. Auf dieser Ebene beschreibt sie Auto-Intertextualität, Hetero-Intertextualität und den „Sonderfall" der Pseudo-Intertextualität: „Autointertextuelle Relationen liegen vor, wenn es sich um Bezüge zwischen Texten eines Autors handelt, hetero-intertextuelle Bezüge meinen Relationen zwischen Texten unterschiedlicher Autoren. Sowie die Relevanz dieser Differenzierung im Hinblick auf das intertextuelle Potential im jeweiligen Einzelfall zu überprüfen ist, kann davon ausgegangen werden, daß *‚quasi-'* oder *‚pseudo-intertextuelle'* Relationen in den meisten Fällen in einem besonderen Funktionszusammenhang stehen. Gerade in literarischen Texten muß auch von der Möglichkeit ausgegangen werden, daß intertextuelle Relationen zwar signalisiert, tatsächlich aber nicht rekonstruierbar sind. In diesen Fällen kann, bei aller Vorsicht hinsichtlich intentionaler und funktionaler Aspekte intertextueller Relationen, zum Beispiel damit gerechnet werden, daß der Autor fingierte intertextuelle Bezüge entweder aus Gründen einer Schein-Authentizität vornimmt oder aber, vor allem in der Literatur der Moderne, den Leser bewußt ‚auf die falsche Fährte' führt und mit ihm gewissermaßen ein Verwirrspiel betreibt."[117]

Auf der nächsten Ebene ihrer Taxonomie unterscheidet sie fiktionale und nicht-fiktionale Texte und in der Folge *typologische* und *referentielle* Formen der Intertextualität - eine Unterscheidung, die für ihre gesamte Arbeit prägend ist. Ähnlich wie der Genettesche Typ der „Architextualität" beschreibt *typologische Intertextualität* die Untersuchung und Klassifikation

---

115 Holthuis, Intertextualität, 31.

116 Ebd. (Hervorhebungen i.O.).

117 Ebd., 45 (Hervorhebungen i.O.).

von Texttypen, Textformen und Textgattungen. Parallelen und Differenzen, die sich zwischen Texten auf dieser formalen Ebene ergeben sind genauso Gegenstand typologisch-intertextueller Studien wie die Frage nach der Rolle dieser formalen Gesichtspunkte für die Interpretation eines vorliegenden Textes. Wesentlich umfangreicher diskutiert Holthuis die Form der *referentiellen Intertextualität:* „Unter dem Gesichtspunkt der Referenzorientierung bzw. der Bezugsebene können referentielle intertextuelle Relationen zwischen Texten auf folgende *Globalstrategien* zurückgeführt werden: a) Referenzverfahren, die sich (dominant) auf die *linearisierte Version* des Bezugstextes richten und daher auch als ‚textoberflächenstrukturelle' Referenz definiert werden; b) Referenzverfahren, die sich dominant auf die *nicht-linearisierten Eigenschaften* des Bezugstextes richten und daher entsprechend auch als ‚texttiefenstrukturelle' Referenz festgelegt werden. Prototypisch wird dem Verfahren der oberflächenstrukturellen Referenz das ZITAT zugeordnet, während ALLUSIONEN/Anspielungen zum einen und (mehr oder weniger komplexe) Texttransformationen wie intertextuelle PARAPHRASEN oder Résumés zum anderen dem Typus sogenannter ‚texttiefenstruktureller' Referenzstrategien zuzuordnen sind."[118]

Gerade in der Ausdifferenzierung dieser Taxonomie führt Holthuis´ Monographie noch wesentlich weiter als die Kurzdarstellung der wesentlichen Unterscheidung zwischen typologischer und referentieller Intertextualität zeigen kann. Holthuis gibt mit ihrer Taxonomie ein Begriffsrepertoire an die Hand, mit dessen Hilfe die Form der intertextuellen Disposition eines Textes genau erfasst und beschrieben werden kann. Die Möglichkeiten und Grenzen einer solchen im Wesentlichen formalen Beschreibung führen Stefan Alkier zu einer „grundlegende(n) Einsicht der Intertextualitätsforschung: Mit der Feststellung einer intertextuellen Disposition eines Textes ist noch nicht die *Funktion* der intertextuellen Bezugnahme gegeben. Ein vollständig wiedergegebenes Zitat zeigt nicht unbedingt die größere Nähe des Textes zum referierten Text an als etwa eine leise und versteckte Anspielung. Mit der Identifizierung von Intertextualitätssignalen ist noch nicht ihre *Funktion* für die Sinnkonstitution mitgegeben. Das Geschäft der Auslegung bleibt mit Schleiermacher gesprochen eine Kunst, die nicht mechanisierbar ist. Durch das Studium von Texttheorie und Intertextualitätskonzepten wird diese Kunst im Sinne der τέχνη aber einer umsichtigeren Kunstfertigkeit zugeführt."[119]

Es ist das Verdienst Holthuis´ mit dem expliziten Rückgriff auf die *Text*theorie Petöfis, Intertextualität als Beziehung zwischen Texten beschrieben zu haben und somit die Theorie Kristevas an entscheidender Stelle zu präzisieren: „Texte referieren: auf außersprachliche Objekte, Sachverhalte oder Sachverhaltskonfigurationen, mit anderen Worten auf

118 Holthuis, Intertextualität, 91f. (Hervorhebungen i.O.).

119 Alkier, Intertextualität, 16.

den Bereich der außersprachlichen Wirklichkeit; gegebenenfalls auf andere verbale Objekte (Texte oder Textsegmente) aller möglichen typologischen Konfigurationen; gegebenenfalls auf Objekte anderer semiotischer Systeme (Text - Bild, Text - Musik). Die Eingrenzung des Gegenstandsbereichs von Intertextualität auf die Relation zwischen verbalen Objekten hat zur Folge, daß nicht-verbale oder multi-mediale und die in diesem Rahmen möglichen intersemiotischen Bezüge - etwa Text - Bild oder Text - Musik - in den Untersuchungen nicht berücksichtigt werden."[120]

2.1.3.2 Intertextualität als enzyklopädische Kompetenz: Umberto Eco

Bedenkt man die grundlegenden Dimensionen des Intertextualitätsbegriffs, die Renate Lachmann erarbeitet hat sowie die Mannigfaltigkeit verschiedener Konzeptionen von Intertextualität stellt sich die Frage, ob und wie der prinzipielle Anspruch eines weiteren Intertextualitätskonzepts mit engeren, auf Methodisierbarkeit zielenden Entwürfen zusammengedacht werden kann. Anders formuliert: Wie lassen sich die drei genannten Dimensionen des Intertextualitätsbegriffs, aber auch die verschiedenen Einzelentwürfe miteinander ins Gespräch bringen? Eine Möglichkeit bietet hier das semiotische Lektüremodell Umberto Ecos, das den Blick weitet auf Fragen des Textverstehens in einer sehr allgemeinen Form.

Von den explizit auch im Rahmen exegetischer Arbeiten rezipierten Texttheoretikern nimmt Umberto Eco gerade in jüngster Zeit einen nicht unerheblichen Platz ein.[121] Dabei ist ein gewisser Fokus auf der Ecoschen Profilierung dreier *intentiones* eines Textes (*intentio auctoris, intentio operis, intentio lectoris*), der Hinwendung zu einer am Leser orientierten Textauslegung, der Unterscheidung zwischen „Interpretation" und „Gebrauch" eines Textes sowie dem Problem der „Grenzen der Interpretation"[122] zu verzeichnen. Dass diese Schlagworte nicht isoliert von seinem gesamten texttheoretischen Modell betrachtet werden können, soll die nun folgende Darstellung zeigen. Gerade die Weite der Ecoschen Theoriebildung macht es möglich, eine ganze Reihe der bisher referierten intertextuellen Theorien miteinander ins Gespräch zu bringen. Im Folgenden werden aus dem um-

120 Holthuis, Intertextualität, 44.

121 Vgl. etwa Hieke, Worte, 6f. oder Utzschneider, Text, 229f.; innerhalb der deutschsprachigen Exegese sollte in der Reihe derer, die explizit mit Theorien Ecos arbeiten an erster Stelle Stefan Alkier genannt werden, der bereits in seiner Habilitationsschrift (Alkier, Wunder) sowie in einer ganzen Reihe nachfolgender Publikationen auf dessen Entwurf zurückgreift und ihn unter Rekurs auf die kategoriale Semiotik Peirces und die Texttheorie Petöfis in ein semiotisches Programm neutestamentlicher Wissenschaft überführt. Daneben entstanden in den letzten Jahren weitere Monographien, die mit Ecos Ansatz arbeiten. Beispielhaft sei an dieser Stelle (auf neutestamentlicher Seite) auf Pellegrini, Elija und Köhlmoos, Auge hingewiesen.

122 So der Titel des Buches Eco, Grenzen.

fangreichen Œuvre Umberto Ecos diejenigen Abschnitte diskutiert, die einerseits grundlegende Strukturen seines Denkens erkennen lassen und andererseits mittelbar oder unmittelbar Auswirkungen auf die Fragen intertextueller Untersuchungen haben.

Semiotische Grundlagen Ecoscher Theoriebildung

Ausgangspunkt und Grundlage der Ecoschen Texttheorie ist ein Zeichenmodell, das sich zunächst der Texttheorie Ferdinand de Saussures, später jedoch immer mehr der Semiotik Charles Sanders Peirces verdankt. Die Erläuterung einiger Konstitutiva des zugrunde liegenden Zeichenkonzepts und seiner Weiterentwicklungen sollen daher am Anfang der Ausführungen dieses Abschnitts stehen.

Innerhalb semiotischer Theoriebildung der letzten hundert Jahre stehen sich - insbesondere im Rahmen semiotischer *Texttheorien* - zwei unterschiedliche Zeichenkonzeptionen gegenüber.[123] Einen zugleich grundlegenden wie weithin rezipierten Ansatz einer zweistelligen Zeichendefinition entwirft Ferdinand de Saussure, indem er Zeichen in *Signifikant* und *Signifikat* unterscheidet; Zeichen verbinden für Saussure „nicht einen Namen und eine Sache, sondern eine Vorstellung und ein Lautbild."[124] Ein Zeichen ist für ihn also gerade die *Verbindung* zwischen einer Vorstellung (signifié, Signifikat) und einem Lautbild (signifiant, Signifikant). Diese Verbindung ist das Ergebnis arbiträrer Konventionen im System einer gegebenen Sprache.

Während Saussures Theoriebildung im engeren Sinne innerhalb der Sprachwissenschaft anzusiedeln ist und in diesem Rahmen auch ihre überwiegende Rezeption erhielt, liegt mit dem semiotischen Entwurf Charles Sanders Peirces ein in erster Linie philosophisches Werk mit umfassendem kultur- und wissenschaftstheoretischen Anspruch vor. An dieser Stelle ist wohl auch der entscheidende Unterschied zu Saussure auszumachen, da die Peircesche Konzeption eines *dreistelligen Zeichenbegriffs* durchaus Parallelen zur Zweistelligkeit des Saussureschen Ansatzes zulässt.[125] Peirce definiert das Zeichen in der häufig zitierten Form wie folgt: „Ein Zeichen (...) ist alles, was in einer solchen Beziehung zu einem zweiten steht, das sein Objekt genannt wird, daß es fähig ist, ein Drittes, das sein Interpretant genannt wird, dahingehend zu bestimmen, in derselben tria-

123 Über diese grundsätzlichen Unterschiede hinaus existieren mannigfaltige Einzelentwürfe, deren Erläuterung nicht das Ziel dieser Arbeit ist. Vgl. aber Liszka, Introduction, 122f.

124 Saussure, Grundfragen, 77.

125 Die Frage des Verhältnisses dieser beiden differenten Zeichenkonzepte diskutiert ausführlich Liska, Introduction; vgl. auch Alkier, Wunder, 58-60. Grundlegend ist hier die Frage, welche Rolle dem Interpretanten im Rahmen Peircescher Begriffsbildung zukommt und wo dessen Rolle im Saussureschen Konzept verankert ist.

dischen Relation zu jener Relation auf das Objekt zu stehen, in der es selber steht. Dies bedeutet, daß der Interpretant selbst ein Zeichen ist, das ein Zeichen desselben Objekts bestimmt und so fort ohne Ende".[126]

Ein Zeichen kann also bei Peirce sprachlichen und nichtsprachlichen Charakter haben (ein Umstand, der die Tragweite des Konzeptes gerade im Gegenüber zu Saussure augenfällig werden lässt) und ist nur im dreifachen Beziehungsgeflecht Zeichen - Interpretant - Objekt denkbar. Dass dabei der Prozess der Zeichenhervorbringung, die Semiose prinzipiell als nicht abschließbar vorgestellt wird,[127] zeigt eine alternative Definition besonders deutlich: „*Zeichen*: Alles, was etwas anderes (seine Interpretanten) bestimmt, sich auf ein Objekt zu beziehen, auf das es sich selbst (als sein Objekt) auf die gleiche Weise bezieht, wodurch der Interpretant seinerseits zu einem Zeichen wird und weiter ad infinitum."[128]

Mit seiner Definition von Semiotik als umfassender (Kultur-) Wissenschaft bezieht sich Umberto Eco zunächst auf das Modell Saussures, zunehmend aber auf den weiteren Horizont Peircescher Theoriebildung: „[...] Semiotik (ist) nicht nur die Wissenschaft von den Zeichensystemen [...], die als solche erkannt werden, sondern die Wissenschaft, welche *alle* Kulturphänomene so untersucht, *als ob* sie Zeichen wären, wobei sie von der Hypothese ausgeht, daß in Wirklichkeit alle Kulturphänomene Zeichensysteme sind, d.h. daß Kultur im wesentlichen Kommunikation ist."[129] Im

126 Peirce, Phänomen, 64.

127 Vgl. Pellegrini, Elija, 61f., die in diesem Zusammenhang die Besonderheit dieser dreistelligen Zeichendefinition betont: „Die traditionelle Definition von ‚Zeichen' als *aliquid stat pro aliquo* ist in dieser Form ungenau und in der Praxis mißverständlich. Der Sachverhalt jedoch, der damit gemeint ist - und den die traditionelle Definition ausdrücken wollte - ist feststellbar und zu bestätigen. Es ist nicht so, daß das Zeichen etwas ‚ersetzt', vielmehr geht es darum, daß die Realität des Verstehens und des Ausdrückens nicht binär, sondern ternär ist. Wäre sie binär, müßte man sich u.a. fragen, warum das Menschengeschlecht immer noch darauf beharrt, Zeichen zu benutzen, die ‚anstelle von' etwas anderem stehen, anstatt direkt das ‚Primäre' zu benutzen. In der Tat wurde das Zeichen nie verlassen, weil man es nicht verlassen kann. Wenn die Identität des Verstehens und des Ausdrückens binär wäre, hätte man sie schon auf ‚eins' reduzieren können. Aber die ternäre Struktur läßt sich weder auf ‚zwei' noch auf ‚eins' reduzieren. Derart gehen wir von der Illusion des Strukturalismus und der *reductio ad unum* (das Ur-System) zu der *peregrinatio* des Prozesses und zur unbegrenzten Semiose über. Das Sein - als Bewusstsein des Sehens und des Gesehenwerdens - ist Zeichen."

128 Peirce, Semiotische Schriften I, 375.

129 Eco, Einführung, 295. Das Problem des Textbegriffs ist damit keinesfalls eine marginale oder rein analysepraktische Fragestellung wie es etwa Merz (Selbstauslegung, 19) formuliert: „Die von manchen zur texttheoretischen Grundentscheidung erhobene Frage der Zugrundelegung eines ‚offenen' oder ‚geschlossenen' Textbegriffs und damit der Beschränkung der zur Analyse herangezogenen Prätexte auf nur literarische, unter denen gegebenenfalls nochmals unterschieden wird, oder der Einbeziehung auch außerliterarischer Texte und sonstiger ‚vertexteter' Wirklichkeitselemente stellt sich mir daher als eine analysepraktische Option dar, die stark vom untersuch-

Rahmen dieses Modells hat auch Eco die schon bei Charles William Morris vorliegende Dreigliedrigkeit semiotischer Perspektiven im Blick. Dieser hatte innerhalb eines dreistelligen Zeichenmodells mit den Konstituenten Zeichenträger, Designat-Denotat und Interpretant[130] drei grundlegende zweistellige Relationen aufgezeigt:

- Relation Zeichenträger - (andere) Zeichenträger: *syntagmatische* Dimension
- Relation Zeichenträger - Denotat-Designatum: *semantische* Dimension
- Relation Zeichenträger - Interpretant: *pragmatische* Dimension.

Eco geht in seinem Werk nun insofern über diese 1938 entworfene Dreigliedrigkeit von Morris hinaus, als er das unaufgebbare Zusammenspiel der Untersuchungsbereiche Syntagmatik, Semantik und Pragmatik betont.[131] Diese seien lediglich als unterschiedliche Aspekte eines gemeinsamen „Untersuchungsgegenstands" zu betrachten: „Dementsprechend kann die Pragmatik keine Disziplin mit einem eigenen Gegenstand sein, der von denen der Semantik und Syntaktik verschieden ist. Die drei Bereiche der Semiotik handeln vom selben ‚Gegenstand' [...]. Der Gegenstand der Pragmatik ist eben jener Semioseprozeß, mit dem, in jeweils unterschiedlicher Perspektive, sich auch Syntaktik und Semantik befassen. Doch läßt ein sozialer und möglicherweise auch biologischer Prozeß wie die Semiose sich niemals auf nur eine seiner möglichen Perspektiven reduzieren."[132]

Auf der Basis des Peirceschen Zeichenmodells lassen sich weiterhin grundlegende Probleme der Vielfalt und Begrenzung legitimer Interpretationen, die in der Texttheorie Umberto Ecos aufgeworfen und diskutiert werden, klären. Im Anschluss an Eco und Peirce kann man zunächst ein-

---

ten Text und dem Interesse der Auslegung abhängig ist." Der Textbegriff determiniert vielmehr ganz grundlegend den Gegenstand sowie die Art und Weise der zu erwartenden Ergebnisse einer Textauslegung.

130 Vgl. Morris, Grundlagen, 22f.

131 Dieser Zusammenhang ergibt sich bei Eco durch einen Perspektivwechsel vom „statischen Zeichen" hin zur Zeichenrelation, „und dementsprechend vom Text zur Text-Leser-Relation [...]. Ein semantischer Ansatz, der allein die lexikalische Bedeutung berücksichtigt, reicht nicht, um einen Text zu lesen. Der Sinn eines Textes ist das Resultat der Interaktion zwischen dieser Palette von Bedeutungen und dem engeren Kontext des Textes. Daraus folgt, daß die drei klassischen Gebiete (‚dimensions') in welche C. Morris 1938 die Semiotik einteilt (Syntax, Semantik und Pragmatik), wieder zu vereinigen sind, weil sie im wirklichen Lesen nicht getrennt ablaufen. [...] In diesem Rahmen hebt sich Ecos Semiotik hervor. Ihm ist das Verdienst zuzuschreiben, die Rolle der Pragmatik in der semiotischen Theorie in den Vordergrund gestellt zu haben. Indem er die Pragmatik allen semiotischen Prozeduren und Theorien zugrunde legt, öffnet er die Texte in einer Art und Weise, die der strukturalen Semiotik nicht möglich war und die diese nicht vertreten konnte. Eco bindet den ‚Text' - diese lineare Fläche, die für alle Leser gleich aussieht - an die Enzyklopädie, in deren Wechselwirkung das Verstehen erfolgt." (Pellegrini, Elija, 80).

132 Eco, Grenzen, 340.

mal festhalten, dass keine Interpretation eines bestimmten Textes diesem in vollem Umfang gerecht werden kann. Dies ergibt sich unmittelbar aus der entsprechenden Zeichendefinition: „Das Zeichen repräsentiert das Objekt in einer Hinsicht. Kein Zeichen ist dazu in der Lage, sein Objekt in jeder Hinsicht zu repräsentieren. Es wählt einen bestimmten Gesichtspunkt aus. Dieses in der Zeichentriade durch die Auswahl einer Hinsicht repräsentierte Objekt nennt Peirce das unmittelbare Objekt. Das unmittelbare Objekt hat seinen Ort innerhalb der Zeichentriade und zwar nur innerhalb dieser Triade. ‚Das unmittelbare Objekt ist das Objekt, das im Zeichen dargestellt wird.' Das dynamische Objekt hingegen ist das Objekt, das die Erzeugung eines Zeichens motiviert und von dem das unmittelbare Objekt nur eine Hinsicht darstellt. Die Verbindung zwischen dem dynamischen und dem unmittelbaren Objekt wird durch den ground des dynamischen Objekts gewährt. Die Rede von der Hinsicht des unmittelbaren Objekts meint also, dass das dynamische Objekt nicht zur Gänze vom Zeichen repräsentiert werden kann, sondern nur mit Blick auf eine Eigenschaft, die aber wiederum nicht nur diesem einen spezifischen dynamischen Objekt zukommt."[133]

Eine analoge Differenzierung findet man auf der Seite des Interpretanten: Die zweite wesentliche Unterscheidung ist die zwischen unmittelbarem, dynamischem und finalem Interpretanten. Peirce selbst beschreibt die drei Ausprägungen folgendermaßen:

- „Der unmittelbare Interpretant ist das, was notwendigerweise hervorgebracht wird, wenn das Zeichen ein solches sein soll. Er ist eine vage mögliche Bewußtseinsbestimmung, eine vage Abstraktion."[134]
- „Der dynamische Interpretant ist einfach das, was von einem gegebenen individuellen Interpreten dem Zeichen entnommen wird."[135]
- „Der finale Interpretant ist die letzte Wirkung des Zeichens, insofern diese von der Beschaffenheit des Zeichens her intendiert oder vorbestimmt (destined) ist, welche dabei eine mehr oder minder gewohnheitsmäßige und formale Natur hat."[136]

Peirces Unterscheidung zwischen unmittelbarem und dynamischem Objekt bzw. zwischen unmittelbarem, dynamischem und finalem Interpretanten findet sich mit Blick auf die Textinterpretation bei Eco wieder in der Frage nach der Vielfalt und den Grenzen der Interpretation.[137] Somit ergibt sich für die Arbeit mit (biblischen) Texten die Möglichkeit bzw. sogar die

133 Alkier/Zangenberg, Zeichen, 12.
134 Peirce, Semiotische Schriften 3, 224.
135 Ebd., 215.
136 Ebd., 225.
137 Eco greift dieses Konzept wiederum explizit auf in Lector, 54 u.ö.

Notwendigkeit *verschiedener* intertextueller Bezüge und daraus resultierender Textinterpretationen: „Während der unmittelbare und der dynamische Interpretant in jeder Semiose gegeben ist, ist der finale Interpretant die regulative Idee einer im umfassendsten Sinn des Wortes wahren Interpretation. Seine Wahrheit besteht darin, dass er das dynamische Objekt in jeder Hinsicht darstellt. Peirce zeigt sich hier als Vertreter einer Variante der Korrespondenztheorie der Wahrheit. Peirces semiotische Pointe dieser Theorie liegt darin, dass sie die Vielfalt der Interpretationen als notwendige Stationen auf dem Weg zur Wahrheit hin begreifen lernt, ohne eine absolute Beliebigkeit zu favorisieren. *In the short run* aber kann keine Interpretation beanspruchen, die absolute Interpretation zu sein. Sie kann nicht selbst zeigen, dass sie dem dynamischen Objekt adäquat ist. Die Annäherung an den finalen Interpretanten kann nur eine Interpretationsgemeinschaft *in the long run* erreichen. Die regulative Idee des finalen Interpretanten schützt vor jeglichen Absolutheitsansprüchen."[138] Peirce fasst somit innerhalb seiner Theorie die vielfältigen und unterschiedlichen Interpretationen „als *notwendige* Stationen auf dem Weg zur Wahrheit" auf.[139]

Die Mitarbeit des Lesers im Akt der Interpretation

Auf der Basis dieser semiotischen Grundlagen erarbeitet Eco ein – umfassend wie paradigmatisch in *Lector in Fabula*[140] dargestelltes – Modell, das Intertextualität als ein wesentliches Phänomen der Mitarbeit des Lesers bei der Bedeutungskonstitution eines Textes versteht. Wesentlich für Ecos Entwurf ist die Pointierung des semiotischen Grundmodells von Syntagmatik, Semantik und Pragmatik mit Blick auf die Mitarbeit des Lesers beim Akt der Interpretation: „Ein Text ist ein syntaktisch-semantisch-pragmatisches Kunstwerk, an dessen generativer Planung die vorgesehene Interpretation bereits teilhat."[141] Die durch das Peircesche Zeichenmodell getroffene Differenzierung zwischen verschiedenen Stufen von Objekt und Interpretant wird nun an dieser Stelle als Frage nach den Grenzen legitimer Interpretationen im Lektüreakt wieder aufgegriffen. Es gilt letztlich, näher zu bestimmen, wie Text und Leser im Akt der Interpretation zusammenar-

---

138 Alkier/Zangenberg, Zeichen, 40. Durch den in diesem Artikel zu den Grundlagen einer semiotisch fundierten Exegese gegebenen Rahmen wird betont, dass auch das Ergebnis einer *intertextuellen* Lektüre nie absolute Geltung beanspruchen kann. Eine angemessene Darstellung eines Objektes in seiner Gesamtheit ist nur über den Weg vielfältiger Interpretationen denkbar und möglich.

139 Alkier/Zangenberg, Zeichen, 40.

140 Den Zusammenhang zwischen Intertextualität und dem Konzept der Enzyklopädie bestimmt Eco in seinen Schriften durchaus unterschiedlich. Während etwa in Eco, Semiotik und Philosophie (insbesondere Kapitel 2) beide nahezu gleichgesetzt werden, beschreibt er später die „intertextuelle Kompetenz als äußerste Peripherie der Enzyklopädie" (Lector, 101).

141 Eco, Lector, 83.

beiten und welche Konsequenzen sich daraus ergeben: „Ecos Methodologie der Textinterpretation zielt auf die Selbsterkenntnis des Lesers, der dem impliziten Interpretationsappell folgt, wenn er durch abduktives Schließen den Mehrwert an Sinn eines jeden Textes erkennt und die Leerstellen auffüllt."[142]

Wie die Interpretation eines gegebenen Textes insgesamt stellt auch das Intertextualitätsparadigma die Frage nach der Mitarbeit des Lesers im Akt der Lektüre. Eco erläutert diesen Zusammenhang - mit deutlichem Bezug zu Julia Kristeva - ebenfalls in *Lector in Fabula*: „Kein einziger Text wird unabhängig von den Erfahrungen gelesen, die aus anderen Texten gewonnen wurden. Die *intertextuelle Kompetenz* stellt einen besonderen Fall von Übercodierung dar: sie gibt die eigenen Szenographien vor. [...] Die intertextuelle Kompetenz (die äußerste Peripherie einer Enzyklopädie) umfaßt *alle* dem Leser vertrauten Systeme. [...] Tatsächlich könnte der Begriff der intertextuellen Szenographie den *Topoi* der klassischen Rhetorik oder den *Motiven* angenähert werden, von denen man seit Veselovskij bis heute gesprochen hat."[143]

Im Lektüremodell Ecos lassen sich (biblische) Texte sowohl textimmanent bzw. intratextuell mit Blick auf die vom Text selbst kreierte Welt, das *Diskursuniversum*,[144] als auch nach ihren textexternen Bezügen untersuchen. Beide Perspektiven ergänzen sich dabei: Während intratextuelle Betrachtungen die Syntagmatik, Semantik und Pragmatik eines Textes innerhalb seiner Wirklichkeitsannahmen untersuchten, weitet der Aspekt der Intertextualität den Blick auf seine kulturell-*enzyklopädischen* Beziehungen. Eine wesentliche Grundannahme im Rahmen dieses Konzeptes ist die prinzipielle Notwendigkeit der Aktualisierung eines jeglichen sprachlichen Zeichens im Lektüreakt. Jeder Text muss in seiner „Linearen Manifestation" - so wie er zeichenhaft wahrnehmbar im Rezeptionsakt vorliegt - immer aktualisiert und interpretiert werden, um überhaupt verstehbar zu sein. Im Rahmen dieser Aktualisierung erfolgt eine „Zuordnung des Textes zu einer Enzyklopädie"[145], und zwar im Rahmen „allgemeiner und intertextueller Szenographien".[146]

Das Herstellen intertextueller Bezüge auf der Basis vom Text motivierter Signale - der intertextuellen Dispositionen - gehört also zur enzyklopädischen Kompetenz in jedem Lektüreakt: „[...] die Aktivität der Mitarbeit, durch die der Empfänger dazu veranlaßt wird, einem Text das zu entnehmen, was dieser nicht sagt (aber voraussetzt, anspricht, beinhaltet und miteinbezieht) und dabei Leerräume aufzufüllen und das, was sich im Text

142 Schalk, Eco, 149.
143 Ebd., 101.
144 Vgl. zum Begriff des Diskursuniversums besonders Alkier, Wunder, 74-79.
145 Alkier, Intertextualität, 24.
146 Eco, Lector, 24.

befindet, mit dem intertextuellen Gewebe zu verknüpfen, aus dem der Text entstanden ist und mit dem er sich wieder verbinden wird."[147]

(Intertextuelle) Lektüre und Abduktion

So ist auch Intertextualität nicht als dem Text inhärentes Problem zu verstehen, vielmehr lässt sich intertextuelle Lektüre als ein Moment *abduktiven Schließens*[148] begreifen. Ziel einer (intertextuellen) Interpretation bzw. einer (intertextuellen) Lektüre ist eine besondere Form des logischen Schlusses, die Abduktion, wobei es darum geht, „den Terminus /Interpretation/ nicht im Sinn von ‚decodieren' aufzufassen. Er soll hier vielmehr bedeuten, daß große Diskursabschnitte aufgrund von partiellen Decodierungen in ihrem allgemeinen Sinn verstanden werden. /Interpretation/ hat hier also den Sinn, den dieser Terminus in hermeneutischen Diskussionen oder in der Literatur- oder Kunstkritik annimmt. Logisch betrachtet ist diese Art von Interpretation ein *Schluß*. Sie ähnelt jenem Typ von Schlussfolgerung, den Peirce als *Abduktion* (und manchmal auch als *Hypothese*) bezeichnete"[149] Interpretation verstanden als Abduktion stellt somit nicht die Aufgabe, gleichsam vorhandene Strukturen lediglich zu rekonstruieren, sondern versteht sich als je neuer kreativer Akt, der immer verschiedene Möglichkeiten zulässt. Für die Arbeit der Interpretation differenziert Eco – in Weiterführung der Peirceschen Kategorie – verschiedene Typen von Abduktion:[150]

- *Hypothese* oder *übercodierte Abduktion*: Dieser Schluss ergibt sich „automatisch oder quasi-automatisch"[151] aufgrund einer deutlichen Disposition innerhalb einer bestimmten Enzyklopädie.[152]

147 Eco, Lector, 5.

148 Vgl. zum Prinzip der Abduktion auch Schalk, Eco, v.a. 125-144.

149 Eco, Semiotik, 185f. Eco erläutert die Schlussformen der Deduktion, Induktion und Abduktion im Anschluss an Peirce ausführlicher in Eco, Zeichen, 132f. Die Abduktion stellt als Schlussform eine „Hypothese auf der Grundlage ungewisser Prämissen, die durch sukzessive Induktionen und deduktive Kontrollen verifiziert werden muß" (ebd.) dar. Bei Peirce findet man (CP 2.624) folgende Bemerkung zur Abduktion/Hypothese: „Hypothesis is where we find some very curious circumstance, which would be explained by the supposition that it was the case of a certain general rule, and thereupon adopt this supposition."

150 Vgl. zu den Abduktionstypen Schalk, Eco, 130f., Eco, Grenzen, 312-314 (Abschnitt 4.2.1.4 Hypothese, Abduktion und Meta-Abduktion) sowie Eco, Semiotik und Philosophie, 69f.

151 Eco, Grenzen, 312.

152 Eco (ebd.) führt das Beispiel des deutschen Wortes „Mann" auf, das in einer bestimmten Enzyklopädie quasi-automatisch als „männlicher erwachsener Mensch" dekodiert wird. Dass sich dahinter aber gerade doch eine Abduktionsleistung verbirgt, wird unmittelbar deutlich, wenn man dasselbe Wort in einem international geprägten Kontext hört, so dass zur korrekten Interpretation „eine Hypothese über den

- *Untercodierte Abduktion*: Hier muss „das Gesetz [...] aus einer Folge von gleichwahrscheinlichen Gesetzen ausgewählt werden, die uns über die gültige Erkenntnis der Welt (oder semiotische Enzyklopädien [...]) zur Verfügung stehen. [...] Da das Gesetz als das plausibelste unter vielen ausgewählt wird, man aber nicht sicher sein kann, ob es das ‚korrekte' ist oder nicht, wird die Erklärung bis zu weiteren Gültigkeitsproben lediglich aufrechterhalten."[153] Daher lässt sich Untercodierung letztlich definieren als eine „Operation, mittels derer beim Fehlen präziserer Regeln makroskopische Teile bestimmter Texte als relevante Einheiten eines in Bildung begriffenen Codes aufgefasst werden, auch wenn die Kombinationsregeln, die die grundlegenderen Komponenten der Ausdrücke beherrschen, ebenso wie die ihnen korrespondierenden Inhalts-Einheiten unbekannt bleiben."[154]
- *Kreative Abduktion:* „Das Gesetz muß *ex novo* erfunden werden. [...] Beispiel für kreative Abduktionen finden sich in den ‚revolutionären' Entdeckungen, die ein feststehendes wissenschaftliches Paradigma ändern."[155] Indem das einer Schlussfolgerung zugrunde liegende Gesetz neu gefunden werden muss, stellt diese Form eine gleichermaßen unsichere wie auf Wissenserweiterung abzielende Regel dar.
- *Meta-Abduktion*[156]*:* Gerade mit Blick auf die kreative Abduktion ist diese Schlussform auf der zweiten Ebene - die Eco erst in *Grenzen der Interpretation* etabliert - unbedingt notwendig. „Sie liegt in der Entscheidung darüber, ob das mögliche Universum, das wir mit unseren Abduktionen der ersten Ebene entworfen haben, mit dem Universum unserer Erfahrung übereinstimmt. Bei über- oder untercodierten Abduktionen ist diese Meta-Ebene der Schlußfolgerung nicht obligatorisch, da wir unser Gesetz einem Depot bereits geprüfter Welterfahrung entnehmen. Anders ausgedrückt: diese allgemeine Erkenntnis der Welt berechtigt uns zu der Feststellung, daß das Gesetz - vorausgesetzt, es läßt sich hier anwenden - bereits in der Welt unserer Erfahrungen seine Gültigkeit hat. Bei den

---

Kontext der Äußerung sowie den diskursiven Ko-Text" (Eco, Grenzen, 312f.) vorausgesetzt wird.

153 Eco, Grenzen, 313.

154 Eco, Semiotik und Philosophie, 192.

155 Eco, Grenzen, 313f.

156 Die von Eco im Rahmen seiner semiotischen Theorie eingeführte Kategorie der Meta-Abduktion weist erstaunliche Parallelen zu Richard Hays Kriterium der Satisfaction auf: Bei Hays (vgl. unten Abschnitt 2.2.2.1) ist dieses Analysekriterium ein Gradmesser für die Plausibilität einer bestimmten Interpretation; bei Eco beschreibt die Meta-Abduktion die Plausibilität eines möglichen Textuniversums im Gegenüber zur Erfahrung in der „realen Welt".

> kreativen Abduktionen fehlt uns diese Art der Gewißheit. Wir stellen eine Vermutung an, und zwar nicht nur über die Natur des Ergebnisses (seine Ursache), sondern auch über die Natur der Enzyklopädie (so daß, falls das neue Gesetz am Ende verifiziert wird, unsere Entdeckung zu einer Umwandlung des Paradigmas führt)."[157]

Interpretation bzw. Lektüre ist im Ecoschen Sinne die Frage danach, wie die lineare Manifestation eines Textes aktualisiert werden muss bzw. welche Formen der Abduktion zur Interpretation eines Textes nötig sind.

Intertextuelle Szenographien und die Enzyklopädie

Eine entscheidende Rolle in Ecos Lektüretheorie, die Interpretation als abduktives Schließen des Lesers in Auseinandersetzung mit einem gegebenen Text versteht, ist das Konzept der Enzyklopädie: „Eine natürliche Sprache ist ein flexibles System der Signifikation, das zur Produktion von Texten erdacht wurde, und Texte sind Mittel, um Teile *enzyklopädischer Information zu vergrößern oder zu narkotisieren.*"[158]

Innerhalb der Enzyklopädie unterscheidet Eco „allgemeine Szenographien", die sich auf ein allgemeines Wissen von der Organisation des Alltags einer bestimmten Gesellschaft beziehen und „intertextuelle Szenographien". Letztere variieren je nach Textkenntnis des Lesers: „Um diese Szenographien zu identifizieren, musste der Leser sozusagen außerhalb des Textes ‚spazierengehen', um intertextuelle Unterstützung zu erlangen (eine Suche nach analogen ‚Topoi', Themen und Motiven). Ich nenne diese interpretativen Schritte inferentielle Spaziergänge: Sie sind keine bloßen absonderlichen Initiativen von Seiten des Lesers, sondern kommen durch diskursive Strukturen ans Licht und werden durch die gesamte Textstrategie als unerlässliche Komponenten der Konstruktion der *fabula* vorgesehen."[159] Die allgemeinen Szenographien sind i.d.R. den Lesern einer Kultur bekannt; dagegen sind die intertextuellen Szenographien „rhetorische und erzählerische Schemata, die Teil eines selektierten und bewusst eingeschränkten Wissensschatzes darstellen, ein Fundus, über den nicht alle Mitglieder einer bestimmten Kultur verfügen."[160]

---

[157] Eco, Grenzen 314. Die Meta-Abduktion stellt somit – auf zweiter Ebene – eine Art Korrektiv für Abduktionen der ersten Ebene, insbesondere für die kreativen Abduktionen dar. Insbesondere für die biblischen Texte, die oftmals Welten voraussetzen, die nicht immer mit unserer alltäglichen Erfahrung in Einklang zu bringen sind und somit kreative Abduktionen erfordern, hat diese Meta-Reflexion große Bedeutung. Gerade im Gegenüber zwischen möglichem Universum der biblischen Texte und dem Universum unserer Erfahrung ist es notwendig, eine Brücke zu schlagen.

[158] Eco, Semiotik und Philosophie, 124 (Hervorhebung M.S.).

[159] Eco, Labyrinth, 233f.

[160] Eco, Lector, 104.

Mit dieser Unterscheidung verschiedener Szenographien begrenzt Ecos Modell - im Gegenüber zu Kristeva, jedoch in Analogie zu Holthuis - Intertextualität zunächst einmal auf Bezüge zu anderen Texten: Neben *intertextuellen* Szenographien existieren *allgemeine* Szenographien, so dass „nicht alles konventionalisierte Wissen einer Kultur auf Intertextualität reduziert wird. [...] Die Universalisierung des Intertextualitätsbegriffs wird aber wiederum da deutlich, wo Eco davon spricht, daß damit etwas *als* Wissen konventionalisiert werden kann, zuvor mündlich oder schriftlich vertextet sein muß."[161] Somit sind die „übercodierten Szenographien das Ergebnis vorausgehender *intertextueller* Zirkulation. Die Gesellschaft vermag eine enzyklopädische Information nur dann zu registrieren, wenn diese von vorausgegangenen Texten erstellt worden ist. Enzyklopädie oder Thesaurus sind das Destillat (in Form von Makropropositionen) anderer Texte. Es handelt sich um eine Zirkularität, die eine strenge Untersuchung nicht unbedingt entmutigen muß: das Problem besteht nur darin, so rigoros vorzugehen, daß von dieser Zirkularität auch Rechenschaft gegeben werden kann".[162] Innerhalb intertextueller und allgemeiner Szenographien differenziert Eco im Folgenden noch vier verschiedene Formen:

- *maximale Szenographien* (vergleichbar mit Gattungsregeln)
- *Motiv-Szenographien*: „ziemlich flexible Schemata von der Art ‚verfolgte Unschuld', in denen bestimmte Akteure zu unterscheiden sind [...], gewisse Handlungssequenzen [...], bestimmte Kulissen [...] und so fort; ohne daß jedoch dabei genaue und bindende Verpflichtungen hinsichtlich der Abfolge der Ereignisse auferlegt würden."[163]
- *situationsbezogene Szenographien*: „(typisch dafür das Duell zwischen Sheriff und Bösewicht im Western), welche die Entwicklung eines Teils der Geschichte zwingend festlegen, aber auf verschiedene Weise verändert werden, so daß daraus verschiedene Geschichten entstehen können."[164]
- „Viertens müßte man die im eigentlichen Sinn rhetorischen Topoi berücksichtigen [...]. Es ist unvermeidlich, daß diese Auflistung unvollständig bleibt."[165]

Die Arbeit der Interpretation bzw. die Aktualisierung einer linearen Manifestation eines Textes mit Hilfe von Szenographien innerhalb einer Enzyklopädie lässt sich in der folgenden schematischen Darstellung zeigen:

---

161 Alkier, Intertextualität, 24f.

162 Eco, Lector, 28.

163 Ebd., 102.

164 Ebd.

165 Ebd., 103.

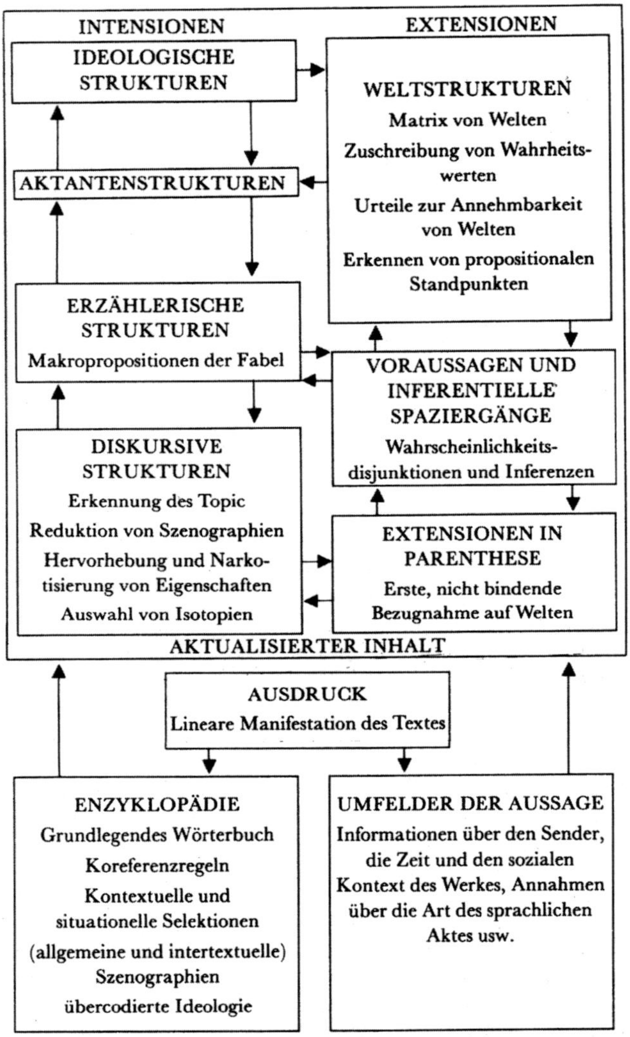

Abb. 1: Ebenen der textuellen Mitarbeit nach Umberto Eco

Mit dieser Übersicht erläutert Eco die „Ebenen der textuellen Mitarbeit", und damit letztlich den Untertitel seines Buches *Lector in Fabula* – Die Mitarbeit der Interpretation in erzählenden Texten. Am Anfang dieses Prozesses steht der *Ausdruck* bzw. die *Lineare Manifestation des Textes*: „Lineare Manifestation des Textes nennen wir seine lexematische Oberfläche. Der Leser appliziert auf die gegebenen Ausdrücke ein System sprachlicher Regeln, um sie zu einer ersten Inhaltsebene (diskursive Strukturen) umzuformen".[166] Ausgehend von dieser *Linearen Manifestation des Textes* sind in verschiedenen Lektüreakten jeweils eigene Wege notwendig um zur - notwendigen - Aktualisierung des Inhalts zu gelangen. Dabei ist nicht nur die Zuordnung des Textes zu einer bestimmten Enzyklopädie konstitutiv, sondern auch die *Umfelder der Aussage* spielen eine maßgebliche Rolle: „Die Umfelder der Aussage wiederum bestimmen, welche Enzyklopädie eine adäquate Lektüre gelingen läßt."[167]

Intertextualität als umbrella term

Obwohl der Begriff der Intertextualität nicht im Mittelpunkt des Ecoschen Ansatzes steht, bietet der Entwurf doch an zwei entscheidenden Stellen eine neue Perspektive. Zuerst einmal greift Eco das weite Modell Julia Kristevas auf, indem er den Interpretationsprozess vom Ausdruck zum aktualisierten Inhalt über die Enzyklopädie (und damit auch über *intertextuelle* Szenographien) erklärt. Genau wie bei Kristeva begegnet hier die Vorstellung, dass *jeder* Text in Beziehung zu anderen Texten steht. Diese Beziehung zu anderen Texten wird aber - zweitens - qualifiziert durch die Umfelder der Aussage, v.a. aber durch die im jeweiligen Lektüreakt gewählte Enzyklopädie. Intertextualität wird somit in einem weiteren Sinn zwar auch als integraler Bestandteil von Textualität verstanden, erfährt aber durch die Verortung innerhalb enzyklopädischer Fragen eine entscheidende Konkretisierung, die Möglichkeiten einer weiteren Methodisierbarkeit eröffnet.

Eco führt außerdem an einem entscheidenden Punkt über die grundlegende Intertextualitäts-Definition Kristevas hinaus, indem er Text und gesellschaftliche bzw. geschichtliche Wirklichkeit nicht als koexistent denkt. Er stellt fest: „Die Welt, wie wir sie uns vorstellen, ist ein Ergebnis der Interpretation."[168] Im Gegensatz zu einer konstruktivistischen Haltung geht Eco aber von „Resistenzen des Seins"[169] und damit der Vorgegebenheit der Welt unabhängig von ihren Interpretationen aus. Dieses Gegenüber findet sich wieder in der terminologischen Unterscheidung zwischen

[166] Eco, Lector, 88.

[167] Alkier, Intertextualität, 24. Er fährt in seiner Erläuterung fort: „Der aufgrund der angenommenen Enzyklopädie aktualisierte Inhalt gliedert sich in Intensionen, die in der Semiotik Charles Sanders Peirces als *logical depth* bezeichnet werden und den Extensionen, die Peirce *logical breadth* nennt. Vereinfachend könnte man sagen, die Intensionen befassen sich mit der *Bedeutung* und die Extensionen mit der *Bezugnahme* der Zeichen auf etwas. Bei den in dem Kasten AKTUALISIERTER INHALT aufgeführten Untergliederungen handelt es sich um für die Lektüre eines individuellen Textes aus dem Bereich der zugeordneten Enzyklopädie ausgewählten Konkretisierungen."

[168] Eco, Kant, 63.

[169] Ebd., 65.

„realer Welt“ und „möglichen Welten“, wobei erstere die Spielräume für letztere determiniert.[170]

Umberto Ecos Modell beschreibt somit letztlich genau das Verhältnis zwischen „dem globale(n) Modell des Poststrukturalismus, in dem jeder Text als Teil eines universalen Intertexts erscheint, durch den er in allen seinen Aspekten bedingt wird, und prägnanteren strukturalistischen Modellen, in denen der Begriff der Intertextualität auf bewusste, intendierte und markierte Bezüge zwischen einem Text und vorliegenden Texten oder Textgruppen eingeengt wird.“[171] Er zeigt dabei, dass engere und weitere Intertextualitätskonzeptionen zwar unterschiedliche Aspekte hervorheben, letztlich aber zusammengedacht werden können und müssen. Eco bietet so auf der texttheoretischen Ebene einen Entwurf an, der zwischen beiden Modellen vermittelt. Diese Vermittlung scheint schon deshalb möglich, weil hier einzelne intertextuelle Verweise, die methodisch erfasst werden können, als Einzelfall eines globalen Intertextualitätsmodells gedacht werden.

Gerade weil Eco nicht ausschließlich eine Intertextualitätstheorie vorlegt, bleibt sein Modell in zwei unterschiedliche Richtungen offen: Einerseits beschreibt es die Arbeit der Textinterpretation als Sonderfall einer umfassenden Kultursemiotik, andererseits bietet es die Möglichkeit, verschiedene intertextuelle Lektüreverfahren bzw. Analysemethoden miteinander zu vereinbaren. Mit Ecos Modell wird Intertextualität in verschiedener Hinsicht zum *umbrella term*:

- Intertextualität erscheint bei Eco als Phänomen auf der Ebene einer *Text- bzw. Lektüretheorie,* ist also ein konstitutiver Aspekt von Textualität schlechthin. Somit findet sich hier etwa die Weite der ursprünglichen Definition durch Kristeva wieder. Darüber hinaus aber bietet Ecos Entwurf die Möglichkeit zur Integration verschiedener methodischer Entwürfe: Es kann auf der methodischen Ebene konkretisiert werden, was es bedeutet, wenn ein Text mit einer bestimmten Enzyklopädie erschlossen wird bzw. im Rahmen bestimmter Umfelder der Aussage verortet wird.[172]
- Innerhalb dieses Rahmens lassen sich auch die oft aus der Eco-schen Theorie zitierten *intentiones* verstehen: Eco unterscheidet

[170] Im Gegenüber zu früheren Werken (vgl. etwa Eco, Semiotik, 92) verwendet Eco in Lector in fabula explizit das Konzept der sog. *möglichen Welt:* „Wir bezeichnen als mögliche Welt einen Zustand von Dingen, der von einer Gesamtheit von Propositionen ausgedrückt wird, wobei für jede Proposition entweder p oder ~p gilt.“ (Eco, Lector, 162). Im Rahmen dieses Entwurfes repräsentieren Texte als ‚mögliche Welten‘ Elemente bzw. Strukturen der ‚realen Welt‘, der Kultur.

[171] Pfister, Konzepte, 25.

[172] Für eine engere Methodik eignen sich aufgrund der Nähe auf der Theorieebene besonders Entwürfe, die auf semiotischen Modellen basieren wie etwa der Ansatz von Magdolna Orosz (vgl. Abschnitt 2.1.4.3).

verschiedene Perspektiven der Interpretation, die sich jeweils entweder auf den Text (*intentio operis*), den Leser (*intentio lectoris*) oder den Autor (*intentio auctoris*) beziehen,[173] wobei der *intentio lectoris*, v.a. aber der *intentio operis* eine besondere Bedeutung zukommt. Mit diesen Begrifflichkeiten stellt Eco letztlich pointiert dar, was er mit dem Lektüremodell aus *Lector in Fabula* bereits entwickelt hat: Interpretation - verstanden als Zentralbegriff Ecoscher Theoriebildung[174] - wird immer verstanden als Interpretations*leistung* in der Auseinandersetzung zwischen Leser und Text: „Ist die Arbeit getan, so entspinnt sich ein Dialog zwischen dem fertigen Text und seinen Lesern (in die der Autor nicht eingreifen darf)."[175] Die Aufgabe des Lesers besteht dabei „im Aufstellen einer Vermutung über die *intentio operis*. Diese Vermutung muß vom Komplex des Textes als einem organischen Ganzen bestätigt werden. Das heißt nicht, daß man zu einem Text nur eine einzige Vermutung aufstellen kann. Im Prinzip gibt es unendlich viele. Zuletzt aber müssen diese Vermutungen sich an der Kongruenz des Textes bewähren, und die Textkongruenz wird zwangsläufig bestimmte voreilige Vermutungen als falsch verwerfen. Ein Text ist ein Mechanismus, der seinen Modell-Leser hervorbringen möchte. Der empirische Leser ist ein Leser, der eine Vermutung über den vom Text postulierten Modell-Leser aufstellt. Das heißt, daß der empirische Leser nicht über die Intentionen des empirischen Autors, sondern über die des Modell-Autors Vermutungen anstellt. Der Modell-Autor ist jener Autor, der, als Textstrategie, einen bestimmten Modell-Leser hervorbringen möchte. Und das ist der Punkt, an dem die Suche nach der intentio auctoris und die nach der *intentio operis* zusammenfallen. Sie fallen zusammen zumindest in dem Sinn, daß (Modell-)Autor und Werk (als Kohärenz des Textes) der virtuelle Punkt sind, auf den die Vermutung abzielt. Der Text ist weniger ein Parameter zur Bestätigung der Interpretation als vielmehr ein Objekt, das die Interpretation bei dem zirkulären Versuch, sich aufgrund dessen zu bestätigen, was sie konstruiert, selber erschafft. Zweifellos ein hermeneutischer Zirkel par excellence."[176]

---

173 Vgl. Eco, Streit, 37ff.

174 Vgl. dazu insbesondere Schalk, Eco, der das Problem der Interpretation als gemeinsame Klammer für verschiedene Positionen innerhalb Ecos Werk beschreibt.

175 Eco, Nachschrift, 55.

176 Eco, Grenzen, 49. Das bedeutet aber auch, dass in der *intentio operis* sowohl *intentio lectoris*, als auch *intentio auctoris* miteinander verschmelzen können: „Da jedoch die Textintention auf einen exemplarischen Leser zielt, der über sie mutmaßt, stellt sich dieser Idealtypus in erster Linie einen exemplarischen Autor vor, der sich nicht mit dem empirischen deckt und letztlich mit der Textintention übereinstimmt." (Eco, Autor, 72). „Mit anderen Worten: die Textintention ist die Autorintention mit der

- Intertextualität kann im Anschluss an Umberto Eco als *umbrella term* bezeichnet werden, der aber über eine bestimmte Enzyklopädie seine Konkretion erhält. Im Zusammenspiel zwischen *Umfeldern der Aussage* und *Enzyklopädie* lassen sich sehr viele intertextuelle Lektüren vorstellen; die Diskussion über deren Berechtigung ist dabei konstitutiver Teil des Interpretationsprozesses.[177]

2.1.4 Theorie und Methode - Modelle intertextueller Textanalyse

Neben Arbeiten zu Grundlagen intertextueller Theoriebildung, zur Differenzierung des Intertextualitätsbegriffs und zur Frage der Einordnung in texttheoretische Gesamtkonzepte,[178] standen immer wieder Forschungen zur Methodisierbarkeit bzw. zur intertextuellen Textanalyse im Blickpunkt des Interesses. Im Folgenden sollen drei dieser Ansätze vorgestellt werden, die nicht nur wegen ihrer starken Rezeption in unterschiedlichen Wissenschaften forschungsgeschichtlich interessant sind, sondern auch essentielle Beiträge zum Phänomen Intertextualität insgesamt bieten und damit Grundlage für die in Kapitel 2.3 erarbeitete Intertextualitätskonzeption sind.

2.1.4.1 Dimensionen des Intertextualitätsbegriffs: Manfred Pfister

Der von Ulrich Broich und Manfred Pfister herausgegebene Sammelband *Intertextualität. Formen, Funktionen, anglistische Fallstudien*[179] gehört sicherlich zu den wirkmächtigsten Veröffentlichungen zur Intertextualität im deutschsprachigen Raum. Die Autoren präsentieren hier gleichzeitig eine komprimierte Forschungsgeschichte, eigene Konzeptionen und Definitio-

---

einzigen Einschränkung, daß der Leser sie einem exemplarischen oder Modell-Autor hypothetisch unterstellt. Das regulative Prinzip der Ecoschen Theorie der Interpretation, die *intentio operis,* umfaßt daher auch die explizite Aufforderung an die Interpreten, Vermutungen über die Absichten eines ‚Modell-Autors' anzustellen." (Schalk, Eco, 173.)

177 Vgl. dazu Pellegrini, Elija, 131f., die gerade in diesem Zusammenhang noch einmal Intertextualität von Traditionsgeschichte und Quellenkritik abhebt (im Fall ihrer Studie mit Blick auf Mk): „(Daher) muß eine traditionsgeschichtlich orientierte Analyse oder eine Quellenforschung von unserer Untersuchung deutlich unterschieden werden. Auch wenn ein Zitat im Markusevangelium […] auf ‚Prä-Texte' […] Bezug nimmt, wird hier die Tradition nur insoweit untersucht, wie die intentionale Fragestellung es verlangt. Ohne Traditionsanalyse - ohne diachrone Kompetenz! - gelingt keine intertextuelle Interpretation des Zitats, aber die Auslegung des Zitats kann nicht mit einer Darstellung seiner Traditionsgeschichte gleichgesetzt werden. Nur die Darstellung seiner Intention, nämlich der Funktion, die es im Markustext erfüllt, legt das Zitat intertextuell aus. So erklärt sich, daß unser Modell notwendigerweise die diachrone mit synchronen Perspektive verschmilzt."

178 Vgl. die Abschnitte 2.1.1-2.1.3.

179 Broich/Pfister, Intertextualität.

nen von Intertextualität sowie textanalytische Studien aus dem Bereich der Anglistik. Aufgegriffen wird aus dieser Fülle von Studien immer wieder Manfred Pfisters Konzept zur Skalierung der Intertextualität, das gleichzeitig texttheoretische und textanalytische Aussagen trifft und so wenigstens zwei der drei bei Lachmann genannten Dimensionen berücksichtigt.

Als grundlegende Unterscheidung differenziert Pfister zwischen „horizontaler" (zwischen Autor und Rezipient) und „vertikaler" (zwischen Text und Prätext) Dimension der Intertextualitätsforschung und greift damit Termini Julia Kristevas auf.[180] Es gelingt ihm auf diese Weise, verschiedene Ansätze in der ausufernden Intertextualitätsdebatte aufeinander zu beziehen bzw. in ein Verhältnis zu setzen, in dem er verschiedene Intertextualitätstheorien auf diesen Achsen einzeichnet. Er verbindet durch diese „Skalierung der Intertextualität" weitere Intertexualitätskonzepte des Poststrukturalismus mit engeren, auf Methodisierbarkeit bzw. Textanalyse angelegten Modellen: „Möglich scheint uns das schon deshalb, weil die beiden Modelle einander nicht ausschließen, vielmehr die Phänomene, die das engere Modell erfassen will, prägnante Aktualisierungen jener globalen Intertextualität sind, auf die das weitere Modell abzielt. In unserem Vermittlungsmodell wollen wir daher von dem übergreifenden Modell der Intertextualität ausgehen und innerhalb dieser weit definierten Intertextualität diese dann nach Graden der Intensität des intertextuellen Bezugs differenzieren und abstufen."[181]

Gerade auch in der deutschsprachigen Exegese wurde immer wieder auf Pfisters Unterscheidung zwischen quantitativen und qualitativen Kriterien für intertextuelle Bezüge zurückgegriffen. Dieses Modell schlägt vor, einen gegebenen Text zunächst nach quantitativen Kriterien zu untersuchen, die in erster Linie „Dichte und Häufigkeit intertextueller Bezüge, zum anderen die Zahl und Streubreite der ins Spiel gebrachten Praetexte"[182] im Blick haben. Daneben entwickelt Pfister sechs verschiedene qualitative Kriterien, die intertextuelle Bezüge auf einer anderen Ebene klassifizieren sollen:

- Mit dem Kriterium der *Referentialität* soll analysiert werden, ob ein Wort oder eine linguistische Struktur verwendet („*use*") wird oder ob auf sie jeweils verwiesen („*mention/refer to*") wird. Dabei geht Pfister davon aus, dass „eine Beziehung zwischen Texten umso intensiver intertextuell ist, je mehr der eine Text den anderen thematisiert" und damit nicht nur auf einzelne Passagen verweist, sondern sich weiterführend mit ihm auseinandersetzt.

---

180 Kristeva, Bachtin, 347.

181 Pfister, Konzepte, 25.

182 Ebd., 30.

- Mit dem Stichwort der *Kommunikativität* fragt Pfister nach der Bewusstheit des intertextuellen Bezugs im Rahmen des Kommunikationszusammenhangs Autor - Text - Rezipient. Damit ist auf Seiten des Autors die Frage verbunden, wie bewusst ein bestimmter intertextueller Bezug eingesetzt wird. Dieser Grad der Bewusstheit korrespondiert mit der Intensität der Markierung auf der Ebene des Textes bzw. mit dem Herstellen des intendierten intertextuellen Bezugs durch den Leser. Laut Pfister ist der „harte Kern maximaler Intensität" dieses Kriteriums dann erreicht, „wenn sich der Autor des intertextuellen Bezugs bewußt ist, er davon ausgeht, daß der Prätext auch dem Rezipienten geläufig ist und er durch eine bewußte Markierung im Text deutlich und eindeutig darauf verweist."[183] Es geht also um den „Grad der Bewußtheit des intertextuellen Bezugs beim Autor wie beim Rezipienten, der Intentionalität und der Deutlichkeit der Markierung im Text selbst."[184]
- Zu steigern ist ein hoher Grad an Kommunikativität nur noch durch eine deutlich wahrnehmbare *Autoreflexivität:* Inwieweit enthält ein gegebener Text selbst eine metakommunikative Reflexion über seine eigene intertextuelle Bedingtheit.[185]
- Das Kriterium der *Strukturalität* „betrifft die syntagmatische Integration der Prätexte in den Text. Nach diesem Kriterium ergibt das bloß punktuelle und beiläufige Anzitieren einen nur geringen Intensitätsgrad der Intertextualität, während wir uns in dem Maße dem Zentrum maximaler Intensität nähern, in dem ein Prätext zur strukturellen Folie eines ganzen Textes wird."[186]
- Mit der *Selektivität* untersucht Pfister die „Prägnanz intertextueller Verweisung"[187], lenkt also den Blick stärker auf die Frage, wie sich ein Text aus anderen speist. „Den harten Kern markiert hier also das wörtliche Zitat aus einem individuellen Prätext, während der Bezug zwischen Texten allein aufgrund ihrer Textualität eine periphere Schwundstufe von Intertextualität darstellt."[188]
- Schließlich nennt Pfister das Kriterium der *Dialogizität* als Gradmesser für die (semantische) Spannung zwischen ursprünglichem und neuem Kontext eines Wortes, Satzes oder einer linguistischen Struktur.

---

183 Pfister, Konzepte, 27.

184 Ebd.

185 Es ist nicht weiter auffällig, dass gerade mit diesem Kriterium Literatur der Moderne und Postmoderne in den Blick gerät, die auch Gegenstand nahezu aller literaturwissenschaftlicher intertextueller Untersuchungen sind. Nur wenige Arbeiten beschäftigen sich dagegen mit intertextuellen Studien zu Texten vor 1800.

186 Pfister, Konzepte, 28.

187 Ebd., 29.

188 Ebd.

So sehr sich die Pfisterschen Kriterien auch von der Weite der ursprünglichen Definition Kristevas entfernt haben - man bedenke etwa nur das zugrunde liegende Autorenkonzept - so sehr eint sie jedoch die Tatsache, dass sie für eine bestimmte Form der Text*interpretation* nur bedingt weiterführend sind. Mit dem Entwurf Pfisters ist zwar eine Skalierung intertextueller Merkmale der Textoberfläche möglich, für die Interpretationsarbeit kann das aber lediglich eine Vorstufe sein.

Wie gut eine solche Skalierung jedoch in der Arbeit mit Texten funktioniert zeigen die zahlreichen Beispiele für die Anwendung dieser Kriterien auch innerhalb der theologischen Exegese, etwa bei Marianne Grohmann[189] sowie in den verschiedenen Studien zur Johannesapokalypse in einem Doppelheft der *Protokolle zur Bibel*[190].

2.1.4.2 Intertextualität und Markierung: Jörg Helbig

Einer für das Verständnis von Intertextualität entscheidenden Frage geht Jörg Helbig in seiner Arbeit *Intertextualität und Markierung*[191] nach. Während Manfred Pfister versucht, dem Phänomen Intertextualität durch Klassifizierungen näher zu kommen, untersucht Helbig - mit ähnlichen texttheoretischen Prämissen - mit der Frage nach der Markierung einen Teilaspekt intertextuellen Arbeitens. Helbig stellt sein Gesamtkonzept in unmittelbare Nähe von Manfred Pfister, wenn auch er sich auf dessen These bezieht, dass „die Phänomene, die das engere Modell erfassen will, prägnante Aktualisierungen jener globalen Intertextualität sind, auf die das weitere Modell abzielt"[192]. Es geht ihm also auch um die textanalytische Präzisierung der poststrukturalistischen Modelle, da sich deren Intertextualitätsbegriff einer „textanalytischen Applizierbarkeit und Operationalisierbarkeit radikal"[193] entziehe. Das Verhältnis zwischen den verschiedenen Intertextualitätskonzepten erläutert Helbig im Folgenden: „Unsere Fokussierung auf Bezüge zwischen individuellen Texten leugnet indes weder die Berechtigung eines universalistischen Intertextualitätsbegriffs noch impliziert sie eine etwaige Irrelevanz dekonstruktivistischer Forschungsansätze. Wenn wir im Rahmen unseres Untersuchungsfeldes von einem engeren Intertextualitätsbegriff ausgehen, der den ‚Dialog der Texte' als spezifische Eigenschaft bestimmter Texte beschreibt, [...], so geschieht dies nicht zuletzt deshalb, um mit einem Brückenschlag zur Entschärfung der kontrovers geführten Diskussion um textontologische und textanalyti-

189 Grohmann, Aneignung. Grohmann verwendet die Kriterien nicht nur, sondern unterzieht sie einer kritischen Würdigung. Sie analysiert darüber hinaus auch die in Abschnitt 2.2.2.1 genannten Kriterien von Richard B. Hays.

190 Protokolle zur Bibel 8 (1999), Heft 1 und 2.

191 Helbig, Intertextualität.

192 Ebd., 61.

193 Ebd., 58.

sche Zugriffsmethoden beizutragen und dem umfassenderen Intertextualitätskonzept ein ergänzendes Modell zur Seite zu stellen, das es ermöglicht, einen spezifischen Ausschnitt des Gesamtspektrums von Intertextualität präziser und transparenter beschreibbar zu machen."[194]

Er versteht seine Theorie als „ein heuristisches Hilfsmittel der Textdeskription und -analyse [...], darüber hinaus liefert sie aber vor allem einen wichtigen Baustein für eine übergreifende Theorie- und Modellbildung intertextueller Schreibweisen". Es geht dabei um die genaue Beschreibung der Elemente eines gegebenen Textes, die über sich hinaus weisen und so eine intertextuelle Betrachtung motivieren: „Intertextualität kann im Bereich fiktionaler Literatur generell als ein Störfaktor beschrieben werden, der die Isotopie eines Textes durchbricht und Impulse aussendet, die aus der präsenten fiktionalen Welt hinausweisen, um auf dem Umweg über eine fremde fiktionale Welt wieder auf den manifesten Text zurückzuwirken. Diese ‚Störwellen' lassen sich auf einen jeweiligen Ursprung, auf ein Epizentrum zurückverfolgen, das sich an der Textoberfläche als Reproduktion oder Variation von Signifikanten eines absenten Textes konkretisiert."[195] Intertextualität versteht Helbig als ein „bewußt eingesetztes Steuerungsinstrument"[196], wobei verschiedene Formen ihrer Markierung im Mittelpunkt seines Interesses stehen. Er unterscheidet dabei zwischen „‚dem Markierten' als einer Zeichenkette mit intertextuellem Referenzcharakter und ‚der Markierung' als einem auf diese Zeichenkette hinweisenden Signal"[197]. Die verschiedenen möglichen Erscheinungsformen intertextueller Markierung präsentiert Helbig mit Hilfe einer Übersicht von Wilhelm Füger:

<table>
<tr><td colspan="2" rowspan="3">BEZUG
AUF
PRÄTEXT</td><td colspan="3">Ist dem AUTOR</td></tr>
<tr><td colspan="2">BEWUSST

Und soll dem
Leser bewusst werden</td><td rowspan="2">NICHT
BEWUSST</td></tr>
<tr><td>JA</td><td>NEIN</td></tr>
<tr><td rowspan="2">Wird dem
LESER</td><td>BEWUSST</td><td>1</td><td>3</td><td>5</td></tr>
<tr><td>NICHT BE-
WUSST</td><td>2</td><td>4</td><td>6</td></tr>
</table>

Abb. 2: Spielarten von Intertextualität nach Füger/Helbig

[194] Helbig, Intertextualität, 60.

[195] Ebd., 14.

[196] Ebd., 53.

[197] Ebd., 26.

Helbig bietet einen ausführlichen Kommentar dieses Schaubildes, der sehr treffend nicht nur die möglichen Formen intertextueller Markierung, sondern darüber hinaus auch alle möglichen Erscheinungsformen der Intertextualität in engerem Sinne darstellt: „Im Rahmen der Felder (3) bis (6), in welchen Textrelationen vom unbewußten und unauflösbaren intertextuellen Echo bis zum Plagiat erfaßt werden, ist laut Füger davon auszugehen, daß ein Autor nicht die Absicht hat, dem Leser einen Prätextbezug signalisieren zu wollen. Diese Felder repräsentieren daher ‚das Spektrum nichtmarkierter Intertextualität'. Im Gegensatz dazu stehen die Felder (1) und (2), in denen ein Autor intertextuelle Referenzen nicht nur bewußt einsetzt, sondern diese dem Leser auch vermitteln will, so daß das Kriterium der Markiertheit einer Referenz zugleich einen Kernbereich intendierter Intertextualität bezeichnet. Während markierte Intertextualität als polyfunktional, ‚da intra- und intertextuell orientiert' beschrieben wird, erscheint es zunächst klärungsbedürftig, wenn Füger unmarkierte Intertextualität als monofunktional beschreibt, denn auch diese kann grundsätzlich sowohl intra- als auch intertextuell orientiert sein. Verständlich wird die getroffene Unterscheidung erst vor dem Hintergrund von Fügers weitgreifender Definition von Markierung, wonach die in den Feldern (1) und (2) anzusiedelnden Fälle ‚bereits insofern als markiert gelten, als hier die Referenz auf den Prätext sowie die damit verbundene Absicht des Autors vom Leser erkannt werden sollen'".[198]

Helbig beschreibt Fügers Schema im Folgenden im Rahmen einer Theorie, die Intertextualität als Kommunikationsgeschehen beschreibt: „Fügers Schema der Spielarten von Intertextualität rückt mithin verstärkt die Erkenntnis ins Bewußtsein, daß es vor allem die potentiellen Momente gescheiterter Kommunikation sind, die das Problem der Markierung auch unter funktionalen Gesichtspunkten relevant machen. Ein vorrangiges Ziel von Markierung wäre es demnach, die in Feld (2) angesiedelten Fälle intertextueller Kommunikation nach Feld (1) zu verschieben. Vor der Wahl einer bestimmten Art von Markierung müsse, so Füger weiter, ein Autor grundsätzlich darüber entscheiden, ob eine Referenz explizit oder implizit markiert werden soll. Als Beispiele expliziter Markierung nennt Füger die Identifizierung des Prätextes oder dessen Autors, das physische Auftreten von Figuren aus dem Prätext sowie Addenda in Form von Signalen auf graphischer Ebene."[199]

Ähnlich wie bei Manfred Pfister geht es Füger bzw. Helbig um die Identifizierung bestimmter im Text vorliegender intertextueller Signale. Die beiden letztgenannten konzentrieren sich dabei auf ein bestimmtes Gebiet: „Im Zentrum von Fügers Erkenntnisinteresse steht aber vor allem das bislang nur rudimentär erforschte Konzept impliziter Markierung.

198 Helbig, Intertextualität, 45.
199 Ebd., 46.

Füger unterscheidet hier zunächst vier Komplexitätsstufen implizit markierter Intertextualität, die zugleich als Abgrenzungskriterien gegenüber unmarkierter Intertextualität fungieren: (1) reine Wiederholung eines Signifikanten bzw. einer Signifikantenreihe des Prätextes, (2) modifizierte Wiederholung, (3) totale Negation der Vorgabe des Prätextes und (4) partielle Negation der Vorgabe des Prätextes."[200]

Helbig und Füger verweisen besonders auf die oftmals vernachlässigte Frage nach dem „Transparenzgrad von Markierungen". Wie explizit sich eine intertextuelle Markierung in einem gegebenen Text ausmachen lässt, kann auf verschiedene Ursachen zurückgeführt werden:

- „der Komplexitätsgrad der sprachlichen und gedanklichen Differenz zum Prätext, jeweils unter Berücksichtigung des Bekanntheitsgrades des letzteren;
- die Platzierung und Profilierung des Referenzträgers im Text, speziell im Hinblick auf das Spektrum privilegierter Stellen;
- die Situierung der Referenz im Schichtenbau der linguistischen Hierarchie und des Kommunikationsprozesses;
- die Häufigkeit der indirekten Verweise auf einen bestimmten Prätext oder dessen Autor;
- der funktionale Stellenwert der Bezugnahme für die Sinnstruktur des jeweiligen Textes, d.h. die sinnstiftende Wirkung der postulierten Referenz im Hinblick auf ein zentrales Gehaltsmoment dieses Textes."[201]

2.1.4.3 Intertextualität und semiotische Textanalyse: Magdolna Orosz

Magdolna Orosz versucht in ihrer Arbeit *Intertextualität in der Textanalyse* mit semiotischen Terminologien eine möglichst umfassende Beschreibung intertextueller Bezüge und geht damit sowohl über das Skalierungsmodell Pfisters als auch über die Helbigsche Arbeit zur Markierung hinaus. Zunächst einmal wendet sie sich dem Begriff selbst zu: „Der Begriff ‚Intertextualität' kann jedoch mittels einer fundamentalen semiotischen Relation erklärt werden. Es wird nahegelegt, daß eine intertextuelle Relation aus dem Wechselspiel verschiedener Texte bzw. Textsegmente gewonnen wird, d.h. eine Relation zwischen mehreren Elementen ist, die selbst einen gewissen Zeichencharakter, sprich: eine syntaktisch-semantisch-pragmatische Struktur besitzen."[202] Ausgehend von dieser Basis-Definition untersucht sie nun Konstitutiva intertextueller Relationen auf syntaktisch-formaler, semantischer und pragmatischer Ebene, wobei ihr Schwerpunkt auf semanti-

---

200 Helbig, Intertextualität, 47.
201 Ebd.
202 Orosz, Intertextualität, 5.

schen Betrachtungen liegt: Intertextualität ist für sie ein Element der Bedeutungskonstitution.

Orosz kommt innerhalb der verschiedenen Ebenen sodann zu weiteren Klassifikationen:

> „Auf der *semantischen Ebene* ist die Grundlage der Klassifikation die Art und Weise der Bedeutungsintegration (R_i). [...] Es lassen sich hier zwei umfassende Gruppen feststellen, die dann weiter unterteilt werden können:
>
> (i) die *‚bestätigende'* Integration, die darin besteht, daß durch die Bezugnahme zwischen dem referierten (T_{rt}) und dem referierenden Text (T_{rd}) eine Verstärkung , eine zustimmende Annahme oder ein „Weiterschreiben" der Aussageinhalte von T_{rt} in T_{rd} erfolgt, wodurch der T_{rd} an semantischer Perspektive gewinnt, denn der T_{rt} (oder bestimmte Elemente aus ihm) erfüllt sozusagen ein Beispiel für die Interpretation des T_{rd}. [...]
>
> (ii) die *‚abweichende'* Integration, die darin besteht, daß durch die Bezugnahme zwischen dem referierten (T_{rt}) und dem referierenden Text (T_{rd}) eine die ursprünglichen Aussageinhalte von T_{rt} „deformierende" Integration in T_{rd} (ein „Wider- und Umschreiben" des T_{rt}) erfolgt, so daß „abweichend" in einem breiten Sinne des Wortes verstanden werden soll."[203]

Neben diesen Fragen zur Art und Weise der Bedeutungsintegration auf der semantischen Ebene fragt Orosz auf der pragmatischen Ebene umfassend nach der Erkennbarkeit intertextueller Relationen:

> „Auf der *pragmatischen Ebene* ist die Grundlage der Klassifikation die Erkennbarkeit der intertextuellen Bezugnahme zwischen dem referierten (T_{rt}) und dem referierenden Text (T_{rd}). Es geht hier um die Frage, inwieweit die Referenzrelation zwischen T_{rt} und T_{rd} erkennbar gekennzeichnet, d.h. markiert ist. Es lassen sich auch hier zwei grundlegende Gruppen feststellen:
>
> (i) *markierte* Bezugnahme (R_{it}) zwischen dem referierten(T_{rt}) und dem referierenden Text (T_{rd}).[...]
>
> (ii) *nicht-markierte* Bezugnahme (R_{it}) zwischen dem referierten (T_{rt}) und dem referierenden Text (T_{rd}).[...]
>
> (iii) Es sind auch gewisse „Mischformen" möglich [...]"[204]

Eine Reihe der Fragen, die Pfister bereits durch sein Skalierungsmodell aufgegriffen hat, findet man bei Orosz wieder auf der formalen bzw. syntaktischen Ebene:

> „Der dritte Aspekt der Einteilung ist mehr *formaler* oder, in einem weiteren Sinne des Wortes, *syntaktischer* Art. Auf dieser Ebene geht es um die Quantität, den Umfang und die Kategorien der in die intertextuelle Bezugnahme

203 Orosz, Intertextualität, 25f.

204 Ebd., 27.

einbezogenen Texte/Elemente. Es soll dazu untersucht werden, welche und wieviele Elemente/Texte davon betroffen sind. Theoretisch sind die folgenden Varianten denkbar:

(i) ein Text (T_{rd}) nimmt Bezug auf einen Text (T_{rt});
(ii) ein Text (T_{rd}) nimmt Bezug auf mehrere Texte (T_{rt});
(iii) mehrere Texte (T_{rd}) nehmen Bezug auf einen Text (T_{rt});
(iv) mehrere Texte (T_{rd}) nehmen Bezug auf mehrere Texte (T_{rt});"[205]

Mit den verschiedenen Formen möglicher Bezugnahme wird auch die Kritik Orosz´ an Susanne Holthuis deutlich, die sich an zwei Punkten konkretisiert: Sie ist „mit der Einteilung von Holthuis in referentielle und typologische Intertextualität nicht einverstanden, weil es sich in beiden Fällen um eine Referenzrelation handelt, nur wird bei der von Holthuis ‚referentiell' genannten Form auf einzelne Text(element)e, bei der ‚typologischen Form' aber auf bestimmte (textuelle) Strukturen, Strukturtypen Bezug genommen, d.h. referiert."[206] Eine weitere Kritik bezieht sich auf den eingeschränkten Gebrauch des Petöfischen Textbegriffs: „Dabei wird die von diesen Untersuchungen zugrundegelegte Textdefinition von Petöfi einigermaßen vereinseitigt, da sie ursprünglich sowohl den Produzenten als auch den Rezipienten einschließt."[207]

Mit dem Modell von Magdolna Orosz liegen auf formal-syntaktischer, semantischer und pragmatischer Ebene methodisierbare Instrumente vor, um Texte auf intertextueller Ebene zu untersuchen. Ihr System ermöglicht eine Deskription intertextueller Verweise innerhalb eines gemeinsamen semiotischen Textmodells, das darüber hinaus in hohem Maße offen ist für die Integration anderer Entwürfe – etwa dem Skalierungsmodell Pfisters innerhalb der formal-syntaktischen Untersuchung.

2.1.5 Zusammenfassung und Ausblick

Durch die kurzen Skizzen einiger grundlegender Konzepte bzw. Entwürfe konnten die vielfältigen Facetten, die die Intertextualitätsdebatte in den letzten Jahrzehnten hervorgebracht hat, nur angedeutet werden. Dabei kommen unterschiedlich weite Intertextualitätsbegriffe zum Tragen, die sowohl die grundlegende hermeneutische Dimension des Paradigmas als auch dessen Implikationen für verschiedene Formen der Textanalyse vor Augen haben. Diese für die Intertextualitätsdebatte konstitutive Interdependenz von umfassenden hermeneutischen Implikationen einerseits und textanalytischen Konsequenzen andererseits lassen sich in drei gleichermaßen grundlegende wie unverzichtbare Aspekte intertextueller Theorie-

[205] Orosz, Intertextualität, 28.
[206] Ebd., 20.
[207] Ebd., 15.

bildung zusammenfassen. Diese sollten nicht nur Voraussetzung für die Arbeit mit dem Intertextualitätskonzept sein,[208] sondern haben auch unmittelbare Folgen für intertextuelle Lektüren im Rahmen theologischer Exegese:

- *Intertextualität und Texttheorie*: Der Begriff Intertextualität ist in einem bestimmten geistesgeschichtlichen Kontext zu sehen, dessen texttheoretische Grundannahmen es genauso zu bedenken gilt wie die späteren Rezeptionen. Insbesondere verlangt die Verwendung des Begriffs Intertextualität nach einer texttheoretischen Reflexion bzw. Verortung. Das Konzept Intertextualität beinhaltet dabei offensichtlich schon mit seiner ersten Definition eine Pluralität möglicher Aspekte bzw. Dimensionen. Diese können grundlegend unterschieden werden (Lachmann), stehen aber immer in gegenseitiger Wechselbeziehung, so dass Intertextualität nie ausschließlich auf ein textanalytisches Instrumentarium reduziert werden kann.
- *Intertextualität und Rezeption:* Mit dem Stichwort Intertextualität rückt die Interaktion zwischen gegebenem Text und Leser stärker in den Mittelpunkt der Textauslegung. Damit geht ein neues Verständnis von Textproduktion und Textrezeption einher: Die (intertextuelle) Lektüre eines Textes ist rezeptiver wie produktiver Akt, gleiches gilt für seinen Entstehungsprozess. Mit dem Aufgreifen des Intertextualitätsparadigmas gewinnen überdies bestimmte Interpretationsgemeinschaften einen besonderen Stellenwert, die die Vielfalt möglicher bzw. legitimer Auslegungen qualifizieren und ihre jeweilige Bedeutung zur Geltung bringen. Durch diese veränderte Perspektive gewinnen Fragen zur *gegenseitigen* Beeinflussung von Texten gegenüber solchen zu einer bloßen textgeschichtlichen Rekonstruktion eine deutlich größere Bedeutung.
- *Intertextualität als qualifizierter Sammelbegriff*: Im Rahmen des Paradigmas Intertextualität wurde eine Reihe von Analyseinstrumentarien entwickelt, die sich als Konkretisierungen des universalen Modells aus unterschiedlicher Perspektive verstehen. Intertextuelle Textinterpretationen lassen sich aber nur bis zu einem gewissen Grad formalisieren. Vielmehr wird durch die verschiedenen – durchaus legitimen – Ansätze[209] deutlich, dass Intertextualität als

---

208 Eine Verwendung im Sinne einer Einflussforschung bzw. reinen Untersuchung von Zitaten wird daher dem Begriff nicht gerecht. Hier wäre – wie von Kristeva eingefordert – eine differenzierte Terminologie bzw. eine Abkehr vom Begriff der Intertextualität um einer größeren terminologischen Klarheit willen angebracht.

209 Dass diese unterschiedlichen Konzeptionen auch zu einer schier unendlichen Begriffsvielfalt und -verwirrung führten, zeigen wenige Beispiele von Begriffspaaren, die alle das Verhältnis zwischen referierendem und referiertem Text beschreiben: Hypertext-Hypotext, Text-Prätext, Phänotext-Referenztext, referierender Text-

umbrella term verwendet werden kann, der ganz unterschiedliche Fragestellungen zu Text-Text-Beziehungen im Blick hat: „Dadurch werden die vertikale Dimension - sowohl die diachrone Beziehung zwischen Text und Prätexten als auch die synchrone eines Textes zu seinem literarischen Kontext - und die horizontale Dimension - die Beziehung zwischen Text, Autor/in und Adressaten - miteinander verbunden."[210] Dass gerade ein solches Konzept von Intertextualität einer Qualifizierung bzw. Systematisierung bedarf, um nicht zum diffusen und beliebigen Begriff zu werden, liegt auf der Hand.

Während sich diese Überlegungen allein aus der forschungsgeschichtlichen Diskussion bzw. aus literaturwissenschaftlichen und -theoretischen Betrachtungen ergeben, soll im nächsten Kapitel diskutiert werden, inwieweit sich für den Bereich der Bibelwissenschaft ähnliche, aber auch jeweils eigene Fragen stellen. Dabei werden auch die drei zuletzt genannten Aspekte ihre exegetische Konkretion erfahren.

2.2 Intertextualitätskonzepte in den Bibelwissenschaften

2.2.1 Zwischen Theorievergessenheit und Theorieversessenheit: Intertextualität und Exegese

Die exegetischen Fächer werden innerhalb theologisch-enzyklopädischer Entwürfe trotz unterschiedlicher Schwerpunktsetzungen i.d.R. als *philologisch-historische* Disziplinen bestimmt. Für diese Charakterisierung lassen sich systematische, aber auch wissenschaftsgeschichtliche Argumente anführen, da sich von einer eigenständigen Bibelwissenschaft erst sprechen lässt, seitdem sich die „gegenüber der traditionellen Dogmatik verselbständigte biblische Dogmatik unter dem Einfluß der beginnenden historisch-kritischen Exegese [...] als historisch-kritische Disziplin neben der Dogmatik konstituierte"[211]. Die grundlegenden Annahmen historischer Kritik bilden somit forschungsgeschichtlich die Basis neutestamentlicher Wissenschaft als philologisch-historische Disziplin. Insbesondere mit den aufkommenden Methodendebatten in den Sprach- und Literaturwissenschaften, Geschichtswissenschaften und den Sozialwissenschaften des 20. Jahrhunderts wurde es aber auch für die Exegese notwendig, sich ihres eigenen Selbstverständnisses zu vergewissern. So wurden etwa infol-

Bezugstext, Text-Intertext usw. Dabei zeigen schon die einzelnen Begriffsbildungen deutlich an, wie das zugrundeliegende Intertextualitätsmodell aufgebaut ist - manche Begriffe betonen mehr die Wechselwirkung zwischen Texten, manche eher ein Abhängigkeitsverhältnis.

210 Grohmann, Aneignung, 37.

211 Ebeling, Was heißt „Biblische Theologie", 78. Vgl. weiterhin auch Merk, Theologie.

ge des *linguistic turn* oder im Rahmen neuerer Debatten zur Historik die Grundlagen philologischen und historischen Arbeitens neu definiert.

In diesem Zusammenhang findet man seit Ende der 1980er Jahre in der theologischen Exegese zunehmend auch Arbeiten, die in durchaus polyvalenter Form mit *intertextuellen* Ansätzen arbeiten. Das Interesse für diese Ansätze liegt dabei allerdings auf unterschiedlichen Ebenen: Während einige Untersuchungen lediglich nach neuen Terminologien für traditionelle Fragestellungen suchen, nutzen andere die Intertextualitätsdebatte zur Überwindung einer exegetischen „Theorievergessenheit", indem (neu) nach hermeneutischen und methodologischen Grundlagen und damit nach dem Selbstverständnis der neutestamentlicher Wissenschaft gefragt wird.[212]

In den folgenden beiden Abschnitten sollen einführend Probleme des Verhältnisses zwischen intertextueller Theoriebildung in Literaturwissenschaft und Theologie thematisiert werden. Dabei wird zuerst nach Impulsen gefragt, die sich aus der literaturwissenschaftlichen Diskussion für die Theologie ergeben, bevor in einem weiteren Schritt spezielle Probleme, die sich bei der Adaption intertextueller Theorien für die Exegese ergeben, im Mittelpunkt stehen.[213]

2.2.1.1 Literatur- und textwissenschaftliche Aspekte

Verwendet man Intertextualität weniger im engeren Sinne zur Beschreibung eines bestimmten Analyseverfahrens, sondern als Sammelbegriff für verschiedene Fragestellungen, die im Rahmen von Text-Text-Beziehungen in den Blick kommen, lassen sich im Laufe der exegetischen Forschungsgeschichte viele Beispiele intertextueller Arbeit finden. „Die wissenschaftliche Erforschung des Alten und Neuen Testaments beschäftigt sich schon immer mit dem Phänomen der Intertextualität. Ob man die einem Text zugrundeliegenden schriftlichen Quellen und die aufgenommenen mündlichen Traditionen zu eruieren versucht, sich bemüht, durch Vergleiche mit antiker Literatur die Gattungen biblischer Texte zu bestimmen, ob man theologische oder ethische Grundüberzeugungen der Urchristenheit durch religionsgeschichtliche Vergleiche im Spektrum antiker Glaubens- und

[212] Helmut Utzschneider (Text, 225) beschreibt eine ausufernde exegetische Methodendiskussion in diesem Zusammenhang als temporäres Phänomen: „Eine derartige, derzeit vielleicht noch notgedrungene ‚Theorieversessenheit' ist der Gegenpol der ‚Theorievergessenheit' traditionell arbeitender Exegeten. Auf Dauer ist weder das eine noch das andere wünschenswert.".

[213] Da sich die Beziehung zwischen literaturwissenschaftlicher und exegetischer Intertextualitätsdebatte als *Wechselverhältnis* beschreiben lässt, ist die Aufteilung in „literatur- und textwissenschaftliche" bzw. „theologischen und exegetischen Aspekte" nicht exklusiv zu verstehen. Vielmehr soll von grundlegenden Aspekten die Rede sein, die die jeweilige Perspektive in die Diskussion einzubringen vermag.

Wertvorstellungen verortet oder ob man die textgewordenen Niederschläge bestimmter geschichtlicher Ereignisse oder spezifischer Gemeindesituationen in einem Text feststellt und für die Interpretation fruchtbar macht, ob man textkritische Entscheidungen fällt oder die Theologie eines biblischen Verfassers oder Textes in Aufnahme und Weiterentwicklung vorausgehender theologischer Entwürfe beschreibt, immer ist die Bezogenheit des auszulegenden Textes auf andere Texte ein zentraler Aspekt der exegetischen Arbeit."[214] Im Anschluss an diese Feststellung von Annette Merz ist die Frage durchaus legitim, welche Impulse die Intertextualitätsdebatte für die Exegese überhaupt bringen kann. Merz betont selbst, dass solche Perspektiven im Rahmen der Intertextualitätsdebatte v.a. auf einer hermeneutischen und methodologischen Ebene zu erwarten sind, indem sie auf die Gemeinsamkeit aller genannten Fragestellungen, die Untersuchung von Text-Text-Bezügen hinweist: „Selten jedoch wurde und wird diese Gemeinsamkeit zum Gegenstand methodischer Reflexion gemacht – m.E. zum Schaden der Exegese."[215]

Setzt sich Exegese im Anschluss an die Literaturwissenschaften also mit dem Intertextualitätsparadigma auseinander, so sind Impulse zunächst einmal weniger auf einer textanalytischen Ebene zu erwarten. Diese können sich vielmehr in der Folge von Untersuchungen ergeben, die – motiviert durch die Intertextualitätsdebatte – nach texttheoretischen Grundlagen für die Exegese fragen, die es ermöglichen, in einem möglichst weiten Sinn Text-Text-Beziehungen zu thematisieren. Das Paradigma Intertextualität kann so eine Diskussion anstoßen, die die hermeneutischen Grundlagen, den Gegenstand[216] und damit das Selbstverständnis der exegetischen Disziplinen zum Gegenstand hat.

Im Sinne der in Kapitel 2.1.5 genannten drei Ebenen sollte eine Reflexion der verschiedenen Text-Text-Beziehungen innerhalb der Exegese im Anschluss an die Intertextualitätsdebatte in den Literaturwissenschaften Fragen des *Textbegriffs* diskutieren und daran anschließend die *Rolle des Lesers* für den Lektüreakt reflektieren. Gerade mit Blick auf die biblischen Texte und die Vielfalt möglicher Text-Text-Beziehungen innerhalb des Intertextualitätsparadigmas kommt dem dritten o.g. Fragenkomplex ein besonderer Stellenwert zu: Wie verhalten sich die verschiedenen intertextuellen Lektüren (biblischer Texte) zueinander, wie ist also *Intertextualität*

---

214 Merz, Selbstauslegung, 1.

215 Ebd.

216 Die Frage nach einer angemessenen Beschreibung verschiedener Text-Text-Bezüge bzw. der zugrunde gelegte Textbegriff motivieren ganz unmittelbar Folgefragen, die letztlich den Gegenstand neutestamentlicher Wissenschaft betreffen: In welchen Zusammenhängen/Bezügen werden die Texte des Neuen Testaments untersucht? Welche Rolle spielen dabei zeitgenössische, ältere und auch jüngere Textkorpora? Welchen (systematischen) Stellenwert haben biblische Texte gegenüber diesen Vergleichstexten?

als umbrella term näher zu bestimmen? Jeder Entwurf zur Intertextualität, der für die Exegese fruchtbar gemacht wird, sollte Rechenschaft über diese drei Grundprobleme ablegen können, da sie sich bei näherer Betrachtung nicht nur als Fragen der Literaturwissenschaft, sondern auch als Anfrage an das Selbstverständnis exegetischen Arbeitens erweisen.

2.2.1.2 Theologische und exegetische Aspekte

Indem mit dem Paradigma Intertextualität solche Impulse aus der Literaturwissenschaft aufgenommen werden und somit zunächst einmal allgemeine hermeneutische Grundfragen gestellt werden, steht für die Exegese nicht nur das Verhältnis intertextueller Lektüren zu überkommenen (historisch-kritischen) Methoden zur Diskussion.[217] Die Intertextualitätsdebatte ist vielmehr ein Teil einer umfangreichen exegetischen Methodendiskussion, die hermeneutische Grundlagen, Aufgaben und Gegenstand neutestamentlicher Wissenschaft hinterfragt. Diese Diskussion, die zunächst in der englisch- und französischsprachigen Exegese sehr viel intensiver geführt wurde, hat v.a. in den 1990er Jahren auch im deutschsprachigen Raum unterschiedliche Entwürfe hervorgebracht.[218] Dabei findet man durchaus Positionen, die es (weiterhin) als Hauptaufgabe der Exegese sehen, zu erheben, was „der frühchristliche Autor [...] gemeint und im Blick auf seine Adressaten, Hörer und Leser gewollt hat"[219] neben anderen, die eine solche „naiv-theorielose Konzeption"[220] als „alt-deutsches Paradigma"[221] zu überwinden suchen.

Gerade am Beispiel der Intertextualitätsdebatte lässt sich wiederholt zeigen, dass die deutschsprachige Exegese Impulsen aus anderen Theoriediskursen oftmals zögerlich bis ablehnend begegnet: „Nehmen wir nur ein Stichwort: Intertextualität. Nach wie vor ist der deutschen Exegese im Prinzip verborgen geblieben, daß Beziehungen zwischen Texten nicht nur unter der traditionellen literarkritischen Frage nach den Quellen diskutiert werden müssen. Die Instrumente zur Analyse der Beziehung von Texten auf Texte haben sich verfeinert. Schere und Klebstoff des Quellenkritikers verhalten sich zur Intertextualitäts-Debatte wie die alte mechanische Schreibmaschine zum Computer. In den Intertextualitäts-Theorien geht es nämlich nicht um das bloße Daß einer möglichen Rezeption anderer Texte,

---

217 Vgl. Vorster, Intertextuality.

218 Für die durchaus unterschiedlichen Positionen vgl. für den Raum der deutschsprachigen Exegese Alkier/Brucker, Exegese; Stegemann, Amerika; Luz, Bibel; Hengel, Aufgaben. Intensiv wurde die Methodendiskussion im deutschsprachigen Raum bereits in den 1970er Jahren durch Erhardt Güttgemanns angestoßen; vgl. bspw. Güttgemanns, studia.

219 Hengel, Aufgaben, 351.

220 Stegemann, Amerika, 100.

221 Ebd., 99.

sondern vor allem auch um das Wie. Wie und in welcher Weise ein Autor sich auf andere Texte und Autoren bezieht, sie nicht nur zitiert, sondern auf sie anspielt, ja ohne sie überhaupt zu zitieren auf sie anspielt und mit ihnen spielt und sie gegebenenfalls auch überbieten will usf., dies alles sind Möglichkeiten, die weder für die Exegese der Synoptiker, noch für die Beziehung des Johannesevangeliums auf die synoptischen Evangelien, auch nicht für die Beziehung des Neuen auf das Alte Testament, geschweige denn für andere Themen- und Textbereiche in der deutschen Exegese wirklich aufgegriffen worden wären. Schriftliche Quelle oder mündliche Tradition – das ist unsere deutsche Frage – und das Ende unserer literaturwissenschaftlichen Modelle, jedenfalls für die Mehrheit der deutschen Exegeten und Exegetinnen."[222]

Im Mittelpunkt der hier skizzierten Diskussionen steht in letzter Konsequenz die Frage, wer bzw. was als Garant für die Qualität einer bestimmten Interpretation gelten kann. Dabei kommen im Wesentlichen drei Größen in Frage: der Autor (etwa im Fall der historischen Kritik), der Text (z.B. in strukturalistischen Ansätzen) oder der Leser (z.B. im *reader response criticism*). Im Vergleich zur Geschichts- und Literaturwissenschaft erhält diese Fragte i.d.R. noch eine besondere Zuspitzung innerhalb der Theologie, wenn mit einer adäquaten Textinterpretation in besonderer Weise auch immer die Wahrheitsfrage verbunden ist.[223] In der Folge ergeben sich vor allem zwei theologische Fragenkomplexe, die durch die Intertextualitätsdebatte ihre besondere Zuspitzung erfahren:

- Eine intertextuelle Untersuchung wird unweigerlich zur Frage führen, welche Rolle den Größen Autor, Text und Leser zukommt. Damit ist insbesondere im Zusammenhang biblischer Texte wiederum die Frage aufgeworfen, welchen Wahrheitsanspruch eine Interpretation erhebt und worauf dieser gründet.
- Eine besondere Rolle innerhalb intertextueller Untersuchungen biblischer Texte spielt der Kanon als vorgegebener Interpretationsrahmen mit herausgehobener Bedeutung für eine Interpretationsgemeinschaft. Auch hier nötigt das Paradigma Intertextualität dazu, diese Besonderheit methodisch zu reflektieren.

Durch ihre spezielle Rolle innerhalb der theologischen Wissenschaften, kann die Exegese zwar auf Ergebnisse der Intertextualitätsdebatte zurück-

---

[222] Stegemann, Amerika, 104f.

[223] In diesem Punkt ist Hengel, Aufgaben zuzustimmen, wenn er betont (322), dass neutestamentliche Wissenschaft nicht wegen des (außerordentlich geringen) Umfangs der in Betracht kommenden Texte, sondern durch deren besonderen Wahrheitsanspruch und Wirkungsgeschichte ihre Bedeutung erhält. In diesem Zusammenhang ist dann aber umso auffälliger, dass Hengel diesen besonderen Wahrheitsanspruch einzig an den biblischen Autoren festmacht, wobei offen bleibt, wie die „bleibende Wahrheit der urchristlichen Botschaft" (349) aus den Texten zu extrahieren ist.

greifen, wird aber ihre eigenen Forschungen bzw. Spezifika beitragen müssen: „Linguistische und literaturwissenschaftliche Arbeiten zur Intertextualität können die bibelwissenschaftliche Intertextualitätsforschung anregen, sie können sie aber nicht ersetzen. Die Ergebnisse, die die bibelwissenschaftliche Intertextualitätsforschung zeitigen wird, müssen in den Dialog mit den anderen Wissenschaften eingebracht werden, und sie könnte nur zum eigenen Schaden auf deren Forschungen verzichten. Die bibelwissenschaftliche Intertextualitätsforschung wird die allgemeine Intertextualitätsforschung aber - wie es sich für ein faires interdisziplinäres Arbeiten gehört - mit eigenen und neuen Erkenntnissen bereichern."[224]

2.2.2 Konzepte intertextueller Bibellektüre

Intertextuelle Fragestellungen wurden in der Exegese in sehr unterschiedlicher Art und Weise rezipiert. Einige dieser Arbeiten sollen im Folgenden schlaglichtartig vorgestellt werden. Sie bilden - gemeinsam mit den Ergebnissen aus der Zusammenfassung der literaturwissenschaftlichen Intertextualitätsdebatte in 2.1.5 - gleichsam die Grundlage für die eher systematischen Ausführungen in Abschnitt 2.3.

2.2.2.1 Intertextualität und die Echos der Schrift: Richard B. Hays

Nach der beginnenden Intertextualitätsdebatte in den späten 1960er und den 1970er Jahren dauerte es bis zum Ende der 1980er Jahre, bis das Paradigma im Bereich der Bibelwissenschaften umfangreicher diskutiert wurde. In unmittelbarer zeitlicher Nähe erschienen im Jahr 1989 dann zwei Untersuchungen zur Intertextualität im Rahmen der alt- bzw. neutestamentlichen Wissenschaft: die Monographie *Echoes of Scripture in the Letters of Paul* von Richard B. Hays sowie der Sammelband *Intertextuality in Biblical Writings*. Beide Werke nähern sich dem Thema auf höchst unterschiedliche Weise. Der von Sipke Draisma als Festschrift für Bas van Iersel herausgegebene Sammelband *Intertextuality in Biblical Writings* vereint sehr heterogene Einzelstudien. Gemeinsam ist den verschiedenen Beiträgen das Interesse an einer Diskussion texttheoretischer Grundlagen des Paradigmas Intertextualität sowie seiner Vereinbarkeit mit historisch-kritischen Methoden.[225] Zu Recht gilt dagegen Richard B. Hays als derjenige, der durch methodische Reflexion und hermeneutische Innovation in seiner Monographie maßgeblich zur Etablierung der Intertextualitätsdiskussion innerhalb der Exegese beigetragen hat. Hans Hübners Rezension beschreibt daher treffend die Bedeutung von Hays´ Studie für die Bibelwissenschaft insgesamt: „Es ist das Verdienst H.´s, auf einen in der Literaturwissen-

[224] Alkier, Intertextualität, 26.

[225] Vgl. hier insbesondere Vorster, Intertextuality.

schaft fruchtbringenden neuen methodologischen Ansatz aufmerksam gemacht zu haben. Damit ist vor allem für die Frage nach der Rezeption des Alten Testaments im Neuen ein neuer Anfang gemacht."[226]

An dieser Stelle können Hays´ Monographie und seine weiteren Veröffentlichungen zur Intertextualität paulinischer Briefe nicht umfassend diskutiert werden.[227] Sein Beitrag für die bibelwissenschaftliche Intertextualitätsdebatte soll vielmehr aus drei Perspektiven umrissen werden.

Rezeption und Lektüre der Schriften Israels

Während im Mittelpunkt der Rezeption von *Echoes of Scripture in the Letters of Paul* vielfach die dort entwickelten sieben Tests zur Identifizierung intertextueller Echos[228] standen, liegt der Ausgangspunkt sowie das grundlegende Verdienst Hays´ an anderer Stelle. Hays´ Ansatz betrachtet Paulus als „Reader and Misreader of Scripture"[229] und verfolgt diese rezeptionsorientierte Perspektive auch weiter, indem er als Ziel seiner Studien „Learning from Paul How to Read Israel´s Scripture"[230] formuliert. An dieser Stelle liegt auch die größte Innovation Hays' gegenüber anderen Studien: „The great majority of critical studies of Paul´s use of the Old Testament, however, have avoided frontal engagement with these hermeneutical perplexities, concentrating instead, more modestly, on essential technical tasks of scholarship. […] The questions that scholars have traditionally asked about Paul´s use of the Old Testament have been either answered in full or played out to a dead end. […] It is hard to escape the impression, however, that recent investigations, often burdened with an apologetic agenda, have tended to rehearse well-worn issues, making little headway on understanding Paul´s exegesis."[231]

Hays´ Studie baut auf dieser grundlegenden Überzeugung auf, dass viele überkommene Arbeiten zum paulinischen Schriftverständnis an einer gewissen Grenze angelangt sind, ohne die eigentliche Frage, nämlich wie die paulinischen Briefe selbst auf die Schriften zurückgreifen, hinreichend beantwortet zu haben. Hier liegt sowohl die Motivation zur Beschäftigung mit den grundlegenden Ausführungen bei Kristeva oder Hollander als auch die Basis für die Formulierung der sieben Tests.

---

226 Hübner, Intertextualität, 895. Hübner fährt fort: „Die ntl. Wissenschaft sollte ihm dafür großen Dank wissen! Die gleich noch zu nennenden gravamina wiegen leicht gegenüber dieser Innovation." (Ebd.)

227 Vgl. grundlegend zu Hays, Echoes die Rezension von Hübner, Intertextualität. Ferner wird Hays Ansatz umfassend reflektiert und diskutiert im Sammelband Evans/Sanders, Paul.

228 Hays, Echoes, 29-32.

229 Ebd., 1.

230 Hays, Conversion, viii.

231 Hays, Echoes, 9f.

Intertextualität und die narrative Grundstruktur der Paulusbriefe

Auf intratextueller Ebene thematisiert bereits Hays´ Studie *The Faith of Jesus Christ. The Narrative Substructure of Galatians 3:1-4:11* wesentliche Merkmale paulinischer Argumentation. Hays betont dort, dass sich das paulinische Denken (im Galaterbrief) auf grundlegende Art und Weise narrativer Strukturen[232] bedient: „Because Paul´s letters, as manifestly nonnarrative texts, stand within the NT canon in obvious contrast to the narrative forms of the Gospels, Acts, and Revelation, the narrative elements in Paul have understandably received relatively little attention. Indeed, Paul has often been perceived as the prototypical instance of a thinker for whom narrative expressions of Christian faith are in principle insignificant. The present study has sought to offer a corrective to this perception of Paul by concentrating on the presence - to put it more strongly, the centrality - of narrative elements in Paul´s thought."[233] Inhalt und Charakter dieser narrativen Grundstruktur lassen sich - nach Hays - anhand ihrer konstitutiven Elemente nachzeichnen: „Our investigation has identified as the basis of Paul´s argument a Christ-story [...]: Jesus Christ is the archetypical (or prototypical) hero (ἀρχηγός) who, through his faithfulness unto death on the cross, wins deliverance and access to God for his people."[234]

Dieses Strukturkonzept der Paulusbriefe stellt die Voraussetzung dafür dar, dass Hays später mit Blick auf die paulinische Schrifthermeneutik formulieren kann: „If we learned from Paul how to read Scripture, we would learn to read it primarily as a *narrative* of election and promise."[235] Insbesondere die Ausführungen in *Echoes of Scripture in the Letters of Paul*, die neben klassischen Zitaten die Relevanz subtilerer Anspielungen und Echos für die Schriftrezeption im *Corpus Paulinum* betonen, basieren auf der Annahme einer narrativen Grundstruktur. Das von Hays in den Mittelpunkt seiner Arbeit gestellte Konzept der *Metalepse* zielt daher auf den narrativen Kontext einer intertextuellen Verweisung: „In *Echoes of Scripture in the Letters of Paul* I sought to show that Paul´s OT allusions and echoes frequently exemplify the literary trope of metalepsis. Metalepsis is a rhetorical and poetic device in which one text alludes to an earlier text in a way that evokes resonances of the earlier text *beyond those explicitly cited.*"[236]

---

232 Vgl. zur grundlegenden narrativen Struktur paulinischen Denkens auch Reinmuth, Narratio und Witherington, World sowie Longenecker, Narrative Interest, 5, der Hays´ Monographien zur Intertextualität und Narrativität als „companion volumes in a single narrative project" bezeichnet.

233 Hays, Faith, 209.

234 Ebd., 217.

235 Hays, Echoes, 183 (Hervorhebung: M.S.).

236 Hays, Conversion, 392 (Hervorhebung i.O.).

Hermeneutische Reflexion und Kriterien methodischer Arbeit

Innerhalb dieses hermeneutischen Rahmens unterscheidet Hays nun verschiedene Kritierien, um die Beziehungen zwischen paulinischen Briefen und den Schriften genauer zu qualifizieren:

- *Availability*: Liegt eine vermutete Quelle für ein intertextuelles Echo dem Autor und/oder den Erstlesern vor?
- *Volume*: Dieses Kriterium fragt in erster Linie nach dem Grad expliziter Wiederholung von Wörtern oder Satzteilen.
- *Recurrence*: Wie oft spielt Paulus an anderen Stellen seiner Briefe auf denselben atl. Text an?
- *Thematic Coherence*: Wie gut passt die angespielte Stelle in den Zusammenhang der paulinischen Argumentation?
- *Historical Plausibility*: Hätte Paulus den durch die Anspielung herbeigeführten Bedeutungswandel intendieren können?
- *History of Interpretation*: Haben andere (professionelle oder laienhafte) Leser diesen Schriftbezug entdeckt?
- *Satisfaction*: Ergibt die vorgeschlagene Lesart einen zufrieden stellenden Sinn?[237]

Hays gelingt es mit seinem Entwurf, Grundfragen für intertextuelle Studien zum Verhältnis zwischen alt- und neutestamentlichen Schriften zu formulieren. Dabei sind mit diesen Kriterien durchaus ganz unterschiedliche Aspekte intertextuellen Fragens angesprochen. Während einige (*Availabilty, Historical Plausibility*) auf einer historischen Ebene die Perspektive des Autors in den Blick nehmen, beziehen sich andere auf textimmanente Probleme (*Volume, Recurrence, Thematic Coherence*) oder auf die Interpretationsgeschichte (*History of Interpretation*). Schließlich ist mit dem Kriterium *Satisfaction* noch eine ganz andere Ebene angesprochen – gefragt wird hier metakommunikativ nach der Sinnhaftigkeit einer vorliegenden Interpretation, also ihrer Schlüssigkeit, Plausibilität oder Logik.

Die Kriterien Hays´ sind weniger als unmittelbar anzuwendende methodische Instrumente, sondern vielmehr als Leitfragen zur Interpretation intertextueller Bezüge zu verstehen: „The foregoing discussion suggests that we must reckon with varying degrees of certainty in our efforts to identify and interpret intertextual echoes. [...] I do not use these criteria explicitly in my readings of the texts, but they implicitly undergird the exegetical judgments that I made."[238] Hays weist somit in einer der ersten exegetischen Veröffentlichungen zum Thema Intertextualität darauf hin, dass mit dem Terminus gerade *verschiedene* Aspekte angesprochen sind, die sich außerdem auch nur unterschiedlich stark operationalisieren lassen. Welches Gewicht den einzelnen Aspekten beigemessen wird, hängt nicht

237 Darstellung nach Schneider, Texte, 370.
238 Hays, Echoes, 29.

zuletzt mit der jeweils zugrunde gelegten Texttheorie zusammen. Wird das Herstellen intertextueller Bezüge auf der Seite der Textproduktion oder -rezeption verortet, wie lassen sich unterschiedliche intertextuelle Interpretationen miteinander ins Gespräch bringen und schließlich: Welche Vorstellung und Definition von Text liegt dem jeweiligen Ansatz zugrunde? Indem Hays auf die Relevanz dieser grundlegenden hermeneutischen Fragen auch für die bibelwissenschaftliche Intertextualitätsdebatte verwiesen hat, kommt ihm nicht nur das Verdienst der Einführung eines neuen *terminus technicus* zu. Hays´ Arbeiten haben vielmehr eine weiterführende Diskussion des Intertextualitätsparadigmas innerhalb der Exegese fundiert und motiviert.[239]

2.2.2.2 Intertextualität und kategoriale Semiotik: Stefan Alkier

Die ersten intertextuellen Arbeiten aus dem Bereich der Exegese bieten mit ihren unterschiedlichen Prämissen auf methodologischer und hermeneutischer Ebene Anknüpfungspunkte für verschiedene weiterführende Diskussionen. Weite Teile der exegetischen Untersuchungen der Folgejahre, die mit dem Terminus Intertextualität arbeiten, fallen jedoch letztlich hinter den Anspruch der ersten Monographien zurück. Schaut man sich - jenseits des zunehmenden Gebrauchs des Begriffs - an, welche (texttheoretischen) Implikationen mit seiner Nennung verbunden werden, so stößt man oftmals auf ausschließlich *quellenkritische* Untersuchungen zu *innerbiblischen* Bezügen. Der Begriff, der in unterschiedlicher Weise in den ersten Publikationen zum Thema für Perspektivenvielfalt stand, wurde allzu oft als neues Label für ein bestimmtes Spektrum Biblischer Theologie verwendet. Damit gelangt zwar ein Teilbereich der Intertextualitätsforschung in den Blick, neue Perspektiven werden aber zugunsten überkommener Formen der Textanalyse vernachlässigt.

Wenige exegetische Arbeiten thematisieren ausführlich Fragen auf der texttheoretischen Ebene. Zu den Ausnahmen zählen die Entwürfe von George Aichele[240] aus dem englischsprachigen sowie Stefan Alkier aus dem deutschsprachigen Bereich. Beide greifen auf semiotische Modelle zurück und können durch den expliziten Verweis auf diese Theorien unterschiedliche Lektüren biblischer Texte zueinander in Beziehung setzen.

Texttheorie als Voraussetzung exegetischen Arbeitens

Mit seinem Aufsatz *Intertextualität – Annäherungen an ein texttheoretisches Paradigma* hat Stefan Alkier grundlegende Impulse der Intertextualitätsde-

---

239 Die wohl umfangreichste Auseinandersetzung mit Hays´ Monographie findet sich in Evans/Sanders, Paul. Dieser Sammelband vereinigt nicht nur eine Reihe von kritischen Anfragen zu Hays, sondern auch dessen Erwiderung auf diese Einwände.

240 Vgl. unten Abschnitte 2.2.2.4.

batte in die deutschsprachige Exegese eingebracht. Die Veröffentlichungen in der Folgezeit sind nicht nur Ausdruck einer Rezeption seines Ansatzes über diesen Horizont hinaus,[241] sondern diskutieren auch Fragen der Methodisierbarkeit des Konzepts mit Blick auf biblische Texte[242] und dessen Einordnung in ein Gesamtkonzept neutestamentlicher Exegese.[243] Alkiers Konzept beruht dabei auf der umfassenden Diskussion und Würdigung semiotischer Theorien in ihrer Relevanz für die neutestamentliche Theologie. Er betont in diesem Zusammenhang gerade die Chancen und Perspektiven, die sich aus der Erörterung komplexerer Textmodelle für die exegetische Forschung ergeben: „Diese vielleicht umständlich anmutende Textdefinition des Texttheoretikers János S. Petöfi [und damit auch die Definition Susanne Holthuis', M.S.] erlaubt es, Texte sowohl nach ihrer ‚systemimmanenten Konstruktion' als auch nach ihrer ‚funktionalen Einbettung' – gemeint ist der ‚Produktions- und/oder Rezeptionskontext' – auf der Basis semiotischer Grundlagen zu untersuchen. Damit endet der Streit zwischen diachronen und synchronen Untersuchungsprozeduren ebenso wie das texttheoretisch und semiotisch unsinnige Ausspielen von Konzepten und Fragestellungen, die Texte als autonome ästhetische Objekte betrachten, gegen solche, die an einer Rekonstruktion der Textentstehung interessiert sind. Auch das Gegeneinander von textintentionaler und leserzentrierter Exegese erweist sich als texttheoretisch unreflektiertes und unnötiges Gefecht."[244]

Mit Bezug auf die kategoriale Semiotik Charles S. Peirces und die Lektüretheorie Umberto Ecos[245] gelingt Alkier die Reformulierung und neue Einordnung verschiedenster Text-Text-Beziehungen im Rahmen des Intertextualitätsparadigmas. Dabei wird es möglich, die Größen Autor, Text und Leser neu in Bezug zu setzen, ohne eine Perspektive absolut zu setzen bzw. gegen eine andere auszuspielen: „Insgesamt zeichnet sich ab, daß an die Stelle einer einerseits auf die historische Autorenintention fixierten und andererseits den Text aus seinen kommunikativen Bezügen isolierenden Dichotomie von Diachronie und Synchronie eine Trichotomie von Text, Leser und Autor zu treten hätte. Mit Umberto Eco könnte Interpretation als die Suche nach drei Intentionen verstanden werden: ‚als Suche nach *der intentio auctoris*, […] als Suche nach der *intentio operis* und […] als Aufzwingen (!) der *intentio lectoris'*. Eco macht deutlich, daß diese drei Richtungen der Interpretation zusammenspielen, und zwar insbesondere die *intentio operis* mit der *intentio lectoris*. Konkrete Interpretationen auch biblischer Texte könnten dadurch charakterisiert sein, welches Gewicht sie

241 Vgl. bspw. Alkier, Text.
242 So etwa Alkier, Bibel.
243 Pointiert in Alkier, Wissenschaft.
244 Alkier, Bibel, 7.
245 Vgl. oben Abschnitt 2.1.3.2.

welcher der drei Intentionen jeweils beimessen und in welches Verhältnis sie die drei Elemente Text, Leser und Autor zueinander setzen."[246]

Perspektiven intertextueller Bibellektüre

Auf der Basis einer expliziten Texttheorie hat Alkier im Rahmen eines Gesamtkonzepts neutestamentlicher Exegese drei verschiedene Perspektiven intertextueller Lektüre entwickelt und dargestellt: „Die produktionsorientierte Perspektive fragt im Sinne des begrenzten Intertextualitätskonzepts nach der Verarbeitung benennbarer Texte im zu interpretierenden Text. Sie achtet nicht nur darauf, welche Texte zitiert oder anderweitig eingespielt werden, sondern auch wie das geschieht. Gerade weil es in der Antike keine einheitliche Zitierpraxis gegeben hat und von der Formensprache und Ethik gegenwärtigen universitären Zitierens her nicht verstanden werden kann, bedarf es hier eingehender Untersuchungen, wie sie z. B. Daniel Boyarin für die jüdische Midrash-Literatur bereits unternommen hat. Aber auch die Gräzistik und Latinistik hat auf diesem Gebiet eindrückliche Forschungsarbeit geleistet, die auch für die Bibelwissenschaften von großem Interesse ist, da das ständige Einspielen oder Voraussetzen griechischer Literatur in der lateinischen Literatur in mancher Hinsicht vergleichbar ist mit der vorausgesetzten Kenntnis und Einspielung alttestamentlicher bzw. frühjüdischer Literatur in der neutestamentlichen bzw. frühchristlichen Literatur. Die rezeptionsorientierte Perspektive, die sich überwiegend einem begrenzten Intertextualitätskonzept verpflichtet weiß, fragt nach den Vernetzungen mindestens zweier Texte in historisch nachweisbaren Lektüren. Wird mit einem eher unbegrenzten Intertextualitätskonzept gearbeitet, werden auch historisch mögliche Lektüren durchgespielt, auch wenn es dafür keine historischen Belege gibt, z.B. wie hätte ein hellenistisch gebildeter Jude in Alexandrien in den 70er Jahren des 1. Jh.s n. Chr. die Paulusbriefe gelesen. Letzteres wird freilich immer mit einem

246 Utzschneider, Text, 229; Zitat aus Eco, Grenzen, 35f. Vgl. dazu auch Thyen, Johannes, 167: „Die Frage nach dem angemessenen Ort der historischen Kritik und ihres methodischen Intrumentariums *innerhalb* und *umgriffen* von einer hermeneutischen Text- und Interpretationstheorie bedarf dringend der Bearbeitung. Daß die linguistischen Termini der *Diachronie* und der *Synchronie* einem mit der *redaktionsgeschichtlichen* Fragestellung schlechthin inkommensurablen Theoriezusammenhang angehören, sollte dabei streng beachtet werden. Denn beide Termini sind insofern nicht voneinander zu trennen, als jede Realisierung des abstrakten und synchronen Regelsystems der Sprache (langue) durch Rede oder Text (parole) nur als eine ihrerseits *freie* und darum nicht wiederum *regelgeleitete* Verwendung sprachlicher Regeln begriffen werden kann. Jede konkrete Sprachäußerung ist also eine diachrone Innovation und die Sprache somit ein *offenes System*. Das gilt auch für jede neue Lektüre eines Textes."

hohen Maß an Hypothesen belastet sein, setzt aber anderweitig die viel zu sehr vernachlässigte historische Phantasie in ihr begrenztes Recht."[247]

Alkier betont besonders, dass in diesem Zusammenhang gerade das Modell von Umberto Eco zu einer historischen Verortung intertextueller Lektüren nötigt; diese sind dabei aber nicht *a priori* auf den Entstehungskontext eines Textes festgelegt: „Ecos Modell erlaubt es, ja verlangt es sogar, Intertextualität historisch zu verorten. Wenn jede Aktualisierung eines Textes auf der Basis einer ihm zugeordneten Enzyklopädie erfolgen muß, so wird man nicht ohne Vorbehalte die Ergebnisse linguistischer oder literaturwissenschaftlicher Intertextualitätskonzepte und deren Ausdifferenzierungen auf die Enzyklopädie biblischer Texte übertragen können. Die Weisen des Zitierens, des Anspielens, der Bezugnahme auf andere Texte könnte von Enzyklopädie zu Enzyklopädie unterschiedlich ausfallen und immer wieder findet sich in den literaturwissenschaftlichen und linguistischen Arbeiten zu diesem Konzept der beiläufige Gedanke, daß die Ausdifferenzierung nur für den Geltungsbereich der untersuchten Literatur, die zumeist dem 19. und 20. Jahrhundert entstammt, anzunehmen ist."[248]

Intertextualität in einem semiotischen Exegesekonzept

Alkier entwickelt aber nicht nur ein für die Exegese relevantes Intertextualitätskonzept, sondern bestimmt wissenschaftstheoretisch – insbesondere im Anschluss an Peirce und Eco – auch die Relation zwischen einzelnen, für die neutestamentliche Exegese relevanten Disziplinen wie der Archäologie oder Numismatik.[249] Im Rahmen dieser Einordnung bibelwissenschaftlicher Einzeldisziplinen ergeben sich im Wesentlichen drei Arbeitsbereiche zur Untersuchung neutestamentlicher Texte: „die *intratextuelle*, die *intertextuelle* und die *extratextuelle* Forschung. Die intratextuelle Forschung befasst sich im Sinne des literaturwissenschaftlichen Strukturalismus mit der textimmanenten Erforschung syntagmatischer, semantischer und pragmatischer Textbeziehungen. Hier wird der jeweilige Einzeltext unter weitestmöglicher methodischer Ausblendung seiner Beziehungen zu anderen Texten und seiner Beziehungen zu anderen Zeichensystemen wie etwa materielle Artefakte seiner Entstehungskulturen untersucht." [250] Davon methodisch unterscheiden lassen sich intertextuelle Studien: „Die intertextuelle Forschung befasst sich mit den Sinneffekten, die aus der Bezugnahme des jeweiligen Textes zu anderen Texten entstehen. Von Intertextualität sollte man nur sprechen, wenn das Interesse an der Erforschung von Sinneffekten besteht, die durch die Beziehung mindestens zweier Texte entste-

[247] Alkier, Zeichen der Erinnerung, 121.
[248] Alkier, Intertextualität, 26.
[249] Vgl. insbesondere Alkier/Zangenberg, Zeichen.
[250] Alkier, Bibel, 8.

hen und zwar von Sinneffekten, die keiner der beiden Texte für sich allein gesehen eröffnet. Und das gilt im Paradigma der Intertextualität in beide Richtungen. Das Sinnpotential beider Texte wird durch die intertextuelle Bezugnahme verändert. Da ein Text aber nicht nur mit einem, sondern mit vielen anderen Texten Beziehungen unterhält bzw. in Beziehung gebracht werden kann, hat es Intertextualität mit der Erforschung der Dezentralisierung von Sinn durch Bezugnahmen auf andere Texte zu tun."[251] Weiterhin befasst sich die *extratextuelle* Forschung mit Sinneffekten, „die aus der Bezugnahme des Textes auf andere außertextliche Zeichen entstehen."[252] Alkiers Œuvre beinhaltet konsequenterweise daher auch Ausführungen zu einer Ethik der Interpretation[253] neutestamentlicher Texte, die die Grenzen der Interpretation für die Exegese genauso bestimmen wie das Verhältnis der intra-, inter- und extratextuellen Lektüren zueinander.

Alkiers Intertextualitätsansatz zeichnet sich v.a. durch vier Merkmale aus:

- Alkier diskutiert und reflektiert umfassend die *zeichen- bzw. texttheoretischen Grundlagen* des Intertextualitätsparadigmas,
- ordnet intertextuelle Lektüren auf dieser Basis in ein *hermeneutisches Gesamtkonzept* neutestamentlicher Wissenschaft ein,
- kann *methodisch* differenzieren zwischen verschiedenen Aspekten intertextueller Bibellektüre und
- vermag *interpretationsethische* Kriterien zur Qualifizierung der Vielfalt intertextueller Lektüren zu entwickeln.

Exkurs: Zur Bedeutung des Ecoschen Enzyklopädiekonzepts für die ntl. Exegese

Wie bereits erwähnt[254] gehört Eco zu den Autoren, die auch im Rahmen exegetischer Studien - neben Alkier - häufig aufgegriffen werden.[255] Neben Ecos Ausführungen zu den drei *intentiones* eines Textes, zur leserorientierten Lektüre und zum Problem der „Grenzen der Interpretation", beziehen sich verschiedene Studien gerade auch auf das Konzept der Enzyklopädie,[256] ohne dessen exegetische und theologische Chancen voll auszuschöp-

---

[251] Alkier, Bibel, 8.

[252] Ebd.

[253] Vgl. Alkier, Ethik.

[254] Vgl. oben Abschnitt 2.1.3.2.

[255] Pellegrini (Elija, 79) bemerkte bereits im Jahr 2000: „Auch wenn - nicht nur in der Vergangenheit, sondern auch in der Gegenwart - nicht alle Stimmen für ‚one of the most celebrated writers' dieses literarischen Jahrhunderts erhoben haben, hat Umberto Eco mit seiner reichlich theoretischen Produktion die Diskussionen so überholt, daß man sich auf seine Autorität in der Semiotik mit freier kritischer Distanz und außerhalb jeder Polemik berufen kann."

[256] Vgl. in jüngerer Zeit - neben Alkier - insbesondere Köhlmoos, Auge; Dieckmann, Segen sowie - mit umfangreicher hermeneutischer und methodologischer Reflexion - Pellegrini, Elija.

fen. Im Rahmen der bibelwissenschaftlichen Intertextualitätsdebatte lassen sich mit diesem Konzept wenigstens drei ganz unterschiedliche Fragekomplexe miteinander verbinden.

Erstens lässt sich das Ecosche Lektüremodell mit Hilfe der Enzyklopädie gegenüber „textinternen" bzw. „textimmanenten" Hermeneutiken profilieren. Auch eine intertextuelle Lektüre, wie sie im Anschluss an Eco und Alkier hier entwickelt wird,[257] untersucht zunächst den vorliegenden (biblischen) Text nach seinen textinternen (syntaktischen und semantischen) Strukturen und weist damit Parallelen zu einer ‚textinternen Hermeneutik', wie sie etwa von Eve-Marie Becker entwickelt wird, auf. Becker charakterisiert diesen Ansatz folgendermaßen: „‚Textintern' beschreibt die sprachliche, insbesondere die syntaktische und semantische Dimension des Textes, während ‚textextern' auf die Referenzialität eines Textes in der Wirklichkeit verweist. [...] Textinterne Hermeneutik kann nun allgemein nach den in den Texten inhärenten Aussagen fragen. In dieser Konzentration auf den Text berührt sich textinterne Hermeneutik mit dem, was in der Literaturwissenschaft die ‚textimmanente Analyse' leisten kann."[258] Die obigen Ausführungen zu Ecos Lektürekonzept[259] zeigen aber, dass besonders durch die Enzyklopädie eine „textimmanente" Betrachungsweise, die den Text als ästhetisches Objekt versteht, wie auch eine „textinterne" Perspektive[260] erweitert wird: Über die Enzyklopädie sowie die Umfelder der Aussage müssen auch intertextuelle Lektüren historisch verortet werden und können nicht ausschließlich aus ‚textinterner' Perspektive betrachtet werden. Ecos Konzept verlangt danach, jede Produktion und Rezeption eines Textes einer bestimmten Enzyklopädie zuzuordnen, so dass mit dem Phänomen der Intertextualität zwar nicht unmittelbar die Referenz (biblischer) Texte auf ‚textexterne' Phänomene im Blick ist, wohl aber die jeweilige, die Rezeptionsbedingungen prägende Kommunikations- bzw. Lektüresituation.[261]

Damit ist *zweitens* deutlich, dass in vorliegendem Ansatz mittels „Enzyklopädie" und „Umfeldern der Aussage" jede intertextuelle Lektüre auch historisch zu verorten ist und verortet werden kann.[262] Gerade der

[257] Vgl. die Ergebnisse in Abschnitt 2.3.

[258] Becker, Schreiben, 141.

[259] Vgl. Abschnitt 2.1.3.2.

[260] Vgl. zur Verortung einer „textinternen Hermeneutik" im Rahmen einer „Text-Rezeptions-Hermeneutik" Wischmeyer, Texte.

[261] Vgl. Becker, Text, 209. Genau wie das von Becker vorgestellte Modell einer „textinternen Hermeneutik" klammert eine intertextuelle Lektüre aber die Referenz eines Textes auf die Welt außerhalb des Textes weitgehend aus. Sie wäre in Alkiers Modell dem Bereich der „Extratextualität" zuzuordnen.

[262] Auf die besonderen Probleme, die sich aus dem Intertextualitätsparadigma für die Lektüre *antiker* Texte ergeben, haben etwa Fowler, Constructions; Reinmuth, Historik; Schmitz, Literaturtheorie und Wischmeyer, Texte hingewiesen.

oben referierte und im Folgenden erweiterte Ansatz Alkiers betont diese historische Verortung in besonderer Weise auf inter- und extratextueller Ebene. Die extratextuelle Perspektive betrachtet Texte primär in ihrem Bezug zur außertextlichen Welt, etwa im Rahmen von (biblischer) Archäologie, Zeitgeschichte, Numismatik etc. Auch die klassische Einflussforschung bzw. Traditionsgeschichte verdankt sich einer solchen extratextuellen Perspektive: Aus Textbezügen sollen hier Rückschlüsse auf die historische Situation des Autors und dessen Intention bzw. – in umgekehrter Perspektive – etwa aus der historischen Verortung des Autors Rückschlüsse für dessen spezifische Zitationspraxis gezogen werden. Eine Anspielung wird dann als bewusste Bezugnahme eines (extratextuellen) Autors verstanden, der (in Form einer Hommage, einer Abgrenzung, einer Zustimmung etc.) einen Prätext aufgreift.[263] Eine historische Verortung der (biblischen) Texte findet aber auch auf intertextueller Ebene statt,[264] wenn

---

263 Genau in dieser Perspektive hat das Intertextualitätsparadigma auch die hermeneutische Diskussion innerhalb der Altphilologie beeinflusst. Vgl. z.B. Fowler, Shoulders, 117f., bes. 118: "There has traditionally been much debate as to whether a particular allusion was 'in the author's mind' or not: from the intertextualist viewpoint we can see that those debates were never really about the (obviously unrecoverable) private mental events of ancient writers but about whether equivalences between texts [...] were sufficiently marked within the literary system."

264 Vgl. jetzt Alkier, Neues Testament, 261f.: „Die Einbindung der vier Evangelien, der Apostelgeschichte, der Briefe und der Johannesapokalypse in den christlichen Kanon als dessen neutestamentlicher Teil, dem ein alttestamentlicher voransteht, transzendiert die ursprünglichen Kommunikationssituationen der Einzelschriften. Ihre Transposition in die als Richtschnur christlichen Glaubens geltende Bibel erlaubt eine theologisch angemessene Interpretation nur noch im intertextuellen Kontext des narrativ strukturierten Kanons. Damit einher geht die theologische Bewertung, dass die neutestamentlichen Schriften Grundlage des Glaubens auch für diejenigen Rezipienten sein können, die in ganz anderen Zeiten und ganz anderen Kulturen leben als ihre Verfasser. Die Leitfrage theologischer Interpretation lautet: Was bedeuten die neutestamentlichen Schriften in ihrem narrativen Zusammenhang des Neuen Testaments im intertextuellen Raum des jeweiligen Kanons für gegenwärtige Kommunikationssituationen? Historische Exegese liefert einen Beitrag zur antiken Religionsgeschichte. Theologische Interpretation dient gegenwärtiger konfessionell bestimmter Praxis in Kirche, Schule und Gesellschaft. Sie fragt nach der Bedeutung der biblischen Schriften für die Praxis der Kirche der Gegenwart, für den konfessionellen schulischen Religionsunterricht und nach dem Beitrag des Glaubens für die Deutung und Gestaltung individuellen und gesellschaftlichen Lebens hier und heute. Historische Exegese möchte vergangene Sachverhalte plausibel erschließen. Theologische Interpretation der Bibel und ihrer Schriften sucht nach lebenstauglicher, Gegenwart wie Vergangenheit erschließender und Zukunft gestaltender Wahrheit. Die Wahrheit, die sie interpretierend zur Geltung bringt, ist keine Satzwahrheit, sondern die Wahrheit der in der Bibel erzählten Geschichte Gottes mit seinen Geschöpfen, die aus der Perspektive des Kreuzesgeschehens in den Blick genommen wird. Es gehört zu den unaufgebbaren Grundsätzen evangelischer Schrifttheologie, dass tragfähige theologische Interpretation nur im Zusammenspiel mit historischer Rekonstruktion sachgemäß erarbeitet werden kann, weil das Wort vom Kreuz keinen Mythos aus Utopia erzählt,

etwa neutestamentliche Briefe mit der Enzyklopädie ihrer ursprünglichen Kommunikationssituation oder im Rahmen des Kanons gelesen werden. Das Enzyklopädie-Konzept ermöglicht damit zunächst einmal, verschiedene plausible Lektüren zu analysieren und auch historisch zu verorten. Dass dabei nicht (immer) die rekonstruierte Enzyklopädie der Erstleser die theologisch bedeutsamste und prägendste ist, wird relativ schnell deutlich. Eine Relevanz über den Kontext einer Kleinst-Gemeinde im 1. Jahrhundert hinaus bekam etwa der 1Kor erst durch seine Lektüre im Rahmen der Enzyklopädie eines gesamtneutestamentlichen bzw. gesamtbiblischen Rahmens. Das Enzyklopädie-Konzept leistet damit einen besonderen Beitrag zur historischen Verortung theologisch relevanter und wirkungsgeschichtlich bedeutsamer Lektüren, ohne „historische Verortung" mit „historisch wahrscheinlicher Situation der Erstrezeption" gleichzusetzen. Eine intertextuelle Untersuchung im Anschluss an das Ecosche Lektürekonzept ist somit zwar ‚textintern' motiviert und hat wiederum Auswirkungen auf die ‚textinterne' Analyse, beachtet aber die historische, ‚textexterne' Verortung über die jeweils zugrunde gelegte Enzyklopädie. Für antike Texte ergeben sich dabei besondere Bedingungen, so dass Eco auch vor die Aufgabe stellt, die Form intertextueller Verweisung (Zitationsverfahren, Form der Anspielung etc.) je nach Enzyklopädie neu zu bestimmen.

In diesem Zusammenhang wird *drittens* nicht nur eine je historische Verortung notwendig, sondern auch die jeweilige Verhältnisbestimmung zwischen Originalität und Serialität innerhalb eines enzyklopädischen Zusammenhangs. Die Art und Weise der Bezugnahme auf andere Texte kann sich je nach Enzyklopädie unterschiedlich darstellen, und auch die Funktion intertextueller Bezugnahmen fällt je nach Enzyklopädie sehr unterschiedlich aus. Eco hat selbst dieses Verhältnis von Originalität[265] und Serialität im Blick auf die Kultur der Gegenwart reflektiert: „Die ‚moderne' Ästhetik hat uns daran gewöhnt, als ‚Kunstwerke' lediglich solche Objekte anzuerkennen, die sich als ‚einmalig' (also nicht wiederholbar) und ‚original' präsentieren. Unter Originalität oder Innovation hat sie eine Vorgehensweise verstanden, die unsere Erwartungen in eine Krise treibt, uns ein neuartiges Bild der Welt vorsetzt, unsere Erfahrungen erweitert."[266] Wie dieses Spannungsverhältnis mit Blick auf antike Briefkommunikation im Allgemeinen und in den paulinischen Briefen im Besonderen zu bestimmen ist, wird Aufgabe der einzelnen intertextuellen Lektüren sein.[267]

---

sondern ein einmaliges, kontingentes Geschehen und letztgültige, ewige Wahrheit ineinander verschränkt. Das eine ist ohne das andere nicht zu haben. Wer nur Historiker sein will, ist kein Theologe."

265 Vgl. oben Abschnitt 1.2.

266 Eco, Innovation, 155.

267 Vgl. auch unten Abschnitt 5.4 sowie die Diskussion zur narrativen und intertextuellen Grundstruktur paulinischer Gottesrede in der Schlussbetrachtung.

2.2.2.3 Intertextualität und biblischer Kanon: Thomas Hieke, Tobias Nicklas und Georg Steins

Gemeinsamkeit der bisher referierten intertextuellen Ansätze ist die Grundüberzeugung, dass alle Texte, und damit auch biblische Texte in mannigfaltigen Bezügen zu anderen Texten stehen. Eine solche biblische „Intertextualität kann – prinzipiell und potentiell – zwischen allen möglichen nur denkbaren Textkombinationen stattfinden, etwa zwischen einem Bibeltext und einem altorientalischen Paralleltext, zwischen einem Psalm und moderner Lyrik."[268] Dieses umfassende Potential, das das Intertextualitätskonzept bietet, wird noch deutlicher, wenn man es mit anderen Ansätzen kontrastiert: Im historisch-kritischen Paradigma bleiben für Untersuchungen von Text-Text-Beziehungen ausschließlich diejenigen Schriften, deren Kenntnis für den jeweiligen Autor angenommen werden kann. Mit einer solchen Texttheorie ist letztlich eine Auslegung im *biblisch-kanonischen* Zusammenhang nur sehr eingeschränkt möglich, da man davon ausgehen muss, dass dieser sich vom jeweiligen Entstehungskontext einer Schrift unterscheidet. Ebenso wie im historisch-kritischen Ansatz kommt dem biblischen Kanon auch innerhalb eines intertextuellen Paradigmas *per se* keine besonders ausgezeichnete Rolle zu.

Das Intertextualitätskonzept ermöglicht aber eine *texttheoretische Fundierung* Biblischer Theologien: Mit einer veränderten Texttheorie, die den Leser stärker in den Mittelpunkt des Interesses rückt, kann auch dem biblischen Kanon[269] als dem Auslegungskontext, der für bestimmte Leser- bzw. Interpretationsgemeinschaften eine besondere Rolle spielt, eine besondere Aufmerksamkeit zuteil werden. Gerade weil das Intertextualitätsparadigma das Spektrum möglicher Textbeziehungen nicht auf solche beschränkt, die dem Autor bewusst waren und von den Erstlesern erkannt wurden,[270] kann auch der biblische Kanon als Auslegungsrahmen verwendet werden, obwohl er weder dem Autor noch den Erstlesern bekannt war. Die Untersuchung biblischer Textbeziehungen über bloße Fragen des Einflusses hinaus wird mit dem Konzept der Intertextualität so texttheoretisch fundiert. Der besondere Stellenwert dieser innerbiblischen Textbeziehungen wird dann aber nicht texttheoretisch, sondern systematisch-theologisch bzw. kirchenhistorisch erklärt. Dabei geht es weniger um das Erheben

---

268 Hieke, Verstehen, 76.

269 Vgl. zur Frage einer kanonischen Auslegung im Rahmen jüdischer Exegese Fishbane, Interpretation und Morgenstern, Schriftauslegung. Morgenstern betont, dass nicht nur die Frage nach einer jüdischen ‚Mitte der Schrift', sondern auch die Vorstellung eines „doppelten Ausgangs" der Schrift im Judentum und Christentum jüdischer Denkweise nicht gerecht wird. Solche Kategorien scheitern – so Morgenstern – sowohl an der jüdischen Auslegungspraxis, die gerade nicht auf eine sinnzentrierende Mitte der Schrift abzielt, als auch an der prinzipiellen Stellung des Tanach – etwa neben dem Talmud – in der Auslegungstradition des Judentums.

270 Fall 1 in der Darstellung Helbigs. Vgl. oben Abschnitt 2.1.4.2.

einer Kanongeschichte als um den Kanon als privilegierten Auslegungskontext einer bestimmten Interpretationsgemeinschaft. „Eine intertextuelle Biblische Theologie wird nicht länger nach einer sinnzentrierenden ‚Mitte' der Schrift suchen, die in exklusiver Überheblichkeit die Anderen immer ausgrenzen muss, sondern nach den vielfältigen Sinnmöglichkeiten Ausschau halten, die das Zusammenlesen biblischer Texte im Rahmen der verschiedenen konkreten Kanones hervorbringt. Gerade auch für den jüdisch-christlichen Dialog, aber auch für den innerchristlichen ökumenischen Dialog ergibt sich die Chance, die je eigenen Schrifttraditionen zu bewahren, ohne die der anderen zu diffamieren. In christlichen Textwelten können die alttestamentlichen Texte vom Neuen Testament her gelesen werden, wie auch die neutestamentlichen von den alttestamentlichen her, ohne die Exklusivität dieser Textwelt zu behaupten. Aufgrund der unterschiedlichen Textwelten ergeben sich dann auch zwanglos unterschiedliche Sinnpotentiale der Texte."[271]

Im Rahmen der deutschsprachigen Exegese liegen mit den Entwürfen von Thomas Hieke, Tobias Nicklas,[272] Georg Steins[273] u.a. mittlerweile einige Arbeiten vor, die im Rahmen der biblisch-kanonischen Grenzen aus einer leserorientierten Perspektive aufschlussreiche neue Perspektiven für die intertextuelle Bibellektüre bieten. Unter dem Titel „Biblische Auslegung", „kanonisch-intertextuelle Lektüre" oder „biblisch-intertextuelle Lektüre" lassen sich Arbeiten zusammenfassen, die sich allesamt ähnlicher methodisch-hermeneutischer Propositionen verdanken.[274] Diese lassen sich im Wesentlichen in sechs Grundsatzentscheidungen zusammenfassen, die im Folgenden in Anlehnung an Hieke und Nicklas ausführlich dargestellt werden sollen:[275]

271 Alkier, Bibel, 12f.

272 Vgl. etwa Hieke/Nicklas, Worte.

273 Vgl. etwa Steins, Bindung. Das Interesse am Paradigma Intertextualität entsteht bei Georg Steins aufgrund der texttheoretischen und theologischen Defizite überkommener Entwürfe Biblischer Theologie. Insbesondere am Entwurf Brevard S. Childs kritisiert er eine fehlende hermeneutische und methodische Fundierung. Dieses Defizit resultiert laut Steins aus einem Kanonbegriff, der zwar einerseits als „stark aufgeladenen" und „überbordend" (Steins, Bindung, 14) gelten kann, dem aber andererseits eine explizite Intertextualitätstheorie fehlt.

274 Paradigmatisch entwickelt und dargelegt findet man sie bspw. im Einleitungskapitel des Buches von Hieke/Nicklas, Worte.

275 Im Zusammenhang mit den intertextuellen Studien von Georg Steins ist auch die Studie von *Detlef Dieckmann, Segen für Isaak* zu sehen. Wie Steins fundiert Dieckmann seine Studie direkt in den Arbeiten Bachtins und Kristevas: „Von Bachtin und Kristeva werden wir erfahren, dass Intertextualität mehr ist als ein Ausdruck zur Beschreibung von Text-Text-Beziehungen und der Begriff Dialogizität die Vielstimmigkeit von bestimmten Texten in einem außergewöhnlich tiefgehenden Sinne erfasst." (Vgl. Dieckmann, Segen, 59). Auf methodischer Ebene ist die Untersuchung Dieckmanns ebenso der Arbeit Steins geschuldet: „(1) Identifizierung des im Hypertext anwesenden Hypotextes (welche Texte werden aufgerufen/evoziert?); Beschreibung der Art

- Der Schwerpunkt der Untersuchung liegt nicht auf der Seite des Autors bzw. dessen rekonstruierter Intention, sondern ist leser- und textorientiert. „Der Text selbst und vor allem auch der durch den Überlieferungsprozess bedingte, gegenüber seiner ursprünglichen Entstehungssituation neue Kontext (biblisches Buch, ‚Kanon'), erlauben Lesevorgänge, die in sich schlüssig und plausibel sowie dem Text und seinem (veränderten) Kontext angemessen sind."[276] Die Autoren wählen dabei unter der Vielzahl möglicher leserorientierter Zugänge einige Grundgedanken aus den Arbeiten Umberto Ecos (Modelleser, *intentio operis*, „Mitarbeit bei der Interpretation", „Grenzen der Interpretation"), um zwar die Mehrdeutigkeit und Interpretationsoffenheit biblischer Texte zu postulieren, jedoch andererseits auch Interpretationen ausmachen zu können, die als offensichtlich dem Text zuwider laufend zu bestimmen sind.
- Am Ausgangspunkt der Untersuchung steht eine intratextuelle Strukturanalyse, die die weiteren intertextuellen Lektüren motiviert und begründet.
- Eine entscheidende Frage für die Exegese ist sodann, „ob und inwieweit der zu untersuchende Text über sich hinaus auf weitere Texte verweist, ohne die er nicht adäquat verstanden werden kann bzw. will."[277] Im vorliegenden Ansatz liegt hier bewusst die Priorität auf biblisch-kanonischen Texten, auch gerade dann, wenn diese zur Zeit der „Abfassung des Textes (noch) nicht im Blick gewesen sein"[278] konnten.
- In einem weiteren Schritt wäre dann zu fragen, welche Sinnpotentiale die möglichen Bezugstexte in ihrem angestammten Kontext haben und welche Konsequenzen sich durch das „Herauslösen aus dem alten Kontext und die Einfügung in den neuen"[279] ergeben. Bewusst ist sich dieser Ansatz seiner doppelten Fragerichtung, die sich unmittelbar aus der Leserorientierung ergibt und die ihn gleichsam von herkömmlichen Untersuchungen unterscheidet: Sowohl der referierende, als auch der referierte Texte lassen sich so neu lesen und erfahren eine Sinnerweiterung.
- Mit diesem Ansatz lässt sich auch Positionen begegnen, die einwenden, dass es im Neuen Testament eine Reihe textkritischer Varianten gibt, dass die Reihenfolge der Einzelschriften variiert bzw.

der Anwesenheit, Darlegung der Prüfung der Referenzsignale. (2) Frage nach dem Beitrag des Hypotextes für den Hypertext und nach dem Bedeutungszuwachs" (Ebd., 70).

276 Hieke/Nicklas, Worte, 5f.

277 Ebd., 8.

278 Ebd., 5f.

279 Ebd.

dass die Angaben über Kanonizität der verschiedenen Schriften unterschiedlich sind. All diesen Einwänden wird letztlich mit demselben Argument begegnet: Es wird bewusst eine bestimmte Perspektive eingenommen und begründet, die sich ihrer Partikularität und Unvollkommenheit bewusst ist.

- Schließlich ist eine solche Lektüre auch bewusst als christlich zu bezeichnen, da sie die beiden Kanonteile als Altes und Neues Testament wahrnimmt. „Die Unterschiede zur jüdischen Leseweise des gleichen Textes (also der gemeinsamen Anteile von christlichem und jüdischem Kanon) müssen ähnlich wie bei den unterschiedlichen christlichen Kanonformen stets mitbedacht werden. […] Die Wahl einer *christlichen* Perspektive biblischer Lektüre hat sich gleichzeitig auch damit auseinander zu setzen, dass es zumindest auf den ersten Kanonteil, aus christlicher Perspektive als „Altes Testament" bezeichnet, auch eine *legitime jüdische* Perspektive gibt."[280] Gerade das Bewusstsein bzw. die hermeneutische Reflexion darüber, dass im Rahmen kanonischer Untersuchungen verschiedene christliche und jüdische Interpretationen möglich und legitim sind, wird erst durch einen deutlichen Perspektivenwechsel von autor- zu leser- bzw. textorientierter Exegese möglich, mit einem Ansatz also, „der sich vom Postulat eines eindeutigen, im Subjekt des Autors konstituierten Sinnes von ‚Schrift' löst. In Verbindung mit der Erkenntnis, dass die Texte des Kanons ihre Bedeutung(en) erst aus den Kontexten empfangen, in denen sie rezipiert werden, deutet sich eine Lösung an, die zeigt, dass eine wirklich christliche Lektüre des Alten Testaments keine antijüdische oder ‚judentumsvergessene' Lektüre sein muss, ja sein darf und kann. Gerade und nur dann, wenn ein Text unterschiedliche schlüssige Lesevorgänge erlaubt, die den Horizont und die Intention des historischen Autors übersteigen, ist erst eine jüdische *und* eine christliche Leseweise des gleichen Textes (TaNaK/Altes Testament) möglich und legitim."[281]

---

280 Hieke/Nicklas, Worte, 13.104 (Hervorhebungen i.O.).

281 Ebd., 106 (Hervorhebungen i.O.). Vgl. in diesem Zusammenhang auch Morgenstern, Schriftauslegung, der in seiner Tübinger Antrittsvorlesung betont, dass nicht nur die Frage nach einer jüdischen „Mitte der Schrift", sondern auch die Vorstellung eines „doppelten Ausgangs" der Schrift im Judentum und Christentum jüdischer Denkweise nicht gerecht wird. Solche Kategorien scheiterten sowohl an der jüdischen Auslegungspraxis, die gerade nicht auf eine sinnzentrierende Mitte der Schrift abzielten, als auch an der prinzipiellen Stellung des Tanach – etwa neben dem Talmud – in der Auslegungstradition des Judentums.

2.2.2.4 Die Vielfalt intertextueller Perspektiven – Weitere exegetische Entwürfe

Neben grundlegenden bibelwissenschaftlichen Werken zur Intertextualität,[282] weiteren Arbeiten, die darüber hinaus umfassend texttheoretische Fragen erörtern[283] und biblisch-theologischen Studien, die im Sinne eines *canonical approach* eine intertextuelle Lektüre kanonischer Texte vorantreiben, lassen sich unterschiedliche weitere Rezeptionen des Intertextualitätsparadigmas beobachten. Kennzeichen vieler Veröffentlichungen ist dabei die Auseinandersetzung mit dem Verhältnis zwischen intertextueller Theoriebildung und überkommenen (exegetischen) Forschungsrichtungen. Im Wesentlichen lassen sich vier Forschungstendenzen identifizieren:

A. Arbeiten, die mit Hilfe des Intertextualitätsparadigmas das Gespräch mit solchen Hermeneutiken suchen, die von der Exegese nur wenig beachtet wurden bzw. die sich mit einem historisch-kritischen Paradigma nur schwer vereinbaren ließen;
B. Religionsgeschichtliche Untersuchungen, die intertextuelle Modelle zur genaueren Beschreibung von Bezügen biblischer Texte zu zeitgenössischen Texten verwenden;
C. Studien, die das Intertextualitätsparadigma zur Überwindung überkommener Grenzen theologischer Interpretation verwenden;
D. kategorisierende Modelle, die eine Strukturierung und Klassifizierung der unterschiedlichen Ansätze anstreben.

Einige grundlegende Tendenzen der bibelwissenschaftlichen Intertextualitätsdebatte sind im Folgenden Gegenstand kurzer Forschungsskizzen. Mit dieser *tour d'horizon* soll die Vielfalt der Frageperspektiven, die sich durch das Intertextualitätsparadigma ergeben, deutlich werden.

Intertextualität und jüdische Hermeneutik: Marianne Grohmann

Beispielhaft für A. lassen sich die Arbeiten von Marianne Grohmann, insbesondere ihre Monographie *Aneignung der Schrift* nennen, die intensiv das Gespräch mit Elementen jüdischer Hermeneutik sucht. Sie sieht – trotz unterschiedlicher geistesgeschichtlicher Provenienz – Parallelen zwischen intertextueller Hermeneutik und der jüdischen Bibelauslegung: „Jüdische Bibelauslegung praktiziert von Anfang an Intertextualität, auch wenn sie nicht explizit so benannt wird. Sie lebt davon, Stellen aus dem Tanach miteinander, mit anderen Auslegungen und mit dem eigenen Kontext der Interpretationsgemeinschaft zu verknüpfen. Ein Grundgedanke rabbinischer Bibelauslegung ist, dass es kein Früher und kein Später gibt: bereits Mose am Sinai wurde mit der schriftlichen auch die mündliche Tora, die vielfältigen weiteren Auslegungen des Tanach, mitgegeben. Die Heiligkeit der Tora steht nicht in einem Widerspruch zur ihrer Anwendung auf

[282] Vgl. Abschnitt 2.2.2.1.
[283] Vgl. Abschnitt 2.

den/die Leser/in. Der rabbinische Grundsatz, dass die Tora ‚zur Auslegung gegeben' sei, gilt bis heute. Der Text ist damit nie etwas Fertiges [...] Die Aneignung der Tora geschieht im rabbinischen Kontext durch ein ständiges Einprägen und Verinnerlichen ihrer Worte. Das Torastudium hat überragenden Wert, es übertrifft alle anderen Gebote."[284] Die wesentliche Position des Lesers im Rahmen dieser Hermeneutik betont Grohmann mit Rückgriff auf Günter Stemberger: „Erst der Leser macht die Bibel zu dem was sie ist."[285]

Die rabbinische Schriftauslegung lebt gerade von der Pluralität der Interpretationen, die sich durch die Lektüre in bestimmten intertextuellen Zusammenhängen ergibt. Sie verweist aber gleichzeitig auf eine Vielfältigkeit innerhalb gewisser Grenzen, die durch bestimmte Regeln der Auslegung gegeben sind.[286]

Intertextualität, Johannes und die Synoptiker: Hartwig Thyen

Seit den 1990er Jahren hat Hartwig Thyen im Rahmen seiner Johannesstudien zunehmend auf intertextuelle Ansätze zurückgegriffen. Ausgangspunkt für Thyens Arbeiten ist dabei die grundlegende Frage nach dem Verhältnis zwischen den Synoptikern und dem Johannesevangelium sowie die für ihn unzureichenden Antworten redaktionsgeschichtlicher Untersuchungen.[287] Er kritisiert daher – deutlich schärfer etwa als Grohmann – die wesentlichen Annahmen der historischen Kritik: „Erheblich größeren Gewinn verspreche ich mir demgegenüber von der sich zunehmend bestätigenden Hypothese, daß das vierte Evangelium als ein Text über die Texte seiner drei älteren synoptischen Vorgänger gelesen sein will. Sein idealer (impliziter) Leser sollte das souveräne und oft höchst ironische Spiel des Johannes mit den Synoptikern zu goutieren wissen."[288] Thyens Kritik an der historischen Kritik wurde zwar angestoßen von der johanneischen Frage, verdankt sich weiterhin aber ganz grundsätzlichen Überlegungen zur Natur des Verstehens biblischer Texte: „Damit komme ich zum ent-

---

[284] Grohmann, Psalm 113, 138f.

[285] Stemberger, Hermeneutik, 130 (zitiert nach Grohmann, Aneignung, 139).

[286] Man vergleiche etwa die bei Stemberger, Einleitung, 25-40 genannten und beschriebenen Regeln des Hillel, des R. Jischmael und des Eliezer ben Jose ha-Galili.

[287] Vgl. z.B. Thyen, Johannes, 162: „Ganz abgesehen von der Fragwürdigkeit dieses Vertrauens in die Leistungsfähigkeit der sogenannten redaktionskritischen Methode, regiert hier doch wohl ein kaum noch verhülltes Wunschdenken! Denn der Gedanke, gerade Johannes könne womöglich das intertextuelle Spiel mit seinen synoptischen Vorgängern viel souveräner beherrschen als etwa Matthäus und Lukas dem Markusevangelium gegenüber, kommt Fortna gar nicht. Er wird verdrängt. Dabei steht uns doch in der höchst subtilen Art, wie Johannes mit alttestamentlichen Texten umgeht, die für ihn als Heilige Schrift erklärtermaßen verbindlich ist, ein reales Modell für die Art der von ihm geübten Intertextualität zur Verfügung."

[288] Thyen, Johannes 163.

scheidenden Punkt meiner Kritik der redaktionsgeschichtlichen Methode und des naiven Vertrauens in ihre Leistungsfähigkeit. Wie wir seit Schleiermacher wissen, verdankt sich *jede* Interpretation überlieferter Texte der erratenden *Divination* ihrer Interpreten. Das Angewiesensein auf solche *ingenuity* und ihre Ausübung ist darum kein Mangel, der mit Fortna als vorwissenschaftlich zu beklagen wäre, sondern nichts weniger als die *Bedingung der Möglichkeit* jeglicher Interpretation überhaupt. Erst wo die Intention eines Autors von den Zeichen seiner Schrift abgesprungen ist, sind sie frei, durch ihre *Leser* mit neuen und anderen Interpretanten besetzt und so *verstanden* zu werden. Eine wissenschaftliche *Methode*, einen Text im Geist der neuzeitlichen *Analyse* adäquat zu verstehen, ist nicht denkbar. Denn Texte sind stets die Summe ihrer *möglichen* Deutungen, deren Zahl unvorhersehbar ist. Sie appellieren an die Freiheit ihrer Leser, ihren toten Zeichen divinatorisch Sinn und neues Leben einzuhauchen. Aufgrund der grammatischen Verfasstheit von Texten können methodisch allein *unmögliche Deutungen* ausgeschlossen werden. Doch auch die Überprüfung der nach Graden unterschiedenen Plausibilität *möglicher* Interpretationen ist deshalb nicht subjektiver Willkür ausgeliefert, sondern bedarf angemessener Verfahren. Deshalb lassen sich Textauslegungen zwar motivieren, aber keineswegs, wie Schleiermacher sagt, ‚mechanisieren'."[289]

Thyens Ansatz verdankt sich im Folgenden einer rezeptionsorientierten Hermeneutik, mit der er auch das Verhältnis zwischen den Evangelien reformulieren kann: „Dazu scheint mir das von Julia Kristeva in die Literaturwissenschaft eingeführte Theorem der *Intertextualität* trotz seines gegenwärtig inflationären und theoretisch noch unzureichend geklärten Gebrauchs ein geeignetes Instrument zu sein. Gerade für die biblischen Texte, die stets als Texte über andere und ältere Texte gelesen werden wollen und in den Midraschim ihre sachgemäße Fortsetzung finden, ist deshalb Intertextualität als Konstituens der *Welt der Bibel* eine angemessene Lektürekategorie."[290]

Thyens rezeptionsorientiertes Intertextualitätskonzept sieht folgerichtig im Lektüreprozess den entscheidenden Ort für jede Textinterpretation: „Denn die Wahrheit von Texten liegt nicht *hinter* ihnen in irgendwelchen Situationen oder Ideologien, auf die sie die Antwort wären, sondern in der Begegnung mit Lesern, denen es gelingt, ihr totes und stummes Zeichenin-

---

289 Thyen, Johannes, 164. Thyen fährt fort: „Man muß alsdann die Illusion eines ursprünglichen, mit sich identischen Textsinns fahren lassen und sehen, daß Text und Interpretation nicht zwei Seiten einer teilbaren Arbeit – der Produktion und der Rezeption – sind, sondern daß bereits die *im* Text selbst verwobenen Ausdrücke nur kraft einer Interpretation bestehen, d.h. den Status von Zeichen erwerben. Nicht die *Auslegung* verfehlt also [...] den ursprünglichen Sinn der Textäußerung; der Text selbst besitzt Sinn nur διὰ ὑπόθεσιν, nur vermutungsweise."

290 Thyen, Johannes, 170.

ventar zu neuem Leben zu erwecken, *vor ihnen.*"[291] Dieser Ansatz biete somit nicht zuletzt eine wesentliche Grundlage für Thyens Johanneskommentar,[292] dessen Anspruch es ist, das Evangelium „als kohärentes und auktoriales literarisches Werk" zu lesen und „den überlieferten Text des Evangeliums und dessen intertextuelles Spiel mit seinen alttestamentlichen und seinen synoptischen Praetexten zu kommentieren."[293]

Intertextualität und Pseudepigraphie: Annette Merz

Stellvertretend für die unter B. genannten Arbeiten lässt sich die Untersuchung *Die fiktive Selbstauslegung des Paulus* von Annette Merz nennen, deren exegetisches Ziel – vergleichbar mit Thyen – in der adäquaten Beschreibung neutestamentlicher Textkorpora untereinander besteht. Zur Untersuchung der „Intention und Rezeption der Pastoralbriefe"[294] bezieht sich Merz – ähnlich wie Grohmann – in ihrer Arbeit explizit auf engere Intertextualitätskonzepte, insbesondere das Skalierungsmodell Pfisters und die Untersuchungen zur Markierung von Helbig/Füger. Sie erweitert dabei deren Modell und legt einen besonderen Schwerpunkt auf die Fälle intertextueller Bezugnahme, die sie als „geglückte Kommunikation" (grau unterlegte Felder) bezeichnet:

	Intendierte Intertextualität = ist AUTORIN bewusst		Latente Intertextualität = AUTORIN nicht bewusst
TEXT-PRÄTEXT-BEZIEHUNG	soll LeserInnen ebenfalls bewusst werden, daher oft „markiert“ (z.B. Zitat; Anspielung; Parodie; Kommentar)	soll LeserInnen nicht bewusst werden, daher nicht markiert, z.T. kaschiert (z.B. Plagiat, ungenannte Quelle, Fälschung)	(z.B. Einfluss dominanter Diskurse)
wird LESERIN bewusst	❶ z.B. erkanntes Zitat; goutierte Parodie	❸ z.B. erkanntes Verfasserpseudonym	❺ z.B. erkannte Trendabhängigkeit; kreative Neuverknüpfung
wird LESERIN nicht bewusst	❷ z.B. überlesene Anspielung	❹ z.B. für echt gehaltene Fälschung	❻ z.B. unbemerkte Trendabhängigkeit; „das unendliche Rauschen der Intertextualität“

Abb. 3: Spielarten von Intertextualität nach Merz[295]

---

[291] Thyen, Johannes, 170.
[292] Thyen, Johannesevangelium.
[293] Thyen, Johannes, V.
[294] So der Untertitel der Studie.
[295] Merz, Selbstauslegung, 70.

Die Arbeit von Merz diskutiert umfangreich Grundfragen intertextueller Theoriebildung[296] und arbeitet mit Hilfe literaturwissenschaftlicher Analysemethoden an den Pastoralbriefen. Sie beschränkt sich dabei allerdings – teilweise aus analysepraktischen Gründen, v.a. aber aufgrund ihrer Betonung bestimmter Intertexte - auf intertextuelle Bezüge, die sie Autor bzw. Erstleser zuschreibt. Diese Konzentration auf historisch mögliche intertextuelle Bezugnahmen ermöglicht es einerseits, die Pastoralbriefe als Ort für eine „fiktive Selbstauslegung des Paulus" zu beschreiben. Andererseits schränkt Merz die Perspektiven intertextueller Bezugnahme (unnötigerweise) ein, indem sie einem bestimmten religionsgeschichtlichen Bezugsrahmen einen Vorrang einräumt.

Die Autorin fällt damit letztlich hinter die Ansprüche ihrer eigenen methodologischen Ausführungen zurück, da bspw. eine Betrachtung der Pastoralbriefe und der Paulusbriefe in ihrem biblisch-kanonischen Zusammenhang zwar möglich ist, dieser intertextuellen Konstellation aber eine nachgeordnete Rolle zukommt.[297] In dem als „historischer Ort" ausgezeichneten ursprünglichen Kommunikationszusammenhang der Briefe Vorrang vor allen anderen intertextuellen Perspektiven eingeräumt wird, bietet Merz die exakte Opposition zu den o.g. Vertretern einer „biblisch-kanonischen Intertextualität", die im biblischen Kanon den vorgeordneten Ort jeder neutestamentlichen Schrift sehen.

Intertextualität jenseits kanonischer Grenzen: George Aichele

George Aichele kann seit den 1990er auf einschlägige Publikation im Bereich der bibelwissenschaftlichen Intertextualitätsdebatte verweisen und darf daher als einer der Wegbereiter dieser Diskussion bezeichnet werden. Prägend für Aicheles Werk ist die Verbindung exegetischer Fragestellungen mit unterschiedlichen Theorien der Semiotik.[298] Während bereits die hermeneutische Grundlagenarbeit *Sign, Text, Scripture. Semiotics and the Bible* auf intertextuelle Theorien zurückgreift,[299] bietet der von Aichele und Gary A. Philips herausgegebene Sammelband *Intertextuality and the Bible* explizite Studien zur Intertextualität aus verschiedenen Perspektiven.[300]

296 Neben Steins, Kanon liegt mit ihrer Monographie sicherlich die Arbeit vor, die für den deutschsprachigen Raum das Paradigma Intertextualität am breitesten diskutiert.

297 Vgl. Merz, Selbstauslegung, 19: „Weiter bin ich der Meinung, dass der intertextuellen Konstellation, in der ein Text sich bei seiner Entstehung vorfindet, eine hervorgehobene Rolle zukommt."

298 Aicheles Arbeiten stehen zugleich für die oben unter c) genannten Ansätze, die das Intertextualitätsparadigma zur Überwindung überkommener theologischer Interpretationsansätze verwenden.

299 Vgl. v.a. den Abschnitt „Scripture" (Aichele, Sign, 117-145).

300 Von den unterschiedlichen Studien wurden v.a. die einführende Arbeit von Phillips, Introduction sowie die eher experimentelle Lektüre von Pippin, Jezebel rezipiert. Insgesamt präsentiert sich der Band stärker als Sammlung sehr unterschiedlicher

Aichele kritisiert in seinen Studien v.a. überkommene Kommunikationsmodelle innerhalb der Exegese, die Texte in erster Linie als Medium zur Übermittlung von Autorenpositionen verstehen. Eine solche Denkweise sei immer noch weit verbreitet, „because it allows us to think that the mental meaning can pass unaffected through the physical channel. In the case of any non-oral (written or electronically produced) message, you necessarily encounter the message in the sender's absence, and the absence of the sender turns that party into a hypothetical entity. [...]. In the case of the biblical texts, all that you have are the physical transmission of the message (...) and your own understanding of its meaning (...), neither of which can be corrected by the sender"[301].

Ausgehend von einer semiotischen Texttheorie diskutiert Aichele in seinen Studien zur Intertextualität insbesondere Probleme und Funktionen des biblischen Kanons als „semiotics mechanism".[302] Die breit angelegte Untersuchung des Kanons in *The Control of Biblical Meaning* berücksichtigt semiotische Grundlagenprobleme genauso wie hermeneutische Fragen zu Mündlichkeit und Schriftlichkeit sowie zu Übersetzungen biblischer Texte. Wesentliche These Aicheles ist es dabei, dass der Kanon die Bedeutung der in ihm enthaltenen Einzeltexte kontrolliert, ideologisch determiniert und in ihrer Vielfalt einschränkt: „Als mein Buch *The Control of Biblical Meaning* veröffentlicht wurde, beklagten viele Kritiker, [...], dass ich mich zu sehr auf die Funktion des Kanons konzentriert habe, die Bedeutung der biblischen Texte einzuschränken und zu begrenzen und nicht genug auf das Potential des Kanons hingewiesen habe, neue Bedeutungen ständig zu generieren. Der christliche Kanon, so behaupten sie, diene als Mechanismus zur Produktion unzähliger Möglichkeiten von Lektüren und ich sei nachlässig gewesen, das nicht genug zuzugeben. Das ist eine legitime Kritik, aber zu meiner Verteidigung konzentriere ich mich mehr auf den negativen, einschränkenden Aspekt der semiotischen Kontrolle, da ich der Meinung bin, dass dieser Aspekt in den Bibelwissenschaften nicht genug berücksichtigt worden war. Ich bin noch heute dieser Auffassung."[303]

Aichele räumt auf diese Weise zwar ein, dass der Kanon zu immer neuen Lektüren motivieren kann und so die biblischen Texte lebendig erhält, „wenn sie unter verschiedenen intertextuellen Kombinationen gelesen werden."[304] Er betont aber gleichzeitig, dass sich im Kanon der Anspruch einer überzeitlichen Wahrheit manifestiere – ein Ideal, dass sich in erster Linie durch Ausgrenzung des Anderen auszeichne: „Der autoritative Inter-

---

Lektüren und weniger als weiterführende methodisch-hermeneutische Reflexion des Intertextualitätsparadigmas.

301 Aichele, Sign, 27f.

302 So der Untertitel von Aichele, Control.

303 Aichele, Kanon, 167.

304 Ebd., 169.

text, der der Kanon ist, erzeugt eine ‚richtige' Lektüre eines jeden Textes, eine Lektüre, die nicht nur in Kontinuität zur ehrwürdigen Tradition steht, sondern auch relevant für jedes neue Zeitalter, jede neue Kultur, und jedes Volk sein wird. Das Potential, Texte zu kombinieren mittels endloser Permutationen und Rekonfigurationen der multitextuellen Sammlung ist tatsächlich eine der großen Stärken des biblischen Kanons. Dennoch bleibt das Ideal des Kanons ein ausschließliches, denn kanonische Intertextualität versorgt einen sorgfältig kontrollierten Kontext und sie erzeugt einen sorgfältig begrenzten Bereich der ideologisch zufriedenstellenden Bedeutungen."[305]

Der Ansatz Aicheles betont schließlich, dass mit der Postmoderne auch das Zeitalter der „Postkanonischen Bibel"[306] angebrochen sei. Er knüpft damit an diejenigen Arbeiten an, die in der Abkehr von ideologisch einengenden Erzählungen die Kennzeichen postmodernen Wissens[307] ausmachen: „Heutzutage ist der Text der Bibel kein Vehikel mehr für eine universale, apostolische Botschaft. Die Bibel hört auf, als kanonische Sammlung von Texten zu wirken. [...] Unter diesen Umständen hat der Kanon keine semiotische Funktion mehr. Die Bibel bleibt, aber der Kanon verschwindet."[308]

Kategorien intertextueller Exegese: Steve Moyise

Indem mit dem Terminus Intertextualität die verschiedensten Felder exegetischer Untersuchungen zu Textbeziehungen nicht harmonisiert, aber in ein angemessenes Verhältnis gesetzt werden können, übernimmt der Begriff die Funktion eines *umbrella term* für ganz verschiedene Ansätze: „Intertextuality is a covering term for all possible relations that can be established between texts."[309] So findet man in der zeitgenössischen Exegese nicht nur verschiedene Intertextualitätskonzepte, sondern mittlerweile auch Arbeiten, die sich darum bemühen, diese in ihrer Multiperspektivität zu systematisieren.

Wie stark in jüngster Zeit intertextuelle Lektüren im Bereich der Exegese rezipiert wurden, zeigen daher solche Arbeiten, die sich um eine Klassifikation verschiedener Ansätze bemühen. Neben einigen Studien, die eine solche Systematik stärker in Abgrenzung zu eigenen Forschungen versuchen,[310] ist hier v.a. Steve Moyise zu nennen, der mehrfach eine Kata-

---

305 Aichele, Kanon, 169.

306 Ebd., 177.

307 Vgl. Lyotard, Wissen sowie zur Kritik dieser Position die Schlussbetrachtung der vorliegenden Arbeit.

308 Aichele, Kanon, 178.

309 Miscall, Isaiah, 44.

310 An dieser Stelle ist auch Stefan Alkier zu nennen. Seine Unterscheidung zwischen produktionsorientierter, rezeptionsorientierter und experimenteller Intertextualität

logisierung der unterschiedlichen in der Exegese vertretenen Positionen vorgelegt hat. So unterscheidet er bspws. in seinem Aufsatz *Intertextuality and Biblical Studies: A review* fünf verschiedene Typen intertextueller Forschung:

- *Intertextual Echo* verwendet er als Sammelbegriff für Arbeiten, die die reine Zitatenforschung auf differenzierte Art und Weise z.B. um die Unterscheidung zwischen Zitat, Allusion und Echo erweitern.
- *Narrative Intertextuality* weist darauf hin, dass sich Intertextualität nicht nur auf die Auslegung eines bestimmten vorliegenden Einzeltextes, sondern auf bestimmte *stories* insgesamt bezieht.
- Mit *Exegetical Intertextuality* wird das Phänomen näher beschrieben, dass intertextuelle Bezüge eine spezifische exegetische Arbeit motivieren können bzw. jeweils eine bestimmte interpretatorische Leistung verlangen.
- *Dialogical Intertextuality* betont noch einmal, dass Intertextualität immer in zwei Richtungen zu denken ist. Aus einer rezeptionsorientierten Perspektive beeinflusst der referierende Text den referierten und umgekehrt.
- Mit dem Terminus *Postmodern Intertextuality* wird schließlich die Eingebundenheit des Intertextualitätsparadigmas in bestimmte philosophisch-hermeneutische Zusammenhänge hervorgehoben.

Moyises Entwurf versucht – ähnlich wie Renate Lachmann im Bereich der Literaturwissenschaften[311] –, der Vielfalt des Intertextualitätsbegriffs mit einem Kategorienmodell zu begegnen, welches in der Lage ist, die unterschiedlichen Aspekte und Analyseebenen zueinander in Beziehung zu setzen. Er geht dabei freilich den umgekehrten Weg: Während Lachmann *texttheoretisch* drei Ebenen des Intertextualitätsbegriffes entwickelt, zeigt Moyise auf *forschungsgeschichtlicher* Ebene, in welcher Weise in der Exegese damit umgegangen wurde. Beide eint das Interesse, trotz polyvalenter Aspekte die Einheit des Paradigmas Intertextualität zu betonen. In diesem Punkt stimmen sie ebenfalls mit der Position Alkiers überein; auch in dessen Ansatz wird ein Weg gesucht, auf semiotischer Basis die verschiedenen Aspekte der Intertextualität voneinander unterscheiden zu können und gleichzeitig ihre Bezüge hervorzuheben. Aicheles texttheoretischer Entwurf ist dagegen letztlich eher von einer Abgrenzungsstrategie geprägt, indem versucht wird, an der Verankerung des Intertextualitätsparadigmas in

im Rahmen einer semiotisch fundierten Exegese diskutiert eher die prinzipiellen Möglichkeiten und Perspektiven intertextueller Forschung. Zu diesem Modell, das ein kritisches Aufgreifen etablierter Forschungen ermöglicht und gleichzeitig das Spektrum der für exegetische Untersuchungen möglichen Textbezüge erweitert, vgl. Abschnitt 2.2.2.2.

311 Vgl. oben Abschnitt 2.1.2.

Poststrukturalismus und Dekonstruktivismus festzu-halten und exegetische Studien innerhalb der kanonischen Grenzen in Frage zu stellen.

2.2.3 Von der Theorievergessenheit zum Theoriebewusstsein: Chancen intertextueller Theoriebildung für die Bibelwissenschaften

Die Diskussion um die Aufnahme intertextueller Theoriebildung im Rahmen exegetischer Arbeiten zeigt, dass sich neben den Anfragen, die mit dem Konzept auf literaturtheoretischer Ebene gestellt sind (texttheoretische Anfragen, Perspektivenwechsel zur Rezeption, Intertextualität als *umbrella term*), auch spezifisch exegetische Probleme ergeben. Gerade der Ansatz einer „kanonisch-intertextuellen Auslegung" verweist (indem er nicht in erster Linie nach dem Ursprungskontext einzelner Perikopen fragt, da sich dieser vom später gewordenen biblischen Kanon signifikant unterscheidet) darauf, dass im Rahmen biblischer Exegese bestimmten Auslegungskontexten besondere Bedeutung zukommt. V.a. in der deutschsprachigen Exegese scheint sich in diesem Zusammenhang ein neues Gegenüber intertextueller Ansätze anzudeuten: Arbeiten, die sich mit einer kanonischen Auslegung auch vom Ursprungskontext eines gegebenen Textes entfernen können, stehen anderen Untersuchungen gegenüber, für die „der intertextuellen Konstellation, in der ein Text sich bei seiner Entstehung vorfindet, eine herausgehobene Rolle zukommt."[312] Wenn jedoch letztere Ansätze konstatieren, dass ausschließlich die rekonstruierte historische Situation als „Kontrollinstanz fungieren" [313] kann, wird nicht nur dem Intertextualitätsparadigma eine wesentliche Spitze genommen. Auch darüber hinaus stellt diese Position insofern einen Rückschritt dar, als dem geschichtlichen Kontext nicht nur (legitimerweise) der Vorrang im Rahmen historischer Untersuchungen, sondern auch für die theologische Deutung der Wirklichkeit eingeräumt wird.[314] Sicherlich ist „das Bewusstsein beim Ausleger bzw. der Auslegerin dafür [...], dass intertextueller Bezugshorizont und Deutung voneinander abhängen" unverzichtbar. Es folgt daraus aber in erster Linie die „Notwendigkeit, die einer exegetischen Untersuchung zugrundegelegten Referenztexte zu thematisieren und zu rechtfertigen."[315] Dagegen kann es gerade nicht Sinn und Zweck der Intertextualitätsdebatte sein, die so gewonnene Vielfältigkeit der Auslegungsmöglichkeiten vorschnell wieder einzuengen. Vielmehr stellt das Intertextualitätsparadigma mindestens so drängend wie in der Literaturwissenschaft auch in der Exegese die Aufga-

---

[312] Merz, Selbstauslegung, 19.

[313] Ebd.

[314] Vgl. grundlegend zur Wahrheitsfrage im Rahmen theologischer Exegese Alkier/Zangenberg, Zeichen, 40f. sowie umfassender Link, Sinne.

[315] Merz, Selbstauslegung, 19.

be, die verschiedenen intertextuellen Perspektiven zu würdigen und zu klassifizieren.

Die Anfragen, die durch verschiedene *exegetische* Studien - insbesondere durch die Arbeiten von Hays und Alkier - an das Paradigma Intertextualität gestellt werden, lassen sich m.E. aber in weiten Teilen im Anschluss an die in Abschnitt 2.1.5 formulierten literaturwissenschaftlichen Problemkreise formulieren:

- *Intertextualität, Texttheorie und exegetische Methoden*: Wie im Bereich der Literaturwissenschaft fragt das Intertextualitätsparadigma auch innerhalb der Exegese nach texttheoretischen Grundüberzeugungen. Gerade wegen der großen Prägekraft der historischen Kritik in den Bibelwissenschaften steht mit dem Textbegriff nicht nur ein bestimmtes methodisches Vorgehen zur Disposition. Vielmehr ist mit dem Textbegriff auch die Frage nach dem Selbstverständnis einer Disziplin gestellt.
- *Theologische Implikationen bestimmter Textkorpora:* Texttheoretische Optionen führen im Zusammenhang mit intertextuellen Fragestellungen ganz unmittelbar zu Fragen nach der Rolle von Autor und Leser. Im exegetischen Kontext stellt sich hier die Frage nach der Legitimation bestimmter intertextueller Referenzrahmen bzw. nach der spezifischen Bedeutung einzelner Textkorpora besonders drängend. Mit der Position des Autors, des Lesers bzw. einer Interpretationsgemeinschaft ist direkt das Problem des biblischen Kanons und damit (systematisch-theologisch) das Problem des Wahrheitsanspruches bestimmter Interpretationen aufgeworfen.
- *Ethik der Interpretation / Wahrheitsanspruch intertextueller Lektüren:* Somit wird gerade im exegetischen Zusammenhang der Bezug zwischen verschiedenen intertextuellen Ansätzen zur Zentralfrage. Gerade wenn im Rahmen des Intertextualitätsparadigmas unterschiedliche aber gleichermaßen angemessene Interpretationen möglich sind, erscheint es umso wichtiger, im Kontext theologischen Denkens diese Pluralität angemessen darstellen zu können. Indem Intertextualität so als *umbrella term* qualifiziert und die Abhängigkeit zwischen intertextuellem Bezug und Interpretation im jeweiligen Lektüreakt deutlich gemacht wird, rückt die Frage nach Kriterien für die Angemessenheit einer bestimmten Textinterpretation und damit das Problem einer Ethik der Interpretation[316] biblischer Texte in den Mittelpunkt des Interesses.

[316] Vgl. auch Alkier, Ethik.

2.3 Intertextuelle Bibellektüre

2.3.1 Auf dem Weg zu einem Konzept intertextueller Bibellektüre

2.3.1.1 Implikationen des forschungsgeschichtlichen Überblicks

Die bisherigen Ausführungen haben gezeigt, dass mit dem Schlagwort Intertextualität in verschiedener Hinsicht mehr im Blick ist als reine Methodenfragen im Bereich der Quellenkritik, Einflussforschung oder Traditionsgeschichte. Mit den verschiedenen Intertextualitätskonzepten gehen vielmehr veränderte Perspektiven auf Texte allgemein und damit auch auf die biblischen Texte im Speziellen einher. Das Konzept der Intertextualität kann den Blick dafür schärfen, dass ein bestimmtes methodisches Vorgehen immer ein Bündel ganz bestimmter hermeneutischer, philosophischer bzw. literaturtheoretischer Prämissen impliziert. Gerade im Bereich der Bibelwissenschaften sollte aber die Frage nach diesen Prämissen am Anfang einer jeden Arbeit mit biblischen Texten stehen, um sich der Tragweite der eigenen Interpretation sowie deren Grenzen bewusst zu werden. Damit ist aber auch zu diskutieren, in welchem methodischen Rahmen intertextuelle Studien innerhalb der Exegese insgesamt zu verorten und wie die verschiedenen Intertextualitätskonzepte miteinander ins Gespräch zu bringen sind. Lässt sich eine intertextuelle Perspektive als Erweiterung in ein vorhandenes Methodenrepertoire integrieren oder bedarf es hier neuer Grundlegungen? Im Folgenden soll versucht werden, verschiedene Fragestellungen, die sich aus den forschungsgeschichtlichen Skizzen in den Abschnitten 2.1 und 2.2 ergeben,[317] im Rahmen eines Exegesekonzeptes, das sich neben den Ansätzen von Alkier und Hays insbesondere der Lektüretheorie Umberto Ecos verdankt, zu verorten.

Die Ausführungen der letzten Kapitel haben weiterhin gezeigt, dass das Intertextualitätsparadigma unterschiedliche Fragen im Rahmen der literaturwissenschaftlichen Diskussion impliziert, mit denen wiederum Probleme aus dem Bereich der Exegese korrespondieren. Es ergeben sich dabei drei Bereiche, die – je nach Perspektive – unterschiedliche Untersuchungsfelder in den Blick nehmen:

---

317 Insbesondere werden die Ergebnisse aus Abschnitt 2.2.3 aufgegriffen und auf ihre Operationalisierbarkeit mit Blick auf konkrete Textanalysen hin befragt.

Literaturwissenschaftliche bzw. texttheoretische Perspektiven	Exegetische bzw. theologische Perspektiven
- *Intertextualität und Texttheorie*	- *Intertextualität, Texttheorie und exegetische Methoden*
- *Intertextualität und Rezeption*	- *Theologische Implikationen bestimmter Textkorpora*
- *Intertextualität als* umbrella term	- *Ethik der Interpretation / Wahrheitsanspruch intertextueller Lektüren*

Im Folgenden soll der Versuch unternommen werden, diese unterschiedlichen Fragen zur theoretischen Fundierung exegetisch-intertextueller Arbeit auf der Basis bzw. in Weiterentwicklung des oben bereits angesprochenen texttheoretischen Konzepts Umberto Ecos in einem gemeinsamen Modell zu bedenken. Diesem Vorgehen liegt die Überzeugung zugrunde, dass sich auf diese Weise nicht nur die genannten texttheoretischen Fragen beantworten lassen, sondern sich auch Perspektiven für ein operationalisierbares Modell zur intertextuellen Lektüre biblischer Texte ergeben.

2.3.1.2 Literatur- und textwissenschaftliche Fundierungen

Der forschungsgeschichtliche Überblick über die verschiedenen Stationen der Intertextualitätsdebatte[318] lässt deutlich werden, dass die Kristevasche Begriffsbildung lediglich den Anfang einer umfangreichen textwissenschaftlichen Reflexion und Diskussion markiert. Hermeneutische Grundlage der exegetischen Untersuchungen ab Kapitel 3 dieser Arbeit werden insbesondere die Arbeiten Umberto Ecos und Magdolna Orosz´ sein. Während sich Ecos Ansatz gerade durch seine - andere Forschungspositionen integrierende[319] - Weite auszeichnet, bietet die Studie Orosz´ Perspektiven zur methodischen Konkretion.

Zwischen Enzyklopädie und Umfeldern der Aussage

Mit dem Ecoschen Modell, insbesondere mit dem Konzept der *Enzyklopädie* bzw. den *Umfeldern der Aussage* und den verschiedenen Abduktionstypen lassen sich Text-Text-Beziehungen biblischer Schriften umfassend be-

[318] Abschnitt 2.1.

[319] Zu Eco vgl. umfassend oben Abschnitt 2.1.3.2. Ecos Ansatz greift die umfassende Intertextualitätskonzeption Kristevas auf, bezieht sich - wie Holthuis - auf umfassendere texttheoretische Modelle (v.a. Petöfi) und bietet mit dem Konzept der Enzyklopädie Raum für die Integration von auf Methodisierbarkeit zielenden Konzepten (Helbig, Pfister, Orosz).

schreiben und qualifizieren. Intertextuelle Lektüre biblischer Schriften heißt – übersetzt in das Modell Umberto Ecos – Aktualisierung des Inhalts einer linearen Manifestation eines Textes mit Hilfe intertextueller Szenographien innerhalb einer Enzyklopädie. Dabei wird die Auswahl der Enzyklopädie durch die Umfelder der Aussage determiniert: „Wenn man einen schriftlichen Text liest, hat der Bezug zu den Aussageumfeldern andere Funktionen. […] Ein zweiter Typus von Bezugnahme umfaßt komplexere Operationen ‚philologischer' Art, wenn man etwa versucht, in einem Text, der in einer länger zurückliegenden Epoche geäußert worden ist, die ursprüngliche raumzeitliche Situation zu rekonstruieren, allein um zu erfahren, auf welche Art von Enzyklopädie man dabei zurückgreifen muß."[320]

Der Reiz dieser Verknüpfung von Enzyklopädie und Umfeldern der Aussage liegt dabei darin, dass sich verschiedene intertextuelle Lektüren aufgrund von bestimmten Enzyklopädien erklären lassen, deren Auswahl wiederum durch bestimmte Umfelder der Aussage motiviert wurden. Mit Blick auf die biblischen Schriften bedeutet das, dass sich ein Paulusbrief etwa mit einer Enzyklopädie aus dem Umfeld der Textproduktion, aber genauso auch aus dem Bereich der Textrezeption interpretieren lässt. Beide Szenarien werden unterschiedliche Interpretation zeitigen, haben aber ihre jeweilige Berechtigung und mit Ecos Modell auch ihren spezifischen Begründungsrahmen. Im Anschluss an dieses Modell wird daher im Folgenden auch bewusst von „intratextueller Lektüre" bzw. „intertextueller Lektüre" gesprochen. Im Blick ist dabei – im Anschluss an Eco – die Vorstellung eines Modell*lesers*, dessen Aufgabe es zunächst einmal ist, diese Rolle anzunehmen, d.h. sich vom Text leiten zu lassen: „Interpretieren bedeutet für den Ausleger, sich vom Text führen zu lassen. Der Text hat seine ‚Fragen' in sich (d.h. ungeklärte Punkte), aber der Leser auch seine ‚Fragen', die sein ‚Interesse' darstellen. In Anlehnung an Husserls Sprache könnte man sagen, daß der Leser eine ‚Epoché' braucht, indem er seinen eigenen Fragen nicht nachgeht, sondern sie einklammert, und die Kooperationserwartung schrittweise erfüllt, die der MA (Modellautor, *M.S.*) mit seinem Text verband. Diese Intention ist zuerst eine orientierende Hypothese, ein pragmatisches Postulat, anhand dessen jemand akzeptiert, die Rolle des Lesers zu übernehmen. Es ist die Entscheidung, sich auf den Text einzulassen, aufgrund der ein Leser eine Hypothese über die Weltstrukturen wagt. Am Ende der Auslegung, nachdem sich eine kognitive Repräsentation des Gelesenen aufgebaut hat, nennt man Interpretation, Sinn, Inhalt."[321]

---

320 Eco, Lector, 92.

321 Pellegrini, Elija, 72f.; Pellegrini fährt später fort: „Der ML (Modellleser, *M.S.*) wird nicht alle Informationen entschlüsseln, sondern nur die, die er beim Aufbau der Sinnhypothese für sinntragend hält. Es kann auch dazu kommen, wie im Fall antiker

Schließlich weist das Ecosche Modell auf ein Spezifikum von Textinterpretation – auch im exegetischen Bereich – hin: Interpretation bedeutet nie bloße Rekonstruktion, sondern durch abduktives Schließen begründete Konstruktion und Aktualisierung eines Textes auf der Basis einer bestimmten Enzyklopädie. Interpretation biblischer Texte kann sich in diesem Zusammenhang gar nicht auf die Erhebung eines vermeintlichen ursprünglichen Textsinns beschränken, sondern versucht eine Aktualisierung aufgrund einer bestimmten Enzyklopädie bzw. aufgrund von gegenwärtigen Annahmen über diese Enzyklopädie. Das Herstellen bestimmter intertextueller Bezüge innerhalb dieser Enzyklopädie ist dabei den o.g. Problemen abduktiven Schließens ausgeliefert und setzt eine Mit*arbeit* des Leser bei der Interpretation voraus. Indem die intertextuelle Bezugnahme je nach Enzyklopädie völlig unterschiedlich ausfallen kann,[322] nötigt das Ecosche Modell zu einer Reflexion dieses intertextuellen Bezugsrahmens bzw. der Diskussion der „Umfelder der Aussage" vor jeder Textinterpretation.[323] Eine (analysepraktische) Unterscheidung zwischen produktionsorientierten und rezeptionsorientierten intertextuellen Lektüren besitzt daher für die Exegese unmittelbare Plausibilität und greift darüber hinaus gängige Kategorisierungen aus der Literaturwissenschaft auf: Die intertextuellen Szenographien innerhalb der Enzyklopädie können eher aus der Perspektive der Textproduktion oder aus der Perspektive der Textrezeption betrachtet werden. Dabei können auch solche Referenztexte – sei es im Umfeld der Produktion oder der Rezeption – in den Blick kommen, deren Bezug zu einem gegebenen Text nicht durch eine historisch nachweisbare Lektüre belegt ist.

Texte, daß der Ausleger nicht nur die Kooperation eines ML, sondern auch eine Dolmetscherfunktion zwischen zwei unterschiedlichen Kulturgemeinschaften leisten muß: Er entschlüsselt auch zusätzliche Informationen, die für den ML zwar implizit bleiben können, da er sie kennt, die aber für die neuen empirischen Leser notwendig sind." (82).

322 Vgl. Pellegrini, Elija, 131: „Der Unterschied zwischen Enzyklopädie und Intertextualität basiert auf der Abwesenheit oder Anwesenheit von Merkmalen, die andere textuelle Objekte als spezifische, intendierte Referenz erkennen lassen, die herangezogen werden muß, um eine Bedeutungserweiterung in den Text einzubringen. Intertexte sind also Texte, die ein bestimmter Text aus der Gesamtenzyklopädie als notwendigen Teil für seine Interpretation hervorhebt. Die Intertextualität als operative Kategorie qualifiziert sich also innerhalb der Lesetheorie für eine intentionale Verbindung zu einem – oder mehreren anderen – textuellen Objekt, das durch Markierungen herangezogen wird."

323 Damit ist hier *texttheoretisch* bereits jenes Vorgehen integriert, das bei Annette Merz (Selbstauslegung, 19) als eine „Selbstverpflichtung" des Auslegers postuliert wird: „Unverzichtbar scheint mir aber das Bewusstsein beim Ausleger bzw. der Auslegerin dafür zu sein, dass intertextueller Bezugshorizont und Deutung voneinander abhängen. Daraus folgt die Notwendigkeit, die einer exegetischen Untersuchung zugrundgelegten Referenztexte zu thematisieren und die Auswahl zu rechtfertigen."

Syntagmatik, Semantik und Pragmatik intertextueller Lektüren

Aus analysepraktischer Perspektive bietet sich ein Aufgreifen bzw. die Weiterentwicklung des Ansatzes von Magdolna Orosz an, die in weiten Teilen den grundlegenden semiotischen Ansatz mit Eco teilt. Sie differenziert - ohne die grundlegende Verschränkung syntagmatischer, semantischer und pragmatischer Aspekte zu negieren - für die konkrete Textanalyse einzelne Arbeitsschritte bzw. Aspekte intertextueller Lektüre, die sich in Ergänzung zur intratextuellen Betrachtung folgendermaßen darstellen lassen:[324]

	intratextuell	***intertextuell***
Syntagmatik	Bezüge der Zeichen untereinander in einem gegebenen Text	Bezüge der Zeichen in einem gegebenen Text zu Zeichen in einem anderen Text: ***Form der intertextuellen Bezugnahme (Disposition)***
Semantik	Zeichen in Relation zum Bezeichneten	Zusammenspiel von Zeichen aus mehreren Texten in Relation zum Bezeichneten: ***Art und Weise der Bedeutungsintegration***
Pragmatik	Zeichen im Wechselspiel mit den Zeichenbenutzern	Erkennbarkeit der Bezüge unterschiedlicher Zeichen für die Zeichenbenutzer: ***Funktion / Markierung***

2.3.1.3 Exegetische Fundierungen

Enzyklopädie und intertextuelle Lektüre biblischer Texte

Für die *intertextuelle Lektüre biblischer Texte* haben die Ecoschen Konzepte „Enzyklopädie" und „Umfelder der Aussage"[325] eine spezifische Bedeutung, die sich in der Unterscheidung verschiedener Lektüreperspektiven niederschlägt. Diese Perspektiven werden innerhalb dieser Arbeit - im Anschluss an das Konzept Alkiers - mehrfach differenziert:

- Die „*Enzyklopädie* meint [...] das kodifizierte Wissen einer gegebenen Kultur. Dieses Wissen besteht zu einem erheblichen Teil aus intertextueller Kompetenz, aber ebenso auf extratextueller Kompetenz, z.B. auf dem Wissen um Verhaltenscodizes, geographischen, gesellschaftlichen und politischen Kenntnissen usw. Auf der Ebene der Enzyklopädie wird die autonome Struktur des Diskursuniversums eines gegebenen Textes intertextuell und extratextuell geöffnet. Nachdem entschieden und begründet worden ist, welcher Enzyklopädie der Text zugeordnet werden soll, können die enzyklopädischen Untersuchungen beginnen."[326] Dabei kann zur Aktua-

[324] Vgl. zur Darstellung der intertextuellen Dimensionen insbes. Orosz, Intertextualität, 1-42.

[325] Vgl. oben Abschnitt 2.1.3.2.

[326] Alkier, Bibel, 8.

lisierung eines Textes eine Enzyklopädie aus dem Umfeld der Textproduktion oder der Textrezeption gewählt werden. Eine *produktionsorientierte* intertextuelle Lektüre fragt bspw. nach vom Bibeltext eingespielten anderen Texten (über Zitate, Anspielungen etc.). Sie fragt dabei, wie die Verbindung zustande kommt, welches Ziel für den vorliegenden Text im Blick ist und wie der zitierte Text verändert wird. Die *rezeptionsorientierte* Perspektive untersucht z.B. Vernetzungen mindestens zweier Texte in einem bestimmten Rezeptionskontext im Rahmen historisch nachweisbarer Lektüren. Dazu gehören etwa auch eine Reihe von Arbeiten zur kanonisch-intertextuellen Lektüre (Steins u.a.), die in bestimmten Rezeptionskontexten bestimmte Ergebnisse zeitigen.

- In beide Perspektiven lassen sich auch „freiere" bzw. „experimentelle" intertextuelle Lektüren integrieren. Die Entscheidung, welche Enzyklopädie gewählt wird und damit auch die Frage, in welchem intertextuellen *setting* ein Text gelesen wird verdankt sich „Informationen über den Sender, die Zeit und den sozialen Kontext" bzw. „Annahmen über die Art des sprachlichen Aktes."[327] Ob ein Paulusbrief mit seinen intertextuellen Bezügen innerhalb des biblischen Kanons, der römischen Rechtskorpora des 1. Jahrhunderts oder – „experimentell" – im Vergleich mit Prosa des 20. Jahrhunderts untersucht wird, hängt entscheidend davon ab, mit welchen *Umfeldern der Aussage* er betrachtet wird.[328] Dafür gibt es mit Blick auf die biblischen Texte nicht nur äußerst vielfältige Möglichkeiten, die für die Analyse methodisch getrennt zu betrachten sind; in diesem speziellen Fall determiniert die Auswahl bestimmter Prätexte – etwa im Fall des biblischen Kanons – darüber hinaus auch die systematisch-theologische Relevanz bestimmter intertextueller Lektüren. Die exegetische Aufgabe besteht v.a. darin, „zwischen solchen Lektüren zu unterscheiden, die auf der Basis der Enzyklopädie gegenwärtiger LeserInnen entstehen, und solchen, die an der Lektüre der neutestamentlichen Texte im Rahmen *ihrer* Enzyklopädie interessiert sind."[329]

---

[327] Vgl. Eco, Lector, 88.

[328] Mit den „Umfeldern der Aussage" ist somit auch – in einem weiteren Sinne – das angesprochen, was Magdolna Orosz in ihrer Form der intertextuellen Textanalyse als „formale" oder „syntaktische" Analyse bezeichnet. Es geht im Sinne Orosz´ um die syntaktisch-formale Frage, warum und wie eine Zeichen-Relation zwischen einem gegebenen Text und einem anderen Text zustande kommt.

[329] Alkier, Hinrichtungen, 120 (Hervorhebung i.O.). Alkier erläutert hier knapp und präzise das Ziel einer an der Semiotik orientierten Exegese, das er genau in der Unterscheidung – in der Kritik – verschiedener Lektüren auf der Basis verschiedener Enzyklopädien festmacht. Hieraus ergibt sich unmittelbar die Folgerung, dass eine

Eine solche freie Form intertextueller Lektüre, für die Stefan Alkier in einigen Veröffentlichungen die Kategorie einer „textorientierten", „experimentellen" bzw. „poetischen" Form von Intertextualität eingeführt hat, findet sich m.E. aber nicht als weitere Erscheinungsform neben produktionsorientierter und rezeptionsorientierter Intertextualität.[330] Mit dieser Kategorie unabhängig von produktions- und rezeptions*geschichtlichen* Plausibilitätsstrukturen liegt zwar eine unverzichtbare Spielart intertextueller Lektüren vor. Während die Einordnung in den Zusammenhang der Produktion bzw. Rezeption eines Textes durch die gewählte Enzyklopädie bestimmt wird, ist mit dieser „experimentellen" Form intertextueller Lektüre eher die Frage gestellt, welche Faktoren zur Wahl einer *bestimmten* Enzyklopädie führen – damit ist sie bei Eco eher den „Umfeldern der Aussage" zuzuordnen.

Ebenfalls im Anschluss an die Arbeiten Alkiers lässt sich die Lektüretheorie Ecos vor dem Hintergrund grundlegender Elemente Peircescher Semiotik näher betrachten. Indem intertextuelle Studien innerhalb der Exegese in eine solche explizite semiotische Texttheorie integriert werden, ergeben sich zuerst einmal zwei fundamentale Folgerungen:

- Intertextualität stellt ein Teilgebiet der Semiotik biblischer Texte dar und ist *ein* konstitutiver Aspekt aller Texte, aber nicht der einzige. Sowohl *eine bestimmte* intertextuelle Perspektive, als auch eine andere (syntagmatische, semantische, pragmatische) Betrachtung eines Textes erschöpfen nie dessen Sinnpotential. Die semiotische Untersuchung biblischer Texte unterliegt zunächst einmal denselben Grundregeln wie die Arbeiten zu anderen (Text)Zeichen.[331]
- Gerade eine solche semiotische Texttheorie, die Texte als Zeichen neben anderen Zeichen und biblische Texte als Texte neben anderen Texten begreift, kann als Aufruf zu einem nicht weiter reflektierten Methodenpluralismus missverstanden werden. Ziel ist dagegen nicht einfach nur unterschiedliche Perspektiven zu akzeptieren, sondern „alle methodischen Schritte zur Erschließung

---

solche Exegese immer eine „historisch-kritische, d.h. enzyklopädisch unterscheidende Exegese" (ebd., 121) ist.

330 Alkier charakterisiert diese Form wie folgt: „Die experimentelle Perspektive fragt im Sinne des unbegrenzten Intertextualitätskonzepts nach Sinneffekten, die sich aus dem Zusammenlesen zweier oder mehrerer Texte ergeben, auch wenn dies nicht produktions- oder rezeptionsgeschichtlich begründet wird. Die Frage dabei lautet etwa, welche Sinneffekte sich z.B. aus dem Zusammenlesen von Ovids Metamorphosen und der Briefe des Apostels Paulus ergeben, unabhängig davon, ob ein antiker oder auch ein späterer Leser einen Zusammenhang zwischen diesen Texten hergestellt hat. Die Möglichkeiten der Konstruktion intertextueller Bezüge werden dabei anders als bei den beiden anderen intertextuellen Perspektiven nicht zeitlich oder kulturell begrenzt, sondern verdanken sich der jeweiligen enzyklopädischen Kompetenz des aktuellen Lesers." (Alkier, Bibel, 9f.).

331 Vgl. grundlegend zu den verschiedenen Aspekten der Semiotik biblischer Texte Alkier/Zangenberg, Zeichen, bes. 32-42.

eines Textes auf dem Zusammenhang stiftenden Hintergrund einer einheitlichen und in sich stimmigen Texttheorie aufzubauen. Diese Texttheorie gründet in einer Zeichentheorie, weil Zeichen die universalen formalen Grundeinheiten jeder Kommunikation darstellen. Jede Zeichenproduktion und Zeichenrezeption geschieht unter den unhintergehbaren formalen Bedingungen von Zeichenprozessen."[332]

Schon die oben bereits angeführte[333] Definition von Textualität Janos Petöfis macht deutlich, dass mit einer weiten semiotischen Texttheorie ganz unterschiedliche Fragestellungen aufeinander bezogen werden können. Die Unterscheidung zwischen produktionsorientierter und rezeptionsorientierter Untersuchungsperspektive eines Textes, das Gegenüber von Diachronie und Synchronie[334] sowie von textimmanenter und textexterner Betrachtung lassen sich zwar systematisch unterscheiden und aufeinander beziehen, stellen aber keine ausschließenden Gegensätze innerhalb einer solchen Texttheorie dar.

Intertexualität als Frage nach der paulinischen Schrifthermeneutik

Die ab Kapitel 3 folgenden exegetischen Studien verdanken sich neben den grundlegenden Arbeiten Alkiers aus exegetischer Perspektive v.a. auch den grundlegenden Einsichten zur paulinischen Schriftrezeption Richard B. Hays´:[335]

---

332 Alkier, Bibel, 6f.

333 „Für uns ist *Textualität* keine inhärente Eigenschaft verbaler Objekte. Ein Produzent oder ein Rezipient betrachtet ein verbales Objekt als Text, wenn er glaubt, daß dieses verbale Objekt ein zusammenhängendes und vollständiges Ganzes ist, das einer tatsächlichen oder angenommenen kommunikativen Intention in einer tatsächlichen oder angenommenen Kommunikationssituation entspricht. Ein Text ist – gemäß der semiotischen Terminologie – ein komplexes verbales Zeichen (oder ein verbaler Zeichenkomplex), das/der einer gegebenen Erwartung der Textualität entspricht." Vgl. Abschnitt 2.1.3.1.

334 Allein zur Problematik der Begriffe „Diachronie" und „Synchronie" ließe sich im Rahmen der Intertextualitätsdebatte ein weiteres Kapitel zu dieser Arbeit hinzufügen. Vgl. dazu auch den Abschnitt „Das Dilemma Diachronie/Synchronie" in Pellegrini, Elija, 35f.: „Gemessen an dem Zweck der Interpretation ist es nicht nützlich, zwischen synchronen ‚Methoden' (wie etwa Wortsemantik, Satzsemantik usw.) und diachronen ‚Methoden' (Traditionskritik, Redaktionskritik usw.) zu unterscheiden, sondern es ist sinnvoller, zwischen der Interpretation des Textes und der Interpretation der Vergangenheit – selbstverständlich anhand von Texten – zu unterscheiden. Im ersten Fall richtet sich die Interpretation auf den Text selbst und folgt der Frage ‚Was will der Text sagen?'. Im zweiten Fall ist das Ziel die Rekonstruktion der Geschichte. Der Text wird hier nicht interpretiert, sondern als historisches Dokument gebraucht, selbst wenn es um die Geschichte des Textes selbst geht."

335 Neben den Arbeiten Alkiers und Hays´ sei an dieser Stelle – insbesondere mit Blick auf die in Abschnitt 2.3.2.2 ausgeführten Leitfragen – auch die Studie Hieke/Nicklas, Worte genannt.

- Die Bedeutung der Schrift für Paulus kann nur angemessen reformuliert werden als Frage nach der *Schriftrezeption* der paulinischen Briefe. Dies impliziert eine Annäherung an die biblischen Texte, die nach der Bedeutung der Schrift*rezeption* in den paulinischen Briefen fragt, Paulus also als *Leser der γραφαί* im Blick hat.
- Wesentlich für das paulinische Denken insgesamt, und damit auch für das Problem der Schriftrezeption, ist die Vorstellung einer narrativen Grundstruktur des *Corpus Paulinum*. Weil die paulinischen Texte selbst auf diese Art narrativ geprägt sind, ist auch ihr Interesse an den Schriften narrativ geprägt. Es geht in den paulinischen Briefen demnach nicht in erster Linie um das Zitieren bestimmter Einzelverse, sondern um das metaleptische Aufrufen von Geschichtenpools bzw. Erzählzusammenhängen.
- Schließlich weisen die von Hays entwickelten sieben Tests für das Vorliegen eines intertextuellen Echos darauf hin, dass mit dem Terminus Intertextualität gerade Ebenen des Textverständnisses angesprochen sind. Die Haysschen Kriterien betreffen historische, textimmanente, interpretationsgeschichtliche und metakommunikative Aspekte, die sich darüber hinaus gegenüber einer methodisch engen Operationalisierung sperren.

Auf der Basis dieser hermeneutischen Grundlagen der bibelwissenschaftlichen Intertextualitätsdebatte muss die konkrete Frage nach der Rede von Gott bei Paulus neu bedacht werden. Im Mittelpunkt der exegetischen Studien ab Kapitel 3 steht daher auch die Frage, wie einzelne Abschnitte des 1Kor die γραφαί rezipieren und welche Lektüreerwartungen mit Blick auf die Gottesrede mit dieser Rezeption verbunden sind.

2.3.1.4 Ausblick

Mit der Verortung einer intertextuellen Lektüre innerhalb eines semiotischen Lektüremodells im Anschluss an Umberto Eco werden die literaturwissenschaftlichen und exegetischen Grundfragen, die in den Abschnitten 2.1 und 2.2 erarbeitet wurden, miteinander verknüpft:

- Mit den semiotischen Grundlagen der Lektüretheorie Umberto Ecos liegt eine *texttheoretische Fundierung* vor, die die weite Perspektive der Kristevaschen Theoriebildung aufgreift und darüber hinaus Möglichkeiten der methodischen Präzisierung eröffnet. Gerade mit Blick auf die Exegese können durch dieses weite Modell aber auch Textbeziehungen in den Blick genommen werden, die innerhalb eines historisch-kritischen Paradigmas nicht Gegenstand der Betrachtung sein können. Indem Texte als eine Erscheinungsform von Zeichen verstanden werden, erhält die Betrachtung biblischer Texte zudem eine Einbettung in eine übergreifende Theorie, die alle Phänomene einer Kultur als Zeichen betrachtet.

Grundlegend weist das Ecosche Intertextualitätskonzept über das Gros aller Modelle hinaus, indem es die *Textinterpretation* in den Mittelpunkt stellt. Es führt somit über alle Konzepte hinaus, die allein die Identifizierung von Spuren anderer Texte in einem gegebenen Text bzw. das Erheben einer Traditionsgeschichte im Blick haben. Das Aufspüren intertextueller Präsuppositionen ist eine grundlegende Voraussetzung für die weitere Interpretationsarbeit. Unmittelbar für die Textanalyse lässt sich aus der Ecoschen Texttheorie die prinzipielle Vorordnung einer intratextuellen Analyse folgern.

- Ecos Modell schreibt der Interaktion zwischen gegebener linearer Manifestation eines Textes und dem *Leser* eine entscheidende Rolle bei der Interpretation von (biblischen) Texten zu. Mit der Unterscheidung zwischen *Enzyklopädie* und *Umfeldern der Aussage* entwickelt er dabei zwei grundsätzliche Elemente, die Bestandteil einer jeden Aktualisierung eines Textes im Akt der Lektüre sind. Damit bietet sich aber auch für die Exegese die Möglichkeit, verschiedene intertextuelle Lektüren zu qualifizieren und miteinander ins Gespräch zu bringen. Das bedeutet aber nicht, dass im Sinne eines falsch verstandenen Pluralismus verschiedene exegetische Arbeitsweisen unverbunden nebeneinander stehen, sondern dass die Perspektiven, unter denen eine intertextuelle Lektüre geschieht, als konstitutive Momente in ein übergreifendes Lektüremodell integriert sind.
- Das Lektüremodell Ecos mit seinen semiotischen Grundlagen im Werk Peirces lässt es aber auch zu, vielfältige intertextuelle Lektüren nicht nur deskriptiv als verschiedene Spielarten innerhalb des *umbrella term* Intertextualität zu verstehen, indem diese in einer Art Forschungsüberblick nebeneinander gestellt werden. Vielmehr stellen einzelne intertextuelle Lektüren in diesem Modell in ihrer Unterschiedlichkeit legitime Schritte auf dem Weg zu einer umfassenden Textinterpretation dar. Das nötigt auf der einen Seite zu einer gewissen Relativierung einzelner Lektüren, auf der anderen Seite aber gerade zu einem produktiven „Streit der Interpretationen".

Durch die Einbettung des Intertextualitätskonzeptes in dieses Gesamtkonzept einer semiotischen Exegese wird Intertextualität einerseits in den weiten Rahmen gestellt, der in der Kristevaschen Definition angelegt ist. Andererseits lassen sich in diese Matrix die verschiedenen Intertextualitätsansätze einschreiben – Intertextualität wird zum *qualifizierten* Sammelbegriff. „Verbunden mit diesem Konzept von Intertextualität ist eine Erweiterung der exegetischen Möglichkeiten und des Gegenstandsbereichs neutestamentlicher Forschung. Wenn die produktionsorientierte

Perspektive eine, aber eben nicht die einzige Möglichkeit ist, sich wissenschaftlich mit Text-Text-Beziehungen auseinanderzusetzen, dann wird es zur Aufgabe der neutestamentlichen Wissenschaft, die Rezeptionsbedingungen und -möglichkeiten neutestamentlicher Texte kritisch zu begleiten. Ein weiterer notwendiger Schritt ist - gerade auch im Gespräch mit anderen theologischen Disziplinen - die Entwicklung von Kriterien, die eine angemessene Interpretation von einer weniger angemessenen Textinterpretation insgesamt von Textgebrauch unterscheiden. Mit Blick auf das Thema Intertextualität heißt das: Die vermeintlich rekonstruierte Intention des Autors und dessen intendierte Aufnahme von Praetexten kann nicht mehr als Garant für die richtige Interpretation eines Bibeltexts gelten. An diese Stelle tritt prinzipiell die Vorstellung von mehreren möglichen Interpretationen, wobei die Frage nach vertretbaren und angemessenen Deutungen auch und vor allem zu einer ethischen Entscheidung wird."[336]

Somit kann zunächst einmal keine intertextuelle Lektüre für sich reklamieren eine absolut wahre Interpretation eines gegebenen Textes zu geben, weil sie das dynamische Objekt nur in einer begrenzten Hinsicht und damit aspekthaft und unvollständig repräsentiert. Es ist vielmehr Aufgabe einer Auslegungs- bzw. Interpretationsgemeinschaft, sich dem finalen Interpretanten anzunähern.

2.3.2 Konsequenzen für die Fragestellung

2.3.2.1 Perspektiven intertextueller Bibellektüre

Das Paradigma Intertextualität ermöglicht es, innerhalb der Exegese verschiedene Texte miteinander ins Gespräch zu bringen und dieses intertextuelle Verhältnis näher zu bestimmen. Dabei ergeben sich prinzipiell produktionsorientierte Lektüren auf der einen und rezeptionsorientierte auf der anderen Seite, die sich im Wesentlichen durch die jeweilige enzyklopädische Perspektive unterscheiden. Innerhalb dieser beiden Kategorien lassen sich verschiedene intertextuelle Lektüren im weitesten Sinne nach unterschiedlichen „Umfeldern der Aussage" klassifizieren: Warum wird eine bestimmte Enzyklopädie ausgewählt? Welche Plausibilitätsstrukturen stützen eine bestimmte intertextuelle Lektüre?[337]

---

336 Schneider/Huizenga, Matthäusevangelium, 21.

337 Vgl. die Ausführungen in Alkier, Hinrichtungen, 119f.; Alkier hebt die Unterscheidung zwischen unterschiedlichen Lektüren, die aufgrund unterschiedlicher Enzyklopädien entstehen als wesentlich Aufgabe einer semiotisch fundierten Exegese hervor. Die von Alkier (ebd., 119) getroffene prinzipielle Unterscheidung zwischen Lektüren, die einen biblischen Text im Rahmen seiner Enzyklopädie untersuchen und solchen, die dazu andere Enzyklopädien verwenden. Während letztere hier als „freiere" bzw. „experimentelle" Lektüren einzuordnen sind, ist - gerade bei biblischen Texten - i.d.R. nicht eindeutig zu beantworten, was als *die* zugrunde liegende Enzyklopädie zu gelten hat. Während eine Untersuchung eines paulinischen Briefes im Umfeld sei-

Es ergeben sich also prinzipiell folgende Optionen:

<table>
<tr><td rowspan="4">BEZUGSRAHMEN INTERTEXTUELLER LEKTÜREN (Umfelder der Aussage, Annahmen bzw. Festlegungen zur Enzyklopädie des Texts)</td><td colspan="3">PERSPEKTIVEN INTERTEXTUELLER LEKTÜREN
(Enzyklopädie aus dem Umfeld der Textproduktion / Textrezeption)</td></tr>
<tr><td>enger/lokaler … weiter/globaler Textbegriff/Lektüreansatz</td><td>produktionsorientierte intertextuelle Lektüren</td><td>rezeptionsorientierte intertextuelle Lektüren</td></tr>
<tr><td rowspan="2"></td><td>historisch belegte Aufnahme von Texten in einen anderen Text</td><td>historisch belegte intertextuelle Lektüren</td></tr>
<tr><td>historisch mögliche Aufnahme von Texten in einen anderen Text</td><td>historisch mögliche intertextuelle Lektüren</td></tr>
<tr><td></td><td></td><td colspan="2">freie bzw. experimentelle intertextuelle Lektüren</td></tr>
</table>

2.3.2.2 Praxis intertextueller Bibellektüre

Versucht man, Grundlagen des Ecoschen Modells mit dem engeren, auf textanalytische Methodisierbarkeit zielenden Ansatz Magdolna Orosz´[338] zu verbinden, ergeben sich vier Arbeitsschritte für eine intertextuelle Lektüre[339] biblischer Schriften. Eine intertextuelle Lektüre des 1Kor mit Blick

ner Entstehungsbedingungen hier als produktionsorientierte intertextuelle Lektüre zu bezeichnen wäre, ermöglich z.B. eine Analyse im Rahmen des biblischen Kanons eine rezeptionsorientierte Perspektive. Beide Ansätze sind zu differenzieren, beide sind exegetisch legitim und beide eröffnen den Blick auf ein spezifisches Sinnpotential ein und desselben Textes. Im Fall experimenteller intertextueller Lektüren kommt ein allgemein-semiotischer Enzyklopädiebegriff, im Fall von produktions- bzw. rezeptionsorientierter Lektüren ein historisch-semiotischer Enzyklopädiebegriff zum Tragen (vgl. zur Terminologie wiederum Alkier, Hinrichtungen, 115).

338 Orosz versucht (vgl. Abschnitt 2.1.4.3) die verschiedenen Schritte intertextueller Lektüre in Analogie zu den intratextuellen Perspektiven (Syntagmatik, Semantik, Pragmatik) auch begrifflich an diese anzulehnen. Die Bezeichnungen Orosz´ sind in der folgenden Übersicht jeweils ergänzt.

339 Dass es sich dabei im Sinne Ecos, der ja gerade auf die Wechselwirkung von Syntagmatik, Semantik und Pragmatik hinweist, jeweils lediglich um Einzelaspekte handelt, die erst im Zusammenhang schlüssige Interpretationen ergeben, ergibt sich aus der obigen Darstellung des Ecoschen Entwurfes. Vielmehr geht es zunächst einmal um ein bewusstes methodisches Nacheinander der einzelnen Schritte.

auf die „Rede von Gott" bedeutet für eine Exegese, die sich in diesen Punkten auf Eco bezieht, v.a. die Beantwortung der folgenden Fragen:

INTRATEXTUELLE LEKTÜRE	▪ Ausgangspunkt ist ein leser- bzw. textorientierter Zugang in Anlehnung an das Lektüremodell Umberto Ecos. ▪ Welche Aussagen lassen sich bei textimmanenter Betrachtung zum Thema erheben? ▪ An welchen Stellen werden weiterführende intertextuelle Lektüren vom Text motiviert?
INTERTEXTUELLE LEKTÜRE I *(FORM & DISPOSITION)* „Syntagmatik"	▪ Welche intertextuellen Bezüge sollen untersucht werden? ▪ Welche „Umfelder der Aussage" und welche „Enzyklopädie" spielen dabei eine Rolle? ▪ In welcher Art und Weise werden diese intertextuellen Lektüren vom Text motiviert (Disposition)? ▪ Das Aufrufen welcher enzyklopädischen Einträge wird von dem Modell-Leser erwartet, um diese Rede angemessen zu verstehen?
INTERTEXTUELLE LEKTÜRE II *(MARKIERUNG & FUNKTION)* „Pragmatik"	▪ Mit welchem Effekt nimmt der Text auf andere Texte Bezug? ▪ (Wie) wird der Leser auf den intertextuellen Bezug hingewiesen? ▪ Wird diese Bezugnahme thematisiert? ▪ In welcher Form wird die Bezugnahme markiert?
INTERTEXTUELLE LEKTÜRE III *(BEDEUTUNGSINTEGRATION- BZW. BEDEUTUNGSERWEITERUNG)* „Semantik"	▪ Wie verändert die intertextuelle Lektüre die Interpretation der gegebenen Einzeltexte? ▪ Bietet sich eine Verstärkung, ein Widerspruch oder ein neuer Aspekt der Thematik? ▪ Auf welche Art und Weise erfolgt die Integration in den Textzusammenhang? ▪ Welcher Stellenwert kommt dem intertextuellen Verweis zu? ▪ Welche interpretationsethischen Implikationen ergeben sich aus der Vielfalt intertextueller Lektüren?

Durchaus vergleichbare Methodenschritte entwickelt Detlef Dieckmann im Anschluss an Steins: „(1) Identifizierung des im Hypertext anwesenden Hypotextes (welche Texte werden aufgerufen/evoziert?); Beschreibung der

Art der Anwesenheit, Darlegung der Prüfung der Referenzsignale. (2) Frage nach dem Beitrag des Hypotextes für den Hypertext und nach dem Bedeutungszuwachs"[340] Dabei lässt sich leicht erkennen, dass der erste Fragenkomplex im Sinne des hier im Anschluss an Eco und Orosz entwickelten Modells eher „formal/syntaktischer"[341] bzw. „pragmatischer"[342] Natur ist, während der zweite im Wesentlichen eine „semantisch-intertextuelle"[343] Fragestellung enthält.

2.3.2.3 Intertextuelle Bibellektüre und die paulinische Gottesrede

Die forschungsgeschichtlichen Skizzen in Abschnitt 1 hatten gezeigt, dass die paulinische Gottesrede im Wesentlichen drei Fragekomplexe nach Wesen und Originalität (1.2), Struktur in Kohärenz und Kontingenz (1.3) sowie nach dem Zusammenspiel unterschiedlicher Textkorpora (1.4) evoziert. Die folgenden exegetischen Studien zu Texten aus dem 1Kor knüpfen an diese Grundfragen an und versuchen zugleich, die Impulse aus den Ausführungen zur Intertextualitätsdebatte aufzugreifen.

Die Darstellung beginnt dabei mit den grundlegenden, in Präskript und Proömium formulierten Lektüreannahmen des Briefes. Die folgenden Einzelstudien zu Abschnitten des 1Kor versuchen eine Annäherung an das Thema der paulinischen Gottesrede. Dabei wird zu zeigen sein, dass insbesondere für die paulinische Theologie spezifische Formen intertextueller Verweisung konstitutiv sind.

Die Ausführungen zu einzelnen Abschnitten des 1Kor sind – im Anschluss an die vorstehenden Bemerkungen – i.d.R. dreigliedrig aufgebaut: Der intratextuellen Lektüre folgt in einem zweiten Schritt zunächst eine Untersuchung zur intertextuellen Disposition, bevor in einem dritten Schritt (i.d.R. thematisch gegliedert) Einzelaspekte intertextueller Verweise und ihre Bedeutung für die paulinische Rede von Gott diskutiert werden.[344]

---

340 Dieckmann, Segen, 70.

341 Vgl. Intertextuelle Lektüre I.

342 Vgl. Intertextuelle Lektüre II.

343 Vgl. Intertextuelle Lektüre III.

344 Damit verbindet dieser dritte Schritt in der Terminologie Orosz´ semantische und pragmatische Aspekte und sieht sich damit wiederum in der Tradition Ecos: „Eco ist das Verdienst zuzuschreiben, die Enzyklopädie als semantisch-pragmatisches Modell formuliert zu haben." (Pellegrini, Elija, 100.).

Zweiter Hauptteil

Zur Rede von Gott im Ersten Korintherbrief – Intertextuelle Studien

The „original" meaning of the scriptural text, then, by no means dictates Paul´s interpretation, but it hovers in the background to provide a cantus firmus against which a cantus figuratus can be sung."

Richard B. Hays (Echoes, 178)

3 Grundlegungen: Gottes berufendes Handeln

3.1 Die Textgrundlage: Der Erste Korintherbrief

3.1.1 Zur Eigenart des 1Kor

Der 1Kor weist im Gegenüber zu den anderen Protopaulinen einige Besonderheiten auf, etwa mit Blick auf seinen Aufbau oder die Mannigfaltigkeit der erörterten Themen. Auch an der Zielgruppe einer heterogenen städtischen „Gemeinde Gottes in Korinth" (1Kor 1,2: τῇ ἐκκλησίᾳ τοῦ θεοῦ τῇ οὔσῃ ἐν Κορίνθῳ)[345] wird deutlich, dass Studien zum 1Kor besonders geeignet sind, das Verhältnis von Einheit und Vielfalt der theologischen Positionen und Textinterpretationen zu diskutieren.

Die folgenden exegetischen Einzelstudien der Abschnitte 4-6 basieren zunächst einmal auf der grundlegenden Annahme der Einheitlichkeit des 1Kor.[346] Diese in der neueren Paulsforschung verbreitete Position verdankt sich einer grundlegenden hermeneutischen bzw. methodischen Einsicht: „Methodisch ist von der Annahme auszugehen, daß ein Brief in seiner überlieferten Form literarisch einheitlich ist, sofern sich nicht zwingende Argumente für eine andere Annahme ergeben. Ausgangspunkt der Exegese des 1Kor ist also die Annahme der ursprünglichen literarischen Einheitlichkeit; diese ist dann allerdings nicht nur thetisch zu behaupten, sondern vom vorliegenden Text her auch als plausibel zu erweisen."[347]

Dass der 1Kor in nahezu[348] der vorliegenden Gestalt von einem bestimmten Autor[349], zu einer bestimmten Zeit und an einem bestimmten Ort[350] verfasst wurde, ist im Folgenden implizite Voraussetzung, aber nicht

---

345 Zur Situation der korinthischen Gemeinde vgl. insbesondere die ausführlicheren Darstellungen in den Kommentaren von Fitzmyer (1Cor, 30-37 [The People of Corinth]), Schrage (1Kor I, 25-46 [Die korinthische Gemeinde/Korinthische Theologie]) und Zeller (1Kor, 29-47 [Die römische Stadt Korinth/Die Gemeinde in Korinth]). Zeller informiert darüber hinaus noch einmal zusammenfassend über die literarkritische Forschungsgeschichte zum 1Kor (Zeller, 1Kor, 49-57).

346 Vgl. hierzu grundlegend Merklein, Einheitlichkeit, aber auch die Ausführungen nahezu sämtlicher neuerer Kommentare (z.B. Schrage, 1Kor I, 63-70, Lindemann, 1Kor, 4-6 oder Fitzmyer, 1Cor, 48-53; leicht abweichend Zeller, 1Kor, 56f. [Doch noch Reste eines Vorbriefs?]).

347 Lindemann, 1Kor, 5.

348 Strittig sind in diesem Zusammenhang zumindest der Abschnitt 1Kor 14,33b-35; vgl. zur literarkritischen Forschung insbesondere Zeller, 1Kor, 52-57 und Schrage 1Kor I, 63f.

349 Dem Apostel Paulus als vermutlichen Autor der Protopaulinen.

350 Ggf. zwischen dem Jahr 54 und dem Jahr 56 in Ephesus; vgl. etwa Lindemann 1Kor, 17, Fitzmyer, 1Cor, 48ff. oder Schrage, 1Kor I, 36f.

Ausgangspunkt oder Ziel der Untersuchung. Leitidee der folgenden intra- und intertextuellen Lektüren ist vielmehr eine Weiterentwicklung der von Richard B. Hays pointiert formulierten Lektürestrategie „Learning from Paul how to read Scripture"[351]: Wie geht die Argumentation des 1Kor mit der bereits in 1Kor 1 problematisierten Pluralität innerhalb der angesprochenen ἐκκλησία um? Inwieweit spielen unterschiedliche Gruppierungen innerhalb dieser ἐκκλησία eine Rolle für den Entwurf einer Gottesrede? In welcher Weise verweisen einschlägige Abschnitte aus dem 1Kor über sich selbst hinaus und motivieren die Lektüre anderer Texte?

Es wird in den einzelnen exegetischen Studien der folgenden Abschnitte zu zeigen sein, wie der 1Kor mit Blick auf die Gottesrede im Einzelnen unterschiedliche intertextuelle Lektüren motiviert. Mit Blick auf das im ersten Hauptteil dieser Arbeit entwickelte Intertextualitätskonzept[352] sind diese Lektüren jeweils - über die Enzyklopädie und die Umfelder der Aussage - historisch zu verorten. Dabei ist sowohl der in mehrerer Hinsicht pluralen Situation der Erstleser, als auch der - damit korrespondierenden - vielfältigen Anschlussmöglichkeiten für weitere intertextuelle Lektüren Rechnung zu tragen.

3.1.2 Zur Textauswahl

Im Mittelpunkt der Abschnitte 4-6 dieser Arbeit stehen Untersuchungen zu 1Kor 8, 1Kor 10 und 1Kor 15. Diese Textauswahl stellt notwendigerweise eine Einschränkung mit Blick auf die zur Sprache kommenden Einzelaspekte der paulinischen Gottesrede im 1Kor dar. Zugleich bietet sich durch die detaillierte Betrachtung dreier Kapitel des 1Kor jedoch die Möglichkeit, das Problem der Gottesrede nicht ausschließlich - wie in einigen Studien, die sich auf 1Kor 8,1-6 beschränken[353] - auf die Frage nach dem Wesen Gottes bzw. auf eine Monotheismusdebatte zu verkürzen.

Für die Auswahl von Abschnitten aus 1Kor 8, 1Kor 10 und 1Kor 15 sprechen aber v.a. *inhaltliche Gründe*, die sich nicht zuletzt aus der Analyse des Briefeingangs ergeben:

- 1Kor 8 hat sicherlich wie kein zweiter Abschnitt innerhalb des *Corpus Paulinum* eine Fülle von Publikationen zur Monotheismusfrage wie auch zum Verhältnis zwischen Theologie und Christologie hervorgebracht.
- 1Kor 10 bietet einen sehr breiten und offensichtlichen intertextuellen Bezug zum Exodus und beruft sich dabei insbesondere

[351] Vgl. Hays, Echoes, bes. 183-186.

[352] Vgl. insbesondere Abschnitt 2.3.1 (Perspektiven intertextueller Bibellektüre) sowie den Exkurs „Zur Bedeutung des Ecoschen Enzyklopädiekonzeptes für die ntl. Exegese.

[353] Vgl. etwa Klumbies, Rede, der die Frage der Gottesrede im 1Kor ausschließlich von 1Kor 8 aus erörtert.

auf das Handeln Gottes als Klammer zwischen der Vergangenheit der πατέρες und Gegenwart der ἐκκλησία.

- Die besondere Bedeutung von 1Kor 15 für die Korintherkorrespondenz wie für die paulinische Theologie insgesamt ist bereits mannigfaltig hervorgehoben worden.[354] Im Zusammenhang der vorliegenden Arbeit ist zudem erwähnenswert, dass sich hier – neben 1Kor 1 – die meisten expliziten Nennungen der Vokabel θεός innerhalb des 1Kor finden.

Als Grundlage für die Ausführungen dieser Kapitel untersuchen die nun folgenden Abschnitte relevante Aussagen zur Gottesrede im Briefeingang des 1Kor und diskutieren deren Relevanz für den Fortgang der brieflichen Argumentation.

3.2 Gottes κλῆσις als Basis des Lektürevertrags (1Kor 1,1-10)

3.2.1 Zur Struktur von 1Kor 1

Nachdem die exegetische Forschung in jüngerer Zeit bezüglich der Einheitlichkeit des 1Kor zu einem gewissen Konsens gekommen ist, rückte mehr und mehr die Frage nach der Struktur und Form der vorliegenden Argumentation in den Mittelpunkt des Interesses. Im Anschluss an Margaret M. Mitchell kann der 1Kor insgesamt als Schreiben klassifiziert werden, das sich deliberativer Argumentation bedient, um im Angesicht der σχίσματα innerhalb der korinthischen Gemeinde zur κοινωνία aufzurufen. Dabei wird als Ausgangspunkt auf 1Kor 1,10 verwiesen; die in diesem Vers vorliegende πρόθεσις rufe grundlegend zur Einheit der Gemeinde auf. Folgt man diesem Aufriss, so beschreiben die folgenden Verse 1Kor 1,11-17 in der διήγησις die derzeitige Gemeindesituation und versuchen, mögliche Missverständnisse zu klären, bevor in 1Kor 1,18-15,57 konkrete Fälle der σχίσματα angesprochen werden. Diese Ausführungen führen zum im ἐπίλογος (1Kor 15,58) ausformulierten abschließenden Appell zur κοινωνία, bevor Kapitel 16 mit Reiseplänen und Schlussgrüßen den Brief abschließt.

So sehr dieser Aufriss dem Anliegen des 1Kor gerecht wird, so wenig fragt er zunächst nach den *Denkvoraussetzungen* bzw. Grundannahmen, die der in der πρόθεσις bzw. διήγησις formulierten These zugrunde liegen. Die Ausführungen der Verse 1Kor 1,1-9 werden weitgehend mit Verweis auf ihre Funktion innerhalb des Briefformulars[355] abgehandelt. Während dieses

---

[354] Vgl. etwa Barth, Auferstehung, III, der das Kapitel als „Schluß und Höhepunkt des ganzen Briefes, sondern auch seinen Schlüsselpunkt, von dem aus Licht auf das Ganze fällt" bezeichnet.

[355] Mitchell betont jedoch, dass gerade die Verbindung zwischen rhetorischer Untersuchung und näherer Betrachtung des Briefformulars weiterbringend ist: „Even the use of a prayer in the προοίμιον to a deliberative speech is paralleled in actual texts, so

Vorgehen im Rahmen einer Einordnung in die antike Rhetorik geboten scheint, soll in der vorliegenden Arbeit gerade hier angesetzt werden: Die Eröffnung der Kommunikationssituation in den ersten Versen weist im Besonderen auf wichtige Denkvoraussetzungen hin, die für das Verständnis der Argumentationsgänge innerhalb des 1Kor unerlässlich sind. An dieser Stelle formuliert Paulus die wesentlichen Annahmen über die Legitimation seiner apostolischen Existenz, über die angesprochene ἐκκλησία und über den κύριος dieser ἐκκλησία. Zudem werden – implizit und explizit – Voraussetzungen deutlich, die sich im Briefverlauf als Grundbestandteil einer paulinischen Rede von Gott im 1Kor erweisen. Indem die folgenden Ausführungen ihren Ausgangspunkt nicht in 1Kor 1,10 nehmen, sondern den Blick auf die Denkvoraussetzungen dieser πρόθεσις richten, fragen sie also weniger nach dem *Verlauf* als nach den *vorausgesetzten Grundannahmen* der Argumentation.

3.2.2 Berufung, Anrufung und κοινωνία der Berufenen (1Kor 1,1-3)

Noch bevor 1Kor 1,10 die zentrale Frage der rhetorischen Auseinandersetzung aufwirft, nennen Präskript und Proömium nicht nur Absender und Adressaten des Schreibens, sondern halten das gemeinsam geteilte Wissen fest, das für das Verständnis der folgenden Verse unumgänglich ist. Somit bilden sie den „Rahmen, in den sich die im Brief folgenden Wirklichkeitsannahmen, Wertungen und Argumentationsgänge einschreiben und auf dessen Basis sie ihre Plausibilität erlangen."[356]

Das Schreiben beginnt mit dem Nennen des Absenders Paulus, der sein Schreiben durch eine vierfache Bestimmung autorisiert und legitimiert:

- Er tritt als ἀπόστολος auf,
- bezogen ist sein Apostolat auf Χριστὸς Ἰησοῦς,
- der Titel ἀπόστολος wurde ihm durch Berufung (κλῆσις) zuteil,
- Subjekt dieser Berufung ist der zielgerichtete Wille Gottes (θέλημα θεοῦ).

Somit wird schon im ersten Vers des gesamten Briefes die apostolische Existenz des Paulus[357] unter den Willen Gottes untergeordnet, er ist κλητὸς

the marriage of epistolary and rhetorical forms in this way is a comfortable one." (Mitchell, Paul, 195). Wenig später verweist sie außerdem darauf, dass grundlegende Fragen bereits im Proömium angesprochen werden: „This προοίμιον ends with the important reminder to the Corinthians that they were called by God (the passive is pointed) not to their own factions and in-groups, but to κοινωνία τοῦ υἱοῦ αὐτοῦ Ἰησοῦ Χριστοῦ τοῦ κυρίου ἡμῶν. The unifying appeal to the Corinthians has already begun. This provides a transition into the proposition of the argument." (Ebd., 197.).

356 Alkier, Wunder, 155.

357 Vgl. Schnider/Stenger, Studien, 10, die einem solchen Briefanfang die Funktion zuschreiben, „die Legitimation des Absenders herauszustellen, so den Adressaten zu schreiben, wie er es im folgenden Brief tut."

ἀπόστολος Χριστοῦ Ἰησοῦ διὰ θελήματος θεοῦ. Der Text verweist dabei nicht nur auf Gott als Geber der Apostelwürde (διά), sondern spricht von dessen zielgerichtetem Willen (θέλημα). Nach dem Absender werden mit 1Kor 1,2 die Adressaten des Briefs eingeführt. Diese zeichnen sich – analog zur Selbstvorstellung des Paulus – ebenfalls wiederum vierfach aus:

- Sie werden als Heilige (ἅγιοι) bezeichnet,
- bezogen ist dieser Status auf Christus (ἐν Χριστῷ Ἰησοῦ),
- der Titel ἅγιοι wurde ihnen durch Berufung zuteil (κλητοί),
- sie stehen als Berufene in der Gemeinschaft der berufenen Gemeinde Gottes (ἐκκλησία τοῦ θεοῦ).

Die Anrede der korinthischen Gemeinde erfolgt somit in weitgehendem Parallelismus zur paulinischen Selbstprädikation. Apostelwürde und Heiligkeit sind beide bezogen auf den Χριστὸς Ἰησοῦς. Beide Attribute sind Titel bzw. Qualitäten, die *qua* Berufung zugesprochen werden. Subjekt dieser Berufung ist – explizit im Fall des Apostels, implizit mit Blick auf die Korinther – Gott. Die Titel ἀπόστολος und ἅγιοι, die die Kommunikationspartner im 1Kor tragen, sind ihnen jeweils von Gott durch Erwählung gegeben, so dass „das vorgeschlagene System der gegenseitigen Wertschätzung dadurch [funktioniert], daß es gerade nicht auf einen selbsterworbenen oder angeborenen Vorzug von Adressat und Absender gegenüber anderen verweist, sondern darüber, daß Gott an ihnen gleichermaßen gehandelt hat. Beide sind im Rahmen des Diskursuniversums des 1Kor, was sie sind aufgrund der Aktivität Gottes, der sie in ein besonderes Verhältnis zu Jesus Christus gestellt hat."[358]

Durch den grundlegenden Verweis auf das berufende Handeln Gottes wird auch die Erweiterung in 1Kor 1,2b verständlich: Die Beziehung zu Jesus Christus, die sich bei Paulus und den Angesprochenen durch das gemeinsame Anrufen (ἐπικαλέω) zeigt, ist nicht an einen speziellen Ort gebunden. So weist bereits dieser Vers am Anfang des 1Kor auf die κοινωνία *aller* Berufenen hin – auch und gerade über die Grenzen Korinths hinaus. Die ersten beiden Verse lassen somit die Berufung durch Gott als zentrale Voraussetzung der gesamten Kommunikation erkennen; persönliche Berufung (κλῆσις), gemeinsames Anrufen des κύριος (ἐπικαλέω) und die Gemeinschaft der Berufenen (ἐκκλησία) sind grundlegende Voraussetzungen der folgenden Argumentation.

Vers 3 schließt mit einem Segenswort, das den Adressaten χάρις und εἰρήνη zuspricht. Mit diesem Segenswort wird wiederum Bezug genommen auf Gott, der als πατὴρ ἡμῶν angesprochen wird, und auf den κύριος Ἰησοῦς Χριστός. Dieser Wunsch[359] lässt nun – nach den eindeutigeren Zuordnungen in den beiden ersten Versen – die Frage nach dem Verhältnis zwischen

---

358 Alkier, Wunder 156.

359 Vgl. zur Formelhaftigkeit bspw. Wolff, 1Kor, 18, Thiselton, 1Cor, 82f. sowie insgesamt Schenke, Philipperbriefe.

dem θεός und dem κύριος Ἰησοῦς Χριστός aufkommen, zumal die Syntax des Satzes zwei unterschiedliche Übersetzungen zulässt, die in der Forschungsgeschichte auch diskutiert wurden:

- Als erste Möglichkeit ergibt sich sowohl für θεός als auch für κύριος eine Abhängigkeit von ἀπό, so dass beide (gleichermaßen oder in noch zu qualifizierender Weise) als Geber von χάρις und εἰρήνη gelten können.[360]
- Alternativ kann das καί als Verbindung zwischen ἡμῶν und κυρίου verstanden werden, wodurch eine klare Subordination Christi betont würde. Diese Unterordnung zeigte sich dann dadurch, dass Gott alleine Spender der Gaben χάρις und εἰρήνη wäre und dass die *menschliche* Existenz Jesu Christi - durch die gemeinsame Verwendung der auch von der ἐκκλησία gebrauchten Vateranrede - betont würde.

Beide Übersetzungsalternativen stellen aber dieselbe Grundfrage: Wie ist das Verhältnis dieser beiden Größen näher zu bestimmen und wer kann als Geber der göttlichen Gaben χάρις und εἰρήνη in Anspruch genommen werden. „So klar nun Gott als Geber dieser durch die beiden Ausdrücke bezeichneten Gabe angerufen wird und darum als ‚unser Vater' prädiziert ist, so offen ist die semantische Frage, ob andererseits auch die christologischen Genitive der dritten Zeile des Briefgrußwunsches noch von ἀπό abhängen und so beide Personen in ‚funktionaler Einheit' als ‚Auctor' gesehen werden."[361]

Allein durch die Analyse des Präskripts lässt sich das Verhältnis zwischen πατήρ und κύριος Ἰησοῦς Χριστός nicht abschließend klären. Die nähere Diskussion dieser Wechselbeziehung ist jedoch als *grundlegende Aufgabe* für den gesamten 1Kor bereits hier angelegt. Diese Frage wird noch dadurch verstärkt, dass bereits im Briefeingang sechsmal[362] auf den θεός und neunmal[363] in unterschiedlichen Formen auf den κύριος Ἰησοῦς Χριστός verwiesen wird.

3.2.3 Von χάρις, πίστις und κοινωνία (1Kor 1,4-10)

Im ab Vers 4 folgenden Gebetsbericht erscheint Gott als Adressat des paulinischen εὐχαριστεῖν, das als menschliche Antwort auf die göttliche χάρις folgt, die wiederum durch Christus vermittelt ist (ἐν Χριστῷ Ἰησοῦ). Vers 4 wird somit gleichsam zur nachgetragenen Erläuterung des vorangegange-

---

360 Thiselton, 1Cor, 56 betont daher „Paul does not separate God our Father and Jesus Christ as co-sources of gifts, blessing, or divine presence.".

361 Schenke, Philipperbriefe, 87. Schenk diskutiert diese Frage zwar mit einem Fokus auf den Philipperbrief, untersucht jedoch alle Präskripte der Protopaulinen.

362 1Kor 1,1.2.4a.4b.9.

363 1Kor 1,1.2.4 (Ἰησοῦς Χριστός), 1Kor 1,6 (Χριστός), 1Kor 1,2.3.7.8.9 (κύριος Ἰησοῦς Χριστός).

nen Verses: Bringt dieser zunächst die χάρις mit *zwei* göttlichen Personen in Verbindung, so folgt nun die genauere Verhältnisbestimmung.[364] Dabei wird die χάρις unmittelbar durch τοῦ θεοῦ qualifiziert; der Konnex zu den Angesprochenen wird aber erst durch das ἐν Χριστῷ Ἰησοῦ klar gegeben. Diese direkte Bezogenheit auf die Adressaten wird durch den folgenden Vers expliziert, der konkret die Gründe für den apostolischen Dank nennt - der zunehmende Reichtum in Jesus Christus, in jedem Wort und aller Erkenntnis. Die göttliche χάρις steht gleichsam auch als Urgrund der folgenden Aussagen fest, die mit ὅτι angeschlossen werden. Vers 6 betont nun (καθώς) die grundlegende Verbindung dieses „Reich-gemacht-worden-Seins"[365] mit dem Christuszeugnis. Auch dieses Zeugnis - das den Angesprochenen durch Paulus zuteil wurde - ist letztlich als passives Erfahren beschrieben. Diese grundlegende Opposition zwischen dem aktiv handelnden Gott und den im Gegenüber passiv Wartenden führt der in 1Kor 1,7 folgende Konsekutivsatz fort: „Indem sowohl die Mangellosigkeit als auch das Warten syntaktisch als Folge der Handlungen Gottes an ihnen eingeschrieben wird, erweist sich auch die einzige Aktivität der Korinther - das Warten - nicht als selbständige Leistung, sondern als erst von Gott ermöglichte Haltung."[366]

Präskript und Proömium enden schließlich in den Versen 8 und 9 mit Aussagen, die die zeitliche Existenz - begrenzt durch ἐν τῇ ἡμέρᾳ τοῦ κυρίου ἡμῶν Ἰησοῦ Χριστοῦ und charakterisiert durch κοινωνία - mit dem κύριος Ἰησοῦς Χριστός in unmittelbaren Zusammenhang stellen. Aber auch an dieser Stelle bleibt Gott letztlich handelndes Subjekt: Da Vers 8 weiterhin Teil des Dankes an Gott ist - und somit abhängig vom εὐχαριστῶ in Vers 4 - ist hier wohl wiederum von einem ἀπο θεοῦ bei gleichzeitigem ἐν Χριστῷ Ἰησου zu denken. Mit dem Verweis auf die πίστις Gottes, die wiederum grundlegend für die κοινωνία τοῦ υἱοῦ αὐτοῦ Ἰησοῦ Χριστοῦ ist, verbalisiert der abschließende Vers sodann genau dieses Verhältnis. Dieser Hinweis auf die κοινωνία τοῦ υἱοῦ αὐτοῦ Ἰησοῦ Χριστοῦ steht somit als Spitzensatz und Ziel am Ende dieses einleitenden Teils;[367] ihre Fundierung erfährt sie aber wiederum nur durch Gott selbst.

Wie bereits dargelegt, folgen auf diesen einleitenden Teil (1Kor 1,1-9) πρόθεσις (1Kor 1,10) und διήγησις (1Kor 1,11-17). Vers 10 hängt dabei unmittelbar mit dem davor liegenden Vers zusammen: Es geht hier gerade nicht um ermahnende Ratschläge, die nun mit παρακαλῶ eingeleitet werden, sondern um Folgerungen aus dem zuvor Entfalteten. Die Ausführungen der

---

364 Das ἐν Χριστῷ Ἰησοῦ wird in einigen Arbeiten rückwirkend auf die Interpretation des gesamten Verses 3 bezogen und dort dann - über die Frage der χάρις hinaus - als Argument für die Subordination Jesu Christi in Anspruch genommen. Vgl. zu dieser Diskussion Thiselton, 1Cor, 87-95.

365 Vgl. Alkier, Wunder, 157.

366 Ebd., 158.

367 Vgl. zur wesentlichen Bedeutung der κοινωνία im 1Kor etwa Mitchell, Paul, 197 u.ö.

deliberativen Argumentation, deren πρόθεσις hier vorliegt und die fast den gesamten Brief durchziehen wird, werden deshalb nötig, weil die Angesprochenen sich mit den σχίσματα von der durch Gott gegebenen κοινωνία entfernt haben. Alle Auseinandersetzungen in Korinth - so unterschiedlich sie im Einzelnen sein mögen - wenden sich, indem sie die durch Gott gegebene κοινωνία zerstören - gegen die Grundannahmen der gemeindlichen Existenz. Somit erscheinen die σχίσματα zuvorderst als *Auflehnung gegen Gott* selbst, indem sie an die Stelle des aktiv handelnden Gottes das eigene Handeln setzen. Zugespitzt formuliert lautet die Anklage an die Korinther, dass sie Gottes Gott-Sein in Frage stellen.

3.3 Grundstrukturen der Gottesrede im Briefeingang

3.3.1 Gottes berufendes Handeln

Die wenigen Verse zu Beginn zeichnen auf diese Weise die Grundstruktur einer Rede von Gott im 1Kor und bieten damit nicht nur den unhinterfragbaren Ausgangspunkt der paulinischen *Argumentation,* sondern auch seiner *Kommunikation* mit den Angesprochenen. Es sind im Wesentlichen vier grundlegende Annahmen, die Paulus durch die Komposition von Präskript und Proömium erarbeitet:

- *Gott als Legitimation der apostolischen Existenz*: Die eigene Existenz des Paulus als Apostel ist Folge des zielgerichteten göttlichen Willens. Die apostolische Legitimation direkt von Gott her eröffnet den gesamten Brief und fundiert alles nun Folgende. Dies hat unmittelbare pragmatische Konsequenzen: Der folgende Brief soll verstanden werden als göttlich legitimierte Ausführungen eines göttlich legitimierten Apostels.
- *Gott in seiner Beziehung zur Gemeinde:* Die Kommunikationssituation des 1Kor ist aber gerade dadurch ausgezeichnet, dass nicht nur der Absender, sondern auch die Adressaten von Gott berufen und erwählt sind. Dies zeigt sich auch dadurch, dass Gott als Ursprung bestimmter Gaben dargestellt wird, die zunächst auch dem profanen Bereich zugeordnet werden können (χάρις und εἰρήνη), durch ihre Herkunft von Gott aber eine besondere Qualifikation bekommen. So wird bereits zu Beginn des Briefes hervorgehoben, dass mit Gottes Eingreifen auch in der Jetzt-Zeit unbedingt zu rechnen ist - genauso wie er durch die Erwählung der Angesprochenen bereits in der Vergangenheit gehandelt hat. Göttliche Gnade und göttlicher Friede können somit den Korinthern als Wunsch zugesprochen werden, weil mit der Erfüllung dieses Wunsches unbedingt gerechnet wird - εὐχαριστῶ und göttliche χάρις sind unmittelbar aufeinander bezogen. Schließlich ist Gott

auch Ursprung der gemeindlichen κοινωνία, die zwar durch Jesus Christus *qualifiziert* ist, aber durch Gott *ermöglicht* wird. Im Rahmen dieser Beziehung kann Gott von Paulus wie von der Gemeinde auch als πατὴρ ἡμῶν angesprochen und bezeichnet werden.

- *Gott in seiner Beziehung zu Jesus Christus*: Die Verse 1, 3, 4 und 9 enthalten sowohl Aussagen über Jesus Christus als auch über Gott und lassen damit unmittelbar Rückschlüsse auf deren Verhältnisbestimmung zu:
  - Paulus ist ἀπόστολος Χριστοῦ Ἰησοῦ – berufen aber διὰ θελήματος θεοῦ,
  - χάρις zeigt sich ἐν Χριστῷ Ἰησοῦ – sie kommt aber ἀπό θεοῦ,
  - Gott zeichnet sich durch seine πίστις aus – er ruft in die κοινωνία mit Jesus Christus.
- *Gott innerhalb und außerhalb von Zeit und Geschichte:* Die Verse 7-9 weisen zudem noch auf einen weiteren Aspekt hin, der in der Spannung zwischen ἀποκάλυψις, ἕως τέλους, ἡμέρα τοῦ κυρίου und πιστὸς ὁ θεός bereits andeutet ist: Gott zeichnet sich durch seine Treue aus, die insbesondere mit Blick auf das Ende gilt. Gott steht somit einerseits in Beziehung zu konkreten Personen und Ereignissen *innerhalb* von Zeit und Geschichte, ist aber gleichzeitig auch als derjenige vorgestellt, der diese Größen determiniert.

3.3.2 Charakteristika der Gottesrede im Briefeingang

Über das Grundprinzip der göttlichen Berufung hinaus werden im Briefeingang des 1Kor bereits andere Charakteristika der Gottesrede entwickelt. Diese lassen sich im Wesentlichen in zwei Grundfragen unterscheiden:

- Für die weitere Untersuchung der Gottesrede im 1Kor ist v.a. die nähere Bestimmung der beiden im Briefeingang eingeführten Handlungsträger θεός und Ἰησοῦς Χριστός von Bedeutung. Nach den Versen 1Kor 1,1-9 sind sowohl die Semantik von θεός und Ἰησοῦς Χριστός, als auch die der assoziierten Begriffe κύριος, πατήρ und τὸ μαρτύριον τοῦ Χριστοῦ unterbestimmt. Unmittelbar im Zusammenhang mit der Verhältnisbestimmung zwischen θεός und Ἰησοῦς Χριστός stehen aber auch Fragen des Ursprungs göttlicher Gaben[368] sowie zu Grundlagen der Schöpfungsordnung.[369]

---

368 Vgl. χάρις und εἰρήνη in 1Kor 1,3.4.

369 Neben der grundsätzlichen und zeitlosen Treue Gottes (1Kor 1,9: πιστὸς ὁ θεός) ist hier v.a. der Blick auf das Ende der Schöpfung (1Kor 1,8: ἕως τέλους ἀνεγκλήτους ἐν τῇ ἡμέρᾳ τοῦ κυρίου ἡμῶν Ἰησοῦ [Χριστοῦ]) gerichtet, das zugleich die Frage nach deren Anfang stellt.

- Bereits 1Kor 1,2 macht deutlich, dass der folgende Brief nicht nur an die Gemeinde in Korinth (τῇ ἐκκλησίᾳ τοῦ θεοῦ τῇ οὔσῃ ἐν Κορίνθῳ) gerichtet ist, sondern zugleich die Gesamtheit aller christlichen Gemeinden an allen Orten (σὺν πᾶσιν τοῖς ἐπικαλουμένοις τὸ ὄνομα τοῦ κυρίου ἡμῶν Ἰησοῦ Χριστοῦ ἐν παντὶ τόπῳ, αὐτῶν καὶ ἡμῶν) im Blick ist. Mit dem Verweis auf die κλῆσις θεοῦ differenziert der Briefeingang somit bereits zwischen einer Binnenperspektive der ἐκκλησία (als Gemeinschaft der Menschen in Korinth und an allen anderen Orten) und der Menge der „Außenstehenden", denen die Berufung nicht zuteil wurde. Der 1Kor nimmt somit von Anfang an für sich in Anspruch, nicht nur partikulare Aussagen zu treffen, sondern solche, die für den gesamten κόσμος von Belang sind.

Präskript und Proömium weisen zugleich über den Horizont des Briefeingangs hinaus.[370] Die Gemeinde wird zum Zeitpunkt der Briefabfassung bereits mit dem Attribut κλητός belegt. Die Grundlagen dieser Berufung, an die der Briefeingang erinnert, beziehen sich auf vergangene Ereignisse, die nicht Gegenstand des 1Kor sind, aber für dessen Lektüre vorausgesetzt werden. Gleichzeitig verweisen die ersten Verse aber auch auf die weiteren Ausführungen des 1Kor. Erst durch die weitere Lektüre wird sich die Richtigkeit des gemeinsam geteilten Wissens erneut bestätigen: „As Paul thanks God for the Corinthians´ gifts, certain themes emerge which will also play a role in the argument to follow: the passive nature of the Christian call and charismatic powers, Christocentric emphasis, and an eschatological reserve as a corrective to verly enthusiastic reception of the spiritual ‚riches' which has had divisive consequences in the church."[371] Die Verhältnisbestimmung zwischen θεός und Ἰησοῦς Χριστός (die zugleich die Ursprungs- bzw. Schöpfungsthematik problematisiert) und das Problem des Gültigkeitsbereichs der getroffenen Aussagen bleiben somit als Fragen für die weitere Lektüre des 1Kor offen.

3.4 Die Rede von Gott und die weitere Argumentation des 1Kor

Nachdem der 1Kor im Präskript und Proömium das berufende Handeln Gottes als zentrale Kategorie eingeführt hat, wird ab 1Kor 1,10 deutlich,

---

370 Wolff betont für Vers 2 bereits einen Bezug zu alttestamentlichen Texten: „Die Wendung ‚die den Namen unseres Herrn Jesus Christus anrufen' ist in ihrem Grundbestand dem Alten Testament entlehnt (vgl. z.B. Gen. 13,4; Ps. LXX 98,6; Joel 3,5; Sach. 13,9; ferner Ps. Sal. 6,1; 15,1; Jos. As. 26,6), wo sie sich auf die Anrufung Gottes im Gebet bezieht." (Wolff, 1Kor, 17).

371 Mitchell, Paul, 194f.

dass die angesprochene ἐκκλησία die κοινωνία Ἰησοῦ Χριστοῦ, in die Gott selbst beruft, durch σχίσματα stört. Mit Blick auf diese gestörte κοινωνία fragen die folgenden Verse 1Kor 1,13-17, ob die Angesprochenen die Grundlagen ihres Glaubens bereits vergessen haben: Christus ist nicht zerteilt, er wurde für sie gekreuzigt und die Gemeindemitglieder wurden auf ihn getauft (1Kor 1,13). Mit der Taufe ist jedoch die eigentlich Aufgabe des Paulus verbunden; im Mittelpunkt der apostolischen Tätigkeit steht vielmehr die von Christus legitimierte Verkündigung des εὐαγγέλιον (1Kor 1, 17: ἀπέστειλέν με Χριστὸς βαπτίζειν ἀλλὰ εὐαγγελίζεσθαι). Mit dem Gegenstand dieser Verkündigung führt der Text sodann den Zentralbegriff der nächsten Kapitel ein: Die Evangeliumsverkündigung des Paulus zeichnet sich gerade dadurch aus, dass es das σταυρὸς τοῦ Χριστοῦ nicht zunichte werden lässt.

Die Argumentation des ersten Kapitels hat mit 1Kor 1,17f. sein inhaltliches Zentrum erreicht. Die folgenden Ausführungen arbeiten mit der Kategorie des λόγος τοῦ σταυροῦ als Kern des von Paulus verkündigten εὐαγγέλιον. Die Grundannahmen des gemeinsam geteilten Glaubens - wie sie im Präskript und Proömium ausgeführt sind - werden dabei vor dem Hintergrund des λόγος τοῦ σταυροῦ entfaltet. Der Status der *ἐκκλησία* und des *Apostels* selbst legen Zeugnis ab über die Wirksamkeit des λόγος τοῦ σταυροῦ: Die Erwählung der Gemeinde (1Kor 1,26: βλέπετε γὰρ τὴν κλῆσιν ὑμῶν, ἀδελφοί) steht in unmittelbarem Zusammenhang mit dem Wort vom Kreuz; an dieser Stelle liegt der Grund für die Berufung, die Gott aus dem Nichts ausspricht (1Kor 1,28: ἐξελέξατο ὁ θεός, τὰ μὴ ὄντα). Durch die Berufung des Paulus in das Apostelamt (vgl. 1Kor 1,1) und die Gründung der korinthischen Gemeinde hat sich der λόγος τοῦ σταυροῦ bereits als δύναμις θεοῦ erwiesen (1Kor 1,18).

Der Brief reflektiert aber an dieser Stelle nicht ausschließlich die Binnenperspektive derer, die über das Wort vom Kreuz durch Gott in die κοινωνία Ἰησοῦ Χριστοῦ berufen wurden. Vielmehr muss dasselbe Wort vom Kreuz aus der Außenperspektive derer, die die Grundannahmen des Briefes nicht teilen, als σκάνδαλον bzw. μωρία (1Kor 1,23b) aufgefasst werden.[372] Vor dem Hintergrund des λόγος τοῦ σταυροῦ kann somit 1Kor 1,30 noch einmal in pointierter Form 1Kor 1,9[373] paraphrasieren und mit Blick auf das Verhältnis Gottes zu Jesus Christus präzisieren: ἐξ αὐτοῦ [*sc.* θεοῦ] δὲ ὑμεῖς ἐστε ἐν Χριστῷ Ἰησοῦ, ὃς ἐγενήθη σοφία ἡμῖν ἀπὸ θεοῦ, δικαιοσύνη τε καὶ ἁγιασμὸς καὶ ἀπολύτρωσις.

372 Das adversativ zu übersetzende δέ im folgenden Vers wechselt wiederum von der Außenperspektive in die Innenperspektive der ἐκκλησία.

373 πιστὸς ὁ θεός, δι᾽ οὗ ἐκλήθητε εἰς κοινωνίαν τοῦ υἱοῦ αὐτοῦ Ἰησοῦ Χριστοῦ τοῦ κυρίου ἡμῶν.

Genauso wie sich alle für die ἐκκλησία relevanten Größen als Ergebnis der κλῆσις θεοῦ darstellen,[374] zeigt sich der λόγος τοῦ σταυροῦ als δύναμις θεοῦ. Diese lässt sich gerade nicht mit dem Verweis auf ein σημεῖον oder die σοφία (1Kor 1,22) erklären. Das Wort vom Kreuz wirkt vielmehr aus sich selbst heraus als Kraft Gottes, die in die Gemeinschaft Jesu Christi beruft und – so die gemeinsam geteilte Erfahrung der Korinther – bereits gerufen hat. Diejenigen, die sich als Berufene verstehen,[375] sehen im Wort vom Kreuz den Ausdruck des souveränen Handeln Gottes. Das Kreuz als Sinnbild für das Ende aller Handlungsspielräume wird durch das Wort vom Kreuz zu dem Ort, an dem sich das entscheidende Handeln Gottes vollzieht. Aus diesem Grund kann 1Kor 2,2 konstatieren: οὐ γὰρ ἔκρινά τι εἰδέναι ἐν ὑμῖν εἰ μὴ Ἰησοῦν Χριστὸν καὶ τοῦτον ἐσταυρωμένον. Gott ist in 1Kor 1-4 nicht derjenige, der die Verhältnisse der Welt auf den Kopf stellt, die „Weisheit der Welt" zur „Torheit der Welt" werden lässt. Gott bedient sich in der Darstellung dieser Kapitel überhaupt nicht den Gesetzen der ἄρχοντες τοῦ αἰῶνος τούτου, sondern setzt diese außer Kraft.

Dieses ganz andere göttliche Handeln ist in der Vorstellung des 1Kor untrennbar verbunden mit der Vorstellung des göttlichen Gerichts: ἡ γὰρ ἡμέρα δηλώσει, ὅτι ἐν πυρὶ ἀποκαλύπτεται· καὶ ἑκάστου τὸ ἔργον ὁποῖόν ἐστιν τὸ πῦρ [αὐτὸ] δοκιμάσει (1Kor 3,13). Die berufenen Heiligen genießen dabei einen besonderen Vorzug vor den Außenstehenden:[376] ἀλλὰ ἀπελούσασθε, ἀλλὰ ἡγιάσθητε, ἀλλὰ ἐδικαιώθητε ἐν τῷ ὀνόματι τοῦ κυρίου Ἰησοῦ Χριστοῦ καὶ ἐν τῷ πνεύματι τοῦ θεοῦ ἡμῶν (1Kor 6,11). Es ist das souveräne Handeln Gottes, das somit nicht nur die Ausführungen der Kapitel 1-4, sondern ebenso die konkreter auf Gemeindeprobleme bezogenen Kapitel 5-7 als Grundprinzip durchzieht. Dieses göttliche Handeln zeigt sich in verschiedenen Kontexten:

- Gott beruft Gemeinde und Apostel (1Kor 1,1-9),
- Gott hat Macht über die Schöpfung, die sich daran zeigt, dass er souverän erwählen kann „was nichts ist" bzw. „zunichte machen kann, was etwas ist" (1Kor 1,28),
- Gott selbst hat Jesus Christus für uns zur σοφία, δικαιοσύνη, ἁγιασμός, ἀπολύτρωσις gemacht (1Kor 1,30),
- Gottes δύναμις ist dabei der λόγος τοῦ σταυροῦ,

---

374 Vgl. oben Abschnitt 3.2.1.

375 Vgl. 1Kor 1,24 und 1Kor 1,2 der mit dem Verweis auf die κλητοὶ ἅγιοι und die πάντες die kosmische Dimension dieser Berufung über die Grenzen einer partikularen Gemeinde hinaus betont. Das τῇ ἐκκλησίᾳ τοῦ θεοῦ τῇ οὔσῃ ἐν Κορίνθῳ in 1Kor 1,2a ist demnach nicht als reine Ortbeschreibung – an die korinthische Gemeinde –, sondern als nähere Bestimmung zu verstehen: Die Berufenen in Korinth können sich als Teilmenge *aller* Berufenen der ἐκκλησία θεοῦ begreifen.

376 Vgl. zum Schicksal der „Außenstehenden" 1Kor 5,13.

- das Auferweckungshandeln am Kreuz wird letztlich zur Gottesbeschreibung schlechthin: ὁ δὲ θεὸς καὶ τὸν κύριον ἤγειρεν καὶ ἡμᾶς (1Kor 6,14a),
- dieses Handeln hat unmittelbar Auswirkungen auf die christliche Existenz: ἐξεγερεῖ διὰ τῆς δυνάμεως αὐτοῦ (1Kor 6,14b).

Bevor Paulus in 1Kor 8 die Gottesfrage umfassender thematisiert, haben somit die Kapitel 1-7 bereits grundlegend und vielfältig das souveräne göttliche Handeln als Grundprinzip der Argumentation entfaltet. Im λόγος τοῦ σταυροῦ spiegelt sich nicht nur die Opposition zwischen Göttlichem und Menschlichem wieder, es zeigt sich vielmehr die Grundstruktur göttlich souveränen Handelns.

4 θεός und εἰδωλόθυτον – Zur Erkenntnis Gottes in 1Kor 8,1-6 (13)

4.1 Die γνῶσις und ihr Gegenstand (Intratextuelle Lektüre)

4.1.1 1Kor 8 als zentraler Text zur Gottesfrage

Das achte Kapitel des 1Kor, insbesondere 1Kor 8,6, gehört sicherlich zu den „Texten der Paulusbriefe, die immer wieder das besondere Interesse der Exegeten auf sich ziehen."[377] Zentrale Begriffe für den Einzelbrief wie für die paulinische Korrespondenz insgesamt erscheinen in rascher Folge innerhalb nur weniger Verse: εἰδωλόθυτον, ἀγάπη, θεός, εἴδωλον, κόσμος, πατήρ, κύριος Ἰησοῦς Χριστός, ἐξουσία. Auch wenn das thematische Spektrum der Fragestellungen zu 1Kor 8 entsprechend breit gestreut ist, so eint das Gros der exegetischen Arbeiten zum Kapitel doch die im weitesten Sinne religionsgeschichtliche Frage*perspektive.* So wurde etwa mit dem Stichwort εἰδωλόθυτον die Frage nach der Kult- und Speisepraxis[378] in Korinth, mit der formelhaften Sprache in 1Kor 8,6 die Frage nach religionsgeschichtlichen Parallelen im paganen Umfeld[379] oder mit dem Stichwort der γνῶσις das Problem[380] einer spezifisch weisheitlichen Beeinflussung aufgeworfen. Diesen forschungsgeschichtlichen Zusammenhang gilt es zu bedenken, wenn 1Kor 8,1-6 wiederholt als „Grundtext für die neutestamentliche Beschäftigung mit dem Monotheismus"[381] bezeichnet wurde: Der Text war weithin deswegen von besonderem Interesse für die Exegese, weil er als idealer Gegenstand zur Erörterung der Frage nach einer genuin paulinischen Gottesrede im Spannungsfeld mit anderen zeitgenössischen Entwürfen galt.[382]

Der vorliegenden Arbeit liegt indes die Überzeugung zugrunde, dass die besondere *Struktur* des Abschnitts zur genaueren Bestimmung der Gottesrede eine detaillierte Analyse notwendig macht. 1Kor 8,1-6 präsentiert zunächst keine homogene bzw. systematische Ausführung zur Monotheismusfrage, sondern bearbeitet im Wesentlichen drei einzelne Fragenkomplexe: „Die Argumentation von 1Kor 8,1-6 basiert wesentlich auf drei zu einander in Beziehung gesetzten Propositionen: der ‚Gnosis' (besonders

---

377 Hofius, Einer, 167.

378 Vgl. etwa Klauck, Herrenmahl, bes. 240-285.

379 Vgl. etwa Zeller, Der eine Gott sowie Becker, ΕΙΣ ΘΕΟΣ, bes. 84ff.

380 Vgl. etwa Schmithals, Gnosis, bes. 137f.

381 Becker, ΕΙΣ ΘΕΟΣ, 66.

382 Vgl. dazu auch die in Abschnitt 1 dieser Arbeit skizzierten grundsätzlichen Fragestellungen zur Forschungsgeschichte.

8,1-4), der Götzenopferfleischthematik (8,1a.4a.7ff.) und dem Bekenntnis zu dem Einen Gott und zu dem Einen Herrn (8,4-6). Um die paulinischen Aussagen zum Poly- und Monotheismus in dieser komplexen Argumentation freizulegen, muß die Struktur der Argumentation, die sich an den drei genannten Propositionen orientiert, in einzelnen Schritten [...] erhoben werden."[383]

Nicht zuletzt ist es diese komplexe Struktur des Ineinanders und Gegenübers verschiedener Themen, die als Motivation solcher Studien[384] gelten darf, die einzelne Bestandteile der mit περὶ δέ eingeleiteten rhetorischen Auseinandersetzung jeweils bestimmten Kommunikationspartnern zuschreiben wollen. Ausgehend von der grundlegenden Annahme der rhetorisch gestalteten Einheitlichkeit des gesamten Kapitels sollen im Folgenden dagegen diejenigen Abschnitte innerhalb von 1Kor 8 im Mittelpunkt stehen, die den θεός-Begriff näher bestimmen. Besondere Bedeutung kommt dabei sicherlich Vers 6 zu, der wie kaum ein zweiter innerhalb des 1Kor explizit zur θεός-Problematik Stellung bezieht. Für ein umfassenderes Verständnis der Gottesrede des gesamten Briefes sind jedoch weitere Fragen wenigstens ebenso von Relevanz:

- Welche Rolle spielen die Ausführungen zum θεός-Begriff innerhalb der paulinischen Argumentation des gesamten Kapitels – v.a. der γνῶσις-Frage und der εἰδωλόθυτον-Problematik?
- In welcher inhaltlichen Beziehung stehen die unterschiedlichen o.g. Einzelbegriffe?
- Durch welche Plausibilitätsstrukturen gewinnen die paulinischen Ausführungen ihre Überzeugungskraft?

4.1.2 Einordnung in den Briefkontext und grundlegende Strukturen von 1Kor 8

1Kor 8,1 zeichnet sich in verschiedener Hinsicht durch seine Abgrenzung vom Ende des siebten Kapitels aus: „Der Übergang von 7,39f. zu 8,1 zeigt grammatisch, semantisch und textpragmatisch eine Zäsur an."[385] Während 1Kor 7 zu Beginn als Antwort auf eine korinthische Anfrage gekennzeichnet wird (1Kor 7,1a: περὶ δὲ ὧν ἐγράψατε), verweist 1Kor 8,1 zwar auf ein neues Thema (περὶ δὲ τῶν εἰδωλοθύτων), lässt aber die Frage nach einem konkreten Adressatenbezug zunächst offen. Die Antwort auf die korinthische Anfrage in Kapitel 7 gibt Paulus mit Verweis auf seine eigene Person (1Kor 7,40a: κατὰ τὴν ἐμὴν γνώμην) und legitimiert sie schließlich durch das πνεῦμα θεοῦ (1Kor 7,40b). Die Ausführungen in 1Kor 8,1ff. werden dagegen

383 Becker, ΕΙΣ ΘΕΟΣ, 67.

384 Vgl. die Zusammenstellung bei Hofius (Einer, 171) und die dort aufgeführte Literatur.

385 Becker, ΕΙΣ ΘΕΟΣ, 68.

von Beginn an als gemeinsam geteiltes Wissen markiert (1. Person Plural: οἴδαμεν), auf das alle Kommunikationspartner (πάντες γνῶσιν ἔχομεν) zurückgreifen können.

Auf diese Weise werden in 1Kor 7 und 1Kor 8 zwar unterschiedliche Themen behandelt, beide werden jedoch metakommunikativ begründet. Offensichtlich ist es von Bedeutung, die unterschiedliche Legitimationsgrundlagen der verschiedenen Aussagen offenzulegen: 1Kor 7,39f. beschreibt die individuelle Position des Paulus (mit Verweis auf πνεῦμα θεοῦ), 1Kor 8,1 dagegen das gemeinsame Wissen der gesamten ἐκκλησία und formuliert so „auf einer meta-kommunikativen Ebene die Ausgangsbedingungen der theologisch-ethischen Diskussion."[386]

Die so von dem vorangegangen Kapitel abgegrenzten Verse von 1Kor 8 lassen sich syntaktisch wie semantisch in wenigstens drei Abschnitte gliedern:[387]

A. 1Kor 8,1-3
B. 1Kor 8,4-6
C. 1Kor 8,7-13[388]

Die Abschnitte A und C sind geprägt von einer „dichten Folge von Verben"[389], während Abschnitt B – mit Ausnahme des übergeordneteinleitenden οἴδαμεν – auf den ersten Blick ausschließlich mit Hilfsverben arbeitet.[390] Zudem wird der Beginn der Abschnitte A und B jeweils durch ein formelhaftes περὶ δέ markiert.

Diese beiden hier näher betrachteten Abschnitte A und B reklamieren auf *semantischer* Ebene jeweils durch ein einleitendes οἴδαμεν Erkenntnis bzw. Wissen für sich. In Teil A wird diese Thematik zudem durch mehrere Formen von γνῶσις bzw. γινώσκω wiederholt aufgegriffen. Mit der parallelen Struktur auf syntaktischer Ebene – die Verse 1 und 4 werden jeweils mit περὶ [...] τῶν εἰδωλοθύτων, οἴδαμεν eingeleitet – korrespondiert auch die jeweilige Semantik: Während die Verse 1a und 4a das Vorhandensein von „Wissen" als Basis der Diskussion voraussetzen, stellen die Verse 1b-3 bzw.

386 Ebd., 69.

387 Vgl. dazu auch die Analyse in Merklein, 1Kor II, 175-177.

388 Bereits auf syntaktischer Ebene lassen sich in Abschnitt C nochmals zwei Versgruppen ausmachen (7-9 und 10-13), die sich v.a. durch die Häufigkeit und Verwendung direkter Objekte unterscheiden.

389 Merklein, 1Kor II, 175. Besonders auffällig ist die Häufung in den ersten drei Versen, in denen 11 Verbalformen begegnen: οἴδαμεν, ἔχομεν, φυσιοῖ, οἰκοδομεῖ, δοκεῖ, ἐγνωκέναι, ἔγνω, δεῖ, γνῶναι, ἀγαπᾷ, ἔγνωσται.

390 Welche Übersetzung den verschiedenen Formen von εἰμί jeweils angemessen ist, werden die nachfolgenden Analysen zeigen.

4b-6 dar, worauf sich dieses Wissen bezieht - den Gegenstandsbereich der Erkenntnis.[391]

4.1.3 Der Abschnitt 1Kor 8,1-6

Ähnlich wie durch das Präskript bzw. das Proömium dem gesamten Brief die gemeinsame Grundlage des von Paulus und der Gemeinde geteilten Glaubens und Wissens vorangestellt wird, wird mit 1Kor 8,1 das Thema des kompletten Abschnitts[392] angezeigt: Es geht einerseits um das Problem der εἰδωλόθυτα, andererseits um (bereits vorhandene) γνῶσις.

Mit der Wendung περὶ δὲ τῶν εἰδωλοθύτων in 1Kor 8,1a wird der Leser des Briefes nicht nur auf formaler Ebene auf ein neues Thema verwiesen, es wird auch ein gänzlich neuer Begriff in die Argumentation eingeführt. Der Brief hatte bisher zwar an drei Stellen[393] von der Person des εἰδωλολάτρης gesprochen, bezog sich dabei aber allgemein auf Teile der ἐκκλησία, von denen man sich wegen eines bestimmten Verhaltens fernhalten soll.[394] 1Kor 8,1 betont dagegen, dass es im Folgenden nicht um die Verfehlung Einzelner, sondern um das Phänomen εἰδωλόθυτον als solches gehen soll. Die einleitende Formel περὶ δὲ τῶν εἰδωλοθύτων ist daher in erster Linie als Textmarker zur Einführung eines neuen bzw. eigenständigen Themas zu verstehen: „(Nun) aber zum Thema εἰδωλόθυτον:".[395]

Wegen dieser primär metakommunikativen Funktion von 1Kor 8,1a sollte auch das Begriffspaar εἰδωλόθυτον und οἴδαμεν nicht in einen direkten und unmittelbaren Zusammenhang gebracht werden. Das gemeinsame Wissen (οἴδαμεν) ist nicht in erster Linie und nicht ausschließlich auf εἰδωλόθυτον bezogen, sondern verweist kataphorisch auf die nun folgenden Verse und muss aus dieser Perspektive betrachtet werden. Da der neu in die Briefkommunikation eingeführte Begriff εἰδωλόθυτον in 1Kor 8,1 noch nicht näher bestimmt ist, lässt sich auch (noch) keine Aussage darüber

---

391 Die Verse 1b-3 untersuchen den γνῶσις-Begriff dabei stärker auf formaler Ebene im Verhältnis etwa zur ἀγάπη, während sein wesentlicher Inhalt dann in 4b-6 entwickelt wird.

392 Als Einheit unter der Überschrift „Götzenopferfleisch und Erkenntnis" wird hier 1Kor 8,1-9,23 angesehen. Vgl. dazu Merklein, 1Kor II, 172.

393 1Kor 5,10; 5,11; 6,9.

394 Bspw. nennt 1Kor 6,9 die Götzendiener in einem Atemzug mit den ἄδικοι, den πόρνοι, den μοιχοὶ, den μαλακοὶ und den ἀρσενοκοῖται, ohne dabei allerdings die jeweiligen Einzelvergehen näher zu beschreiben.

395 Eine solche Übersetzung wird nicht nur von Thiselton (1Cor, 612) und der deutschen Einheitsübersetzung („Nun zur Frage des Götzenopferfleisches.") bevorzugt, sondern entspricht auch dem generellen Charakter der Einleitungsformel, die Mitchell überzeugend dargestellt hat (Mitchell, Concerning). Die Mehrheit der deutschsprachigen Kommentare übersetzen - in Analogie zur Lutherübersetzung - „Was aber das Götzenopferfleisch betrifft, so wissen wir:" (Vgl. Wolff, 1Kor, 168; Schrage, 1Kor II, 215; Merklein, 1Kor II, 172).

treffen, ob er bereits hier pejorativ konnotiert ist. Sicherlich weiß 1Kor in seiner Gesamtheit - darauf weist zu Recht Merklein[396] hin - zu unterscheiden zwischen εἰδωλόθυτον einerseits und ἱερόθυτον andererseits.[397] Aus dem offensichtlich differenzierten Gebrauch von εἰδωλόθυτον innerhalb des Briefes lässt sich der Begriff jedoch zunächst weder semantisch erschöpfend bestimmen, noch durch den spezifischen Sprachgebrauch einzelner Gruppen oder Textkorpora erklären. Neuere Veröffentlichungen kommen vielmehr zum Schluss, dass das Wort εἰδωλόθυτον bis zur Abfassung des 1Kor überhaupt nicht sicher bezeugt ist: „We must conclude this section of our discussion as follows: (1) there is no evidence for any use of εἰδωλόθυτον prior to the writing of 1 Corinthians in the mid 50s AD, not even in whatever Greek translation of the Hebrew Scriptures Paul may have known and used; (2) apart from one possible exception, it appears that εἰδωλόθυτον was not a term used by Jews about pagan practices, but rather originated as a pejorative Jewish-Christian term, possibly even coined by the Christian Jew Paul."[398]

Die Einleitungsformel περὶ δὲ τῶν εἰδωλοθύτων führt so zuallererst formal einen semantisch unterbestimmten Begriff ein.[399] Das εἰδωλόθυτον-Problem wurde in dieser Allgemeinheit weder in den bisherigen sieben Kapiteln des 1Kor bearbeitet, noch wird unmittelbar auf einen anderen Text verwiesen, der diesen Mangel behebt. Auch der differenzierte Gebrauch von εἰδωλόθυτον in 1Kor 8 und ἱερόθυτον in 1Kor 10 verweist aus der

---

396 Merklein, 1Kor II, 177f.

397 Es ist davon ausgehen, dass diese Begriffe sehr bewusst eingesetzt sind, eine Differenzierung zur Zeit der Abfassung also bekannt war; dies ergibt sich schon innerhalb des 1Kor, wenn in 1Kor 10,28 explizit von einem vorchristlichen Menschen das Wort ἱερόθυτον verwendet wird. Vgl. auch die Ausführungen von Alkier, Wunder, 177. Trotz dieser wahrscheinlich sehr bewussten Wahl der Ausdrücke, bleibt es Aufgabe des Lesers, beide Begriffe mit Inhalt zu füllen. Die Unterschiede in 1Kor 8 und 1Kor 10 zeigen aus seiner Perspektive zunächst einmal nur eine Abgrenzung an.

398 Witherington, Thoughts, 239. Dieses Ergebnis wird durch die Suche im TLG bestätigt.

399 Damit hat die Einleitungsformel an dieser Stelle auch eine deutlich andere Schwerpunktsetzung als die auf syntaktischer Ebene vergleichbaren Wendungen in 1Kor 7,1.25, die deutlich als Antwort auf bestimmte Anfragen der korinthischen Gemeinde markiert werden. „In 8,1b dagegen leitet Paulus seine Überlegungen nicht mit einer Meta-argumentativen Aussage ein, die den Kommunikationszusammenhang bedenken und/oder seine apostolische Rede autorisieren soll. Vielmehr rekurriert er in 8,1b auf das christliche ‚Wir' der Erkenntnis, das die legitimierende Instanz für die folgenden Überlegungen über das Götzenopferfleisch (8,1-13) darstellt." (Becker, ΕΙΣ ΘΕΟΣ, 70.) Es besteht ein gewisser Konsens innerhalb der Exegese darüber, dass mit der Einleitungsformel auf ein - Paulus wie den Korinthern - bekanntes Phänomen Bezug genommen wird. Für den Zusammenhang dieser Arbeit wird darauf verzichtet, verschiedene Thesen zu referieren, die einzelne Verse bestimmten Kommunikationspartnern - etwa den sog. ‚Starken' in Korinth - zuschreiben. Vgl. zu dieser Diskussion beispielhaft Becker, ΕΙΣ ΘΕΟΣ, 71ff.

Perspektive des Lesers zunächst einmal nur auf einen Unterschied und kann damit nur sehr bedingt über die Bedeutung der Begriffe Aufschluss geben.

Sowohl der Gegenstandsbereich des postulierten gemeinsamen Wissens (οἴδαμεν) wie die Bedeutung von εἰδωλόθυτον werden erst in den beiden Argumentationsgängen der Verse 1b-3 bzw. 4-6 entfaltet. Es ist daher wesentlicher pragmatischer Impuls von 1Kor 8,1a[400], die Ausführungen zur γνῶσις wie die Gesamtheit der Aussagen des Kapitels *als* Antwort auf die Frage nach den εἰδωλόθυτα zu lesen. Das bedeutet aber auch, dass der semantische Gehalt des an dieser Stelle neu in die Briefkommunikation eingeführten εἰδωλόθυτον erst durch die weitere Lektüre abduktiv erschlossen werden kann.

Nach dieser mit περὶ δέ eingeleiteten Kapitelüberschrift beginnt bereits mit dem nächsten Wort οἴδαμεν die Entfaltung der Thematik „Erkenntnis/Wissen/Verstehen". Paulus selbst bezieht sich durch die 1. Person Plural in die Gruppe der Erkenntnis Besitzenden mit ein und betont damit zugleich seine Übereinstimmung mit den Angesprochenen sowie die prinzipielle Richtigkeit der Gesamtaussage: οἴδαμεν ὅτι πάντες γνῶσιν ἔχομεν. Die Strategie des Textes in Vers 1b ist durchaus vergleichbar mit der im ersten Versteil. Die γνῶσις bleibt zunächst einmal[401] – in Analogie zu εἰδωλόθυτον – unterbestimmt. Im Gegensatz zur Frage des Götzenopferfleisches ist der Leser des 1Kor jedoch – insbesondere aus 1Kor 1-4 – mit der Weisheitsproblematik vertraut:[402] „Die Kritik der ‚Gnosis' und die Begründung der Agape in 1Kor 8-10 liegt auf einer Linie mit der Kritik der Weisheit und der Begründung ekklesialer Koinonia in 1Kor 1-4."[403]

In diesem Zusammenhang ist auch 1Kor 8,2 zu verstehen: Dieser Vers betrachtet – im Realis – den Fall derer, die bereits zu γνῶσις gekommen sind und sich demnach als Wissende begreifen (Perfekt: ἐγνωκέναι).[404] Nur

400 Wie später 1Kor 8,4a.

401 Vgl. Becker, ΕΙΣ ΘΕΟΣ, 76: „Versteht man 1Kor 8,1ff. von 8,4ff. her, wofür sprachlich-syntaktische und semantische Beobachtungen sprechen [...], so ist das Theologumenon der Gnosis (V. 1b) mit dem Bekenntnis zu dem εἷς θεός (V. 4b) konnotiert."

402 Von diesem Bezug ist sicherlich nur dann auszugehen, wenn man 1Kor als zusammenhängendes Schreiben liest und nicht von der Kompilation verschiedener Einzelschreiben ausgeht. Vgl. auch Becker, ΕΙΣ ΘΕΟΣ, 67, die allerdings nur 1Kor 7 in unmittelbarem Zusammenhang zu 1Kor 8 sieht und sogar konstatiert, dass die „Frage nach der literarischen Einheitlichkeit des 1Kor [...] für die Auslegung von 1Kor 8,1-6 unerheblich" (Ebd.) sei. Dem kann an dieser Stelle nur deutlich widersprochen werden, da sowohl die Grundlegung zur Gottesrede in 1Kor 1 (vgl. Kapitel 3 dieser Arbeit) wie auch die Ausführungen zur γνῶσις in 1Kor 1-4 insgesamt von großer Relevanz für die Interpretation von 1Kor 8 sind.

403 Söding, Starke, 366.

404 Vgl. dazu auch Merklein, 1Kor II, 181. Wenn Paulus sich selbst in Vers 1b mit der 1. Person Plural οἴδαμεν in die Reihe der „Wissenden" einreiht, wird auch die ab Vers 2

vor dem Hintergrund des bereits in Vers 1 Gesagten wird deutlich, warum der Text feststellen kann, dass diese Wissenden noch nicht verstanden haben, wie Verstehen eigentlich zu definieren ist. Das Entscheidende ist hier nicht etwa die Vorläufigkeit menschlicher Erkenntnis insgesamt,[405] sondern die Frage nach der Art und Weise (οὔπω) des Erkennens: Der Vorstellung von Vers 1b - ein (fester) Status der γνῶσις könne erlangt und festgehalten werden (ἔχομεν)[406] - entgegnet Vers 2, dass eine solche Form des vermeintlichen zu-Wissen-gekommen-Seins nicht der wahren Natur des Verstehens entspricht. Übersetzt man den Aorist ἔγνω ingressiv wird dieser Aspekt noch deutlicher: Derjenige, der meint (δοκεῖ), er habe einen Anteil (τι) an dieser Form der Erkenntnis gewonnen (ἐγνωκέναι), hat noch nicht einmal begonnen zu verstehen (ἔγνω), wie es nötig ist (δεῖ), zu verstehen (γνῶναι).

Die Partikel δέ in Vers 3 ist in der Folge betonend adversativ zu übersetzen, da hier die, die vermeintlich zu Wissen gekommen sind mit denjenigen kontrastiert werden, die Gott liebend gegenüberstehen. Mit dem Wechsel von aktivischer zu passivischer Verbalform geht auch die Verkehrung von Subjekt und Objekt der Erkenntnis einher. An die Stelle der vermeintlichen Erkenntnis *mit Blick auf* Gott tritt die Erkenntnis *durch* Gott. Spätestens von Vers 3 her wird nochmals deutlich, dass die Ausführungen in 1Kor 8,1-3 sehr viel allgemeiner als lediglich mit Blick auf die Götzenopferthematik argumentieren, das περὶ δὲ τῶν εἰδωλοθύτων zu Beginn somit als Überschrift, und nicht in direktem Bezug zu οἴδαμεν zu verstehen ist. Nach der Einleitung „(Nun) aber zum Thema εἰδωλόθυτον:" bietet der Text – ohne direkt auf das Essen von Fleisch innerhalb der korinthischen ἐκκλησία einzugehen - zunächst eine mehrschrittige Ausführung zum Problem des Verstehens. Diese zeichnet sich insbesondere dadurch aus, dass zuerst die negative Form der γνῶσις bestimmt wird, bevor die positive Form formal durch ein bestimmtes Verhältnis zur ἀγάπη näher gekennzeichnet wird:

- Wir alle wissen (οἴδαμεν), dass wir Erkenntnis (γνῶσις) haben (ἔχομεν).
- Diese Form der Erkenntnis, die man im Besitz festhält, bläht auf (φυσιοῖ)[407]; demgegenüber gibt es eine Form der Liebe (ἀγάπη), die aufbaut (οἰκοδομεῖ).

---

geäußerte Kritik prinzipiell auf ihn zu übertragen sein. *Alle* unterliegen der Gefahr einer falschen Form der Erkenntnis.

405 Vgl. 1Kor 13,9-12 und Merklein, 1Kor II, 181.

406 Dehmke, Ein Gott, 479 paraphrasiert: „Wenn er sich also als Wissenden beurteilt und in diesem Wissen Macht erfährt".

407 Der siebenfache Gebrauch von φυσιόω innerhalb des 1Kor zeigt, dass das Problem nicht erst im Zusammenhang mit dem Götzenopferthematik in 1Kor 8 aufkommt. Es ist also nicht ein bestimmtes Wissen über εἰδωλόθυτον, das „aufbläht". Vielmehr wird innerhalb des gesamten 1Kor so ein negatives Verhalten bezeichnet, das unterschied-

- Wenn aber jemand (fälschlicherweise) meint (δοκεῖ), er sei in Besitz eines Anteils (τι) dieser Form der Erkenntnis gekommen (ἐγνωκέναι), so hat er noch nicht einmal begonnen (ἔγνω), das eigentliche Wesen der Erkenntnis zu verstehen.
- Wenn jemand dagegen Gott liebt (ἀγαπᾷ), so erkennt Gott selbst ihn (ἔγνωσται).

Analog zu Vers 1, der den gesamten Abschnitt mit περὶ δὲ τῶν εἰδωλοθύτων überschreibt, bietet Vers 4 eine Überschrift für das nun Folgende und ruft so die Ausgangsthematik wieder ins Gedächtnis: περὶ τῆς βρώσεως οὖν τῶν εἰδωλοθύτων.[408] Durch diese erneute Nennung des Stichworts εἰδωλόθυτον wird aber auch deutlich, dass weder Vers 1b, noch die Verse 1b-3 als ausreichende Entfaltung der in Vers 1a eingeführten Thematik gelten können. Der Verweis auf das bereits genannte Thema erfüllt innerhalb des Abschnittes 1Kor 8,1-6 eine doppelte Funktion:[409]

- Es wird angezeigt, dass die zu Beginn des Kapitels aufgeworfene Fragestellung nicht aus dem Blick geraten ist, sondern dass auch in den folgenden Versen εἰδωλόθυτον und γνῶσις weiter diskutiert werden.
- Genauso wie die Ausführungen der Verse 1b-3 sollen auch die Verse 4b-6 *als* Bearbeitung der εἰδωλόθυτα-Problematik verstanden werden. Das gilt gerade auch dann, wenn das *Essen* von Fleisch nicht explizit diskutiert wird. „Bevor Paulus auf die Frage der Korinther, ob Christen ‚Götzenopferfleisch' essen dürfen oder nicht, praktisch eingeht, schickt er einige grundsätzliche Bemerkungen voraus."[410]

Die erneute Verwendung von περὶ δέ in 1Kor 8,4 zeigt aber auch, dass auf formaler Ebene weder zwingend ein Rekurs auf ein Schreiben oder eine gezielte Anfrage der Korinther vorliegen muss, noch überhaupt nähere Aussagen über die Herkunft des Themas getroffen werden. „By the formula περὶ δέ an author introduces a new topic *the only requirement of which is that it is readily known to both author and reader.* In itself the formula περὶ δέ gives no information about how the author or the reader became informed of the topic, nor does it give information about the order of presentation of topics. In addition, περὶ δέ is one of a number of such topic-changing formulae which an ancient author writing in Greek could and did use. There

liche Ursachen, aber auch unterschiedliche Folgen für das Verhalten des Einzelnen innerhalb der ἐκκλησία haben kann.

408 Vgl. dazu Becker, ΕΙΣ ΘΕΟΣ, 76f. Becker betont, dass Vers 4 „in formaler, sprachlicher und semantischer Hinsicht parallel, weiterführend, konkretisierend und anthitetisch" zu Vers 1 gestaltet ist (Ebd., 76).

409 Thiselton, 1Cor, 613 übersetzt daher: „To return to the topic of eating meat associated with idols …". Auch Schrage, 1Kor II, 236 spricht von „Wiederaufnahme des nun näher bestimmten Themas".

410 Demke, Ein Gott, 478.

is no reason to assume that it is the only way an author could introduce a new topic in a letter or a discourse, regardless of how the topic has come to be known."[411]

In der exegetischen Literatur wird aber nicht nur die Funktion bzw. der Bezug des περὶ δέ in Vers 4 diskutiert; auch die Übersetzung des τῶν εἰδωλοθύτων, der Bezug des nachfolgenden οἴδαμεν sowie die angemessene Übersetzung des οὐδὲν sind umstritten. Gerade wenn es um dessen Verzehr (βρῶσις) geht, bietet sich eine Reihe von Konnotationen zu εἰδωλόθυτον an: „A whole variety of situations may be implied by the phrase, ranging from meat purchased at a butcher´s shop which originated from a temple as wholesale supplier to attendance at festivals where meat was available to the poorer classes, probably after a pagan 'blessing' or 'dedication', or eating in a dining room attached to the temple [...], to eating on formal civic occasions 'presided over' by one or more pagan deities."[412] Auch Vers 4 stellt also eher die Frage nach der semantischen Bestimmung von εἰδωλόθυτον als dass eine unmittelbare Klärung herbeigeführt wird. Durch die nahezu parallele Formulierung unterstreicht und verstärkt 1Kor 8,4 die Aussage von 1Kor 8,1 und führt sie gleichzeitig mit Blick auf einen anderen Aspekt weiter: Während Vers 1 positiv das Vorhandensein gemeinsamen Wissens anspricht, führt Vers 4 (negativ) die Nichtigkeit der εἴδωλα aus. Diese Komposition lässt den Begriff des εἰδωλόθυτον wie den der γνῶσις weiterhin unterbestimmt. Erst im Laufe der folgenden Verse ergeben sich sukzessive Verbindungslinien: „Der Begriff der γνῶσις wird in 1Kor 8,1-4 dreidimensional angewandt. In Bezug auf die eröffnete Diskussion über das Götzenopferfleisch kommt ihm erstens eine meta-kommunikative Textfunktion zu. Zweitens entwickelt er in 8,1-3 einen theologischen Propositionalgehalt, der durch die Relation zur Agape definiert ist. Drittens expliziert Paulus in 8,4 rückwirkend den Inhalt der Gnosis im konkreten Diskurs über den Verzehr des Götzenopferfleisches – die Gnosis besteht im Bekenntnis zu dem Einen Gott. Prinzipiell alle korinthischen Christen haben Anteil an dieser Gnosis."[413]

---

411 Mitchell, Concerning περὶ δέ, 234 (Hervorhebungen i.O.). Mitchell fasst später zusammen: „περὶ δέ does provide a clue to the composition of 1 Corinthians in that it is one of the ways in which Paul introduces the topic of the next argument or subargument. Despite the fact that in itself περὶ δέ can tell us nothing of the source or order of these topics, it is our most important clue to understand how Paul, on his own terms, chose to respond to the multi-faceted situation at Corinth of which he had been informed. Although that may be considerably less information than scholars have presumed that they could glean from its use, this proper understanding of the formula περὶ δέ remains an important starting point for the investigation of the composition and rhetorical structure of the letter." (Ebd., 256).

412 Thiselton, 1Cor, 628. Diese Feststellung führt bei Thiselton zur sehr vagen Übersetzung von εἰδωλόθυτον mit „meat associated with idols".

413 Becker, ΕΙΣ ΘΕΟΣ, 78.

Durch die Verwendung der 1. Person Plural im nachfolgenden οἴδαμεν wird wiederum auf ein von Verfasser und Lesern des 1Kor gleichermaßen anerkanntes Phänomen rekurriert. Dieser wiederholte Gebrauch der inklusiven Rede hat immer wieder Diskussionen darüber genährt, ob in Vers 4 ein direkter Bezug zu einer Parole der Korinther vorliegt. So ist es etwa grundlegende Annahme bei Hofius, „daß der Apostel mehrfach aus dem Schreiben der Korinther zitiert bzw. die dort geäußerten Meinungen ihrem Sinn nach wiedergibt und dann jeweils dazu Stellung nimmt. 1Kor 8 läßt sich danach in die drei Schritte V. 1-3, V. 4-7 und V. 8-13 untergliedern: In V. 1a, V. 4-6 und V.8 haben wir es mit Äußerungen der Korinther zu tun, in V. 1b-3, V. 7 und V. 9-13 mit der jeweiligen Stellungnahme des Apostels."[414] Relevant für den Fortgang der Argumentation ist indes zunächst einmal die Feststellung, dass der Inhalt des von οἴδαμεν abhängigen ὅτι-Satzes[415] als „gemeinsames Wissen von Absender und Adressaten und damit als Bestandteil ihrer konnektiven Struktur"[416] akzeptiert ist.

Der genaue Inhalt dieses ὅτι-Satzes wird nun stark von der - entweder prädikativen oder attributiven Auflösung des οὐδέν - determiniert: Geht es um die Existenz (attributiv: „Es existiert kein εἴδωλον ἐν κόσμῳ) oder um eine Qualifizierung der εἴδωλα (prädikativ: „Alle εἴδωλα sind nichts bzw. ein Nichts.). Auf intratextueller Ebene legt sich die prädikative Übersetzung nahe, insbesondere wegen der korrespondierenden rhetorischen Frage in 1Kor 10,19 (εἴδωλόν τί ἐστιν - Ist ein εἴδωλον etwas bzw. ein Etwas?). Analog stellt sich die Frage, ob οὐδείς attributiv zu θεός gehört und damit eine Existenzaussage getroffen wird („Es gibt keinen Gott außer einem."). Alternativ kann οὐδείς als Subjekt aufgefasst werden und somit eine Aussage über eine Qualität treffen („Niemand ist Gott außer einem."). „Während die erste Aussage tendenziell den Charakter eines abstrakten, weltanschaulichen Monotheismus trägt, befindet sich die zweite stärker in der konkreten Auseinandersetzung religiöser Rivalitäten."[417]

An diese Aussage schließt sich nun Vers 5 sowohl konzessiv (εἴπερ) als auch kausal (καὶ γάρ) an. Der Text setzt also in Vers 5a der folgenden konzessiven Aussage ein bekräftigendes „weil ja (gilt)" voran, das sich auf 1Kor 8,5bf. bezieht. Der εἴπερ-Satz räumt ein, dass es λεγόμενοι θεοί gibt (Indikativ εἰσίν),[418] und zwar sowohl im Himmel als auch auf der Erde. Λεγόμενοι ist an dieser Stelle in erster Linie zur Bezeichnung einer sprachli-

---

414 Hofius, Einer, 171.

415 An dieser Stelle ist das ὅτι-in Analogie zu Vers 1 durchaus *explikativ* zu verstehen, ohne dass ein *rezitativer* (auf eine Anfrage der Korinther verweisender) Aspekt naheliegt.

416 Alkier, Wunder, 179.

417 Woyke, Götter, 162.

418 Eine andere Übersetzung, die εἰσιν an dieser Stelle nicht als Vollverb auffasst, ist nahezu ausgeschlossen. Es „gibt" also die λεγόμενοι θεοί, fraglich ist also nicht deren Existenz, sondern welche Form der Existenz ihnen zukommt.

chen Konvention[419] zu verstehen und bietet zunächst einmal noch keine pejorative Konnotation: „Bezeichnet λεγόμενοι θεοί also einzig eine Konvention, so wird im konzessiven Vordersatz kein Urteil darüber getroffen, ob es diese sogenannten Götter nun phänomenologisch in Form von Kultbildern bzw. objektiv als himmlische Wesen o.ä. gibt oder ob sie lediglich subjektiv im Glauben der Heiden existieren; auch liegt keine direkte Götterpolemik vor. Es ist einzig ausgesagt, dass es in Bezug auf ‚Götter' einen allgemeinen Sprachgebrauch gibt, was allerdings – so verlangt es die Syntax als konzessive Protasis – die ontologische Frage aufwirft, wie sich diese Konvention zur Wirklichkeit verhält."[420] 1Kor 8,5b ergänzt daher folgerichtig (im Indikativ εἰσίν), dass diese sprachliche Konvention verbreitet ist: Es gibt „Götter" – d.h. mit dem Ausdruck „Gott" bezeichnete Wesen – und es gibt „Herren" – d.h. mit dem Ausdruck „Herr" bezeichnete Wesen. Die Ergänzung einer Bekräftigung, wie sie viele Exegeten einfügen[421] ist an dieser Stelle weder vonnöten[422] noch inhaltlich angemessen. Die Frage nach der Realität der mit dem Ausdruck „Gott" bzw. „Herr" bezeichneten Wesen wird in Vers 5 (noch) nicht gestellt.

Innerhalb des Diskursuniversums des 1Kor wird man jedoch λεγόμενοι als sprachliche Konvention v.a. innerhalb *menschlicher* Kommunikation begreifen. Das Syntagma λεγόμενοι bewegt sich zwar auf der Ausdrucksebene und trifft noch keine weiteren für die 1Kor 8 entscheidenden Aussagen über die Realität der θεοῖ. Der Leser des 1Kor weiß aber seit dem Präskript, dass göttliches Benennen (κλητὸς ἀπόστολος bzw. ἐκκλησία τοῦ θεοῦ) gleichzeitig einen Akt des Berufens impliziert und somit die Möglichkeiten menschlicher Sprache übersteigt.

Denjenigen, die dem allgemeinen Sprachgebrauch folgend die λεγόμενοι θεοί als θεοί bezeichnen, stehen im nächsten Vers nun adversativ die mit ἀλλ' ἡμῖν eingeführten Aussagen gegenüber. Dieser Einleitung kommt in besonderer Weise Bedeutung zu, da sie nicht nur die Funktion der folgenden Ausführungen innerhalb des Kapitels determiniert. Es entscheidet sich an dieser Stelle vielmehr, ob die Aussagen über θεός und κύριος als monolatrisches Bekenntnis („Für unseren Glauben gibt es nur einen Gott."), Henotheismus einer bestimmten Gruppe („Für uns gibt es aus der Fülle der Gottheiten nur einen Gott.") oder monotheistische Überzeugung ver-

---

419 Mit λεγόμενοι ist damit auch keine Aussage über „gesellschaftliche Realität der Götterwelt" (Merklein, 1Kor II, 186) getroffen, es sind nicht die „für Götter gehaltene und so bezeichneten" (νομιζόμενοι θεοί) Wesen im Blick. Vgl. dazu auch Woyke, Götter, 183.

420 Ebd., 184f.

421 Vgl. etwa Schrage, 1Kor II, 216 („wirklich") oder Wolff, 1Kor, 168 („ja tatsächlich").

422 Eine Einfügung eines „tatsächlich" oder „wirklich", wie es vielfach vorgeschlagen wird, ist schon allein wegen des indikativischen εἰσίν tautologisch.

standen werden („Nach unserer Überzeugung gilt:") sollen.[423] Das Gros der Auslegungen zu 1Kor 8,6 stimmt dabei der Tendenz nach überein: Die Form ἡμῖν wird als Ausdruck eines monolatrischen bzw. henotheistischen Gottesverständnisses der korinthischen Gemeinde gedeutet. Gerade durch die exponierte Stellung innerhalb von 1Kor 8 werde mit dem ἡμῖν also ein Bekenntnis ausgedrückt und keine ontologische Aussage getroffen.

Mit Hofius ist gegenüber solchen Interpretationen festzuhalten, dass das ἡμῖν deutlich über die Ebene einer Bekenntnisaussage hinausweist, und am ehesten als *dativus iudicantis*[424] „in der Sache dem οἴδαμεν ὅτι"[425] in Vers 4 entspricht. Argumente für diese Übersetzung lassen sich auf semantischer wie syntaktischer Ebene finden:

- Semantisch bezieht sich der gesamte Abschnitt 1Kor 8,4-6 auf die Sphäre des Wissens. Zunächst wird die prinzipielle Unterscheidung zwischen θεός und εἴδωλα getroffen (Vers 4), sodann ein Blick auf die empirische Realität im gesamten Kosmos geworfen (Vers 5), bevor abschließend noch einmal - formal gleichsam bekenntnisartig und als Gegenstand der γνῶσις - im Detail die für unbedingt wahr gehaltene Beschaffenheit der Realität zur Sprache kommt.
- Auch syntaktisch[426] bezieht sich das ἀλλ' ἡμῖν unmittelbar auf das zuvor Gesagte. Es bildet die direkte Opposition zum mit εἴπερ eingeleiteten Vordersatz über die „Götter" bzw. „Herren". Dieser wiederum bezieht sich begründend (verbunden mit καὶ γὰρ) auf das οἴδαμεν in 1Kor 8,4. Ἡμῖν weist hier somit darauf hin, dass die nun folgende Aussage als gesicherte Erkenntnis zu lesen ist.

---

423 Hinter der Bemerkung von Otfried Hofius (Einer, 168f.), es gebe in der exegetischen Diskussion lediglich eine „gewisse Differenz [...] hinsichtlich des Verständnisses des am Anfang des Verses stehenden ἡμῖν" verbirgt sich nichts anderes als die sehr weit reichende Frage, welchen Stellenwert der paulinische Text der Gottesfrage einräumt.

424 Hofius, Einer, 174 führt als weiteres Beispiel für eine solche Verwendung des Dativs 1Kor 2,14 an: ψυχικὸς δὲ ἄνθρωπος οὐ δέχεται τὰ τοῦ πνεύματος τοῦ θεοῦ· μωρία γὰρ **αὐτῷ** ἐστιν καὶ οὐ δύναται γνῶναι, ὅτι πνευματικῶς ἀνακρίνεται. (Der natürliche Mensch aber vernimmt nichts vom Geist Gottes; es ist *nach seinem Urteil* eine Torheit, und er kann es nicht erkennen; denn es muss geistlich beurteilt werden.)

425 Ebd.

426 Hofius beraubt sich selbst der Möglichkeit, auch auf syntaktischer Ebene diesen Bezug herzustellen, indem er den gesamten Abschnitt in mögliche Anfragen der Korinther und entsprechende Antworten des Apostels differenziert. So ist es grundlegende Annahme, „daß der Apostel mehrfach aus dem Schreiben der Korinther zitiert bzw. die dort geäußerten Meinungen ihrem Sinn nach wiedergibt und dann jeweils dazu Stellung nimmt. 1Kor 8 läßt sich danach in die drei Schritte V. 1-3, V. 4-7 und V. 8-13 untergliedern: In V. 1a, V. 4-6 und V.8 haben wir es mit Äußerungen der Korinther zu tun, in V. 1b-3, V. 7 und V. 9-13 mit der jeweiligen Stellungnahme des Apostels." (Hofius, Einer, 171).

Während mit der Übersetzung des ἡμῖν der Charakter bzw. der *Geltungsbereich* von 1Kor 8,6 determiniert wird, ist für den *Inhalt* des Verses die nähere Bestimmung der εἷς-Prädikationen von entscheidender Bedeutung: „Grundlegend für das rechte Verständnis von 1Kor 8,6 ist eine präzise sprachliche, d.h. grammatisch-syntaktische Analyse des Textes. Dabei geht es insbesondere um die Frage, wie die syntaktische Funktion des zweimaligen εἷς zu bestimmen ist."[427] Die Mehrheit der Untersuchungen zu 1Kor 8,6 ist sich in der Einordnung des εἷς einig: „Überblickt man die gängige Deutung von 1Kor 8,6, so läßt sich ein erstaunlicher Konsens wahrnehmen: Die Übersetzer und Ausleger fassen εἷς fast ausnahmslos als Attribut zu θεός bzw. κύριος auf und erblicken dann in ὁ πατήρ eine erklärende Apposition zu εἷς θεός, in Ἰησοῦς Χριστός eine solche zu εἷς κύριος."[428] In der Folge dieser Interpretationen erscheint Vers 6 als Bekenntnis der christlichen ἐκκλησία, es gebe für sie (betont durch das ἡμῖν) vor dem Hintergrund des Polytheismus nicht mehrere, sondern *einen* Gott.

In Folge der Bestimmung des ἡμῖν als *dativus iudicantis* und in Kontinuität zur Übersetzung von Vers 4 wird in dieser Arbeit das εἷς in Vers 6 wiederum als Subjekt eines Nominalsatzes verstanden: „*Einer* ist Gott."[429] Das εἷς wird dann in beiden Teilsätzen durch die Appositionen ὁ πατὴρ und Ἰησοῦς Χριστός näher erläutert.[430] Der Zielpunkt der Argumentation liegt demnach „auf der (namentlichen) Identifizierung dieses einen, einzig wahren Gottes".[431] Diese hier vorgezogene Übersetzungsvariante des εἷς als Subjekt eines Nominalsatzes kann inhaltlich sowohl das monolatrische Bekenntnis einer attributiven Übersetzung („Es gibt für uns nur einen Gott.") als auch die Charakterisierung Gottes in einer Übersetzung mit εἷς als Prädikat („Gott ist einzig.") einschließen, weist aber über beide Alternativen hinaus. Die Aussage über Gott wird so als Gegenstand der γνῶσις

427 Hofius, Einer, 168. Hofius führt sodann die o.g. (3.3.1) prinzipiellen Möglichkeiten der Übersetzung des εἷς auf: Es kann einerseits als adjektivisches Attribut verwendet werden, anderseits auch Teil eines Nominalsatzes sein. Bei der zweiten Variante stellt sich zudem die Frage, ob es als Subjekt oder Prädikat verwendet ist.

428 Hofius, Einer, 168f.

429 Die Syntax der Satzes lässt prinzipiell drei Übersetzungen zu: εἷς als adjektivisches Attribut („ein Gott"), εἷς als Subjekt eines Nominalsatzes (*Einer* ist Gott.) oder εἷς als Prädikat eines Nominalsatzes (Gott ist einzig. / Gott ist ein einziger. / Gott ist nur einer.).

430 Dass die folgenden relativen Aussagen mit einem kausalen Nebensinn adäquat wiederzugeben sind (Vgl. Woyke, 162: „Einer ist Gott, (und zwar) der Vater, weil aus ihm alles ist ...") wird an dieser Stelle bezweifelt. Mit Blick auf den Kontext von 1Kor 8 dienen die Versabschnitte auch nur mittelbar – über das εἷς – der „Näherbestimmung der Prädikatsnomina θεός und κύριος" (Ebd.). Im Duktus des gesamten 1Kor sind es gerade nicht die Aussagen der Relativsätze in 1Kor 8,6, die etwa Jesus Christus als κύριος auszeichnen, sondern die grundlegenden Aussagen zum Kreuzesgeschehen (vgl. 1Kor 1-4).

431 Woyke, Götter, 162.

dargestellt. Mit der Gewissheit der γνῶσις kann der Text dann auch den θεός als θεὸς ὁ πατὴρ ἐξ οὗ τὰ πάντα καὶ ἡμεῖς εἰς αὐτόν und den κύριος als Ἰησοῦς Χριστὸς δι' οὗ τὰ πάντα καὶ ἡμεῖς δι' αὐτοῦ bezeichnet werden. 1Kor 8,4-6 folgt demnach auf intratextueller Ebene folgender Struktur:

<table>
<tr><td rowspan="3">4</td><td colspan="3">Nun (zurück) zum Essen des Götzenopferfleisches:</td></tr>
<tr><td rowspan="2">Wir wissen:</td><td>(Ein) Nichts</td><td>ist ein Götze in der Welt.</td></tr>
<tr><td>und: Keiner/Niemand</td><td>ist Gott außer einem.</td></tr>
<tr><td rowspan="2">5</td><td rowspan="2">Weil ja (gilt):</td><td>Obwohl</td><td>es mit dem Ausdruck „Gott“ bezeichnete Wesen gibt - sei es im Himmel oder auf der Erde -</td></tr>
<tr><td>wie</td><td>es (davon) viele gibt, „Götter“ und „Herren“.</td></tr>
<tr><td rowspan="7">6</td><td rowspan="7"></td><td colspan="2">So ist nach unserem Urteil doch klar:</td></tr>
<tr><td rowspan="3">(Nur)</td><td>einer ist Gott</td></tr>
<tr><td>und zwar der Vater,</td></tr>
<tr><td>aus dem alles ist und wir zu ihm</td></tr>
<tr><td rowspan="3">und (nur)</td><td>Einer ist Herr</td></tr>
<tr><td>und zwar Jesus Christus,</td></tr>
<tr><td>durch den alles ist und wir durch ihn</td></tr>
</table>

Obwohl die Verse 1a und 4a jeweils die Behandlung der εἰδωλόθυτον-Problematik ankündigen, wird das Thema des Essens von Fleisch in bestimmten konkreten Situation der korinthischen ἐκκλησία in den ersten sechs Versen nicht explizit aufgegriffen und zu einer Lösung zugeführt. Die eigentliche Diskussion zum *Essen* des Götzenopferfleisches findet in den Versen 7-13 statt. Der besondere Fokus liegt dabei auf dem Verhältnis zwischen den einen, die sich durch ihre ἐξουσία auszeichnen und den anderen, die sich als ἀσθενής erweisen. Diese Eigenschaften werden ihnen durch ihren jeweiligen Bezug zur γνῶσις zugesprochen. Die Ausführungen in 1Kor 8,1-6 sind demnach nicht als „grundsätzliche Bemerkungen“[432] ohne Bedeutung für die konkrete Gemeindesituation zu verstehen. Vielmehr zeichnen sich gerade diejenigen durch eine falsche γνῶσις aus, die das Götzenopferfleisch ὡς εἰδωλόθυτον (Vers 7) betrachten. Wiederum zeichnet sich der Text durch einen deutlichen Blick für die reale Situation der korinthischen ἐκκλησία aus: Genauso wie es Menschen (innerhalb oder außerhalb der Gemeinde) gibt, die bestimmte Wesen mit der Bezeichnung „Gott“

432 Demke, Ein Gott, 478.

(vgl. Vers 5: λεγόμενοι θεοί) belegen, gibt es solche, die bestimmtes Fleisch ὡς εἰδωλόθυτον essen. Im Zusammenhang des gesamten Briefes wie innerhalb des achten Kapitels ist die Argumentationsstrategie vergleichbar: Zu Beginn wird die gemeinsame Grundlage des Wissens bzw. Glaubens bestimmt (vgl. 1Kor 1,1-9 bzw. 1Kor 8,1-6), bevor in einem zweiten Schritt das Verhalten der ἐκκλησία als Widerspruch zu dieser Grundlage entlarvt wird.

Die ausschließliche Frage nach dem Verzehr bestimmter Nahrungsmittel spielt somit zunächst keine Rolle für das Gottesverhältnis. Am offensichtlichsten wird diese Aussage wohl in Vers 8: βρῶμα δὲ ἡμᾶς οὐ παραστήσει τῷ θεῷ· οὔτε ἐὰν μὴ φάγωμεν ὑστερούμεθα, οὔτε ἐὰν φάγωμεν περι σσεύομεν. Auch der Abschnitt 1Kor 8,7-13 führt die grundsätzliche Aussage von 1Kor 8,1-6 fort: Entscheidend zum Verständnis ist die nähere Bestimmung von γνῶσις und εἰδωλόθυτον als zentrale Begriffe des gesamten Kapitels.

4.2 Zur intertextuellen Disposition

Die semantische Diskussion dieser Begriffe γνῶσις und εἰδωλόθυτον kann auch als Motivation für weiterführende intertextuelle Lektüre dienen. Die intratextuelle Lektüre hatte gezeigt, dass die mit περὶ δὲ τῶν εἰδωλοθύτων überschriebenen Verse sich besonders durch ihre Argumentationsstrategie auszeichnen: Sie geben weder eine Definition, noch weitere direkte Informationen zu den εἰδωλόθυτα. Obwohl zweimal (1Kor 8,1.4) betont wird, es gehe nun um die εἰδωλόθυτα, findet der Leser lediglich Ausführungen zur γνῶσις, zur ἀγάπη sowie - bekenntnisartig und akklamativ - zu θεός und κύριος. Diese bemerkenswerte Komposition des Textes impliziert auf pragmatischer Ebene die Aufforderung, gerade die Aussagen zur γνῶσις, zur ἀγάπη, zu θεός und zu κύριος *als* Antworten auf die Frage nach den εἰδωλόθυτα zu lesen.

Obwohl der Text zu Beginn eine direkte Antwort zur Frage der εἰδωλόθυτα ankündigt, geht den - konkret auf eine Gemeindesitutation bezogenen - Ausführungen der Verse 7-13 ein allgemeinerer Abschnitt voraus. Offensichtlich lässt sich keine unmittelbare ethisch-praktische Handlungsmaxime zu den εἰδωλόθυτα entwickeln, ohne - gleichsam als Prolog und Grundlegung - andere Fragen zu diskutieren.

Es bleibt die Aufgabe des Lesers, die Plausibilität dieser Komposition in verschiedenen Lektürekontexten zu erörtern. Die Motivation für intertextuelle Lektüren ergibt sich also nicht auf syntaktisch-semantischer Ebene, sondern auf semantisch-pragmatischer: Der Text bietet weder ausdrückliche Zitationsformeln, noch werden explizit andere Schriften - etwa mit γραφή oder νόμος - als Verstehensvoraussetzung eingeführt. Die Lektüre der γραφαί legt sich vielmehr zur Klärung von innerer Kohärenz, Aufbau und Ziel der Argumentation selbst nahe.

Die folgenden intertextuellen Lektüren analysieren das Beziehungsgeflecht von γνῶσις, ἀγάπη, θεός, κύριος und den εἰδωλόθυτα aus verschiedenen Perspektiven und in unterschiedlichen Textzusammenhängen:

- Der erste Abschnitt bietet - ausgehend von der Beziehung zwischen γνῶσις und ἀγάπη in 1Kor 8 - intertextuelle Lektüren zu Spezifika der Gottesrede im Dtn (4.3.1).
- Daran schließen sich Betrachtungen zum „Bilderverbot" des Dekalogs (4.3.2) an.
- Ein weiterer Abschnitt untersucht das Verhältnis von 1Kor 8 zum Sch^e^ma Israel (4.3.3).
- Die Reihe der intertextuellen Lektüren beschließt sodann eine Untersuchung zu εἰδωλόθυτον in unterschiedlichen neutestamentlichen Texten (4.3.4).

4.3 Die Einzigkeit und Einheit Gottes (Intertextuelle Lektüren)

4.3.1 Spezifika der Gottesrede in 1Kor 8 und im Deuteronomium

Während der Begriff εἰδωλόθυτον in weiteren neutestamentlichen Texten durchaus belegt ist, gibt es im Bereich der Schriften *vor* Paulus nahezu keinen Befund: „In the Greek sources that antedate Paul´s letter now called 1 Corinthians, there are no examples whatsoever of the use of εἰδωλόθυτον except possibly 4 Maccabees 5:2 or Sibylline Oracles 2:98, and this is very uncertain. In addition to this there are no examples from any papyri, any inscriptions, or any of the Coptic sources for the use of this term at all."[433] Eine begriffsgeschichtliche Untersuchung zum Stichwort εἰδωλόθυτον im Rahmen vorpaulinischer Schriften wird daher wenige Ergebnisse zeitigen: „I submit that it is the wrong question to ask where one might find a ruling in the Hebrew Scriptures about this or that item in the degree. The term εἰδωλόθυτον is never used in the LXX at Genesis 9:4 (don´t eat flesh with blood in it), or Leviticus 3:17 (don´t eat fat or blood), or Leviticus 17,10-14 (don´t eat blood, or [by implication] flesh with blood in it)." [434] Allenfalls - das legt etwa der Kontext von 4Makk 5[435] nahe - wird eine solche Untersuchung das Problem der εἰδωλόθυτα immer auf der Ebene bestimmter Rein-

433 Witherington, Thoughts, 238. Witherington führt in der Folge aus, dass bei der Nennung in den Sibyllinischen Orakeln von christlicher Beeinflussung ausgegangen werden kann. Darüber hinaus sei die Datierungsfrage im Fall von 4Makk so umstritten, dass auch hier nicht von einer vorpaulinischen Quelle gesprochen werden könne.

434 Witherington, Thoughts, 248.

435 παρεκέλευεν τοῖς δορυφόροις ἕνα ἕκαστον Ἑβραῖον ἐπισπᾶσθαι καὶ κρεῶν ὑείων καὶ εἰδωλοθύτων ἀναγκάζειν ἀπογεύεσθαι.

heitsvorschriften sehen, ohne dabei der Fragestellung von 1Kor 8 – insbesondere der In-Beziehung-Setzung von εἰδωλόθυτα, γνῶσις und Gottesrede – gerecht zu werden. Weiterbringend scheinen an dieser Stelle jedoch solche intertextuellen Lektüren zu sein, die ihren Ausgang in der für 1Kor 8,1-3 zentralen Verknüpfung von γνῶσις und ἀγάπη nehmen. Diese beiden Begriffe sind Gegenstand einer ganzen Reihe von Passagen innerhalb des Deuteronomiums, die grundlegende Aussagen über Gott treffen:[436]

Dtn 4,39	So sollst du nun heute **wissen** und zu Herzen nehmen, dass der Herr Gott ist oben im Himmel und unten auf Erden und sonst keiner,	καὶ **γνώσῃ** (וְיָדַעְתָּ) σήμερον καὶ ἐπιστραφήσῃ τῇ διανοίᾳ ὅτι κύριος ὁ θεός σου οὗτος θεὸς ἐν τῷ οὐρανῷ ἄνω καὶ ἐπὶ τῆς γῆς κάτω καὶ οὐκ ἔστιν ἔτι πλὴν αὐτοῦ
Dtn 8,3	Er demütigte dich und ließ dich hungern und speiste dich mit Manna, das du und deine Väter nie **gekannt** hatten, auf dass er dir **kundtäte**, dass der Mensch nicht lebt vom Brot allein, sondern von allem, was aus dem Mund des Herrn geht.	καὶ ἐκάκωσέν σε καὶ ἐλιμαγχόνησέν σε καὶ ἐψώμισέν σε τὸ μαννα ὃ οὐκ **εἴδησαν** οἱ πατέρες σου ἵνα **ἀναγγείλῃ** (הוֹדִעֲךָ) σοι ὅτι οὐκ ἐπ' ἄρτῳ μόνῳ ζήσεται ὁ ἄνθρωπος ἀλλ' ἐπὶ παντὶ ῥήματι τῷ ἐκπορευομένῳ διὰ στόματος θεοῦ ζήσεται ὁ ἄνθρωπος
Dtn 6,5	Und du sollst den Herrn, deinen Gott, **lieben** […]	καὶ **ἀγαπήσεις** (וְאָהַבְתָּ) κύριον τὸν θεόν σου
Dtn 7,9	So sollst du nun wissen, dass der Herr, dein Gott, allein Gott ist, der treue Gott, der den Bund und die Barmherzigkeit bis ins tausendste Glied hält denen, die ihn **lieben** und seine Gebote halten,	καὶ γνώσῃ ὅτι κύριος ὁ θεός σου οὗτος θεός θεὸς πιστός ὁ φυλάσσων διαθήκην καὶ ἔλεος τοῖς **ἀγαπῶσιν** (לְאֹהֲבָיו) αὐτὸν καὶ τοῖς φυλάσσουσιν τὰς ἐντολὰς αὐτοῦ εἰς χιλίας γενεάς
Dtn 7,13	und wird dich **lieben** und segnen und mehren	καὶ **ἀγαπήσει** (וַאֲהֵבְךָ) σε καὶ εὐλογήσει σε καὶ πληθυνεῖ σε
Dtn 13,4	so sollst du nicht gehorchen den Worten eines solchen Propheten oder Träumers; denn der HERR, euer Gott, versucht euch, um **darüber zu Wissen zu kommen**, ob ihr ihn von ganzem Herzen und von ganzer Seele **liebt**.	οὐκ ἀκούσεσθε τῶν λόγων τοῦ προφήτου ἐκείνου ἢ τοῦ ἐνυπνιαζομένου τὸ ἐνύπνιον ἐκεῖνο ὅτι πειράζει κύριος ὁ θεὸς ὑμᾶς **εἰδέναι** εἰ **ἀγαπᾶτε** κύριον τὸν θεὸν ὑμῶν ἐξ ὅλης τῆς καρδίας ὑμῶν καὶ ἐξ ὅλης τῆς ψυχῆς ὑμῶν

436 Eine in diesem Zusammenhang erwähnenswerte Stelle ist Jer 1,5. Hier korrespondiert allerdings das griechische ἐπίσταμαί mit dem hebräischen יְדַעְתִּיךָ, das jeweils ein Bedeutungsspektrum von „bemerken" über „erfahren" bis hin zu „erwählen" – hier als Erwählung eines Propheten – beinhaltet.

Innerhalb des Diskursuniversums von 1Kor werden Erkenntnis (γνῶσις) und Liebe (ἀγάπη) an verschiedenen Stellen in Zusammenhang gerückt.[437] Bereits die wenigen genannten Stellen aus Dtn zeigen, dass γινώσκειν und ἀγαπᾶν bzw. ידע und אהב zur wechselseitigen Beschreibung des Verhältnisses Gott-Mensch gebraucht werden. Das οἴδαμεν in 1Kor 8,1b bekommt somit eine weitere Funktion: Es verweist auf gemeinsames Wissen außerhalb des 1Kor. Die Kommunikationspartner wissen um den Zusammenhang zwischen γινώσκειν und ἀγαπᾶν bzw. ידע und אהב, *weil* dieser Gebrauch des Dtn Teil des gemeinsamen enzyklopädischen Wissen ist bzw. als Teil des enzyklopädischen Wissens zum Verständnis des 1Kor vorausgesetzt wird. Die Verse 1Kor 8,1-3 haben über dieses In-Beziehung-Setzen von γιγνώσκειν und ἀγαπᾶν innerhalb der Argumentation noch zwei weitere Bedeutungen:

- *Anaphorisch* wird die Semantik von εἰδωλόθυτον in 1Kor 8,1a verändert: Wenn die 1Kor 8,1b-3 eine Antwort auf 1Kor 8,1a darstellt, dann ist mit εἰδωλόθυτον nicht das Thema Speisegebote angesprochen, sondern die Frage nach einer angemessenen Gottesrede im Spannungsfeld zwischen γνῶσις und ἀγάπη - eine Perspektive, die durch die intertextuelle Lektüre mit Dtn und die dortige Verwendung der Begriffe im Rahmen der Beziehung Gott-Mensch verstärkt wird.
- *Kataphorisch* werden die Verse 1Kor 8,4-6 vorbereitet. Nicht erst dort wird mit dem Sch^{e}ma Israel eine grundlegende theologische Aussage des Dtn entfaltet, sondern bereits vorher ist die Gottesrede des Dtn über das οἴδαμεν als intertextueller Gesprächspartner eingeführt.

Die einleitende περὶ δέ-Formel in 1Kor 8,1a erhält somit nicht nur verweisende Funktion innerhalb des 1Kor, sondern blickt - intertextuell - auch auf Dtn. Indem 1Kor 8,4 diese περὶ δέ-Formulierung nun aufnimmt, wird der Leser erneut auf Dtn verwiesen. Mit dem nachfolgenden οἴδαμεν[438] wird die Bedeutung auch für die folgenden Verse betont, so dass sich 1Kor 8,4-6 in der Überzeugung sicheren Wissens auf grundlegende Aussagen des Dtn beruft. Von besonderem Interesse ist in diesem Zusammenhang der Beginn des Dekalogs, der die verschiedenen εἷς-Akklamationen von 1Kor 8 zu erläutern vermag. Der Einzigkeitsaussage οὐδεὶς θεὸς εἰ μὴ εἷς in 1Kor 8,4 steht auf diese Weise die Selbstprädikation Gottes ἐγὼ κύριος ὁ θεός σου in Dtn 5,6 gegenüber.[439] Derselbe Bezug gilt für Dtn 5,6 und Dtn 6,4: „Das

437 Vgl. unten den Exkurs zu 1Kor 2 in Abschnitt 4.3.4.

438 Vgl. zur Abhängigkeit der Verse 4-6 vom οἴδαμεν die intratextuelle Lektüre in Abschnitt 4.1.3.

439 In dieser intertextuellen Perspektive ist die doppelte Prädikation der Verse 1Kor 8,5f. als κύριος und θεός bereits vorweggenommen. Zudem korrespondiert mit dem σου aus Dtn 5,6 das ἡμῖν in 1Kor 8,6.

1. Gebot drückt das Anliegen des Sch^ema Israel von der negativen Seite als Verbot aus und wird aus denselben Kreisen wie das Hauptbekenntnis Israels stammen."[440]

Dtn 5,6	Ich bin der Herr, dein Gott, der dich aus Ägyptenland geführt hat, aus der Knechtschaft.	**ἐγὼ κύριος ὁ θεός σου** (אֱלֹהֶיךָ אָנֹכִי יְהוָה) ὁ ἐξαγαγών σε ἐκ γῆς Αἰγύπτου ἐξ οἴκου δουλείας
Dtn 5,7	Du sollst keine anderen Götter haben neben mir.	οὐκ **ἔσονταί σοι θεοὶ ἕτεροι** πρὸ προσώπου μου

Die Dekalogfassung des Deuteronomium wird in ihrer Gesamtheit als Zitat der Gottesrede von Ex 20 („λέγων") eingeführt. Dtn 5,6 – darauf wurde immer wieder hingewiesen – erscheint also als göttliche Selbstvorstellung, die direkt mit der ersten Person beginnt: „Seine Gesamtstruktur [*sc.* des Dekalogs] wird von Jahwes betontem ‚Ich' (אנכי) am Anfang (V.6) und dem die ganze Gebotsreihe beschließenden (V.21) ‚dein Nächster' (רעך) beherrscht [...]."[441] Diese Selbstvorstellung Gottes als ἐγὼ κύριος ὁ θεός σου beinhaltet drei ganz entscheidende Merkmale:

- Sie ist eine Selbstvorstellung, d.h. Gottesrede im Sinne eines *genitivus subiectivus.*
- Sie präsentiert eine doppelte Selbstprädikation als κύριος und θεός.
- Die Selbstvorstellung ist schließlich als direkte Ansprache an ein Gegenüber gestaltet (σου).

Durch diese Form hebt sich der Vers einerseits innerhalb des Dtn, etwa vom Sch^ema Israel[442] (κύριος ὁ θεὸς ἡμῶν κύριος εἷς ἐστιν) ab, das über Gott in inklusiver Bekenntnissprache redet. Eine vergleichbare Formulierung begegnet auch in 1Kor 8,6, indem die mit ἡμῖν Bezeichneten – ggf. unter Rückbezug auf das οἴδαμεν in 1Kor 8,4 – eine Aussage *über* Gott treffen.

Im intertextuellen Zusammenhang ist aber v.a. ein weiteres Detail von Interesse: Das οὐκ ἔσονταί σοι θεοὶ ἕτεροι aus Dtn 5,7 findet seine direkte Entsprechung im ἡμῖν εἷς θεὸς in 1Kor 8,6. In diesem Kontext kommt dem ἔσονται in Dtn 5,7 eine besondere Rolle zu, lässt sich doch in intertextueller Lektüre 1Kor 8,6 als Erfüllung einer futurischen – nicht imperativischen – Aussage Dtn 5,7 verstehen: Gott selbst hat den in Dtn Angesprochenen eine Zusage gegeben („Es werden für dich keine anderen Götter sein."), die nun in 1Kor ihre Erfüllung erfährt („Wir wissen: Einer ist Gott."). Die Aussage Gottes in Dtn 5,7 selbst wird so zum Garant für die γνῶσις im 1Kor. Die Kommunikationspartner in 1Kor haben deswegen das Wissen über die Einzigkeit Gottes, weil er es selbst – dokumentiert durch die Schrift – prophezeit hat.

---

[440] Veijola, Dtn I, 154.

[441] Ebd., 147.

[442] Vgl. Abschnitt 4.3.3.

4.3.2 Die εἴδωλα in 1Kor 8 und im „Bildnisverbot" des Dekalogs

Während Dtn 5,7 mit Blick auf den Gegenstand der γνῶσις in 1Kor 8 von Interesse ist, können die folgenden Verse Dtn 5,8-10 Aufschluss für die Frage nach den εἴδωλα und der ἀγάπη geben. Der Abschnitt Dtn 5,8-10 reflektiert und begründet dabei umfassend das Verbot der Herstellung von εἴδωλα. Während 1Kor 8,4 stärker nach dem Wesen der εἴδωλα fragt und sie als οὐδέν bezeichnet, untersagt Dtn 5,8 das Fertigen solcher εἴδωλα, die mit ὁμοίωμα näher beschrieben werden können. Da die hebräischen und griechischen Fassungen des Dekalogs an wenigen, aber einschlägige Stellen Unterschiede aufweisen, wird ein genauerer Blick auf beiden Texte notwendig.[443]

Dtn 5,7	Du sollst keine anderen Götter haben neben mir.	οὐκ **ἔσονταί σοι θεοὶ ἕτεροι** πρὸ προσώπου μου
Dtn 5,8	Du sollst dir kein Bildnis machen in irgendeiner Gestalt, weder von dem, was oben im Himmel, noch von dem, was unten auf Erden, noch von dem, was im Wasser unter der Erde ist.	οὐ ποιήσεις σεαυτῷ **εἴδωλον** οὐδὲ παντὸς **ὁμοίωμα** ὅσα (פֶּסֶל כָּל־תְּמוּנָה) **ἐν τῷ οὐρανῷ** ἄνω καὶ ὅσα **ἐν τῇ γῇ** κάτω καὶ ὅσα ἐν τοῖς ὕδασιν ὑποκάτω τῆς γῆς
Dtn 5,9	Du sollst sie nicht anbeten noch ihnen dienen. Denn ich, der HERR, dein Gott, bin ein eifernder Gott, der die Missetat der Väter heimsucht bis ins dritte und vierte Glied an den Kindern derer, die mich hassen,	οὐ προσκυνήσεις **αὐτοῖς** (לָהֶם) οὐδὲ μὴ λατρεύσῃς αὐτοῖς ὅτι ἐγώ εἰμι κύριος ὁ θεός σου θεὸς ζηλωτὴς ἀποδιδοὺς ἁμαρτίας πατέρων ἐπὶ τέκνα ἐπὶ τρίτην καὶ τετάρτην γενεὰν τοῖς μισοῦσίν με
Dtn 5,10	aber Barmherzigkeit erweist an vielen Tausenden, die mich lieben und meine Gebote halten.[444]	καὶ ποιῶν ἔλεος εἰς χιλιάδας τοῖς **ἀγαπῶσίν** με καὶ τοῖς φυλάσσουσιν τὰ προστάγματά μου

443 Vgl. auch die Ausführungen zu 1Kor 10 im nächsten Kapitel. Die Arbeiten Richard Hays´ zu 1Kor 10,1-22, die diesen Abschnitt in engem intertextuellem Bezug zu Dtn 32 lesen, berufen sich dort – mit Blick auf den verwendeten Gottesnamen – ebenfalls auf die Unterschiede zwischen LXX und hebräischer Fassung.

444 Vers 10 stellt zudem die Frage nach dem Verhältnis zwischen ἀγαπῶσιν und φυλάσσουσιν. Die Diskussion der verschiedenen Optionen für deren Übersetzung bzw. Verhältnisbestimmung kann an dieser Stelle nicht geführt werden. Es bleibt zu fragen, ob die Semantik des Verses allein durch ein rein koordinatives καί erschöpfend erhoben werden kann. Ggf. ist hier eher an eine Explikation der Liebe zu Gott durch gebotgemäßes Verhalten zu denken. Vers 10 könnte somit wiederum einen Beitrag zur näheren Bestimmung der ἀγάπη in 1Kor 8,3 leisten.

Nicht ohne Grund entscheidet sich mit der Zuordnung von Dtn 5,7 die Frage der Zählung der Zehn Gebote in den verschiedenen christlichen Konfessionen bzw. im Judentum. Hinter der eher formalen Frage nach der Zählung der Gebote steht dabei die Entscheidung, Vers 7 entweder stärker auf Vers 6 oder auf die Verse 8-10 zu beziehen. Mit Blick auf den Textbefund erfüllt Dtn 5,7 daher eine doppelte Funktion:

- Der Vers bietet mit dem Verweis auf die θεοὶ ἕτεροι das negative Äquivalent zur Gottesvorstellung im Singular (Dtn, 5,6a: ἐγὼ κύριος ὁ θεός σου).
- Der Vers enthält das Subjekt und damit den Bezugspunkt für das Pronomen αὐτοῖς in Dtn 5,9.

Der folgende Vers Dtn 5,8 verbietet nicht εἰδωλολατρία insgesamt, sondern differenziert: Während zunächst das Fertigen von εἴδωλα in den Blick kommt, wird sodann (Dtn 5,9) das Problem des Kultes bzw. der Anbetung angesprochen (οὐ προσκυνήσεις αὐτοῖς). Der Abschnitt Dtn 5,7-10 enthält somit – in der hebräischen wie in der griechischen Fassung – drei Einzelgebote, nämlich das Fremdgötterverbot, das Verbot der Herstellung von εἴδωλα sowie das Verehrungsverbot. Während sich die ersten beiden Einzelgebote in Dtn 5,7f. durch einen klaren Bezug auf ein bestimmtes Verhalten auszeichnen (Bezug zu Fremdgöttern und Herstellen eines Bildnisses), entscheidet sich in Dtn 5,9 erst mit der Frage der Einordnung des Pronomens αὐτοῖς bzw. לָהֶם, was als Gegenstand des Anbetungsverbotes gelten darf. Sowohl im Hebräischen als auch im Griechischen lassen sich לָהֶם bzw. αὐτοῖς in Dtn 5,9 grammatikalisch sinnvollerweise nur auf Dtn 5,7 (אֱלֹהִים bzw. θεοί) beziehen. Dtn 5,9 kritisiert somit gerade *nicht* die Verehrung von Bildnissen, sondern die Verehrung anderer Götter (Dtn 5,7), die ggf. über εἴδωλα repräsentiert werden sollen (Dtn 5,8):[445] „Consequently the scope of the Second Commandment – as defined by traditional Judaism and confirmed by the critical analysis of Zimmerli – indicates that what Yahweh prohibits is ‚a sculptured image' or ‚likeness' *of ‚other gods'*. Whatever the original form and meaning of the prohibition against images, therefore, it has been interpreted in the MT of the Second Commandment as not universally anti-iconic but as anti-idolic – as not against all images but as against images representative of alien gods."[446]

---

[445] Gegen Woyke, Götter, 79, der gegen Tatum feststellt: „Dabei ist die Wahl von εἴδωλον anstelle des üblichen γλυπτόν kaum dadurch motiviert, ein beschreibendes durch ein abwertendes Wort zu ersetzen." Woyke sieht in εἴδωλον vielmehr den umfassenderen Begriff. Auch wenn die Argumentation Tatums hier m.E. stichhaltiger ist als Woykes, bleibt das für die Argumentation der vorliegenden Arbeit entscheidende Argument auch von Woyke bestehen: „Zudem vermag die Konnotation von εἴδωλον in der Gräzität als göttliche Manifestation den sachlichen und sprachlichen Zusammenhang von erstem und zweitem Gebot darzustellen." (Ebd., 80).

[446] Tatum, Version, 181 (Hervorhebung M.S.).

Diesen eindeutigen grammatikalischen Bezug, der im Dtn-Dekalog gegeben ist, lässt die Exodus-Fassung der Gebote vermissen.[447] In Ex 20,4 werden die zwei Begriffe פֶּסֶל und תְּמוּנָה, bzw. εἴδωλον und ὁμοίωμα mit וְ bzw. καὶ nebeneinander gestellt. Im Gegensatz zu Dtn 5 – dort unterscheiden sich εἴδωλον bzw. ὁμοίωμα (Vers 7) und αὐτοῖς (Vers 9) im Numerus – lässt Ex 20 einen mehrfachen Bezug des Verehrungsverbotes zu: Das αὐτοῖς Ex 20,5 kann sich sowohl auf die θεοὶ ἕτεροι (Ex 20,3) als auch auf das εἴδωλον οὐδὲ παντὸς ὁμοίωμα (Ex 20,4) beziehen.[448] In Dtn 5,8 stehen εἴδωλον und ὁμοίωμα dagegen ohne Kopula direkt neben einander, so dass sie ein und dieselbe Sache bezeichnen und sich gegenseitig synonym erläutern. Als Konsequenz daraus ergibt sich: „The prohibition against images, therefore, appears to be against all images – universally anti-iconic – in Exodus and against all sculptured forms in Deuteronomy."[449]

Während die beiden Fassungen des Dekalogs in Ex und Dtn diesen entscheidenden syntaktischen Unterschied aufweisen,[450] entsprechen sich griechischer und hebräischer Text von Dtn 5,7-10 auf der Ebene der Syntax. Dies gilt sowohl mit Blick auf die Tatsache, dass sich hinter dem sog. „Zweiten Gebot" drei Einzelgebote verbergen – Fremdgötterverbot, Verbot der Herstellung eines εἴδωλον und Verbot der Anbetung – als auch mit Blick auf das Objekt des Anbetungsverbotes. In beiden Versionen ergibt

447 Tatum, Version, 178f. kommt daher zur These: „The thesis developed is this: *The LXX version of the Second Commandment is a polemic directed against idols, not images.* Or: the Second Commandment is anti-idolic, not anti-iconic. Or, still again: the Second Commandment polemically prohibits the making and/or worshipping of any representation of alien gods. The Second Commandment itself does not address the question of making and/or worshipping of representations of God. Neither does the Second Commandment address the question of practicing such visual arts as sculpture and painting – for liturgical or decorative purposes, within or without the cult." (Hervorhebung i.O.).

448 Die Exodus-Fassung soll an dieser Stelle nicht weiter diskutiert werden. Es bieten sich jedoch prinzipiell zwei Optionen: Entweder das Anbetungsverbot bezieht sich in beiden Fassungen (Dtn 5 und Ex 20) auf die Götter – dann brächte Dtn eine Eindeutigkeit in Ex, die dort durch zwei mögliche Bezugsgrößen im Plural nicht gegeben ist. Als zweite Möglichkeit ist zu diskutieren, ob im Exodus-Kontext womöglich tatsächlich eher an ein Verbot der Anbetung von Standbildern, im Deuteronomium dagegen stärker die Frage nach Gott und den anderen Göttern im Blick wäre.

449 Tatum, Version 180. Die äußerst instruktive Arbeit Tatums nimmt ihren Ausgang in neueren archäologischen Studien, die die Annahme einer „Bilderlosigkeit" für die Zeit der Entstehung alttestamentlicher Schriften als nicht plausibel erscheinen lassen. Die religiöse Praxis stelle sich somit entweder als fortwährende Übertretung des „Bilderverbots" dar oder das Gebot müsse eine andere Frage im Blick haben. Tatum füllt eine Lücke in der Forschung, indem er weniger archäologische Forschungen in den Mittelpunkt stellt und dagegen hebräische und griechische Textfassungen als sich gegenseitig erhellende untersucht.

450 Diese syntaktische Differenz (Auslassung des καί) hat – wie oben ausgeführt – ganz entscheidende Auswirkungen auf Semantik und Pragmatik des Verehrungsverbotes.

sich auch die gleiche pragmatische Spitze – das umfassende Verbot des Herstellens und Anbetens eines εἴδωλον *als* Repräsent anderer Götter – aus der Syntax, die Dtn 5,8 letztlich als einzige große Apposition zu Dtn 5,7 erscheinen lässt.

Im Vergleich zum hebräischen Text erfährt Dtn 5,8 allerdings in der LXX eine Zuspitzung auf semantischer Ebene: Statt פֶּסֶל und תְּמוּנָה, die in neutraler Weise die Materialität einer von Menschen hergestellten Statue beschreiben,[451] bezeichnen εἴδωλον und ὁμοίωμα deutlicher die Abbildhaftigkeit, und damit die *nicht reale Existenz* der Götterbilder.[452] Die LXX bietet damit im Vergleich zum hebräischen Text eine polemische Zuspitzung: „But it is the language used in the prohibition against images in the LXX that carries the anti-idolic orientation of the Second Commandment a step beyond that of the MT. The Second Commandment in the LXX is not only anti-idolic but polemically anti-idolic. Not only is the making and/or worshipping of other gods and their images prohibited, but these gods and their images are treated with derision. The polemical character of the Second Commandment in the LXX stems from the employment of *eidolon* ('an idol') as the counterpart, or translation, of *pesel* ('a sculptured image')." [453]

---

451 פֶּסֶל erscheint im Dtn in 8 Versen: Dtn 4,16.23.25; Dtn 5,8; Dtn 7,5.25; Dtn 12,3; 27,15. Dabei wird i.d.R. ein materialiter gegenwärtiger Gegenstand bezeichnet, der andere Gottheiten repräsentiert, wobei die Betonung auf Gestalt als solcher liegt (vgl. die Grundform פסל, die zunächst das „aus Stein hauen" bezeichnet). V.a. in Dtn 4 fällt die wiederholte Kombination mit תְּמוּנָה auf – eine Verbindung, die einerseits auf die Dreidimensionalität des Kultbildes (פֶּסֶל) und andererseits auf seinen Bezug zu einem anderen Wesen (תְּמוּנָה) hinweist. Besonders interessant ist in diesem Zusammenhang Dtn 4,15-20, das deutliche Parallelen zu Dtn 5,7f. bietet: „So hütet euch nun denn ihr habt keine Gestalt (תְּמוּנָה) gesehen an dem Tage, da der Herr mit euch redete aus dem Feuer auf dem Berge Horeb –, dass ihr euch nicht versündigt und euch irgendein Bildnis macht, das gleich sei einem Mann oder Weib (פֶּסֶל תְּמוּנַת כָּל־סָמֶל), einem Tier auf dem Land oder Vogel unter dem Himmel, dem Gewürm auf der Erde oder einem Fisch im Wasser unter der Erde. Hebe auch nicht deine Augen auf gen Himmel, dass du die Sonne sehest und den Mond und die Sterne, das ganze Heer des Himmels, und fallest ab und betest sie an und dienest ihnen. Denn der Herr, dein Gott, hat sie zugewiesen allen andern Völkern unter dem ganzen Himmel; euch aber hat der Herr angenommen und aus dem glühenden Ofen, nämlich aus Ägypten, geführt, dass ihr das Volk sein sollt, das allein ihm gehört, wie ihr es jetzt seid." Neben dem unmittelbaren Bezug zur Gabe der Gebote am Horeb, wird die „Bildnis"-Frage noch schöpfungstheologisch und mit Blick auf den Exodus fundiert. פֶּסֶל und תְּמוּנָה sind schon an dieser Stelle nicht in erster Linie mit Blick auf eine äußere Form zu verstehen, sondern vielmehr als eine Form der Verehrung anderer Götter, die sich in letzter Konsequenz als Leugnung der drei zentralen Ereignisse Schöpfung, Exodus und Gesetzgebung offenbart.

452 Vgl. JosAs 8,5, der diesen Qualitätsunterschied durch das Gegenüber der Anbetung von „stummen Götzen" (εὐλογεῖ [...] εἴδωλα νεκρὰ καὶ κωφὰ) und dem „lebendigen Gott" (εὐλογεῖ [...] τὸν θεὸν τὸν ζῶντα) ausdrückt.

453 Tatum, Version, 184f.

Dieser pejorative Gebrauch von εἴδωλον innerhalb des Dtn-Dekalogs ist in dreierlei Hinsicht als bemerkenswert zu bezeichnen:[454]

- Die äußere Gestalt einer Skulptur bzw. der Umstand ihrer „Gemachtheit" (hebräisch פֶּסֶל), wird in der LXX i.d.R. als mit γλύπτος bezeichnet.
- Im Gegenüber zur LXX kennt das pagane Griechisch als Bezeichnung für das Bild eines Gottes eher die wertneutrale bzw. nicht wertende Bezeichnung ἄγαλμα.
- Das Wort εἴδωλον selbst findet sich außerhalb der LXX nicht als Begriff zur Bezeichnung der Götterwelt. In seiner – von der Form ὁράω abgeleiteten – grundlegenden Bedeutung trägt es eher im platonischen Sinne die Konnotation „of that which is a copy of something else, that which is less than real."[455]

Der Beginn des Dtn-Dekalog kann somit in herausragender Weise die Lektüre von 1Kor 8 erhellen. Im Rahmen dieser intertextuellen Lektüre sind drei Perspektiven von besonderer Bedeutung:

- Während mit den Stichpunkten γνῶσις und ἀγάπη das Dtn insgesamt als intertextueller Bezugstext aufgerufen wird, wird mit dem Problem der Einzigkeit Gottes ein Bezug zwischen 1Kor 8,4.6 und Dtn 5,6 hergestellt.[456] Die sich unmittelbar anschließenden Dtn 5,7-10 weisen nicht nur auf der Ebene einzelner Verse bzw. Phrasen Parallelen zu 1Kor 8 auf,[457] sondern bieten über das εἴδωλον einen essentiellen Beitrag zur εἰδωλόθυτον-Problematik. Wenn 1Kor 8,4 betont, dass ein Götze ein Nichts ist (οὐδὲν εἴδωλον) bzw. 1Kor 10,19 rhetorisch fragt, ob ein Götze etwas sei (εἴδωλόν τί ἐστιν), so liegen diese Aussagen auf einer Linie mit dem pejorativen Gebrauch von εἴδωλον in Dtn 5,7-10. Der Dtn-Dekalog stellt deutlich fest, dass die εἴδωλα nur insofern bzw. dann eine Gefahr darstellen, wenn sie als Repräsentanz der θεοὶ ἕτεροι (Dtn 5,7) verehrt werden. Daher legt sich im Anschluss an Dtn 5 eine Übersetzung von εἴδωλα mit *‚von Menschen als Repräsentanz anderer Götter hergestellte Bildnis'* nahe. Die εἴδωλα unterscheiden sich demnach auch von den in λεγόμενοι θεοί 1Kor 8,5: Während die εἴδωλα den unmittelbaren Gegenstand der Verehrung bezeichnen, sind mit λεγόμενοι θεοί die θεοὶ ἕτεροι (Dtn 5,7) als Gegenüber zu dem einen Gott im

---

[454] Vgl. Tatum, Version, 185: „The appearance of *eidolon* here in the Second Commandment, and elsewhere in the LXX, is surprising for at least three reasons." Für die folgende Zusammenstellung vgl. ebd.

[455] Tatum, Version 185. Die Ausführungen an dieser Stelle scheinen wiederum deutlich stichhaltiger als die kritischen Anfragen bei Woyke, Götter, 79.

[456] Vgl. oben Abschnitt 4.3.1.

[457] Vgl. etwa Dtn 5,8 (**ἐν τῷ οὐρανῷ** ἄνω καὶ ὅσα **ἐν τῇ γῇ**) oder Dtn 5,10 (τοῖς **ἀγαπῶσίν** με) im Gegenüber zu 1Kor 8,5a (καὶ γὰρ εἴπερ εἰσὶν λεγόμενοι θεοὶ εἴτε **ἐν οὐρανῷ** εἴτε **ἐπὶ γῆς**) bzw. 1Kor 8,3a (εἰ δέ τις **ἀγαπᾷ τὸν θεόν**).

Blick. In 1Kor 8,4 wird nun - als gesichertes Wissen (οἴδαμεν) - die Nichtigkeit des Bildnisses betont: οὐδὲν εἴδωλον ἐν κόσμῳ. Wiederum[458] wird über das οἴδαμεν ein gemeinsam geteiltes enzyklopädisches Wissen abgerufen - in diesem Fall die Ausführungen des Dtn-Dekalogs zur Bildnis-Frage. Die Wendung οὐδὲν εἴδωλον ἐν κόσμῳ kann dann folgendermaßen paraphrasiert werden: *„Es gibt im ganzen Kosmos kein legitimes, von Menschen als Repräsentanz anderer Götter hergestelltes Bildnis."*

- Wenn nun derselbe Vers (1Kor 8,4) die Frage der εἴδωλα ganz unmittelbar auf die εἰδωλόθυτον-Problematik bezieht (περὶ τῆς βρώσεως οὖν τῶν εἰδωλοθύτων, οἴδαμεν ὅτι οὐδὲν εἴδωλον ἐν κόσμῳ) lassen sich zwei Folgerungen entwickeln: Erstens ist mit εἰδωλοθύτων unmittelbar die Frage nach Gott bzw. den Göttern verbunden - es geht um das Götzenopferfleisch, das ὡς εἰδωλόθυτον (1Kor 8,7) angesehen wird. Nur das *von Menschen als Fleisch der Götter angesehene Götzenopferfleisch* stellt wirklich ein Problem dar. Zweitens ist mit der erweiterten Bedeutung von εἴδωλον eine neue Frage aufgeworfen: Warum bzw. in welchem Sinn gibt es im ganzen Kosmos kein legitimes, von Menschen als Repräsentanz anderer Götter hergestelltes Bildnis? 1Kor 8,6 antwortet hierauf später mit der Überzeugung des Monotheismus.
- Wenn der Leser von 1Kor 8 auf diese Art und Weise die Dekalogtexte aufgerufen hat, so ist damit auch der Rekurs auf die Sinaiperikope in 1Kor 10 bereits angelegt.[459] Während 1Kor 10 jedoch auf verschiedenen Ebenen im Besonderen Bezug nimmt auf den Exodus,[460] ist 1Kor 8 ganz durch Dtn geprägt. Das betrifft nicht nur die offensichtlichen Parallelen auf der Textoberfläche,[461] sondern gerade auch die Art und Weise wie verschiedene Themen angesprochen und miteinander in Bezug gesetzt werden. Es ist die *Gottesfrage*, von der aus das gesamte Kapitel seine Konsistenz und innere Logik gewinnt.

---

458 Vgl. unten Abschnitt 4.3.4. Dort wird das οἴδαμεν auf den Inhalt des Dekrets aus dem Apostelkonvent bezogen.

459 Vgl. dazu unten die Ausführungen zu 1Kor 10 im nächsten Kapitel.

460 Es ist erwähnenswert, dass das einzige Zitat in 1Kor 10 wiederum genau den Teil des Exodus aufgreift, der den Zusammenhang von Dekalog, Monotheismus und Verehrung im Bildnis thematisiert. Trotzdem bietet 1Kor 10 insgesamt keine eindeutige Festlegung, worauf die Referenz „Exodus" im Einzelnen verweist. Vgl. hierzu auch die Ausführungen im folgenden Kapitel.

461 Vgl. etwa Schᵉma Israel und 1Kor 8,5f.

4.3.3 Akklamation und Bekenntnis in 1Kor 8 und im Schᵉma Israel

Sowohl wegen ihres Inhalts als auch wegen ihrer Form haben die Verse in 1Kor 8,6 immer wieder[462] das Interesse der Exegese auf sich gezogen. Besonders die auffällige hymnisch-formelhafte Gestalt war Ausgangspunkt verschiedener religionsgeschichtlicher Studien,[463] die unterschiedliche andere Schriften zur Interpretation des Abschnitts herangezogen haben.[464] Grundlage dieser Studien sind notwendigerweise weitreichende Thesen über die Kommunikationspartner des Paulus, ihre Zuordnung zu bestimmten religiösen bzw. politischen Gruppen und ihre konkreten Anfragen an den Apostel. Sicherlich lassen sich aus vor- wie nachpaulinischer Zeit mannigfaltige Belegstellen für unterschiedliche εἷς-Akklamationen benennen.[465] Fragwürdig bleibt indes – neben einer gewissen formalen Übereinstimmung – der Nutzen, den die Lektüre dieser Texte für die Interpretation des Verses 1Kor 8,6 ergibt. Mit Otfried Hofius lässt sich konstatieren: „Der These, daß im Hintergrund von 1Kor 8,6 hellenistische ‚εἷς-Akklamationen' bzw. hellenistische ‚εἷς θεός-Formeln' und ‚εἷς κύριος –Formeln' stehen, begegne ich mit ganz erheblicher Skepsis – und zwar nicht nur deshalb, weil das zur Begründung angeführte […] ‚Belegmaterial' durchweg jünger ist als das Neue Testament, sondern vor allem auch mit Blick auf den *Charakter* dieses Materials. Was hat etwa – von der Zweigliedrigkeit abgesehen – das Bekenntnis von 1Kor 8,6 im Ernst mit dem folgenden […] in der exegetischen Literatur immer wieder zum Vergleich angeführten Graffito gemeinsam: Εἷς Ζεύς Σάραπις, μεγάλη Ἶσις ἡ κυρία (‚Einzig[artig] ist Zeus-Sarapis, groß ist Isis, die Herrin.')?!"[466]

Diejenigen religionsgeschichtlichen Arbeiten, deren Arbeitsweise von Hofius so kritisiert wird[467], weil sie ihr Haupt-Augenmerk auf das Erheben vermeintlicher formaler Parallelen legen, weisen vor dem Hintergrund der *Intertextualitätsdebatte* ebenfalls Defizite auf, da die Interpretation von 1Kor 8,1-6 nicht durch möglichst viele Textpassagen mit vergleichbarer Form

[462] Die Bedeutung des Schᵉma Israel für 1Kor 8 haben in jüngerer Zeit einige Publikationen mit durchaus kontroverser Akzentuierung betont. Als Exponenten dieser Diskussion seien hier exemplarisch O. Hofius und N.T. Wright genannt, die 1Kor 8,6 als „Exegese von Dtn 6,4LXX […] und von daher als ein in sich integres christliches Bekenntnis" (Hofius, Einer, 167) bzw. „as a Christian redefinition of the Jewish confession of faith, the Shema" (Wright, Monotheism, 121) beschreiben.

[463] Das Interesse, im Zusammenhang von 1Kor 8,6 hellenistische „εἷς-Formeln", „εἷς θεός-Formeln" und „εἷς κύριος -Formeln" zu erheben, geht wenigstens bis auf die grundlegende Monographie Peterson, ΕΙΣ ΘΕΟΣ zurück. Vgl. aus neuerer Zeit etwa Zeller, Der eine Gott, aber auch Horsley, Background.

[464] Vgl. wiederum die Studie Horsley, Background, 131ff.

[465] Vgl. Zeller, Der eine Gott, 35ff.

[466] Hofius, Einer, 167 (FN 4; Hervorhebung i.O.).

[467] Hofius stellt in diesem Zusammenhang den *mainstream* der „Analyse, Übersetzung und Auslegung von 1Kor 8,6" in Frage (Hofius, Einer, 167).

bereichert wird. Für die intertextuelle Lektüre des Abschnitts sind vielmehr solche Texte von Belang, die die von der intratextuellen Analyse aufgeworfenen Fragen hinreichend zu beantworten wissen. Gerade an dieser Stelle zeigt sich wiederholt die Bedeutung des im ersten Hauptteil dieser Arbeit skizzierten Lektüremodells Umberto Ecos: Intertextuelle Szenographien dienen gerade dazu, die Interpretation eines gegebenen Textes zu ermöglichen. Daher ist *zuerst* danach zu fragen, welche Interpretationsaufgaben bzw. Fragen dieser Text selbst stellt. In einem weiteren Schritt kann dann nach den Plausibilitätsstrukturen gefragt werden, mit denen andere Texte diese Fragen beantworten. Im Rahmen des Intertextualitätsparadigmas wird daher nicht nach beliebigen Vergleichstexten gesucht, sondern nach solchen, die einen konstruktiven Beitrag zur Interpretation eines Textes liefern.

Als Abschluss der Ausführungen zu 1Kor 8 soll nun anhand von einigen Einzelaspekten der Ertrag einer intertextuellen Lektüre von 1Kor 8 mit Dtn 6,4f. dargestellt werden.[468]

Dtn 6,4	Höre, Israel! Jahwe, unser Gott, Jahwe ist einzig.	Ἄκουε Ισραηλ κύριος ὁ θεὸς ἡμῶν κύριος **εἷς** ἐστιν
Dtn 6,5	Darum sollst du den Herrn, deinen Gott, lieben mit ganzem Herzen, mit ganzer Seele und mit ganzer Kraft.	καὶ **ἀγαπήσεις** κύριον τὸν θεόν σου ἐξ ὅλης τῆς καρδίας σου καὶ ἐξ ὅλης τῆς ψυχῆς σου καὶ ἐξ ὅλης τῆς δυνάμεώς σου

Bereits die intertextuellen Lektüren der letzten Kapitel, die besonders den Dekalog im Blick hatten, nahmen ihren Ausgang nicht in der Rekonstruktion der Position der paulinischen Gegner in Korinth. Vielmehr wurden solche Texte untersucht, die enzyklopädisches Wissen zur Beantwortung der in 1Kor 8 aufgeworfenen Fragen bieten können. Auch 1Kor 8,6 wird hier gerade nicht als korinthische Parole,[469] auf die Paulus in den folgenden Versen reagiert, angesehen. Die hier vorgestellten intertextuellen Lektüren sehen in 1Kor 8 deutlich grundlegendere Verweise auf eine Enzyklopädie jüdischer γραφαί, die sich als „more fundamental than any distinction between Greek and Palestinian, gnostic or apocalyptic"[470] erweisen.

Gerade weil 1Kor 8 umfassend an der Gottesfrage interessiert ist,[471] kommen für intertextuelle Lektüren v.a. solche Texte aus den jüdischen

468 Eine Reihe von Publikationen untersucht das Wechselverhältnis von Dtn 6,4f. und 1Kor 8,6. Beispielhaft vgl. Hofius, Einer und die dort (v.a. FN 1) genannte Literatur.

469 So allerdings Hofius, Einer.

470 Wright, Monotheism, 125.

471 Probleme der konkreten Ethik innerhalb der korinthischen ἐκκλησία bzw. bestimmter Gruppen innerhalb dieser ἐκκλησία wurden als von der Gottesfrage abhängige gekennzeichnet.

γραφαί in Frage, die – jenseits der Ausdifferenzierung in einzelne religiöse Strömungen – als gemeinsame Grundlage des Glaubens gelten dürfen. Genau in diesem Zusammenhang legt sich nun eine intertextuelle Lektüre mit Blick auf Dtn 6,4 nahe: „One of the most basic features of Paul´s argument in ch. 8 has been surprisingly ignored or downplayed in most of the literature, and it is this, I suggest, that has resulted in the charge of *non sequiturs*, or the comment that Paul´s argument is full of holes. He is facing the issue of how Christianity is to function, sociologically and culturally, within pagan society, and his basic rule of thumb for addressing this question is, as one might have predicted from a Jewish background, the reassertion of Jewish-style monotheism. Failure to highlight this central aspect of the chapter results in problems, which are not alleviated by the various things regularly done with the passage, such as isolating the remarks of Paul´s opponents and attempting various mirror-reading exercises."[472]

Das Sch^e^ma Israel wird durch Dtn 6,1 als von Gott autorisierte, jedoch nicht direkt übermittelte Rede markiert (καὶ αὗται αἱ ἐντολαὶ καὶ τὰ δικαιώματα καὶ τὰ κρίματα ὅσα ἐνετείλατο κύριος ὁ θεὸς ἡμῶν διδάξαι ὑμᾶς ποιεῖν). Dtn 6,4f. wird zudem durch den nachfolgenden Vers nochmals kommentierend verstärkt (καὶ ἔσται τὰ ῥήματα ταῦτα ὅσα ἐγὼ ἐντέλλομαί σοι σήμερον ἐν τῇ καρδίᾳ σου καὶ ἐν τῇ ψυχῇ σου). Die Verse Dtn 6,7-9 geben Instruktionen zum praktischen Umgang mit dem Bekenntnis, bevor in Dtn 6,10-12 dessen Zweckbestimmung genannt wird: Es geht in erster Linie darum, Gott nicht zu vergessen (Dtn 10,12: μὴ ἐπιλάθῃ κυρίου τοῦ θεοῦ σου).[473]

Das Bekenntnis in 1Kor 8,6 wird mit dem οἴδαμεν (1Kor 8,4) und dem ἡμῖν (1Kor 8,6)[474] zugleich als unbedingt für wahr gehaltenes Wissen der ἐκκλησία markiert. Garant für dieses Wissen sind aber nicht nur die grundlegenden Propositionen des Briefeingangs,[475] sondern auch die Inhalte der

---

472 Wright, Monotheism, 125. Zu Recht weist Wright später darauf hin, dass in diesem Zusammenhang auch die verschiedenen Fragen der Kapitel 5-7 einzuordnen sind: „If there was one God, the creator of the world and the God of Israel, the world and everything in it was basically good, however much corrupted by pagan idolatry and its consequences. This lies at the heart of some of his argument in the previous chapter: marriage and sex are basically good, even though circumstances may call for abstinence in particular times and cases." (Ebd., 126).

473 Unmittelbar darauf folgt dann eine Paraphrase des Fremdgötterverbotes (Vers 14) – offensichtlich wird der Bezug zu anderen Göttern in direktem Zusammenhang mit dem „Vergessen Gottes" gesehen.

474 Vgl. zu ἡμῖν die Ausführungen der intratextuellen Lektüre, die eine Übersetzung als *dativus iudicantis* nahe legt.

475 Vgl. oben Abschnitt 3. Die Aussagen, die 1Kor 8 über das Wesen Gottes trifft, sind vom Präskript her als Entfaltung der verschiedenen Bezüge göttlichen Handelns (mit Blick auf den Apostel, die Gemeinde, Jesus Christus und zur Welt insgesamt) zu verstehen.

γραφαί. Absender und Empfänger des 1Kor können dieses Wissen teilen, *weil* es genauso durch die Schrift verbürgt ist.

Auf der inhaltlichen Ebene zeichnen sich Dtn 6,4f. wie 1Kor 8,1-6 durch die besondere Verwendung von ἀγαπάω bzw. ἀγάπη aus.[476] Dabei fällt auf, dass im paulinischen Text nicht nur der eigentliche Bekenntnisinhalt der Verse 4b-6, sondern der gesamte Abschnitt von dieser Begrifflichkeit geprägt ist. Der 1Kor beschreibt nicht nur angemessene γνῶσις als ἀγάπη, sondern gebraucht daher konsequenterweise auch γινώσκειν und ἀγαπᾶν nahezu synonym.

Im intertextuellen Zusammenhang erhellt hier nicht nur der ältere Text den jüngeren, indem das τις ἀγαπᾷ τὸν θεόν (1Kor 8,3) durch das ἀγαπήσεις κύριον τὸν θεόν σου ἐξ ὅλης τῆς καρδίας σου καὶ ἐξ ὅλης τῆς ψυχῆς σου καὶ ἐξ ὅλης τῆς δυνάμεώς σου (Dtn 6,5) näher bestimmt wird. Auch umgekehrt kann 1Kor 8 die Lektüre von Dtn 6 verändern, indem das dort näher ausgeführte liebende Verhalten gegenüber Gott als angemessene Gottes*erkenntnis* qualifiziert wird. Erst beide Texte zusammen bestimmen das Verhältnis von γνῶσις und ἀγάπη umfassend:

- Es gibt durchaus falsche Formen der Erkenntnis (1Kor 8,1f.).
- Angemessenes γινώσκειν θεοῦ ist von menschlicher Seite aus nur als ἀγαπᾶν denkbar (1Kor 8,3).
- Diese ἀγάπη umfasst nach Dtn 6,5 das ganze (ὅλος) menschliche Herz (καρδία), die Seele (ψυχή) und die Kraft (δύναμις).

---

476 Bereits Hofius, Einer, 180, betont: „Das Bekenntnis 1Kor 8,6 ist - so können wir abschließend festhalten - nicht eine Erweiterung und Ergänzung des Schᵉma', sondern seine Auslegung und Entfaltung." Darüber hinaus finden sich aber auch in den Versen 1-5 typische Elemente, die auch das Schᵉma Israel auszeichnen. Vgl. dazu z.B. Schrage, 1Kor II, 233-235: „Daß Paulus auch dieses Moment im Auge hat, dafür spricht vor allem V3, wo er klar genug zu verstehen gibt, daß die Erkenntnis nicht den entscheidenden Bezug zu Gott herstellt und darstellt. Darum der schon in V 1 anvisierte Wechsel zu ἀγαπᾷ τὸν θεόν. Gott lieben aber umschreibt nicht ein mystisches Verhältnis zu Gott. Es heißt Gott ganz und gar als Herrn anerkennen. Wer Gott in diesem Sinne liebt, der (vgl. das nachdrückliche οὗτος) ist von ihm erkannt. Eigentlich erwartet man: Wer Gott liebt, ist der wahrhaft Erkennende. Paulus aber will das aller Erkenntnis vorangehende und sie tragende Erkanntwerden herausstellen und die dem korrespondierende Liebe zu Gott als die vor aller Erkenntnis rangierende Gottesbeziehung in den Vordergrund rücken. Darum formuliert er bewusst anders, und darum wird im Unterschied zu V 2, wo ausschließlich aktivische Verbformen gebraucht werden, hier dem Aktiv ein Passiv entgegengestellt, das gleichzeitig auch dem aktiven Erkennen von V 2 gegenübersteht. Von seinem eigenen Verständnis her hätte Paulus vermutlich auch γινώσκειν statt ἀγαπᾶν gebrauchen können (vgl. Gal 4,9 und zu V 7). Beides interpretiert sich wechselseitig, doch gegenüber den Korinthern ist ἀγαπᾶν weitaus passender. Der Sinn erhellt sich aus Gal 4,9 und 1Kor 13,12. An diesen Stellen zeigt sich die alttestamentliche Färbung des paulinischen γνῶσις-Begriffes. [...]'Εγνωσται ὑπ' αὐτοῦ ist vom alttestamentlichen ידע her zu verstehen. ידע aber heißt im Alten Testament oft erwählen. Gottes Erkennen ist also ein Erwählen, und passivisches γνωσθῆναι ist Äquivalent von ἐκλογή."

- Die γνῶσις θεοῦ ist auf diese Art nur angemessenen in ständigem Wechselverhältnis zwischen *genitivus subiectivus* und *genitivus obiectivus* zu verstehen: Mit der liebenden Anerkennung als menschliches Verhalten *gegenüber* Gott korrespondiert das liebende Anerkennen bzw. Erwählen *durch* Gott.[477]

Neben diesen Ausführungen zu den Möglichkeiten einer Erkenntnis Gottes bietet die intertextuelle Lektüre von 1Kor 8 mit Dtn 6 aber vor allem dezidierte Aussagen zu Konstitutiva einer paulinischen Gottesrede. Beide Texte räumen zwar das Vorhandensein verschiedener λεγόμενοι θεοί (1Kor 8,5) bzw. θεοί τῶν ἐθνῶν (Dtn 6,14) ein. Gerade 1Kor 8 basiert aber – als Wissen wie Bekenntnis – im gesamten Abschnitt auf monotheistischen Grundannahmen, als deren Spitzenaussagen die beiden εἷς-Sätze in 1Kor 8,6 gelten dürfen. Drei Aspekte sind in diesem Zusammenhang besonders erwähnenswert:

- Auf der Basis einer attributiven Auflösung der εἷς-Aussagen und einer Analyse des Abschnitts ohne Rekurs auf Dtn 6 kann man durchaus zum Schluss gelangen, es gehe in 1Kor 8,6 in erster Linie um die Betonung der Einzigartigkeit des θεός einerseits und des κύριος andererseits.[478] Liest man den Vers dagegen als intertextuelle Entfaltung des Sch^{e}ma Israel und berücksichtigt zudem die intratextuelle Entscheidung,[479] die εἷς-Aussagen prädikativ aufzulösen, erscheint 1Kor 8,6 als Statement zur *Einzigkeit und Einheit Got-Gottes*.[480] Die Aussage aus dem Korintherbrief wird dabei zur

[477] Vgl. Wright, Monotheism, 127: „Paul is about to quote the *Shema* explicitly in v.4, but it should be clear from this that he already has it firmly in mind, so that the quotation in v.4 merely reveals what was under the argument all along. The question, it seems, is not simply about a matter of behaviour. It is about the definition of the people of God; and, for Paul, that definition can be stated, in Deuteronomic terms, by means of the *Shema*. The real *Gnosis*, Paul is saying, is not your *Gnosis* of God, but God´s *Gnosis* of you, and the sign of that being present is that one keeps the *Shema*: you shall love the Lord your God with all your heart."

[478] Die gilt insbesondere dann, wenn in Folge einer attributiven Übersetzung des εἷς die Relativsätze als Erläuterung von θεός einerseits und κύριος andererseits verstanden werden. Der Vers betont dann in erster Linie die spezifischen Eigenschaften des θεός bzw. des κύριος und damit eher die Individualität dieser beiden Wesen als ihre Einheit.

[479] Vgl. oben Abschnitt 4.1.3.

[480] Vgl. Woyke, Götter, 201, der für das Alte Testament betont: „‚Gotteserkenntnis' ist im Alten Testament auf den konkreten Gott Israels bezogen, wird konkret durch sein Heilshandeln an Israel und Strafhandeln an seinen Feinden begründet und steht terminologisch in der Tradition des ersten Dekaloggebots. Dabei kann es sowohl monarchisch (Ex 16,12 καὶ γνώσεσθε ὅτι ἐγὼ κύριος ὁ θεὸς ὑμῶν) als auch monolatrisch (1Kön/3Reg 18,36 γνώτωσαν πᾶς ὁ λαὸς οὗτος ὅτι σὺ εἶ κύριος ὁ θεὸς Ισραηλ, vgl. Dtn 4,39f) oder monotheistisch (1Kön/3Reg 18,37 γνώτω ὁ λαὸς οὗτος ὅτι σὺ εἶ κύριος ὁ θεὸς) zum Ausdruck gebracht werden. Entsprechend formuliert Jes 45,20 die Negati-

binitarischen Entfaltung des Sch^e^ma Israel: „Paul, in other words, has glossed 'God' with 'the Father', and 'Lord' with 'Jesus Christ', adding in each case an explanatory phrase: 'God' is the Father, 'from whom are all things and we to him', and the 'Lord' is Jesus the Messiah, 'through whom are all things and we through him'."[481] Dem εἷς kommen dabei zwei Funktionen zu: Zunächst wird betont, dass aus der Menge der λεγόμενοι θεοί (und der λεγόμενοι κύριοι) nur *einer* legitimerweise als θεός bzw. κύριος bezeichnet werden kann. Zum Zweiten referiert das εἷς auf eine *einheitliche* göttliche Gestalt. Erst vor dem Hintergrund des Sch^e^ma Israel, das ebenfalls mit dem κύριος ὁ θεός (Dtn 6,4) einen einzigen Bezugspunkt im Blick hat, wird diese Vorstellung verständlich: Die Differenzierung in εἷς θεός und εἷς κύριος ist gerade nicht Ausdruck für die Existenz mehrerer Götter, sondern betont und entfaltet (binitarisch) ein monotheistisches Grundbekenntnis. „Wird dies nun in christlicher Entfaltung von Dtn 6,4 zwischen dem ‚einen, der Gott ist, nämlich der Vater' und dem ‚einen, der Herr ist, nämlich Jesus Christus' aufgeteilt, so drückt dies in erster Linie die – wie auch immer geartete – Einheit beider aus. Zwar sind die Zuordnungen von Prädikat, Präposition und Person nicht willkürlich, sondern mit Bedacht gewählt; Gott handelt an der Welt διὰ Χριστοῦ oder ἐν Χριστῷ, Gott ist Ursprung und Ziel und damit alles in allem (vgl. 1Kor 15,28), durch Christus bewirkt er alles. Doch ist dies im Kontext von 1Kor 8,4b-6 nicht primär um der christologischen, sondern um der theologischen Aussage willen formuliert: Das Verhältnis des einen Gottes und Herrn – ‚binitarisch' identifiziert als Vater und Jesus Christus – zu den vielen sog. Göttern und Herren steht zur Debatte. Kernpunkt der Argumentation ist also, dass, wenn der eine Gott und Herr – der „Vater" und „Jesus Christus" – aller Dinge Ursprung und Ziel ist und alles bewirkt, kein Raum mehr bleibt für einen Wirkungsbereich der vielen sog. Götter und Herren."[482] Vor dem intertextuellen Hintergrund von Dtn 6 erscheint 1Kor 8 noch stärker als in erster Linie *theologische* Aussage: *(Nur) Einer (aus der Menge der sogenannten) ist Gott und (nur) einer (aus der Menge der sogenannten) ist Herr.*

- Diese prinzipielle binitarisch entfaltete Einheit wird nun über die Relativsätze näher qualifiziert. Diese Erläuterung erstreckt sich über alle „Aspekte von Protologie, Eschatologie und Soteriologie, spezifiziert sie jedoch bewusst nicht, ordnet sie also auch nicht den

---

on: ‚Keine Erkenntnis haben solche, die das Holz ihrer Götterbilder tragen und zu solchen wie zu Göttern beten, welche sie nicht retten.'"

481 Wright, Monotheism, 129.

482 Woyke, Götter, 195-197.

einzelnen Präpositionen zu."[483] 1Kor 8,6a entfaltet dabei den θεός mit Hilfe der Apposition ὁ πατήρ. Dieser kann – im Rahmen eines semantischen Rahmens familiärer Beziehungen – eine Zugehörigkeit definieren,[484] weiterführend – über familiäre Beziehungen hinausweisend – einen Ursprung bezeichnen und schließlich die Zugehörigkeit zu einer bestimmten Gruppe definieren.[485] Da die beiden Zeilen von 1Kor 8,6 streng aufeinander bezogen sind, ist nun das ὁ πατήρ des ersten Teils nicht als allgemeine Aussage[486], sondern mit Blick auf den Sohn des zweiten Satzteils zu verstehen. Gott ist hier als Vater Jesu Christi gezeichnet; Jesus Christus dagegen wird durch seine Mittlerfunktion (διά) in ein Sohnschaftsverhältnis gesetzt.[487] „Der ‚Vater' Jesu Christi und der ‚Sohn' dieses Vaters sind der εἷς θεός, neben dem es keinen anderen Gott gibt."[488]

- Diese intertextuelle Lektüre stützt somit auch die intratextuellen Überlegungen zur Übersetzung des ἡμῖν als *dativus iudicantis* und verstärkt diese sogar. Das Bekenntnis zu und das Wissen um diesen einen – binitarisch entfalteten – Gott zeichnet die ἐκκλησία vor allen anderen aus. Nach 1Kor 8 bezeichnet der Ausdruck θεός innerhalb der christlichen ἐκκλησία exakt den einen und einzigen Gott, außerhalb dieser ἐκκλησία referiert der Begriff dagegen auf εἴδωλα, die nicht den wahren Gott abbilden. Vers 6 erläutert damit die Aussage „οὐδὲν εἴδωλον" aus Vers 4: Die Götzenbilder beziehen sich auf Wesen, denen keine Göttlichkeit zukommt, da dieses Attribut auf den *Einen* beschränkt bleibt. Für die christliche ἐκκλησία erscheint 1Kor 8,6 somit nicht nur als „ein in sich integres christliches Bekenntnis"[489], sondern gerade auch als ein in doppelter Hinsicht – durch die Schrift und Gottes eigene Rede – abgesichertes

---

483 Woyke, Götter, 194f.

484 Vgl. für die folgenden Ausführungen auch ebd., 192.

485 Vgl. Woyke, Götter, 193. Woyke führt als alttestamentliches Beispiel für die Art der Verwendung des Vater-Begriffes Mal 2,1 LXX an: οὐχὶ θεὸς εἷς ἔκτισεν ὑμᾶς οὐχὶ πατὴρ εἷς πάντων ὑμῶν τί ὅτι ἐγκατελίπετε ἕκαστος τὸν ἀδελφὸν αὐτοῦ τοῦ βεβηλῶσαι τὴν διαθήκην τῶν πατέρων ὑμῶν.

486 Zu Recht weist Hofius (Einer, 177) darauf hin, dass verschiedene Vorstellungen eines „Allvaters" (vgl. etwa Platon, Tim, 28c: ὁ ποιητὴς καὶ πατὴρ τοῦδε τοῦ παντός) nicht als Parallele zu 1Kor 8 interpretiert werden sollten.

487 Zu Recht betont Hofius (ebd.), dass an dieser Stelle durchaus auch καὶ εἷς κύριος ὁ υἱὸς δι' οὗ τὰ πάντα καὶ ἡμεῖς δι' αὐτοῦ formuliert sein könnte.

488 Hofius, Einer, 179. Die Bestimmung von θεός als ὁ πατήρ benötigt i.d.R innerhalb des 1Kor eine nähere Bestimmung – etwa als πατὴρ ἡμῶν oder als πατὴρ Ἰησοῦ Χρστοῦ. (vgl. etwa 1Kor 1,3 oder 1Kor 1,9). In diesem Sinne ist 1Kor 8,6a am ehesten als πατὴρ Ἰησοῦ Χριστοῦ zu lesen.

489 Hofius, Einer, 167.

Wissen.[490] Das ἡμῶν in Vers 6a zeigt aber auch, dass die „eschatologische, universale Anerkennung“[491] dieses Gottes noch aussteht. Während in der mit ἡμῶν bezeichneten Gruppe Bekenntnis und Wissen konvergieren, steht die Anerkennung Gottes durch all diejenigen noch aus, die derzeit noch fälschlicherweise εἰδωλόθυτον ὡς εἰδωλόθυτον ansehen.

4.3.4 Die Gottesrede in 1Kor 8 und das εἰδωλόθυτον im Neuen Testament

Das Syntagma εἰδωλόθυτον begegnet im Neuen Testament neben dem 1Kor nur in der Apostelgeschichte und der Offenbarung des Johannes.[492] Die Frage nach dem Götzenopferfleisch umspannt damit - aus der Perspektive des Lesers - sämtliche Textkorpora[493] des Neuen Testaments mit Ausnahme der Evangelien. Eine Lektüre, die das Neue Testament als zusammenhängenden Text begreift und daher intertextuelle Bezüge zwischen Apg, 1Kor und Apk herstellt, stößt somit immer wieder in unterschiedlichen Zusammenhängen auf die Götzenopferproblematik. Dabei werden alle

---

490 Dass der Urgrund dieses Wissens ganz grundlegende Erfahrungen mit dem rettenden Handeln Gottes ist, zeigt Dtn 10,1ff. - ein Zusammenhang, in dem auch das Schᵉma Israel variiert wird: ὁ γὰρ κύριος ὁ θεὸς ὑμῶν οὗτος θεὸς τῶν θεῶν καὶ κύριος τῶν κυρίων ὁ θεὸς ὁ μέγας καὶ ἰσχυρὸς καὶ ὁ φοβερὸς ὅστις οὐ θαυμάζει πρόσωπον οὐδ᾽ οὐ μὴ λάβῃ δῶρον (Dtn 10,17). Basis für diese Aussage ist neben dem erwählenden und liebenden Handeln Gottes die „uneingeschränkte Herrschaft JHWHs über Himmel und Erde“ (Woyke, Götter, 191), wie sie in Dtn 10,17 betont wird: ἰδοὺ κυρίου τοῦ θεοῦ σου ὁ οὐρανὸς καὶ ὁ οὐρανὸς τοῦ οὐρανοῦ ἡ γῆ καὶ πάντα ὅσα ἐστὶν ἐν αὐτῇ. Der Machtbereich dieses Gottes umfasst alle denkbaren Lebensbereiche und alle Bereiche von Zeit und Raum. Diese universale Aussage über das Verhältnis von Gott zu Geschichte und Zeit ist allerdings auch in 1Kor 8 an die drei anderen im Präskript genannten Beziehungen Gottes zum Apostel, zur Gemeinde und zu Jesus Christus zu binden.

491 Woyke, Götter 200. Vgl. zur Ausarbeitung dieser These insbesondere Schrage, Einheit.

492 Im Einzelnen sind dies Apg 15,29, Apg 21,25, 1Kor 8,1.4.7.10, 1Kor 10,19, Apk 2,14.20.

493 Vgl. in diesem Zusammenhang auch den äußerst instruktiven Aufsatz von Niebuhr, Exegese. Niebuhr betrachtet die neutestamentlichen Texte bzw. Textkorpora in einer Perspektive, die über deren Entstehungskontext hinausweist. Er kann so etwa ebenfalls interessante Bezüge zwischen Evangelien, Apostelgeschichte und Paulusbriefen aufzeigen: „Die theologische Relevanz des Neuen Testaments als Teile der christlichen Bibel erfordert die Reflexion auf die Gestalt des Kanons. Das Neue Testament muß im theologischen Sinn als Einheit und Ganzes wahrgenommen werden, wenn es gegenüber den Kirchen eine kritische Funktion ausüben soll. Die geschichtliche Betrachtung der neutestamentlichen Schriften und der Vorgänge, die zu ihrer Sammlung im Kanon geführt haben, darf nicht gegen die Einheit des Neuen Testaments ausgespielt werden; sie sollte vielmehr die Vielseitigkeit des Neuen Testaments vor Augen führen und für die kirchliche Lehre und Verkündigung fruchtbar machen.“ (Ebd., 582).

Textgattungen umfasst, die das Leben der christlichen ἐκκλησία in den Blick nehmen:

- die Apostelgeschichte als Erzählung über die Anfänge der ἐκκλησία,
- der erste Korintherbrief als Korrespondenz eines Exponenten frühchristlicher Textproduktion mit der ἐκκλησία und
- die Apokalypse als Zeugnis über die Zukunft der ἐκκλησία.

Werden die drei genannten Passagen nun im Rahmen einer intertextuellen Lektüre miteinander in Bezug gesetzt, so steht nicht die Frage, ob die genannten Schriften in einem Abhängigkeitsverhältnis stehen bzw. mit Blick auf eine solche Lektüre *konzipiert* wurden, im Mittelpunkt. Vielmehr ist von Interesse, welche Interpretationsperspektiven sich ergeben, wenn die Texte auf diese Weise gemeinsam *gelesen* werden.[494]

In der Reihenfolge der neutestamentlichen Schriften begegnet die εἰδωλόθυτον-Problematik somit zum ersten Mal in Apg 15. Noch bevor im Verlauf des Kapitels explizit das Lexem εἰδωλόθυτον im Text genannt wird, wird mit einer anderen Wendung auf das grundsätzliche Problem der εἴδωλα Bezug genommen: Apg 15,20 spricht von ἀλισγήματα τῶν εἰδώλων. Dieser Stelle kommt gerade deswegen Bedeutung zu, weil hier - in Analogie zu Apg 15,29 - das Problem der εἴδωλα in Zusammenhang mit αἷμα, πνικτός und πορνεία gebracht wird. Für die Erhellung der Semantik von εἰδωλόθυτον ist aber nicht die bloße Zusammenordnung dieser vier Begriffe von Bedeutung. Vielmehr präsentiert der Text selbst εἰδωλόθυτον als adäquates Synonym für ἀλισγημάτων τῶν εἰδώλων: Während die Formulierung „Verunreinigung durch Götzenopfer(fleisch)" in der wörtlichen Rede der Apostel verwendet wird, wird in der schriftlichen Fassung (die das Ergebnis der mündlichen Beratung festhält) von εἰδωλόθυτον gesprochen. Der synonyme Gebrauch von εἰδωλόθυτον und ἀλισγημάτων τῶν εἰδώλων innerhalb der Vier-Wort-Gruppe macht somit deutlich, dass es nicht lediglich um die materiale Existenz des „meat associated with offerings to pagan

494 Die hier angestrebte Lektüre entspricht in gewisser Weise der Vorgehensweise von Thomas Hieke und Tobias Nicklas, Offb 22 *als* Schlussstein der christlichen Bibel zu *lesen*: „Die Frage, ob Offb 22,6-21 als Abschluss eines Kanons christlicher Heiliger Schriften *konzipiert* wurde, liegt nicht im Fokus dieser Studie. Interessant ist vielmehr, zunächst wahrzunehmen und zu reflektieren, was geschieht, wenn der Text als Buchschluss der christlichen Bibel *gelesen* wird." (Hieke/Nicklas, Worte, 4; Hervorhebung i.O.). Die Autoren sind sich darüber bewusst, dass eine solche Form der Lektüre einer weiteren Reflexion bedarf und betonen: „Es stellt sich die Frage, ob eine derartige Reflexion ein entscheidendes ‚Mehr' für die Auslegung des Textes erbringt. Gleichzeitig entsteht mit einem solchen Wechsel von autorzentrierter zu leserorientierter Deutung das Problem der immer wieder neu zu diskutierenden ‚Grenzen der Interpretation'. Anders formuliert: Überfordert man den Text Offb 22,6-21, wenn man ihn als Buchschluss des christlichen Kanons liest? Gibt die Struktur des Textes irgendwelche Anhaltspunkte, die ein solches Vorgehen rechtfertigen?" (Ebd.).

deities"[495] geht, sondern um dessen Wirkung - Verunreinigung, (kultische) Unreinheit und Befleckung.

Apg 15,19-21	Darum meine ich, dass man denen von den Heiden, die sich zu Gott bekehren, nicht Unruhe mache, sondern ihnen vorschreibe, dass sie sich enthalten sollen von **Verunreinigung durch Götzen,** von **Unzucht,** vom **Erstickten** und vom **Blut**. Denn Mose hat von alten Zeiten her in allen Städten solche, die ihn predigen, und wird alle Sabbattage in den Synagogen gelesen.	Διὸ ἐγὼ κρίνω μὴ παρενοχλεῖν τοῖς ἀπὸ τῶν ἐθνῶν ἐπιστρέφουσιν ἐπι τὸν θεόν, ἀλλὰ ἐπιστεῖλαι αὐτοῖς τοῦ ἀπέχεσθαι **τῶν ἀλισγημάτων τῶν εἰδώλων** καὶ **τῆς πορνείας** καὶ **τοῦ πνικτοῦ** καὶ **τοῦ αἵματος**. Μωϋσῆς γὰρ ἐκ γενεῶν ἀρχαίων κατὰ πόλιν τοὺς κηρύσσοντας αὐτὸν ἔχει ἐν ταῖς συναγωγαῖς κατὰ πᾶν σάββατον ἀναγινωσκόμενος.
Apg 15,23a. 27-29	Und sie gaben ein Schreiben in ihre Hand, also lautend: [...] So haben wir Judas und Silas gesandt, die euch mündlich dasselbe mitteilen werden. Denn es gefällt dem heiligen Geist und uns, euch weiter keine Last aufzuerlegen als nur diese notwendigen Dinge: dass ihr euch enthaltet vom **Götzenopfer,** vom **Blut,** vom **Erstickten** und von **Unzucht**. Wenn ihr euch davor bewahrt, tut ihr recht. Lebt wohl!	γράψαντες διὰ χειρὸς αὐτῶν·[...] ἀπεστάλκαμεν οὖν Ἰούδαν καὶ Σιλᾶν καὶ αὐτοὺς διὰ λόγου ἀπαγγέλλοντας τὰ αὐτά. ἔδοξεν γὰρ τῷ πνεύματι τῷ ἁγίῳ καὶ ἡμῖν μηδὲν πλέον ἐπιτίθεσθαι ὑμῖν βάρος πλὴν τούτων τῶν ἐπάναγκες, ἀπέχεσθαι **εἰδωλοθύτων** καὶ **αἵματος** καὶ **πνικτῶν** καὶ **πορνείας**, ἐξ ὧν διατηροῦντες ἑαυτοὺς εὖ πράξετε. ἔρρωσθε.
Apg 21,25:	Wegen der gläubig gewordenen Heiden aber haben wir beschlossen und geschrieben, dass sie sich hüten sollen vor dem **Götzenopfer**, vor **Blut**, vor **Ersticktem** und vor **Unzucht**.	περὶ δὲ τῶν πεπιστευκότων ἐθνῶν ἡμεῖς ἐπεστείλαμεν κρίναντες φυλάσσεσθαι αὐτοὺς τό τε **εἰδωλόθυτον** καὶ **αἷμα** καὶ **πνικτὸν** καὶ **πορνείαν**.

Die besondere Pointe einer intertextuellen Lektüre von Apg und 1Kor besteht nun darin, dass mit der Passage aus Apg 15 der narrative Rahmen[496] und zugleich die grundlegende Legitimation für 1Kor 8 geliefert werden.

---

495 Thiselton, 1Cor, 612.

496 Vgl. Niebuhr, Exegese, 583: „Für die Darstellung der apostolischen Zeit erhält die Apostelgeschichte im kanonischen Zusammenhang eine Leitfunktion. Die ermöglicht die Einbeziehung aller apostolischen Schriften in einen einheitlichen narrativen Kontext.

Diese Beziehung ergibt sich zunächst auf der „äußeren Ebene" der Rahmenerzählung:

- Grundlegend ist die autoritative Versammlung aller Apostel und Ältesten (Apg 15,4: παραγενόμενοι δὲ εἰς Ἰερουσαλὴμ παρεδέχθησαν ἀπὸ τῆς ἐκκλησίας καὶ τῶν ἀποστόλων καὶ τῶν πρεσβυτέρων)
- Nach der Rede des Paulus, in der er betont, Gott selbst habe durch ihn Zeichen und Wunder bewirkt (Apg 15,12: ἐποίησεν ὁ θεὸς σημεῖα καὶ τέρατα ἐν τοῖς ἔθνεσιν δι' αὐτῶν), resümiert Jakobus, dass Bekehrungen der Heiden auf das direkte Eingreifen Gottes zurückzuführen seien (Apg 15,14: ὁ θεὸς ἐπεσκέψατο λαβεῖν ἐξ ἐθνῶν λαὸν τῷ ὀνόματι αὐτοῦ).
- Jakobus betont weiter, dass dies im Einklang mit den Schriften der Propheten geschehe (Apg 15,15: καὶ τούτῳ συμφωνοῦσιν οἱ λόγοι τῶν προφητῶν καθὼς γέγραπται).
- In diesem Zusammenhang kommt er zum Schluss, dass die Mitglieder der neuen Christengemeinden keine weiteren Verpflichtungen einzugehen haben, als diejenigen die in Apg 15,19ff. bzw. – in schriftlicher Form – in Apg 15,23ff. genannt sind: Haltet euch fern von εἰδωλόθυτον, αἷμα, πνικτός und πορνεία.
- Wenn 1Kor 8 nun über die Frage der εἰδωλόθυτα spricht, so geschieht dies – in dieser intertextuellen Perspektive – mit der Autorität des Apostelkonvents, der der ἐκκλησία – außer dem Fernhalten von εἰδωλόθυτον, αἷμα, πνικτός und πορνεία – keinerlei ethische Beschränkungen auferlegt. Es geht damit in 1Kor 8,1-6 nicht nur um einen Briefwechsel zwischen Paulus und der korinthischen Gemeinde, sondern auch um den Umgang mit dem Dekret des Apostelkonvents.[497]

Als wenigstens ebenso erhellend zeigt sich diese intertextuelle Lektüre auf der „inneren Ebene" mit Blick auf den Inhalt des schriftlichen Beschlusses:

[497] Vgl. hierzu auch den Ansatz von Roose (Polyvalenz, 256f.), die für intertextuelle Lektüren zwischen neutestamentlichen Texten ein Modell der „Leseanweisung" skizziert: „Das Modell der Leseanweisung erfordert ein erweitertes Methodenspektrum, das über das Vorbild des synoptischen Vergleichs hinausgreift. Zu fragen ist nicht nur diachron, wie der Verfasser des 2. Thessalonicher bestimmte Passagen aus dem 1. Thessalonicher übernimmt und verändert (dies entspricht der textorientierten Funktion von Intertextualität), sondern auch synchron: Wie liest sich der 1. Thessalonicher vom 2. her? Dabei ist der Kontinuitätsanspruch einzulösen, den der pseudepigraphe Verfasser durch sein Autor- und Adressatenfiktion erhebt: Er sieht seinen Brief in Kontinuität zu Paulus, insbesondere zum 1. Thessalonicher. Um der Intention des pseudepigraphen Verfassers gerecht zu werden, muss also – überspitzt gesagt – der paulinischen Auslegung des 1. Thessalonicher eine pseudo-paulinische an die Seite gestellt werden, die den paulinischen Brief aus der Perspektive des pseudo-paulinischen 2. Thessalonicher betrachtet. Eine solche Auslegung bewertet den 1. Thessalonicher als einen hochgradig polyvalenten Text, der – je nach intertextuellem Kontext – eine paulinische und eine pseudo-paulinische Lesart eröffnet."

- Im Dekret aus Apg 15 geht es gerade *nicht* um die Einhaltung jüdischer Reinheitsgebote, etwa das Fernhalten von bestimmten Speisen, das Meiden von Blut etc. Die Spitze des Apostelkonvents ist es ja gerade, dass Gott selbst die Heiden erwählt[498] und deswegen bestimmte Reinheitsvorschriften nicht als Voraussetzung zur Aufnahme in die ἐκκλησία gelten.[499]
- Apg 15,20 macht vielmehr mittels der Umschreibung der εἰδωλόθυτον durch ἀλισγημάτων τῶν εἰδώλων das eigentliche Ziel des Dekrets klar: εἰδωλόθυτον, αἷμα, πνικτός und πορνεία stehen *gemeinsam als pars pro toto* für den paganen Götzendienst; Kontakt führt hier zur ἀλισγημάτων τῶν εἰδώλων und ist daher zu vermeiden.[500]
- In diesem Zusammenhang wird auch Apg 15,21 verständlich: Mit der Nennung des Mosenamens[501] sind gerade keine Speisevorschriften ins Gedächtnis gerufen, sondern grundlegend die Sinaigesetze, insbesondere das erste Gebot.[502]
- Diese intertextuelle Lektüre wirft in mehrerer Hinsicht ein neues Licht auf 1Kor 8. So erscheint etwa die Frage nach der γνῶσις in den ersten drei Versen nach der Lektüre von Apg plausibel: Gott hat selbst die Völker erkannt und erwählt, während menschliche Erkenntnis in die Irre führt. Noch deutlicher wird hingegen, warum im 1Kor die Frage nach den εἰδωλόθυτα gerade auf diese Weise beantwortet wird: Dass es bei diesem Thema um äußere Reinheitsvorschriften geht, ist sowieso - mit Blick auf das Ergebnis des Apostelkonvents - ausgeschlossen; es bedarf keiner speziellen kultischen Reinheitsvorschrift zur Aufnahme in die ἐκκλησία. Der Text

498 Apg 15,14.

499 Die lebendige Diskussion zur Frage der Aufnahmekriterien in die christliche ἐκκλησία zeigt sich auch daran, dass einige Textzeugen nach Apg 15,20 - in Analogie zu Mt 7,12 und Lk 6,31 - die Goldene Regel anfügen. Eine solche Veränderung des Textes - insbesondere in Kombination mit der Auslassung des τοῦ πνικτοῦ im selben Vers - lässt aus der Reihe von Reinheitsgeboten letztlich eine Sammlung ethisch-moralischer Vorschriften entstehen. „Es gilt sich des Götzendienstes, der Unzucht und des Blutvergießens zu enthalten." (Pesch, Apostelgeschichte II, 81). Pesch weist weiterhin darauf hin, dass diese Neugestaltung von Apg 15,20 starke Züge des Dekalogs trägt. Die hier stattdessen vorgeschlagene Lektüre der Vier-Wort-Gruppe als *pars pro toto* für den paganen Götzendienst kann Apg 15,20 - auch ohne die textkritischen Varianten - als Paraphrase der ersten beiden Gebote des Dekalogs verstehen.

500 Die Vier-Wort-Gruppe lässt sich sicherlich auch im Zusammenhang mit Lev 17-18 erklären. Eckey, Apostelgeschichte I, 333, weist etwa darauf hin, dass „der Verstoß gegen die vier Bestimmungen [...] nach Lev 17-18 mit der Ausrottung und also mit der Todesstrafe geahndet" wird. Vgl. auch Pesch, Apostelgeschichte II, 80f.

501 Μωϋσῆς γὰρ ἐκ γενεῶν ἀρχαίων κατὰ πόλιν τοὺς κηρύσσοντας αὐτὸν ἔχει ἐν ταῖς συναγωγαῖς κατὰ πᾶν σάββατον ἀναγινωσκόμενος.

502 An dieser Stelle zeigt sich beispielhaft, wie eine intertextuelle Lektüre weitere motivieren kann bzw. Intertextualität nie als ein abgeschlossenes Phänomen gelten kann. Vgl. auch oben Abschnitt 4.3.1.

geht vielmehr gleich *in medias res* und beantwortet unmittelbar das Problem, das hinter der Frage nach τῆς βρώσεως τῶν εἰδωλοθύτων steht mit Bezug zum ersten Gebot: Wir wissen, dass es nur einen Gott gibt.

1Kor 8 weicht somit dem Thema der εἰδωλόθυτα keinesfalls aus, sondern beantwortet gleich in den ersten sechs Versen die – auch vor dem Hintergrund der Apg – entscheidende Frage der Anerkennung des einzigen Gottes bzw. der Anerkennung durch den einzigen Gott. Die ethisch-praktischen Fragen ab Vers 7 stellen demnach nicht die eigentliche Antwort dar, sondern folgen – gleichsam als eine Art Appendix – auf die wesentlichen Propositionen der Verse 1-6.

Die Einführung eines neuen Themas in 1Kor 8,1a – περὶ δὲ τῶν εἰδωλοθύτων – und die nachfolgenden Ausführungen zu Erkenntnis und Liebe erwartet vom Leser das Abrufen eines ganz bestimmten enzyklopädischen Wissens. Durch die intertextuelle Lektüre von 1Kor 8 mit Apg 15 können die unterbestimmten Begriffe εἰδωλόθυτον und γνῶσις und ihre Beziehung näher bestimmt werden. Dabei werden dreierlei im Text nicht offensichtliche Verknüpfungen hergestellt:[503]

- εἰδωλόθυτον steht gerade nicht für Götzenopferfleisch, sondern als *pars pro toto* für den paganen Gottesdienst.
- Bei der unmittelbar nachfolgenden Frage nach der Gotteserkenntnis geht es daher auch im Wesentlichen um die *Gottes*frage vor dem Hintergrund der vielen λεγόμενοι θεοί.
- Diese Erkenntnis Gottes ist aber angemessen nur als *genitivus subiectivus* zu verstehen, wie Vers 3 – in Analogie zu Apg 15 – ausführt. Die Erkenntnis Gottes, die gleichzeitig als Erwählung durch Gott verstanden werden kann und soll, korrespondiert dabei mit der ἀγάπη, die der Mensch Gott gegenüber zeigen soll.

---

503 Vgl. Witherington, Thoughts, 249ff.: "These texts are not specificially about food partaken in an act of idolatry; and they certain contain no mention of 'things strangled' and πορνεία. The regulations to be followed by Noah are not identical in content, and certainly not identical in intent, with the Apostolic decree. I suggest that the proper thing to ask about the Decree is, where would one find all four of these items being partaken of in one place. The answer is probably in an act of pagan worship. It is *the* context where these four items could most obviously be found together. We should have paid more attention to Acts 15:20: James is indeed inveighing against 'the pollutions of idols' and hence idol worship and its various related activities. This interpretation makes perfectly good sense of Acts 15:21 – it is of course idolatry which Moses and the law most objects to about pagans, as the first two commandments of the ten make especially clear. […] If the issue had been abstaining from non-kosher food in a Christian meal, one would have expected these passages to look somewhat different. There is no hint here that table fellowship between Jewish and Gentile Christians is the issue; it is rather a matter of specifically Gentile behaviour. James notes in 15:29 that these Gentiles are 'turning to God'. This stereotyped phrase indicates what they are turning to, the Decree refers to what they are turning from."

Die Ausführungen zu den εἰδωλοθύτα in 1Kor 8,1-3(6) lassen sich so am ehesten vor dem Hintergrund der unbedingten liebenden Anerkennung des einen Gottes im Umfeld des paganen Gottesdienstes erklären: „It is this material, and not the laws about keeping kosher that surely lies behind 1 Corinthians 8-10, Acts 15 and 21, and Revelation 2, and probably behind all other first century references to εἰδωλόθυτον."[504]

Exkurs: Gotteserkenntnis, Liebe und Weisheit in 1Kor 1 und 2

Das besondere Verhältnis zwischen Gotteserkenntnis, Erwählung und Liebe in 1Kor 8 wird innerhalb des 1Kor bereits in Kapitel 2 angedeutet. Die Einleitung mit οἴδαμεν in 1Kor 8,1 kann somit auch als intratextueller Verweis auf 1Kor 2 verstanden werden. Die Ausführungen in 1Kor 8,2ff. werden dann nicht in erster Linie neue Information, sondern als - den Absendern und Adressaten des Briefes - bereits bekanntes Wissen markiert. Grundlage der geteilten Erkenntnis ist dann das spezifische Verhältnis zwischen γνῶσις und ἀγάπη, über das - allerdings mit der σοφία θεοῦ als Subjekt - bereits 1Kor 2 Aufschluss gibt:

1Kor 2,7	Sondern wir reden von der Weisheit Gottes, die im Geheimnis verborgen ist, die Gott vorherbestimmt hat vor aller Zeit zu unserer Herrlichkeit,	ἀλλὰ λαλοῦμεν θεοῦ σοφίαν ἐν μυστηρίῳ τὴν ἀποκεκρυμμένην, ἣν προώρισεν ὁ θεὸς πρὸ τῶν αἰώνων εἰς δόξαν ἡμῶν,
1Kor 2,8	die keiner von den Herrschern dieser Welt erkannt hat; denn wenn sie die erkannt hätten, so hätten sie den Herrn der Herrlichkeit nicht gekreuzigt.	ἣν οὐδεὶς τῶν ἀρχόντων τοῦ αἰῶνος τούτου **ἔγνωκεν**· εἰ γὰρ **ἔγνωσαν**, οὐκ ἂν τὸν κύριον τῆς δόξης ἐσταύρωσαν.
1Kor 2,9	Sondern es ist gekommen, wie geschrieben steht: „Was kein Auge gesehen hat und kein Ohr gehört hat und in keines Menschen Herz gekommen ist, was Gott bereitet hat denen, die ihn lieben."	ἀλλὰ καθὼς γέγραπται· ἃ ὀφθαλμὸς οὐκ εἶδεν καὶ οὖς οὐκ ἤκουσεν καὶ ἐπὶ καρδίαν ἀνθρώπου οὐκ ἀνέβη, ἃ ἡτοίμασεν ὁ θεὸς τοῖς **ἀγαπῶσιν** αὐτόν.

504 Witherington, Thoughts, 251. Witherington erläutert später (253): „Εἰδωλόθυτον was a polemical Jewish-Christian term, possibly coined by Paul himself or perhaps by James before him, to warn against the danger of participating in feasts in pagan temple dining rooms and thus placing oneself in the presence of malevolent supernatural beings that were not by nature gods, but nonetheless were believed to be both very real and spiritually dangerous to the Christian converts."

Auch in 1Kor 2,7-9 wird die Erkenntnis Gottes - hier eindeutig als *genitivus obiectivus* verstanden - über ein Schriftzitat mit ἀγαπάω in Verbindung gesetzt. Ebenfalls analog findet sich hier die Gegenüberstellung zwischen menschlicher Erkenntnis bzw. menschlichen Erkenntnisversuchen auf der einen und dem aktiven Handeln Gottes im Angesicht der ihm entgegengebrachten ἀγάπη auf der anderen Seite.

Das Erkanntwerden durch Gott in 1Kor 8 verweist darüber hinaus auf die elementaren Grundlagen des 1Kor im Präskript. Wie im Präskript die κλῆσις θεοῦ alle Existenz determiniert, steht in 1Kor 8,3 die γνῶσις θεοῦ im Mittelpunkt. „In unserem Text entscheidet aber alles, daß diese von Gott gewährte Gemeinschaft ihre Kraft in der Liebe zeigt. Das bedeutet: Alles entscheidet sich daran, wo der Mensch der erwählte und in die Gemeinschaft mit Gott gewendete Mensch ist. Paulus antwortet: in Christus, in seinem Kreuz, wie es sich in Gottes Evangelium als Wort vom Kreuz erschließt und mitteilt (s. V. 11). Die Wahrheit des Erkanntseins und Erwähltseins hat ihren Ort im Wort vom Kreuz. Weil die Wendung dort geschieht, wo nichts den nach der Wirklichkeitserfahrung erschlossenen Göttern entspricht, darum kommt der Mensch nicht aus sich als Subjekt der Gotteserkenntnis in Frage (1Kor 1), wohl aber als Partner und Mitarbeiter einer Liebe, die alles vermag. Das bedeutet aber: der eine Gott wird hier als Gott für die Liebe gesehen, weil er sich in der Dreingabe seines Sohnes als Gott der Liebe und Vater erschlossen hat."[505]

1Kor 8 nimmt somit auch innerhalb des 1Kor eine wichtige Scharnierfunktion wahr: Das Kapitel greift Grundaussagen aus 1Kor 1 und 1Kor 2 modifizierend auf und bereitet - insbesondere mit der Betonung der ἀγάπη - 1Kor 13 vor. *(Ende Exkurs)*

Ein kurzer Ausblick auf die dritte neutestamentliche Belegstelle von εἰδωλόθυτα in der Johannesapokalypse[506] zeigt, dass auch in diesem Kontext nicht an Details bestimmter Speisegebote bzw. äußere Reinheitsvorschriften gedacht wird. Vielmehr präsentiert Apk 2 die Frage nach den εἰδωλόθυτα im Zusammenhang anderer Vergehen,[507] die jedoch letztlich Ausdruck einer Hinwendung zu falschen Gotteslehren (διδαχὴν Βαλαάμ) und falschen Propheten (ἡ λέγουσα ἑαυτὴν προφῆτιν) sind.[508]

---

505 Dehmke, Ein Gott, 479f.

506 Vgl. auch Schrage, 1Kor II, 219f., der den Text allerdings mit Blick auf frühe Paulusrezeptionen untersucht.

507 Interessanterweise ist in diesem Zusammenhang wiederum von πορνεῖα die Rede. Zur Frage der πορνεῖα - insbesondere im Kontext des 1Kor - vgl. Kirchhoff, Sünde.

508 V.a. der in Apk 2,20 genannte Name Isebel kann nun wiederum als Verweis auf den umfangreichen Geschichtenpool der Elija-/Elisa-Erzählungen verweisen. Über den oftmals genannten Paralleltext 2Kön 9,22 hinaus kommen so über den Namen Isebel auch solche Einzelerzählungen aus diesem Geschichtenpool wie 1Kön 18 oder 1Kor 19 in den Blick, die Gotteserkenntnis und Gottes Handeln in Beziehung setzen.

Offb 2,14	Aber einiges habe ich gegen dich: du hast Leute dort, die sich an die Lehre Bileams halten, der den Balak lehrte, die Israeliten zu verführen, vom Götzenopfer zu essen und Hurerei zu treiben.	ἀλλ᾽ ἔχω κατὰ σοῦ ὀλίγα ὅτι ἔχεις ἐκεῖ κρατοῦντας τὴν διδαχὴν Βαλαάμ, ὃς ἐδίδασκεν τῷ Βαλὰκ βαλεῖν σκάνδαλον ἐνώπιον τῶν υἱῶν Ἰσραὴλ φαγεῖν εἰδωλόθυτα καὶ πορνεῦσαι.
Offb 2,20	Aber ich habe gegen dich, dass du Isebel duldest, diese Frau, die sagt, sie sei eine Prophetin, und lehrt und verführt meine Knechte, Hurerei zu treiben und Götzenopfer zu essen.	ἀλλὰ ἔχω κατὰ σοῦ ὅτι ἀφεῖς τὴν γυναῖκα Ἰεζάβελ, ἡ λέγουσα ἑαυτὴν προφῆτιν καὶ διδάσκει καὶ πλανᾷ τοὺς ἐμοὺς δούλους πορνεῦσαι καὶ φαγεῖν εἰδωλόθυτα.

Mit dem Begriff der εἰδωλόθυτα – das zeigt die Analyse der neutestamentlichen Parallelstellen – ist nie ausschließlich die Frage nach dem Essen bestimmter Speisen im Blick. Es zeichnet die neutestamentlichen Texte dagegen aus, dass sie grundsätzlich den Verzehr dieser Speisen gestatten bzw. mit Blick auf die Gottesbeziehung für irrelevant erklären. Die Abschnitte aus Apg, 1Kor und Apk eint die Auffassung, dass das Götzenopferfleisch dann zum Problem wird, wenn es ὡς εἰδωλόθυτον (1Kor 8,7) gegessen wird. In solchem Verhalten zeigt sich eine falsche Form der γνῶσις, die unweigerlich zu ἀλισγημάτων τῶν εἰδώλων (Apg 15,20) führt.

4.4 Auf dem Weg zur γνῶσις θεοῦ (Zusammenfassung)

Mit dem achten Kapitel liegt nicht nur der Abschnitt des ersten Korintherbriefes vor, der am klarsten das Bekenntnis zu dem einen Gott enthält. Auch das Problem des Verhältnisses zwischen θεός und κύριος wird wie an keiner anderen Stelle im Brief auf prinzipielle, allgemeine Art und Weise diskutiert. Es sind jedoch drei Besonderheiten, die sich bei einer genaueren Untersuchung des Kapitels in intertextueller Perspektive ergeben:

- 1Kor 8 wird in der Forschung oftmals ausschließlich mit zwei Problemen der korinthischen Gemeinde in Zusammenhang gebracht: Speise- bzw. Reinheitsgebote (am Beispiel εἰδωλόθυτον) und Fragen der hymnischen Gottesverehrung (1Kor 8,4b-6). Die vorliegende Untersuchung hat dagegen gezeigt, dass sich der Abschnitt vielmehr durch die große Pluralität der angesprochenen Themen auszeichnet. Neben den zentralen Begriffen der γνῶσις und der ἀγάπη, kommt das Problem des εἰδωλόθυτον genauso zur Sprache wie wesentliche Fragen der Gotteslehre und des Verhältnisses zwischen Christologie und Theologie. Bemerkenswert ist dabei, dass diese verschiedenen Themen nicht nebeneinander stehen, sondern auf unterschiedlichsten Ebenen miteinander verknüpft sind. Gerade diese Vielfalt und die Frage der *Verknüpfung der Themen* sind es, die wiederum mannigfaltige intertextuelle Lektüre motivieren.

- 1Kor 8 ist nicht allein und nicht vorrangig deswegen ein intertextuell hochgradig interessanter Text, weil er in besonders deutlicher Weise explizit auf einen Text wie das Schᵉma Israel zurückgreift. Das Bemerkenswerte ist vielmehr, dass der Text durch die Art seiner Komposition eine *Interpretationsaufgabe* stellt, die wiederum intertextuelle Lektüren motiviert. Die Überschrift περὶ δὲ τῶν εἰδωλοθύτων wirft Fragen auf und nährt beim Leser die Erwartungshaltung, dass die folgenden Ausführungen Antworten liefern. Die Logik von 1Kor 8 lässt sich nicht ausschließlich intratextuell erheben; der Leser ist auf intertextuelle Lektüren angewiesen, um die verschiedenen Themen einzeln zu verstehen, zueinander in Bezug zu setzen und damit letztlich die Gesamtargumentation zu erhellen.
- Der Ausgangspunkt der Ausführungen in 1Kor 8 ist vermeintlich eine sehr spezifische Frage der korinthischen Gemeinde. Der Text antwortet aber nicht nur mit Ausführungen zu γνῶσις, ἀγάπη, θεός und κύριος, sondern definiert durch diese Art der Antwort auch die gesamte Überschrift περὶ δὲ τῶν εἰδωλοθύτων neu. So wie in der Erläuterung von γνῶσις, ἀγάπη, θεός und κύριος die Gottesfrage allgegenwärtig ist, wird sie dadurch auch für εἰδωλόθυτον relevant. Die εἰδωλόθυτον-Frage als ausschließliche Frage nach einer bestimmten Speise- oder Reinheitsvorschrift erscheint in diesem (intertextuellen) Zusammenhang als völlig bedeutungslos. Die zentralen Begriffe Erkenntnis und Liebe lassen sich ohne die Gottesfrage genauso wenig klären wie das Problem des Götzenopferfleisches. Die *Gottesfrage* stellt dagegen die entscheidende Perspektive zur Verfügung und determiniert alle anderen Themen. Die verschiedenen intertextuellen Lektüren lassen deutlich werden, dass dabei ein – binitarisch entfalteter – Monotheismus im Blick ist, dem sich die Mitglieder der christlichen ἐκκλησία in Glauben und Wissen sicher sein können.

4.5 Übersetzung

1	Über das Götzenopferfleisch aber: Wir wissen, dass wir alle Erkenntnis haben. (Diese Form der) Erkenntnis bläht auf; demgegenüber baut Liebe auf.	Περὶ δὲ τῶν εἰδωλοθύτων, οἴδαμεν ὅτι πάντες γνῶσιν ἔχομεν. ἡ γνῶσις φυσιοῖ, ἡ δὲ ἀγάπη οἰκοδομεῖ
2	Wenn aber jemand (fälschlicherweise) meint, er sei in Besitz eines Anteils an der Erkenntnis gekommen, so hat er noch nicht einmal begonnen zu verstehen, wie man verstehen soll.	εἴ τις δοκεῖ ἐγνωκέναι τι, οὔπω ἔγνω καθὼς δεῖ γνῶναι·
3	Wenn aber einer Gott liebt, dieser ist erkannt von ihm.	εἰ δέ τις ἀγαπᾷ τὸν θεόν, οὗτος ἔγνωσται ὑπ' αὐτοῦ.
4	Über das Essen des Götzenopferfleisches. - Wir wissen: (Ein) Nichts ist ein Götze in der Welt und keiner ist Gott außer einem.	Περὶ τῆς βρώσεως οὖν τῶν εἰδωλοθύτων, οἴδαμεν ὅτι οὐδὲν εἴδωλον ἐν κόσμῳ καὶ ὅτι οὐδεὶς θεὸς εἰ μὴ εἷς.
5	Weil ja gilt: Obwohl es mit dem Ausdruck ‚Gott' bezeichnete Wesen gibt - sei es im Himmel oder auf der Erde -, wie es (davon) viele gibt, „Götter" und „Herren",	καὶ γὰρ εἴπερ εἰσὶν λεγόμενοι θεοὶ εἴτε ἐν οὐρανῷ εἴτε ἐπὶ γῆς, ὥσπερ εἰσὶν θεοὶ πολλοὶ καὶ κύριοι πολλοί,
6	so ist nach unserem Urteil doch klar: (Nur) einer ist Gott, und zwar der Vater, aus dem alles ist, und wir zu ihm und (nur) Einer ist Herr, und zwar Jesus Christus, durch den alles ist, und wir durch ihn.	ἀλλ' ἡμῖν εἷς θεὸς ὁ πατὴρ ἐξ οὗ τὰ πάντα καὶ ἡμεῖς εἰς αὐτόν, καὶ εἷς κύριος Ἰησοῦς Χριστὸς δι' οὗ τὰ πάντα καὶ ἡμεῖς δι' αὐτοῦ.

5 νουθεσία und ἔκβασις – Schrifthermeneutik in 1Kor 10,1-15 (22)

5.1 Das Schicksal der πατέρες und die ἐκκλησία (Intratextuelle Lektüre)

5.1.1 Zur Einordnung in den Briefkontext

Das zehnte Kapitel des 1Kor führt die Frage nach dem εἰδωλόθυτον zu einem gewissen Abschluss und steht somit am Ende des Briefabschnittes, der mit dem achten Kapitel beginnt. Hatte 1Kor 8 mit der Bemerkung geschlossen,[509] Christus sei gerade auch für die Schwachen gestorben, so führt 1Kor 9,1-23 das Motiv der „aufbauenden Liebe"[510] am Beispiel der Person des Paulus selbst weiter aus: Gerade durch Verzicht wird dieser zum Vorbild für das Handeln im Sinne dieser ἀγάπη.[511] Es geht dabei um ein Handeln, das darauf zielt, συγκοινωνὸς des εὐαγγέλιον zu werden (1Kor 9,23). Die Verse 1Kor 9,24-27 führen in der rhetorischen Form eines *exemplum*[512] vor Augen, dass zum Erreichen dieser Ziele innerhalb der ἐκκλησία angemessene Anstrengungen vonnöten sind, deren Scheitern[513] nicht von vornherein ausgeschlossen ist. Die Gefahr des Verworfenwerdens, die im letzten Vers des Kapitels 9 zur Sprache kommt (ἀδόκιμος γένωμαι) führt direkt zur Thematik von 1Kor 10,1-15, nämlich der Frage der Sicherheit vor Verwerfung durch Gott. Der Übergang zwischen den Kapiteln 9 und 10 stellt also die Speisethematik in einen weiteren Zusammenhang, der deutlich werden lässt, „daß es sich bei dem in 8,1-11,1 problematisierten Fragenkreis nicht um Nebensächlichkeiten handelt, sondern bei Fehlverhalten die strafende Macht Gottes auch die gegenwärtige Ekklesia in Korinth vernichten kann."[514]

Der Abschnitt 1Kor 10,1-15, der im Folgenden im Mittelpunkt stehen soll, ist in der Auslegung keinesfalls unumstritten.[515] Die Kommentar- und

---

509 Vgl. zu 1Kor 8 Kapitel 4 dieser Arbeit.

510 Vgl. Alkier, Wunder, 180.

511 Vgl. 1Kor 19,12: Εἰ ἄλλοι τῆς ὑμῶν ἐξουσίας μετέχουσιν, οὐ μᾶλλον ἡμεῖς; ἀλλ' οὐκ ἐχρησάμεθα τῇ ἐξουσίᾳ ταύτῃ, ἀλλὰ πάντα στέγομεν, ἵνα μή τινα ἐγκοπὴν δῶμεν τῷ εὐαγγελίῳ τοῦ Χριστοῦ.

512 Vgl. Schrage, 1Kor II, 362.

513 Vgl. 1Kor 9,24.27b. Dagegen greift 1Kor 10,13 diese Frage wieder auf und betont, dass Gott die Fähigkeiten der Menschen angemessen einschätzt.

514 Alkier, Wunder, 181.

515 Noch vor wenigen Jahren betonte etwa Peter von der Osten-Sacken (Geschrieben zu unserer Ermahnung, 60f.), dass die grundlegenden Fragen der Gliederung, Thematik

Forschungsliteratur beantwortet eine Reihe von Fragen zur Perikope auf unterschiedlichste Weise:

- die Gliederung des Abschnittes und seine Einordnung in den literarischen Gesamtzusammenhang des 1Kor,[516]
- die gattungsspezifische Einordnung,[517]
- die Bedeutung für die paulinische Theologie,[518]
- die intertextuelle Einordnung der Perikope in den Zusammenhang anderer Texte, die für ihre Interpretation von Bedeutung sind.

Indem sich die folgende Auslegung auf Aspekte des Abschnitts 1Kor 10,1-15 konzentriert, sind bereits Vorentscheidungen mit Blick auf Fragen der Gliederung wie der inhaltlichen Ausrichtung getroffen: Es wird zu zeigen sein, dass mit Vers 16 ein weiterer, wenn auch nicht unabhängiger oder gänzlich neuer Gedankengang verfolgt wird und die Verse 1-15 für die Gottesfrage besonders relevant sind.

Während die Binnengliederung von 1Kor 10,1-22 relativ umstritten ist, stellen verschiedene Kommentatoren nahezu einhellig fest, dass mit 1Kor 10,23 ein neuer Abschnitt beginnt, der mit der Frage nach einem christlichen Freiheitsverständnis, dem Rückgriff auf schöpfungstheologische Fragestellungen und dem Stichwort des Gewissens zu Fragen aus 1Kor 8 zurückkehrt.[519]

---

und Gattungszuschreibung in der exegetischen Forschung weitgehend gleich beantwortet würden.

516 Namhafte Vertreter der älteren Forschung ordneten 1Kor 10,1-22 in den Zusammenhang des in 1Kor 5,9 erwähnten Vorbriefs ein. Wesentliches Argument war dabei, dass die Argumentation des achten Kapitels in 1Kor 10,23ff. fortgeführt wird (Vgl. z.B. Weiß, 1Kor, XLI; Schmithals, Gnosis, 86). Darüber hinaus finden sich verschiedene Ansätze, die die innere Gliederung dieses Abschnittes betreffen: Es finden sich Gliederungen in die Abschnitte 1Kor 10,1-14 und 15-22 (vgl. Wolff, 1Kor, 208ff.), neben anderen, die die erneute Anrede in Vers 14 bereits zu einem neuen Abschnitt zählen (z.B. Schrage, 1Kor II, 380ff.). Schließlich betont etwa Smit (Do not be idolaters) die Einheitlichkeit des gesamten Abschnitts 1Kor 10,1-22.

517 Wolff, 1Kor, 212: „paränetisch orientierte Nacherzählung von im Alten Testament aufgezeichneten Ereignisse"; Schrage, 1Kor II, 381: „midraschartig"; Merklein, 1Kor II, 240: „typologischer Bezug auf die Wüstengeneration".

518 Vgl etwa Ulrich Luz, der den Text als „Grenzfall paulinischer Exegese" (Geschichtsverständnis, 122) bezeichnet. Demgegenüber betont Richard Hays die Bedeutung des Abschnitts für die paulinische Exegese: „Paul fancifully explores the figurative possibilities inherent in the imaginative act of reading Exodus as metaphor for early Christian experience." (Echoes, 91).

519 Vgl. z.B. Schrage, 1Kor II, 460f., Wolff, 1Kor, 235f. oder Thiselton, 1Cor, 779f. Die literarkritische Trennung und Ordnung dieses Abschnittes nach 1Kor 9,23, die einige Ausleger vorgeschlagen haben, übersieht, dass Paulus hier durchaus seine Argumentation aus 1Kor 10,19 voraussetzt. Im gesamten Abschnitt geht es um unterschiedliche Möglichkeiten, mit Götzenopferfleisch in Kontakt zu kommen - ein Problem, das unterschiedliche situativ bedingte Antworten nötig macht.

Die folgenden Betrachtungen beschränken sich im Wesentlichen auf den Abschnitt 1Kor 10,1-15, insbesondere aber auf Probleme der Verse 1-7 und 11-15.

5.1.2 Der Abschnitt 1Kor 10,1-15

Die Einleitung οὐ θέλω γὰρ ὑμᾶς ἀγνοεῖν[520] betont die Bedeutung des nun Folgenden, die sich ganz konkret für die angesprochenen Leser ergibt: Sie werden eigens mit ἀδελφοί angesprochen und auf die πατέρες ἡμῶν verwiesen - ein Zeichen, das selbst wiederum auf eine bestimmte Verwandschaftsbeziehung verweist. Es soll in den folgenden Ausführungen um die Vorfahren gehen, die Paulus und der Gesamtheit der ἐκκλησία[521] gemeinsam sind. Diese haben sich εἰς τὸν Μωϋσῆν taufen lassen und Speise und Trank zu sich genommen, die als πνευματικός charakterisiert werden. Der kurze narrative Abschnitt wird fortgesetzt, indem der Fels als Ursprung des Tranks genannt wird und sodann eine nähere Bestimmung erfährt: πέτρα δὲ ἦν ὁ Χριστός.

Im Blickfeld der ersten vier Verse stehen positiv konnotierte Themen wie Befreiung, Speisung, Taufe,[522] die noch dazu in Zusammenhang mit dem Χριστός gebracht werden. Vers 5 stellt dagegen einen abrupten Ein-

---

520 Das γάρ sollte in 1Kor 10,1 durchaus als betontes „denn" gelesen werden, signalisiert es doch die logische Verknüpfung mit dem vorangegangenen Kapitel: Dem Widerspruch anderen zu predigen und selbst nicht richtig zu handeln (1Kor 9,27: μή πως ἄλλοις κηρύξας αὐτὸς ἀδόκιμος γένωμαι) folgt dann der Abschnitt 1Kor 10,1-15, der genau dieses Thema des Handelns und Verworfenwerdens breiter ausführt. Insbesondere diese Verbindung zwischen den Kapiteln 9 und 10 bietet ein weiteres, überzeugendes Argument gegen eine literarkritische Herauslösung von 1Kor 10,1-22 aus dem Zusammenhang.

521 Gerade mit Blick auf die Gemeindestruktur in Korinth kann es sich offensichtlich bei den πατέρες nicht ausschließlich um die leiblichen Vorfahren bestimmter Judenchristen handeln. Innerhalb des Diskursuniversums des 1Kor wird deutlich, dass die Frage der Verwandschaftsbeziehung innerhalb der ἐκκλησία durch eine göttliche Berufung zustande kommt, wie bereits im Briefeingang betont wird: πιστὸς ὁ θεός, δι' οὗ ἐκλήθητε εἰς κοινωνίαν τοῦ υἱοῦ αὐτοῦ Ἰησοῦ Χριστοῦ τοῦ κυρίου ἡμῶν. (1Kor 1,9). Die Kombination der Verse 1Kor 1,9 und 1Kor 10,1 deutet aber nicht nur Verwandschaftsbeziehungen als Folge göttlicher Berufung, sondern macht auch deutlich, dass durch die Berufung der Korinther in die κοινωνία die besondere Verbindung der Vorfahren zu Gott nicht aufgehoben wird. Vgl. hierzu auch Alkier, Wunder, 181; Thiselton, 1Cor, 719 drückt dieses besondere Verhältnis aus, indem er πατέρες mit *spiritual ancestors* übersetzt. So zutreffend diese Interpretation sein mag, so schwierig ist es, sie als angemessene Übersetzung zu übernehmen. Der Bezug zum später mehrfach genannten πνευματικός ist von Thiselton zwar intendiert, findet sich aber nicht im griechischen Text.

522 Alkier, Wunder, 184, hat zu Recht darauf hingewiesen, dass der Text hier gerade auch verändernd in die Syntagmatik der Intertexte eingreift: Während dem stereotypen Murren der Wüstengeneration in Exodus jeweils ein Strafwunder direkt folgt, bietet 1Kor 10 zunächst eine Auflistung der positiven Wunder in direkter Folge.

schnitt dar: Es folgt die kurze Feststellung des Missfallens Gottes gegenüber den Vorfahren und – als Folge – deren Tod in der Wüste. Während die ersten vier Verse Gott als Subjekt des positiven Wunderhandelns[523] allenfalls implizit voraussetzen, benennt Vers 5 ihn nun explizit als den, der nach freiem Willen straft: Ihm missfallen die durch die Wüste ziehenden Vorfahren (ohne dass dafür zunächst weitere Gründe genannt werden), und er handelt folglich direkt an ihnen,[524] indem sie dort hingestreckt werden.[525]

Wie bereits 1Kor 10,1 spricht auch 1Kor 10,6 wieder inklusiv von den τύποι *ἡμῶν* und verbindet damit die Welt der Wüstenwanderer mit der der Leserschaft des Briefs: Das zuvor (1Kor 10,1-5) Erzählte wird zum τύπος für die Rezipienten. Die weitgehend parallel aufgebauten Verse 1Kor 10,7-10 schließen sich inhaltlich an 1Kor 10,5 an, indem sie vor dem Hintergrund der Bestrafung der Wüstengeneration ethische Forderungen stellen. Die Aufforderung, nicht den Götzen zu dienen wird durch das einzige Schriftzitat im Abschnitt ergänzt und fundiert: ἐκάθισεν ὁ λαὸς φαγεῖν καὶ πεῖν καὶ ἀνέστησαν παίζειν.

Vers 11[526] resümiert schließlich und unterscheidet dabei zwischen Wüstenwanderern und Rezipienten des 1Kor: ταῦτα δὲ τυπικῶς συνέβαινεν *ἐκείνοις*, ἐγράφη δὲ πρὸς νουθεσίαν *ἡμῶν*, εἰς οὓς τὰ τέλη τῶν αἰώνων κατήντηκεν. Es fällt auf, dass an dieser Stelle in Zusammenhang mit νουθεσία das Objekt wechselt; während zuvor die Verse 1Kor 10,1-5 als τύπος für die *Leser* des 1Kor dienen, wird das in 1Kor 10,7-10 Dargelegte für die *Vorfahren* zum τύπος.[527] An den Hinweis darauf, dass die Verschriftlichung der Ausführungen zur νουθεσία für die Korinther dient, schließt sich dann die unmittelbar paränetische Aussage von 1Kor 10,12 an:[528] Ὥστε ὁ δοκῶν ἑστάναι βλεπέτω μὴ πέσῃ.

Ähnlich wie 1Kor 10,5 lässt 1Kor 10,13 wieder Gott als handelndes Subjekt im Mittelpunkt stehen. Während jedoch Vers 5 einen strafenden Gott beschreibt, der ohne Angabe näherer Umstände über Leben und Tod ent-

---

523 Vgl. Alkier, Wunder, 182, der explizit zwischen „Wundererzählungen, die von Gottes Fürsorge sprechen" und „göttlichen Strafwundern" differenziert.

524 Vgl. zur Bestimmung des γάρ und der damit zusammenhängenden Bestimmung des Bezugs zwischen den Versteilen 5a und 5b Schrage, 1Kor II, 396f.

525 Καταστρώννυμι ist hier im Gesamtkontext wohl als *passivum divinum* aufzufassen und schildert so die Vollstreckung des vorher beschriebenen göttlichen Urteils.

526 Vgl. zu Vers 11 besonders Hays, Schriftverständnis sowie zur gesamten Perikope ders., Conversion.

527 In diesem Zusammenhang sei darauf hingewiesen, dass die Einheitsübersetzung genau diese feine Unterscheidung eliminiert, wenn sie übersetzt: „Das aber geschah an ihnen, damit es *uns* als Beispiel dient; *uns* zur Warnung wurde es aufgeschrieben [...]".

528 Vgl. zu Vers 12 besonders Broer, Darum.

scheidet, betont Vers 13 die δικαιοσύνη und πίστις Gottes, die jeden Einzelnen dem jeweiligen Vermögen gemäß fordert.[529]

Die Mehrzahl der Kommentare sieht - wie auch alle gängigen deutschen Bibelübersetzungen - in 1Kor 10,14 den Beginn eines neuen Abschnitts.[530] Die Verse 1Kor 10,14f. lassen sich jedoch nur angemessen als *Brückenverse* verstehen, die wenigstens in gleicher Weise die Argumentation ab Vers 16 eröffnen und den Gedankengang nach Vers 13 abschließen. Gerade Vers 14 konkretisiert den Abschnitt 1Kor 10,1-13 mit Blick auf die grundlegende Frage seit 1Kor 8 - der εἰδωλολατρία, bevor Vers 15 zur Reflexion der Gesamtthematik auffordert. Während Vers 14 also auf *semantischer* Ebene an die Thematik des gesamten Abschnitts erinnert, liegt die Spitze des Verses 15 auf *pragmatischer* Ebene: Paulus wendet sich direkt an seine Leser, die er als φρόνιμοι bezeichnet. „Man wird darin weder ein *fishing for compliments* noch [...] eine Ironie sehen dürfen."[531] Dieser Befund wird aber erst dann offenbar, wenn man Vers 15 gerade nicht ausschließlich mit Blick auf 1Kor 10,16ff., sondern auf 1Kor 10,1-14 liest. Nur in diesem Zusammenhang wird deutlich, dass hier keine Thematik neu eingeführt wird, sondern die Frage des Verstehens, die bereits in 1Kor 10,1 aufgeworfen wurde (ἀγνοεῖν), zu einem gewissen Abschluss gebracht wird. Im Zentrum des zuvor Ausgeführten steht gerade die Aufforderung, anhand eines *exemplums* pragmatische Konsequenzen zu ziehen (τύπος und νουθεσία). Vers 15 hat somit nicht nur appellativen Charakter, er erwartet dieses verstehende Lesen auch durch die Bezeichnung der Angesprochenen als φρόνιμοι.

In der Zusammenfassung ergibt sich als Struktur eine ringförmige Komposition des Abschnitts 1Kor 10,1-15:

- Die Verse 1b-4 und 7-10 beziehen sich im engeren Sinne auf einer narrativen Ebene auf Erzählungen über die Wüstengeneration.
- Die Verse 5 und 13 verlassen diese Ebene, indem sie Gottes Handeln als Reaktion auf ein bestimmtes menschliches Verhalten beschreiben. Zunächst geschieht dies mit Blick auf die Vorfahren, dann aber auch bezüglich der angesprochenen Leserschaft der Gegenwart. Das Handeln Gottes, das sich in bestimmten Erzählungen manifestiert wird somit zur gemeinsamen Frage für die Wüsten-

---

529 Vgl. die inhaltlich enge Verbindung sowohl zur Treueaussage im Präskript (1Kor 1,9) als auch zum vorangegangen Kapitel, insbesondere zu 1Kor 9, 24-27.

530 Vgl. etwa Merklein, 1Kor II, 243: „Im Vorblick auf den weiteren Gedankengang ist zu bemerken: Der folgende Abschnitt 10,14-22 wird sich der sakramentalen Auswertung der christologischen Typologie zuwenden." Unter den größeren aktuellen deutschsprachigen Kommentaren bietet nur Wolff eine Gliederung in 1Kor 10,1-14 bzw. 1Kor 10,15-22.

531 Merklein, 1Kor II, 258f.

generation sowie für Autor und Leser des 1Kor.[532] Diese pragmatische Ebene findet mit den in den Versen 6 und 11 genannten Substantiven τύπος und νουθεσία ihren unmittelbaren Ausdruck.

- Die Verse 13 und 14 nennen aus der Argumentation folgende Konkretionen und stellen den Bezug zur übergeordneten Thematik der εἰδωλολατρία bzw. der εἰδωλόθυτα her.
- 1Kor 10,1a und 1Kor 10,15 rahmen den Abschnitt, indem sie sich wesentlich auf das Wortfeld des Verstehens beziehen. Der Einleitungsformel οὐ θέλω γὰρ ὑμᾶς ἀγνοεῖν folgt am Ende die ermutigende Anrede ὡς φρονίμοις. Die Angesprochenen sollen nicht unwissend bleiben, von ihnen wird aber das verstehende Lesen und Hören auch erwartet.

5.2 Zur intertextuellen Disposition

Bereits auf der syntaktischen Ebene hebt sich 1Kor 10,1 deutlich vom letzten Vers des neunten Kapitels ab. Der Autor, der eben noch in der 1. Person gesprochen hatte, lenkt den Blick nun auf οἱ πατέρες. Gleichzeitig ist ein Tempuswechsel vom Präsens in 1Kor 9,27 zum Imperfekt (ἦσαν) zu verzeichnen. Durch diese beiden Hinweise wird der Leser darauf hingewiesen, dass er zum Verständnis der folgenden Verse bestimmte enzyklopädische Informationen über vergangene Ereignisse benötigt. Der folgende Vers präzisiert diese Angaben, indem er auf Μωϋσῆς und damit auf einen ganz *bestimmten* Zusammenhang verweist. Mit den drei intertextuellen Signalen Subjektwechsel, Tempusänderung und der Nennung des Mosenamens verweisen die ersten anderthalb Verse des Kapitels auf eine *story*[533] außerhalb der Welt der Leser und außerhalb des 1Kor, ohne – etwa in Form eines Zitats – einen bestimmten Erzählzusammenhang explizit zu benennen.

Die Verse 3 und 4a lenken den Blick auf die Speisethematik, die sowohl in der erzählten Welt der Väter als auch in der der Angesprochenen eine Rolle spielt. Der Leser ist damit in der Lage, trotz eines gewissen Neuansatzes mit 1Kor 10,1 auch diese Verse in den großen – seit Kapitel 8 ausgeführten – Zusammenhang zu stellen. Vers 4b stellt nun nicht nur thematisch einen Bezug zwischen Angesprochenen und den Vorfahren her,

---

532 Vgl. dazu auch die verschiedenen Pronomina, die sich auf die erzählte Welt, aber auch auf Sender und Empfänger des Briefes beziehen: ἐκεῖνος (mit Bezug auf die Vorfahren) bzw. ἡμεῖς (mit Bezug auf die angesprochene ἐκκλησία).

533 Diese Disposition des ersten Verses, die auf ein explizites Zitat gerade verzichtet, macht deutlich, dass die folgenden Ausführungen „keine propositionale Aussage, keine allgemeine Wahrheit, auch nicht eine abgerundete Erzählung, sondern ein intertextueller Geschichtenpool" (Alkier, Wunder, 181) sind, die sich nicht mit Hilfe eines *einzelnen* Bezugstextes näher erklären lässt.

sondern bringt darüber hinaus Χριστός mit einem vergangenen (ἦν) Ereignis in der Geschichte in Zusammenhang. Im Folgenden bietet der Abschnitt dem Leser noch an weiteren Stellen besondere Hinweise zur intertextuellen Lektüre. Wie oben bereits ausgeführt, ist mit Vers 7 im Text eine einzige Passage für den Leser eindeutig als Schriftzitat („γέγραπται") markiert; der Vers bietet eine wortgetreue Wiedergabe von Ex 32,6 (LXX).[534]

Während die folgenden Verse 8-10 jeweils mittels Stichwortverknüpfung bzw. über die Kopula καθώς intertextuelle Verweise geben, bietet Vers 11 mit dem ἐγράφη noch einen besonderen Verweis auf die Schriftlichkeit aller zuvor erzählten Ereignisse (ταῦτα). Der Abschnitt bezieht sich somit nicht nur in ethischen Einzelfragen (Götzendienst, Unzucht, Versuchung, Murren),[535] sondern betont die unmittelbare Relevanz der Schrift für die Leserschaft.

1Kor 10 zeigt in besonderer Weise, dass sich über das explizite Zitat hinaus eine Reihe von Signalen ergibt, die den Leser zum Herstellen intertextueller Bezüge veranlassen. Im Abschnitt 1Kor 10,1-15 begegnen wenigstens fünf verschiedene Varianten solcher intertextueller Bezugnahme:

- über den semantischen Marker „Verwandschaft"[536] bzw. persönlichen Bezug der Leserschaft,[537]
- mittels Stichwortverknüpfung,[538]
- durch ein Zitat mit klassischer Einleitungsformel,[539]
- über Propositionen bzw. (Spruch)Weisheiten,[540] die sowohl die Gültigkeit wie auch die überzeitliche Bedeutung eines bestimmten Sachverhaltes betonen,
- durch eine Form von *narrative intertextuality*[541] bzw. über *narrative Abbreviaturen*[542], die auf verschiedene Erzählzusammenhänge in anderen Textkorpora verweisen und deren Gesamtheit für das Verständnis voraussetzen.

Die folgende Übersicht stellt diese unterschiedlichen Formen der Bezugnahme zwischen dem Diskursuniversum des 1Kor und der Welt der Vorfahren - hier mit „Exodus" bezeichnet - zusammenfassend dar:

---

534 Paulus verändert lediglich die Form πιεῖν in πεῖν. Zum hebräischen Äquivalent לְצַחֵק und zur Übersetzung im Zusammenhang vgl. unten Abschnitt 5.3.4.

535 Vgl. zu den einzelnen Vergehen Schrage, 1Kor II, 398-402.

536 Vgl. 1Kor 10,1: ἡμῶν.

537 Vgl. 1Kor 10,11: ἐγράφη δὲ πρὸς νουθεσίαν ἡμῶν.

538 Vgl. 1Kor 10,2-4: ἐβαπτίσθησαν / βρῶμα / ἔφαγον / ἔπιον / πόμα / ἔπινον Χριστός.

539 Vgl. 1Kor 10,7: ὥσπερ γέγραπται· ἐκάθισεν ὁ λαὸς φαγεῖν καὶ πεῖν καὶ ἀνέστησαν παίζειν.

540 Vgl. 1Kor 10,12f.: "Ὥστε ὁ δοκῶν ἑστάναι βλεπέτω μὴ πέσῃ." ..." πιστὸς δὲ ὁ θεός.

541 Vgl. grundlegend Keesmaat, Paul.

542 Vgl. Reinmuth, Allegorese. Beispiele hierfür finden sich etwa in all jenen Versen, die über ein καθώς das Verhalten der Leser mit einem bestimmten Verhalten der Vorfahren in Bezug setzen und dabei immer auf eine Gesamterzählung hinweisen.

Vers	„Exodus“	intertextuelle Bezugnahme	1Kor
1	ὅτι οἱ πατέρες πάντες ὑπὸ τὴν νεφέλην ἦσαν καὶ πάντες διὰ τῆς θαλάσσης διῆλθον	ἡμῶν	Οὐ θέλω γὰρ ὑμᾶς ἀγνοεῖν, ἀδελφοί,
2	καὶ πάντες εἰς τὸν Μωϋσῆν ἐν τῇ νεφέλῃ καὶ ἐν τῇ θαλάσσῃ	ἐβαπτίσθησαν	
3		καὶ πάντες τὸ αὐτὸ πνευματικὸν βρῶμα ἔφαγον	
4	γὰρ ἐκ πνευματικῆς ἀκολουθούσης πέτρας, ἡ πέτρα δὲ ἦν	καὶ πάντες τὸ αὐτὸ πνευματικὸν ἔπιον πόμα· ἔπινον ὁ Χριστός.	
5	Ἀλλ' οὐκ ἐν τοῖς πλείοσιν αὐτῶν εὐδόκησεν ὁ θεός, κατεστρώθησαν γὰρ ἐν τῇ ἐρήμῳ.		
6	Ταῦτα δὲ κἀκεῖνοι ἐπεθύμησαν.	καθὼς	τύποι ἡμῶν ἐγενήθησαν, εἰς τὸ μὴ εἶναι ἡμᾶς ἐπιθυμητὰς κακῶν,
7	τινες αὐτῶν, ἐκάθισεν ὁ λαὸς φαγεῖν καὶ πεῖν καὶ ἀνέστησαν παίζειν.	καθώς ὥσπερ γέγραπται·	μηδὲ εἰδωλολάτραι γίνεσθε
8	τινες αὐτῶν ἐπόρνευσαν καὶ ἔπεσαν μιᾷ ἡμέρᾳ εἴκοσι τρεῖς χιλιάδες.	καθώς	μηδὲ πορνεύωμεν,

9	τινες αὐτῶν ἐπείρασαν καὶ ὑπὸ τῶν ὄφεων ἀπώλλυντο.	καθώς	μηδὲ ἐκπειράζωμεν τὸν Χριστόν,
10	τινὲς αὐτῶν ἐγόγγυσαν καὶ ἀπώλοντο ὑπὸ τοῦ ὀλοθρευτοῦ.	καθάπερ	μηδὲ γογγύζετε,
11	τυπικῶς συνέβαινεν ἐκείνοις	ταῦτα δὲ	ἐγράφη δὲ πρὸς νουθεσίαν ἡμῶν, εἰς οὓς τὰ τέλη τῶν αἰώνων κατήντηκεν.
12		Ὥστε ὁ δοκῶν ἑστάναι βλεπέτω μὴ πέσῃ.	
13		πιστὸς δὲ ὁ θεός,	πειρασμὸς ὑμᾶς οὐκ εἴληφεν εἰ μὴ ἀνθρώπινος· ὃς οὐκ ἐάσει ὑμᾶς πειρασθῆναι ὑπὲρ ὃ δύνασθε ἀλλὰ ποιήσει σὺν τῷ πειρασμῷ καὶ τὴν ἔκβασιν τοῦ δύνασθαι ὑπενεγκεῖν.
14			Διόπερ, ἀγαπητοί μου, φεύγετε ἀπὸ τῆς εἰδωλολατρίας.
15		ὅ φημι.	ὡς φρονίμοις λέγω· κρίνατε ὑμεῖς

5.3 Das Handeln Gottes und das angemessene Schriftverständnis (Intertextuelle Lektüren)

5.3.1 Das intertextuelle setting

5.3.1.1 Exodus - Buch, Text, Erzählung oder Motiv?

Die Verse 1Kor 10,1-2 liefern dem Leser sowohl mit Blick auf den Inhalt als auch mit Blick auf die zeitliche Verortung deutliche Hinweise, welcher (Erzähl)Zusammenhang als intertextuelle Basis für die folgenden Ausführungen zu bedenken ist: Auf der inhaltlichen Ebene wird auf eine Welt verwiesen, die durch die Person Μωϋσῆς geprägt ist und in der νεφέλη und θάλασσα eine Rolle spielen. Zudem wird vom Leser offensichtlich Kenntnis über bestimmte Geschehnisse vorausgesetzt, da Wolke und Meer jeweils mit bestimmten Artikel (τήν bzw. τῆς) eingeführt und darüber hinaus nicht weiter erläutert werden.[543] Zeitlich beziehen sich die ersten beiden Verse auf Ereignisse in der Vergangenheit, was auf semantischer Ebene einerseits durch die Tempuswahl (ἦσαν) und andererseits durch den Bezug auf die Vorfahren (οἱ πατέρες) deutlich wird.

Bereits die ersten Verse des Kapitels verlangen auf pragmatischer Ebene in mehrfacher Hinsicht vom Leser sich zum Gehörten zu verhalten. Zunächst macht die Erwähnung der Person Μωϋσῆς sowie der Verweis auf νεφέλη und θάλασσα (in Verbindung mit dem bestimmten Artikel) unmissverständlich klar, dass die folgenden Ausführungen ohne semantische Kompetenz mit Blick auf diese Begriffe nicht zu verstehen sind. Ob der Autor diese Kenntnis voraussetzt oder seinen Brief gerade als Lektüreanweisung für bestimmte andere Texte verstanden haben möchte, lässt sich an dieser Stelle nicht eindeutig klären.[544] Unabhängig von dieser

---

543 Vgl. Thiselton, 1Cor, 724: „The definite article (the cloud) and lack of explanation suggest that OT material is known and used."

544 Noch schwieriger wird die Diskussion, wenn man versucht, aus den paulinischen Briefen Informationen über die vom realen Autor vorausgesetzten bzw. in der realen Hörerschaft vorhandenen Schriftkenntnisse zu erheben. Wolfgang Schrage vermutet, dass hier nicht allzu viel vorausgesetzt werden kann: „Wie weit Paulus bei seinen Adressaten eine Kenntnis der Zitate oder gar ein durch gottesdienstliche Lesung erworbenes Erkennen auch von nicht markierten Bibelstellen oder Anspielungen voraussetzen kann, muß offen bleiben, ist m.E. aber eher unwahrscheinlich." (Bedeutung, 2) Ausführlicher wird diese Frage diskutiert bei Stanley, Pearls und ders., Arguing with Scripture sowie in der Auseinandersetzung mit Stanleys Thesen etwa bei Abasciano, Diamonds. Stanley betont mehrfach, dass „most of Paul´s allusions and echoes (along with his unmarked citations) would have gone unnoticed by the bulk of his first-century audiences." (Stanley, Pearls, 133). Aus der Perspektive der Intertextualitätsdebatte zeigt diese Diskussion zweierlei: Genauso wie eine ausschließlich autorenzentriert-traditionsgeschichtliche Untersuchung neutestamentlicher Texte führt auch eine rein rezeptionsorientierte Betrachtung in Aporien. Das gilt erst recht dann, wenn versucht wird, über die Frage von Textstrategien des Modell-

Frage nach der Textintention bleibt die pragmatische Spitze bestehen: Der Leser wird aufgefordert ein bestimmtes enzyklopädisches Wissen zum Verständnis von 1Kor 10 einzusetzen, das er im vorliegenden Text selbst nicht vorfindet.

Weiterhin fällt auf, dass der Text - obwohl später[545] durchaus direkt auf die Schrift rekurriert wird - den Exodus-Bezug nicht mit einem expliziten Schriftzitat oder Schriftverweis einleitet. 1Kor 10,1 betont vielmehr die - nicht näher charakterisierte - Realität (Indikativ ἦσαν) des Schicksals der Vorfahren. Der Bezug wird zu Beginn des Abschnitts über den Namen Μωϋσῆς hergestellt - ein Name, der dem Leser des 1Kor bereits in 1Kor 9,9 begegnet ist. Dort steht er allerdings explizit im Zusammenhang mit einem bestimmten *Schrift*korpus: ἐν γὰρ τῷ Μωϋσέως νόμῳ γέγραπται. Mit der Nennung des Mosenamens ist somit die grundlegende Frage berührt, ob - mit Eco gesprochen - zum Verständnis des Kapitels stärker allgemeine oder intertextuelle Szenographien maßgeblich sind. So klar der Text einerseits für die Interpretation einzelner Motive und Begriffe enzyklopädische Kompetenz vom Leser erwartet, so unklar bleibt zu Beginn des Abschnitts die Art und Weise der Bezugnahme, die mit Μωϋσῆς, νεφέλη und θάλασσα im Blick sind. Es ist somit nicht nur Aufgabe des Lesers, diese Begriffe mit Informationen außerhalb von 1Kor näher zu bestimmen.[546] Vielmehr wird neben der Frage, *worauf* sich der Text bezieht, bereits zu Anfang eine weitere gestellt, nämlich *welcher Art* dieser Bezug ist.

Die Klärung dieser Fragen determiniert jedoch die Interpretation der gesamten Perikope in wenigstens dreifacher Hinsicht. Zum Ersten entscheidet sich an dieser Stelle die *formale bzw. gattungsspezifische Klassifikation* von 1Kor 10, die - je nach Perspektive - sehr unterschiedlich ausfallen kann.[547] Jede dieser Bestimmungen enthält dabei Urteile über die Art

autors mit Blick auf den Modellleser hinauszugehen und Aussagen über die historische Kommunikationssituation zu treffen. Zweitens ist es gerade deshalb lohnend, methodisch zwischen der vom Text vorausgesetzten Enzyklopädie und jeweils ganz konkreten Lektüren (des 1. Jahrhunderts oder auch in anderen Kontexten) zu differenzieren.

545 Vgl. z.B. 1Kor 10,7 oder 1Kor 10,11.

546 Vgl. Eco, Lector, 28, der betont, dass die „übercodierten Szenographien das Ergebnis vorausgehender *intertextueller* Zirkulation [sind]. Die Gesellschaft vermag eine enzyklopädische Information nur dann zu registrieren, wenn diese von vorausgegangenen Texten erstellt worden ist. Enzyklopädie oder Thesaurus sind das Destillat (in Form von Makropropositionen) anderer Texte. Es handelt sich um eine Zirkularität, die eine strenge Untersuchung nicht unbedingt entmutigen muß: das Problem besteht nur darin, so rigoros vorzugehen, daß von dieser Zirkularität auch Rechenschaft gegeben werden kann."

547 Die drei verbreiteten Richtungen in der Forschungsgeschichte bestimmen den Abschnitt als allegorische Predigt, midraschartigen Exkurs oder als typologische Paränese. Vgl. zur Forschungsgeschichte hier Wolff, 1Kor, 212-214. Pointiert beschreibt

und Weise, wie und ob auf andere Texte Bezug genommen wird. Zum Zweiten bedingt die intertextuelle Bezugnahme auf andere Texte ganz entscheidend den *semantischen Gehalt* des Abschnitts. Es wird zu zeigen sein, dass sich der Text insbesondere durch eine Offenheit mit Blick auf die in Frage kommenden Intertexte auszeichnet, d.h. nicht eindeutig in eine bestimmte Richtung aufzulösen ist. Zum Dritten hängt damit untrennbar die *pragmatische Komponente* zusammen: Was ist das Ziel des Rückgriffs auf Mose und die Vorfahren und in welcher Weise führt dieser Rückgriff zu einer Handlungsanweisung für die in der Gegenwart Angesprochenen?

Somit lässt sich zwar einerseits deutlich ein über die Stichwörter Mose, Wolke und Meer hergestellter, über 1Kor 10 hinausweisender Bezug zum Exodus konstatieren. Andererseits ergeben sich damit wiederum neue Probleme: Der Begriff Exodus vermag ebenso wenig wie die genannten Einzelbegriffe die Art und Weise dieses Bezugs zu klären, da er selbst wiederum wenigstens auf vierfache Art und Weise mit Inhalt gefüllt werden kann:

- „Erstens bezeichnet er das Exodusbuch, wie es überliefert ist, mit dem durch die LXX eingeführten Begriff ἔξοδος.
- Zweitens meint der Begriff Exodus die Erzählung, die in der Schrift vom ersten Kapitel des Exodusbuches bis zum Ende des Josuabuches erzählt ist, also die Darstellung der Befreiungsgeschichte Israels bis zu ihrer Vollendung mit dem Leben im Land, das JHWH den Eltern Israels versprochen hatte - eine Einteilung also, die die geläufigen Grenzen der jeweiligen Kanonteile überschreitet.
- Drittens sind mit dem Begriff ‚Exodus' die inhaltlich entscheidenden Komponenten dieser Geschichte ausgedrückt, nämlich die Befreiung und der Aufruf zum Leben dieser Freiheit einerseits und das Segnen JHWHs und die Anerkennung seiner einzigartigen Macht und Stärke andererseits.

---

etwa Merklein (1Kor II, 244) 1Kor 10 als typologisch-paränetisch geprägt: „Die Beispiele, auf die Paulus in den folgenden Versen verweist, sind in ihrer Auswahl nur von ihrer Ausrichtung auf Christus hin verständlich. Das Verfahren ist also das einer Typologie (vgl. V.6). Zur Typologie gehört immer Ähnlichkeit und Unähnlichkeit. Ohne Ähnlichkeit gäbe es keine Vergleichbarkeit zwischen Typos und Antitypos. Doch erst die übersteigernde Unähnlichkeit verleiht der Vergleichbarkeit ihre spezifisch typologische Eigenart. Der Typos ist auf den Antitypos hin angelegt. Erst im Antitypos gelangt das im Typos Angelegte zu seiner Eigentlichkeit. Dies gilt auch und insbesondere von der hier vorliegenden Typologie. Die den Vergleich ermöglichende Kontinuität ergibt sich aus dem einleitenden Begriff ‚unsere Väter', der die Wüstengeneration mit der Christengemeinde verbindet. Paulus sieht also keinen Bruch zwischen Israel und Kirche."

- Und viertens schließlich liest der exemplarische Autor […], wenn er ‚Exodus' liest, eben nicht nur die kanonisierte Schrift, sondern auch deuterokanonische bzw. zwischentestamentliche Texte."[548]

Diese prinzipielle Viergestaltigkeit des Exodus-Bezugs in 1Kor 10 ist grundlegend für die nachfolgenden Ausführungen. Bereits durch die Einleitung des Kapitels wird deutlich, dass der Text Spielräume für unterschiedliche Lektüren lässt.

5.3.1.2 Wolke und Meer

Die folgenden Informationen, die der Text gibt, lassen dagegen deutlich werden, dass mit dem Bezug zum Exodus ein ganz bestimmter Kontext, und damit ein spezifisch inter*textueller* Rahmen im Blick sind. Zum intertextuellen *setting* des gesamten Abschnitts gehören nämlich die Vorstellung, dass sich die Vorfahren unter einer Wolke befanden (ὑπὸ τὴν νεφέλην ἦσαν), durch das Meer hindurchzogen (διὰ τῆς θαλάσσης διῆλθον) und – wohl am bemerkenswertesten – alle εἰς τὸν Μωϋσῆν getauft wurden. Der Text verweist mit dem Bild von Wolke und Meer somit auf zwei besondere Bestandteile der Exodusgeschichte, die sich aus verschiedenen Einzeltexten zusammensetzt:

- Die erste Aussage, die mit den Vorfahren in Zusammenhang gebracht wird, verweist über das Bild der Wolke auf den Gott, der sich ihnen offenbart und den Weg zeigt: **ὁ δὲ θεὸς ἡγεῖτο** αὐτῶν ἡμέρας μὲν ἐν στύλῳ **νεφέλης δεῖξαι αὐτοῖς τὴν ὁδόν** τὴν δὲ νύκτα ἐν στύλῳ πυρός (Ex 31,21). Mit der Wolke wird somit auf ein ganz bestimmtes Element des Exodus verwiesen, das charakteristisch für die Gesamterzählung ist: Es ist Gott, der den Menschen die Aussicht auf Befreiung gibt und ihnen den Weg dorthin weist.
- Unterstützt wird diese Aussage noch durch den Verweis auf das Meer – ein pointiertes Aufgreifen von Ex 14,21f.: ἐξέτεινεν δὲ Μωϋσῆς τὴν χεῖρα ἐπὶ τὴν θάλασσαν καὶ **ὑπήγαγεν κύριος** τὴν θάλασσαν ἐν ἀνέμῳ νότῳ βιαίῳ ὅλην τὴν νύκτα καὶ ἐποίησεν τὴν θάλασσαν ξηρὰν καὶ ἐσχίσθη τὸ ὕδωρ καὶ εἰσῆλθον οἱ υἱοὶ Ισραηλ εἰς μέσον τῆς θαλάσσης κατὰ τὸ Ξηρὸν καὶ τὸ ὕδωρ αὐτοῖς τεῖχος ἐκ δεξιῶν καὶ τεῖχος ἐξ εὐωνύμων. Auch hier tritt Gott – der hebräische Text verwendet das Tetragramm – als aktiv Handelnder auf.

Neben diesen intertextuellen Bezügen zu Einzeltexten aus dem Exodusbuch lassen sich weitere Bezugstexte nennen, die aufgrund ihrer Motivik für 1Kor 10 interessant sind. Neh 9,9-20, Ps 77,12-41(LXX), Ps 104,39-41(LXX) sowie Ps 105(LXX) enthalten jeweils wesentliche Grundelemente

[548] Schiffner, Lukas, 306. Kerstin Schiffners Überlegungen zur Exoduslektüre des Lukas lassen sich an diesem Punkt sicherlich auch auf 1Kor übertragen. Vgl. auch Hays, Befreiung.

von 1Kor 10, insbesondere die Motive Wolke und (Durchzug durch das) Meer sowie den Bezug zur Person des Mose. Beispielhaft für diese intertextuellen Parallelen lassen sich in Neh 9 die πατέρες ἡμῶν (Neh 9,9), der Durchzug durch das Meer (Neh 9,11), die Führung durch die Wolkenbzw. Feuersäule (Neh 9,12.19), die Person des Μωϋσῆς (Neh 9,14) sowie die Speisung durch ἄρτον ἐξ οὐρανοῦ und Wasser aus dem Felsen (Neh, 9,15.20) nennen. Trotz dieser Parallelen Motive lassen sich aber auch eine Reihe von Abweichungen feststellen: „Neh 9 ist insofern aufschlussreich, als es einmal die in 1Kor 10,1 überraschend erscheinenden ‚unseren Väter' erklären kann und zum anderen auf einem relativ kleinen Raum zentrale Elemente von 1Kor 10,1-4 aufweist. Diese Beobachtung bleibt erhalten, auch wenn auf der anderen Seite Abweichungen und Unterschiede ins Auge fallen. Es fehlt das sich durchziehende Stichwort ‚alle'; es wird in 1Kor 10,2 gerade kein Wert auf das trockene Durchschreiten des Meeres gelegt; weiter fällt auf, daß in 1Kor 10 die Wolke gerade vor dem Meer genannt wird und daß sie nur allgemein als Wolke und nicht differenziert als Wolken- und Feuersäule Verwendung findet. Es fehlen darüber hinaus in Neh 9 der Bezug des Mose zum Durchschreiten des Meeres, selbstverständlich auch eine Deutung als Taufe und ebenso die Terminologie der pneumatischen Speise und des pneumatischen Trankes. Mose ist in Neh 9 ausschließlich als Mittler des Gesetzes genannt und von Bedeutung. Das bedeutet, daß die sachliche Nähe die terminologische eindeutig übersteigt. Stellt man mit Blick auf Ps 77 LXX und 104 LXX ein gewisses Grundmuster (Meer, Wolke, Manna, Fels) in Rechnung, so weist 1Kor 10 eine andere Reihenfolge – Wolke vor Meer – auf, die einer Klärung bedarf. Alle diese Punkte führen zu dem Schluß, daß Neh 9 nicht als direkte Vorlage für 1Kor 10 in Frage kommt. Lediglich ein Rückgriff auf einen mit bestimmten Grundelementen versehenen Geschichtsablauf ist denkbar. Es fehlt insbesondere jeglicher Bezug zu einem wandernden Felsen!"[549]

Auch die weiteren o.g. intertextuellen Bezugstexte aus dem Psalter bieten unterschiedliche Motivbezüge[550] zu 1Kor 10. Keiner dieser intertextuellen Bezüge kann jedoch als so umfassend bezeichnet werden, dass sich 1Kor 10,1-4 „aus einem einzigen zusammenhängen Text erklären läßt."[551] Der Exodusverweis des paulinischen Textes lässt sich somit weder ausschließlich durch Rekurs auf das Buch Exodus, noch mit Bezug auf einzelne, die Exodusthematik aufgreifende Passagen aus Prophetie und Psalter erhellen.

549 Habermann, Präexistenaussagen, 203.
550 Vgl. für eine detaillierte Aufstellung ebd., 203f.
551 Braumann, Taufverkündigung, 18.

5.3.1.3 Die Person des Mose und die Mosetaufe

Das Bild der Mosetaufe in 1Kor 10,2 verstärkt diese Problematik noch einmal, da ein solches Motiv „nirgendwo in jüdischen Texten nachweisbar“[552] ist. Damit kann zur Erläuterung des paulinischen Textes in diesem Fall auf keine Vorlage verwiesen werden. Auf der Basis dieses negativen Befundes stellt die Einordnung der Mosetaufe am ehesten vor Probleme und fällt in der exegetischen Diskussion durchaus unterschiedlich aus:

- Einige Arbeiten[553] betonen, dass die hier gebrauchte Taufformel korrekt mit „auf den Namen des Mose getauft werden“[554] wiederzugeben ist, der Text also als εἰς τὸ ὄνομα gelesen werden müsse.[555] Die Parallelisierung zwischen Gegenwart und Vergangenheit über die Mosetaufe sei v.a. deswegen möglich, weil nicht die Taufhandlung, sondern der theologische Gehalt der Taufe im Mittelpunkt stehe: „Geht man vom primären Heilssinn der Taufe aus, und das gebietet der Kontext, erscheint Mose eher als Heilsmittler für Israel.“[556] Eine solche Verbindung zwischen der Zeit der Vorfahren und der gegenwärtigen (endzeitlichen)[557] ἐκκλησία, zwischen Wüstenzeit und Messiaszeit sei - darauf verweist Schrage[558] - Allgemeingut zeitgenössich-jüdischer Tradition.[559]
- Demgegenüber haben verschiedene Kommentatoren jedoch immer wieder auch nach Vergleichspunkten gesucht, die die korinthische Tauf*praxis* mit den Geschehnissen des Exodus in Beziehung zu setzen suchen. Eine solche Position findet man etwa bei Christian Wolff, der mit Blick auf die Vergleichbarkeit der Mosetaufe mit der korinthischen Taufe feststellt: „Vielmehr liegt das formale Tertium comparationis zwischen Durchzug durch das Meer und Taufe in dem Umschlossensein von Wasser, so wie nach dem tannaitischen Midrasch Mekhilta zu Ex 14,16 das Schilfmeer beim Durchzug der Israeliten eine Art Gewölbe bildete.“[560] Dagegen nimmt Helmut Merklein kritisch zu verschiedenen solcher Versuche Stellung und fasst zusammen: „Die Wolke paßt nur schwer zur Taufe. Aber auch das Wasser des Schilfmeers paßt nur indirekt

552 Schrage, 1Kor II, 390.
553 Als Vertreter sei hier exemplarisch Wolfgang Schrage genannt.
554 Vgl. Schrage, 1Kor II, 390.
555 Vgl. 1Kor 1,13.
556 Schrage, 1Kor II, 391.
557 Vgl. 1Kor 10,11: τέλη τῶν αἰώνων.
558 Vgl. Schrage, 1Kor II, 391 (Exkurs).
559 Vgl. hierzu weiter unten die Ausführungen zu 1Kor 10,11 (Abschnitt 5.3.4).
560 Wolff, 1Kor, 214. Wolff fährt fort: „Bei der Bemerkung über das Sein unter der Wolke ist wahrscheinlich an Ex 14,19f. (vgl. Weish 10, 17f.; 19,7.) gedacht, wo die Wolkensäule, die gewöhnlich dem Volk vorauszog, vor dem Durchzug durch das Meer plötzlich hinter das Volk trat, um es vor den Ägyptern zu trennen.“

dazu, da das Volk trockenen Fußes durch das Meer zog, das ausgetrocknet (Ex 14,21a [Jahwist]) war bzw. rechts und links wie eine Mauer stand (Ex 14,22b [Priesterschrift]). Oder setzt Paulus, wie MekY zu Ex 14,6 (36a), eine Art Tunnel voraus (‚Das Meer wurde gespalten, es wurde wie eine Wölbung [Tunnel] …'), so daß ‚Umschlossensein von Wasser' der Vergleichspunkt wäre."[561] Die Ausführungen kommen jedoch zum Schluss, dass das „Beispiel von der Wolke und vom Meer […] seine Konsistenz weniger durch den Gehalt seiner Elemente"[562] gewinnt, sondern vielmehr „die Auswahl des Typos bereits mit Blick auf den Antitypos"[563] geschieht.

- Anthony C. Thiselton betont in seinem Kommentar, dass die Parallelisierung von Christustaufe und Mosetaufe nur schwerlich mit Blick auf die Art und Weise der Tauf*handlung* möglich sei. Man müsse die Taufe viel eher als von Gott selbst bewirktes Geschehen begreifen: „First, they all enjoyed the protection and guidance of the cloud, which represented the presence of God to lead them (Exod 13:21; 14:19-20), and all experienced the redemptive act of God which brought them out of bondage in Egypt through the Sea of Reeds by God's saving action to the new state of existence won for God's covenant people. Because these events constitute a paradigm for redemption (from bondage, by God's saving act, to a new lifestyle and reality, Exod 14:19-22) Paul finds it appropriate to denote this as a baptismal-like redemptive experience of grace."[564] Die besondere Bestimmung eines Taufgeschehens als Taufe εἰς bzw. εἰς τὸ ὄνομα erkläre sich aus dem jeweiligen Machtbereich: „The significance of baptized in relation to Moses is not least to identify the participating nature of their status and experience. Baptism signifies being bound up with the one in whose name, or in whose sphere of influence, a person is baptized, so that in Paul Christian baptism signifies above all else identification with Christ, especially identification with Christ's saving death and resurrection."[565]

Eine Deutung wie sie Thiselton vorstellt, geht also in erster Linie von einer Handlung Gottes aus; der Vergleichspunkt zwischen Christustaufe und Mosetaufe wäre dann gerade, dass beide Namen auf ein Geschehen hinweisen, in dem sich Gott in besonderer Weise offenbart. In dieser intertextuellen Perspektive verändern sich auch die Übersetzungsmöglichkeiten

561 Merklein, 1Kor II, 245.
562 Schrage, 1Kor II, 244.
563 Ebd., 245.
564 Thiselton, 1Cor 724.
565 Ebd.

von 1Kor 10,1f.: Während ein einfaches *koordinierendes* καί die erneute Nennung von Wolke und Meer (ἐν τῇ νεφέλῃ καὶ ἐν τῇ θαλάσσῃ) als bloße, an dieser Stelle unangebrachte Wiederholung erscheinen lässt, wird mit einem *καί-explicativum* bzw. *καί-consecutivum* das Besondere des Verses deutlich. Als Übersetzung ist daher vorzuziehen: *[...] dass unsere Vorfahren alle unter der Wolke waren und alle durch das Meer hindurchgingen und somit auf Mose in der Wolke und im Meer getauft wurden.*[566]

Die Formel „καὶ πάντες εἰς τὸν Μωϋσῆν ἐβαπτίσθησαν" ist – wie Schrage richtigerweise feststellt – „in Analogie zu εἰς Χριστὸν βαπτίζεσθαι gebildet worden und dementsprechend nirgendwo in jüdischen Schriften nachweisbar, wenngleich manche Exegeten Hinweise darauf haben wollen, daß man im Judentum den Durchzug durchs Rote Meer als eine Art Taufe in Analogie zur Proselyten-Taufe verstanden habe."[567] Gerade wenn man diesem Urteil zustimmt und konstatiert, dass der Text hier weder durch Zitat noch durch Anspielung auf eine bestimmte Tradition auf andere Texte verweist, hat das Stichwort der Mosetaufe doch enormes intertextuelles Potential. Aus intertextueller Perspektive ist das Motiv der Mosetaufe in zweifacher Hinsicht von besonderer Relevanz:

- Erstens erscheint ἐβαπτίσθησαν hier als narrative Abbreviatur und somit als Hinweis auf den Kern eines umfangreichen Erzählzusammenhangs: Mit dem Namen des Mose verbindet Paulus ein besonderes Eingreifen Gottes in die Wirklichkeit des Kosmos, mit der Taufe eine grundlegende Veränderung der individuellen und kollektiven Existenz. Es geht hier um dieses Verständnis der Taufe und nicht in erster Linie um die äußeren Zeichen des Wassers.[568] 1Kor 10 *rezipiert* somit an dieser Stelle das Motiv des in die Geschichte eingreifenden Gottes und bezeichnet die besondere Bindung der Vorfahren über die Mittlerfigur des Mose als Taufhandlung.
- Zweitens ist innerhalb der Logik des 1Kor, der – spätestens seit 1Kor 8 – explizit von der Einschreibung Christi in die Geschichten der Vorfahren ausgeht, nach dessen Bedeutung für die Mosetaufe

566 Eine ähnlich Übersetzung schlägt auch Wolff vor: „Das den Korinthern gewiß nicht unbekannte Exodusgeschehen wird nun gedeutet, und hierin liegt das eigentlich Neue. Es wird die ausdrückliche Beziehung zur Taufe hergestellt. καί ist daher am besten in folgerndem Sinne („und so") zu verstehen." (Wolff, 1Kor, 215). Wolff kommt somit – auch wenn er das tertium comparationis zwischen Exodusgeschehen und Welt der Korinther anders bestimmt als Thiselton – zu ähnlichen Folgerungen für die Übersetzung.

567 Schrage, 1Kor II, 390.

568 Gegen eine sakramentale Deutung von Manna, Wolke und Meer wendet sich auch Witherington, Conflict, 219: „He is not arguing that the Red Sea crossing was a sacrament (v. 2), since actually the Israelites went across on dry ground and did not get wet. Nor is he suggesting that the manna was in some sense a sacramental food just like the Lord´s Supper."

der Vorfahren zu fragen. Habermann vertritt in diesem Zusammenhang die Position, dass Paulus in 1Kor 10,2 durchaus hätte formulieren können „und die Wolke war Christus“[569]. Er geht dabei von einer parallelen Struktur bei Herrenmahl und Taufe aus: „Im alttestamentlichen Heilsgeschehen erfolgt die Taufe zwar ‚auf Mose‘, was in direkter Entsprechung von der Taufe ‚auf Christus‘ abgeleitet ist, aber so wenig den betroffenen Menschen ein Bezug zu späterer Zeit und späteren Generationen deutlich war, so sehr steht doch hinter der Taufe wie bei der Speisung mit Manna und (als Fels) mit dem Wasser der Präexistente. Er vollzieht das geschichtliche Handeln Gottes bereits zur Zeit des Meeresdurchzuges und der wunderbaren Ernährung. [...] Ist der Herr über die Taufe der Christen der Erhöhte, so ist der Herr über die Taufe bei Mose der Präexistente. Die Entsprechung ist zwar nicht so explizit formuliert wie bei dem Herrenmahl, ist aber entsprechend denkbar.“[570] Diese Interpretation führt sicherlich über die expliziten Aussagen in 1Kor 10 hinaus, ist aber als logische Folge der intertextuellen Einschreibung der Person Christi in den Exodus[571] durchaus denkbar. Auf diese Art und Weise *rezipiert* 1Kor 10 nicht nur einzelne Motive aus der Exoduserzählung, sondern liefert gleichzeitig eine *Neuinterpretation.*

Der Abschnitt 1Kor 10,1-15 beginnt daher nur vordergründig mit dem Verweis auf einen intertextuellen Erzählzusammenhang, in dessen Mittelpunkt das Schicksal der πατέρες ἡμῶν steht. Deren In-Beziehung-Setzen mit der ἐκκλησία der Gegenwart – beginnend mit der Taufe in Vers 2, fortgesetzt dann in den folgenden Versen – hat hier zunächst einmal auch nur am Rande paränetische Funktion. Innerhalb dieser Logik erklärt sich auch die Veränderung der syntagmatischen Struktur der Exodusüberlieferung. Die ersten Verse haben innerhalb des Kapitels zunächst einmal die Funktion, das besondere Handeln Gottes in den Blickpunkt zu rücken und verzichten daher auf den für die Exodusüberlieferung typischen unmittelbaren Zusammenhang von Aktion der Wüstenwanderer und unmittelbarer göttlicher Reaktion. Mit dem intertextuellen *setting,* das bereits 1Kor 10,1f. in einen engen Bezug zum Exodusgeschehen stellt, wird zu Beginn des Kapitels an einen Gott erinnert, der seine πίστις gerade dadurch unter Beweis stellt, indem er zu verschiedenen Zeiten über einen Taufakt (ἐβαπτίσθησαν) Menschen in die κοινωνία ruft.

569 Habermann, Präexistenzaussagen, 216.

570 Ebd.

571 Vgl. hierzu ausführlich unten Abschnitt 5.3.3.

5.3.2 βρῶμα und πόμα - Sakrament oder Wunder?

Ab Vers 3 kommt der Text explizit auf Speise und Trank zu sprechen und kehrt damit direkt zur seit Beginn des achten Kapitels dominierenden Frage nach den εἰδωλόθυτα. In Anschluss an 1Kor 8[572] wird die Frage allerdings auch in 1Kor 10 nicht als konkretes gemeindliches Problem der Korinther betrachtet, obwohl sicherlich in solchen Fragen die Motivation zum Aufgreifen des Themas liegen kann. Die Speisethematik wird vielmehr von 1Kor 10,1f. her entfaltet, so dass der Leser durch den zuvor gegebenen intertextuellen Verweis auf die Moseerzählung(en) dazu aufgefordert wird, diese Texte auch als Schlüssel zum Verständnis von βρῶμα und πόμα heranzuziehen. Während die Speisethematik in 1Kor 8 Anlass für Erörterungen zum Wesen Gottes war, betrachtet nun 1Kor 10 βρῶμα und πόμα in erster Linie als göttliche Gabe im Rahmen des Exodus.

Die angemessene Interpretation von βρῶμα und πόμα in 1Kor 10,3f. ist - insbesondere in Verbindung mit dem Attribut πνευματικός - in der exegetischen Diskussion durchaus umstritten. Einen wesentlichen Anteil an dieser Pluralität haben verschiedene intertextuelle Lektüren bzw. unterschiedliche Bewertungen der für die Interpretation relevanten Bezugstexte. Die folgenden Ausführungen greifen diese Diskussion auf, indem versucht wird, 1Kor 10,3f. im intertextuellen Zusammenspiel mit dreierlei Textkorpora zu betrachten.

5.3.2.1 Die jüdischen γραφαί als enzyklopädische Voraussetzung

Der 1Kor - so wurde bisher vielfach gezeigt - setzt für sein angemessenes Verständnis eine Reihe von Texten aus dem Bereich der jüdischen γραφαί voraus.[573] Nachdem die ersten beiden Verse mit ihren intertextuellen Verweisen den Erzählzusammenhang des Exodus als für die Interpretation des Kapitels maßgeblichen Geschichtenpool benannt haben, ist zunächst auch

572 Vgl. oben die Ausführungen in Kapitel 4.

573 Das ist sicherlich eine sehr viel vorsichtigere Einschätzung als eine Kontinuität zwischen jüdischen Schriften und paulinischen Briefen über die Person des Paulus selbst als gegeben anzusehen. Wenigstens zwei eklatante Unterschiede sind auszumachen: (1) Ein Verweis auf andere Texte muss aus dem vorliegenden Text selbst heraus zu begründen sein. Hieraus resultiert die Rede vom Modellleser bzw. impliziten Leser auf der einen und dem Modellautor bzw. impliziten Autor auf der anderen Seite. Lektüren, die aus einem gegebenen Text Rückschlüsse auf expliziten Autoren bzw. explizite Leserschaft ziehen möchten, verlassen sukzessive das Feld der Textinterpretation und unterliegen der Gefahr, Texte zur Generierung historischer Rückschlüsse zu instrumentalisieren. (2) Kontinuität und Diskontinuität bzw. Unterschiedlichkeit und Vergleichbarkeit zwischen mehreren Texten lässt sich nur schwerlich *a priori* postulieren. Sie können bspw. für einen Abschnitt im 1Kor gelten und für einen anderen wiederum nicht. Die Antwort auf die Frage, welche intertextuellen Bezüge für einen gegebenen Text von Bedeutung sind, verlangt somit immer eine Interpretationsarbeit und entscheidet sich daher im konkreten Akt der Lektüre.

die Frage nach Speise und Trank im intertextuellen Rahmen des Exodus zu klären. Aus produktionsorientierter Perspektive lässt sich daher konstatieren: „Mit den Stichworten ‚Speise' und ‚Trank' wird in den VV. 3.4.a auf die wunderbare Speisung durch das Manna (Ex 16,13-36) und das Wasser, das Mose aus dem Felsen schlug (Num 20,1-11; Ex 17,1-7), angespielt."[574]

Wenn es auch aufgrund des intertextuellen Rahmens als wahrscheinlich gelten darf, dass die genannten Stellen für 1Kor 10 bedeutsam sind, bleiben mit einer solchen traditionsgeschichtlichen Überlegung eine Reihe offener Fragen an den Korinthertext bestehen. Auffällig ist v.a. dass sowohl βρῶμα als auch πόμα mit dem Attribut πνευματικός belegt werden, und damit innerhalb einer Wendung auftauchen, die weder für Ex 16f. noch für Num 20 bezeugt ist. Der Leser, der gerade diese Verbindung mit Hilfe intertextueller Lektüren verstehen will, ist daher auf andere Texte angewiesen, die die Wüstenspeisung ansprechen bzw. βρῶμα und πόμα mit besonderen Attributen versehen. In den vorpaulinischen Schriften des Judentums, finden sich unterschiedliche Stellen, die die Wüstenspeisung thematisieren, allerdings ohne Speise und Trank jemals explizit mit dem Attribut πνευματικός zu versehen:

- *Ps 77,24f. (LXX)* bezeichnet die Wüstenspeisung als Himmels- bzw. Engelsbrot: καὶ ἔβρεξεν αὐτοῖς μαννα φαγεῖν καὶ **ἄρτον οὐρανοῦ** ἔδωκεν αὐτοῖς **ἄρτον ἀγγέλων** ἔφαγεν ἄνθρωπος ἐπισιτισμὸν ἀπέστειλεν αὐτοῖς εἰς πλησμονήν
- *Ps 104,40f. (LXX)* verbindet himmlische Speise und Trank explizit mit dem Felsen[575]: ᾔτησαν καὶ ἦλθεν ὀρτυγομήτρα καὶ **ἄρτον οὐρανοῦ** ἐνέπλησεν αὐτούς διέρρηξεν πέτραν καὶ ἐρρύησαν ὕδατα ἐπορεύθησαν ἐν ἀνύδροις ποταμοί.
- *Weish 16,20* betont mit der Wendung ἄρτον ἀπ' οὐρανοῦ stärker den Ursprung der Speisung: ἀνθ' ὧν ἀγγέλων τροφὴν ἐψώμισας τὸν λαόν σου καὶ ἕτοιμον **ἄρτον ἀπ' οὐρανοῦ** παρέσχες αὐτοῖς ἀκοπιάτως πᾶσαν ἡδονὴν ἰσχύοντα καὶ πρὸς πᾶσαν ἁρμόνιον γεῦσιν
- *Neh 9,20* verbindet Manna und Trank mit dem Begriff πνεῦμα: καὶ **τὸ πνεῦμά** σου τὸ ἀγαθὸν ἔδωκας συνετίσαι αὐτοὺς καὶ τὸ **μαννα** σοῦ οὐκ ἀφυστέρησας ἀπὸ στόματος αὐτῶν καὶ **ὕδωρ** ἔδωκας αὐτοῖς τῷ δίψει αὐτῶν.

Mit Blick auf die vorpaulinischen Schriften, die im *Corpus Paulinum* gemeinhin als γραφαί bezeichnet werden, lassen sich – wie in den aufgeführten Stellen – also ausschließlich Verbindungen aufzeigen, die das Brot in der Wüste mit den Attributen „himmlisch" bzw. als „Engelsbrot" bezeichnen. Die Speisungserzählungen aus Exodus selbst, aber auch die verschie-

---

574 Merklein, 1Kor II, 245.

575 Vgl. den nächsten Abschnitt.

denen weiteren Textstellen, die innerhalb alttestamentlichen Schriften auf die Wüstenspeisung Bezug nehmen, haben zweierlei gemeinsam: Sie kennen nicht die Zuordnung des Attributs πνευματικός, sie beschreiben aber alle auf unterschiedliche Weise die Speisung in der Wüste als Wunderhandeln Gottes. Dies geschieht entweder, indem Gott selbst die Speisungen ankündigt[576] oder diese mit Attributen versehen werden, die ihre Herkunft aus dem unmittelbaren Umfeld Gottes deutlich werden lassen.[577]

Die entscheidende Frage ist daher nicht, ob sich eine traditionsgeschichtliche Linie zwischen diesen Texten und 1Kor 10 ziehen lässt. Wesentlicher für die Interpretation des 1Kor ist die Frage, wie Paulus umgekehrt bestimmte Texte liest, d.h. wie sich deren Semantik unter einer *relecture* aus der Perspektive des 1Kor verändert. Die angeführten Speisungserzählungen der alttestamentlichen Exodustradition sind zunächst und in erster Linie Erzählungen über das Wunderhandeln Gottes,[578] die – durch das Attribut πνευματικός ergänzt – im 1Kor auf besondere Weise in Bezug zur Speisepraxis der Angesprochenen gesetzt werden. 1Kor 10,3f. übernimmt somit auf intratextueller Ebene im 1Kor eine entscheidende Brückenfunktion zwischen der allgemeinen Frage nach dem Essen, der Götzenopferproblematik und der sakramentalen Bedeutung von Brot und Wein, wie er spätestens ab 1Kor 10,16[579] und später in 1Kor 11 ausführlich angesprochen wird.

Auf diese Weise verändert die intertextuelle Lektüre von 1Kor 10 mit alttestamentlichen Texten die Interpretation *beider* Ausgangstexte. Während die alttestamentlichen Texte für sich genommen in erster Linie Gottes Wunderhandeln betonen, hebt der paulinische Text hervor, dass Speise und Trank als πνευματικός zu bezeichnen sind. Durch das Hinzuziehen der alttestamentlichen Texte verändert sich so das Bild von βρῶμα und πόμα in 1Kor 10: Speise und Trank werden als Ergebnis des göttlichen Wunderhandelns gekennzeichnet. Aber auch umgekehrt verändert 1Kor 10 die Lektüre der o.g. alttestamentlichen Texte, indem der Text βρῶμα und πόμα innerhalb der Exodusgeschichte als πνευματικός bezeichnet. Obwohl der paulinische Text dieses Attribut in einen anderen Text einschreibt, wird diese Veränderung nicht als Revision oder gar (nachträgliche) Verfälschung der Schrift verstanden. 1Kor 10,3f. nimmt vielmehr für sich in An-

576 Vgl. etwa Ex 16,11f.: „Und der Herr sprach zu Mose: Ich habe das Murren der Israeliten gehört. Sage ihnen: Gegen Abend sollt ihr Fleisch zu essen haben und am Morgen von Brot satt werden und sollt innewerden, dass ich, der Herr, euer Gott bin."

577 Etwa ἄρτον οὐρανοῦ oder ἄρτον ἀγγέλων.

578 Völlig zu Recht bezeichnet Alkier (Wunder, 183f.) die Verse 1Kor 10,1-4 zunächst einmal als Schilderung „göttlicher Machttaten" und „göttlicher Wundergaben".

579 Τὸ ποτήριον τῆς εὐλογίας ὃ εὐλογοῦμεν, οὐχὶ κοινωνία ἐστὶν τοῦ αἵματος τοῦ Χριστοῦ; τὸν ἄρτον ὃν κλῶμεν, οὐχὶ κοινωνία τοῦ σώματος τοῦ Χριστοῦ ἐστιν;

spruch, dass der um das Attribut πνευματικός erweiterte Schrifttext immer noch die legitimierende Autorität der Schrift besitzt.[580]

Innerhalb des Diskursuniversums des 1Kor erscheint die Zuschreibung dieses Attributes schon deswegen plausibel, weil πνευματικός auch an weiteren Stellen innerhalb des Briefs nicht als eigenständige immaterielle Macht gedacht wird, sondern als Ausdruck der wunderbaren Kraft Gottes Verwendung findet:

- 1Kor 9,11: εἰ ἡμεῖς ὑμῖν τὰ πνευματικὰ ἐσπείραμεν, μέγα εἰ ἡμεῖς ὑμῶν τὰ σαρκικὰ θερίσομεν;
- 1Kor 12,1: περὶ δὲ τῶν πνευματικῶν, ἀδελφοί, οὐ θέλω ὑμᾶς ἀγνοεῖν.
- 1Kor 15,44: σπείρεται σῶμα ψυχικόν, ἐγείρεται σῶμα πνευματικόν. Εἰ ἔστιν σῶμα ψυχικόν, ἔστιν καὶ πνευματικόν.
- 1Kor 15,46: ἀλλ' οὐ πρῶτον τὸ πνευματικὸν ἀλλὰ τὸ ψυχικόν, ἔπειτα τὸ πνευματικόν.

Der Gebrauch von πνευματικός in 1Kor 10 ist sicherlich in dieser Reihe zu sehen, so dass man Thiselton zustimmen kann: „As we should expect in Paul's use of spiritual, the adjective does not mean immaterial, but that which is provided by the spirit of God […], with all the 'hallmarks' of what is regarded as a miraculous provision."[581] Diese Zuschreibung favorisiert auch Hofius: „Sie (Brot und Wein) sind vielmehr, wie der Apostel selbst in 1Kor 10,3f. erklärt, πνευματικὸν βρῶμα und πνευματικὸν πόμα, d.h. Gaben von überirdischer, himmlischer Herkunft und Art."[582] Eine solche Deutung schließt nicht aus, dass darüber hinaus mit πνευματικός ein bestimmtes Wirken des göttlichen Geistes im Blick ist: „Daß die Herrenmahlliturgie der paulinischen Gemeinden eine derartige Bitte um das Herabkommen des Heiligen Geistes auf das eucharistische Brot und den eucharistischen Kelch gekannt haben *könnte,* – das zu erwägen erlaubt uns die Bezeichnung der heiligen Gaben als ‚geistliche Speise' und ‚geistlicher Trank' (1Kor 10,3f.). Es ist nämlich keineswegs ausgeschlossen, daß das Epitheton πνευματικός nicht bloß auf den himmlisch-übernatürlichen Charakter der eucharistischen Gaben, sondern zugleich auch auf das Wirken Gottes durch seinen Geist hinweisen soll."[583]

---

580 Vgl. die Indikative ἔφαγον und ἔπιον – Dieser Aspekt wird noch sehr viel deutlicher bei der Untersuchung des Motivs des präexistenten Christus. Auch dort betont der 1Kor mit einer nachdrücklichen Realitätsaussage (ἦν), dass der begleitende Fels Christus war. Natürlich findet der Autor Paulus diese Aussage nicht *expressis verbis* in den Schriften, und trotzdem geht 1Kor 10,4 von der unbedingten Schriftgemäßheit dieser Tatsache aus (vgl. auch 1Kor 10,1, der ja ausdrücklich bemerkt, dass es im Folgenden um das Wissen geht).

581 Thiselton, 1Cor, 726.

582 Hofius, Herrenmahl, 395.

583 Vgl. zu diesen Ausführungen Hofius, Herrenmahl, 404.

5.3.2.2 πνευματικός und das Herrenmahl des frühen Christentums

Neben der Nennung der Taufe in Vers 2 führt 1Kor 10,16 mit den Verweisen auf den ποτήριον τῆς εὐλογίας bzw. das ἄρτον ὃν κλῶμεν explizit die Abendmahlsthematik in den Brief ein. Es lässt sich daher fragen, in welcher Weise mit den Verweisen βρῶμα und πόμα in 1Kor 10,1-4 bereits diese Thematik vorweggenommen bzw. vorbereitet wird. Zur Erhellung dieser Frage trägt ein Blick auf Didache 10 bei: Dort werden im Unterschied zu den alttestamentlichen Bezugstexten Speise und Trank nicht nur ausdrücklich mit dem Attribut πνευματικός belegt, sondern auch direkt in sakramentalem Kontext verwendet: σύ δέσποτα παντοκράτορ ἔκτισας τὰ πάντα ἕνεκεν τοῦ ὀνόματός σου τροφήν τε καὶ ποτὸν ἔδωκας τοῖς ἀνθρώποις εἰς ἀπόλαυσιν ἵνα σοι εὐχαριστήσωσιν ἡμῖν δὲ ἐχαρίσω **πνευματικὴν τροφὴν καὶ ποτὸν** καὶ ζωὴν αἰώνιον διὰ τοῦ παιδός σου. V.a. mit Bezug auf diesen Abschnitt aus der Kirchenordnung konstatiert Merklein: „Als Bezug auf das Herrenmahl wird man auch die Qualifizierung als ‚geistliche' Speise und ‚geistlichen' Trank verstehen müssen (vgl. Did 10,3)."[584] Thiselton dagegen betont, dass mit πνευματικός gerade nicht die Konnotation der nachapostolischen Zeit eingetragen werden dürfe: „The terms τὸ αὐτὸ πνευματικὸν βρῶμα and τὸ αὐτὸ πνευματικὸν πόμα [...] allude to the manna (Exod 16:4, 14-18) and to the miraculous water which flowed from the rock struck by Moses (Exod 17:6; Num 20:7-13). [...] In spite of numerous claims that spiritual food and drink become synonyms for the eucharistic elements in the subapostolic period (eg. Didache 10:3, πνευματικὴν τροφὴν καὶ ποτόν), such a meaning cannot be read back into Paul. In its OT context 'spiritual' food denotes *manna* provided by God as a miracle, while in the NT and especially in Paul πνευματικός denotes that which is of God's Spirit."[585]

Während 1Kor 10 von pneumatischer Speise und pneumatischem Trank zunächst im Kontext der wunderbaren Speisung innerhalb des Exodusgeschehens spricht und die Abendmahlsthematik im engeren Sinn erst ab Vers 16 aufgreift, findet man in Did 10,1-4 beide Perspektiven in direkter Verbindung. Der gesamte Abschnitt ist einerseits unmittelbar auf die Feier des Herrenmahls bezogen und verwendet in diesem Zusammenhang das Attribut πνευματικός für Speise und Trank. Gleichzeitig werden diese - in Analogie zu den o.g. alttestamentlichen Texten - primär als göttliche Gaben verstanden. Besonders in den Blick kommt in der Didache außerdem die angemessene menschliche Reaktion auf die göttliche Speisung. Πνευματική τροφή und ποτόν sind unmittelbar auf Danksagung durch alle Menschen angelegt (ἵνα σοι εὐχαριστήσωσιν).[586]

---

584 Merklein, 1Kor II, 245.

585 Thiselton, 1Cor, 726.

586 In der Didache präsentiert sich ein gänzlich anderes Schema mit Blick auf die göttliche Speisung als in der Exodustradition. Alkier (Wunder, 183), weist darauf hin, dass

Did 10,1	Sagt aber nach der Sättigung auf solche Weise Dank:	Μετὰ δὲ τὸ ἐμπλησθῆναι οὕτως εὐχαριστήσατε
Did 10,2	Wir danken dir, heiliger Vater, für deinen heiligen Namen, den du hast Wohnung nehmen lassen in unseren Herzen, und für die Erkenntnis und den Glauben und die Unsterblichkeit, die du uns kundgetan hast durch Jesus, deinen Sohn. Dir sei die Ehre für die Ewigkeiten.	Εὐχαριστοῦμέν σοι πάτερ ἅγιε ὑπὲρ τοῦ ἁγίου ὀνόματός σου οὗ κατεσκήνωσας ἐν ταῖς καρδίαις ἡμῶν καὶ ὑπὲρ τῆς γνώσεως καὶ πίστεως καὶ ἀθανασίας ἧς ἐγνώρισας ἡμῖν διὰ Ἰησοῦ τοῦ παιδός σου σοὶ ἡ δόξα εἰς τοὺς αἰῶνας
Did 10,3	Du Herrscher, Allmächtiger, hast alles geschaffen um deines Namens willen; Speise und Trank hast du den Menschen gegeben zum Genuss, damit sie dir Dank sagen; uns aber hast du geistliche Speise und Trank geschenkt und ewiges Leben durch deinen Sohn.	σύ δέσποτα παντοκράτορ ἔκτισας τὰ πάντα ἕνεκεν τοῦ ὀνόματός σου τροφήν τε καὶ ποτὸν ἔδωκας τοῖς ἀνθρώποις εἰς ἀπόλαυσιν ἵνα σοι εὐχαριστήσωσιν ἡμῖν δὲ ἐχαρίσω πνευματικὴν τροφὴν καὶ ποτὸν καὶ ζωὴν αἰώνιον διὰ τοῦ παιδός σου
Did 10,4	Für alles sagen wir dir Dank, weil du wirkmächtig bist. Dir sei die Herrlichkeit für die Ewigkeiten.	πρὸ πάντων εὐχαριστοῦμέν σοι ὅτι δυνατὸς εἶ σοὶ ἡ δόξα εἰς τοὺς αἰῶνας

Mit Blick auf die sakramentale Bedeutung der Ausdrücke πνευματικὸν βρῶμα bzw. πνευματικὸν πόμα wird man nach der Lektüre des Abschnittes aus der Didache sicherlich dem Urteil Thiseltons zustimmen müssen: Der Verweis auf Did 10 bietet offensichtlich keine ausreichende Textbasis für das Argument, 1Kor 10,1-4 sei in erster Linie mit Blick auf die korinthische Abendmahlspraxis *konzipiert* worden. Liest man 1Kor 10 in einer rezeptionsorientierten Perspektive im Zusammenhang mit Did 10,1-4 verändert diese Lektüre dagegen die Interpretation des paulinischen Texts. 1Kor 10, 1-4 *kann* sicherlich mit Blick auf das Abendmahl *gelesen* werden. Did 10 kann als unmittelbares Beispiel für eine solche Textrezeption gelten, die Speise und Trank aus 1Kor 10,3f. in unmittelbarem Zusammenhang zum ποτήριον τῆς εὐλογίας in 1Kor 10,16ff. stellen. Eine solche rezeptionsorien-

in 1Kor 10 gerade das typische syntagmatische Schema der Wundererzählungen im Exodus durchbrochen wird: „Von einiger Bedeutung für das Verständnis von 10,1-13 ist es, anzuführen, was in den Versen 10,1-4 gegenüber der biblischen Exodusgeschichte fehlt, nämlich das Murren des Volkes, wie es dort stereotyp bei allen Gefahren und Problemen, die den jeweiligen Wundern vorausgehen, auftritt (vgl. Ex 14,10-12; 15,24; 16,2f; 17,3)." In der biblischen Exodustradition geht den (Speisungs-) Wundern Murren voraus und folgt auf die Wunderhandlung. Did 10,3 hebt dagegen hervor, dass gerade auf die göttliche Speise nur angemessen mit menschlichem Dank reagiert werden kann.

tierte Betrachtungsweise kann jedoch nicht für sich beanspruchen, auf einer produktionsorientierten Ebene der Enzyklopädie von 1Kor 10 zu entsprechen.

Der zweite Aspekt, den diese intertextuelle Lektüre von 1Kor 10 und Did 10 hervorhebt, wird in der Forschungsliteratur - im Gegensatz zur Frage nach dem sakramentalen Charakter von Speise und Trank - kaum diskutiert: Weil Speise und Trank als göttliche Gaben zu verstehen sind, ist die Danksagung seitens der Menschen (ἵνα σοι εὐχαριστήσωσιν) eine angemessene Reaktion auf Essen und Trinken. Die göttliche *actio* bedarf einer unmittelbaren menschlichen *reactio*. Verfolgt man den Verlauf der Argumentation von 1Kor 10 auf der Basis dieser Wechselbeziehung weiter, verändert sich auch die Perspektive auf das Zitat in 1Kor 10,7: Das Aufstehen, Tanzen und Spielen nach dem Essen erscheint nun gerade als nicht angemessene Reaktion auf die von Gott gegebene Speise.

Zu Recht bemerkt Richard Hays zur Stelle: „Indeed, the people's central act of infidelity, the worship of the golden calf in Exod 32, is not explicitly described at all; instead, it is suggestively evoked by the oblique quotation of Exod 32.6, which connects idolatry with sitting down to 'eat and drink' - a connection that has considerable rhetorical force in Paul's argument against *eating* and *drinking* in pagan temples. This is a wonderful example of the figurative device of metalepsis: the full force of the quotation is apparent only to a reader who recognizes its original narrative context. Paul is arguing *from* the story, not narrating it as something new to his audience. The thing that is new here is the way in which he brings the narrative of Israel into metaphorical conjunction with the issues that the Corinthians face."[587] Mit Blick auf die Textproduktion trifft die Feststellung Hays´, dass die volle Bedeutung des Zitats nur von einem Leser verstanden werden kann, der Ex 32,6 mit der Erzählung vom Goldenen Kalb und damit mit einer Geschichte des Götzendienstes in Verbindung bringt, sicherlich zu. Liest man 1Kor 10,7 nun in Zusammenhang mit Did 10, so erschließt sich über eine andere intertextuelle Lektüre eine ähnliche Interpretation. Das in 1Kor 10,7 beschriebene Verhalten erscheint nicht in erster Linie als (äußere) Verehrung von Götzen*bildern*, sondern als fehlende bzw. mangelhafte Reaktion auf die Speisung durch Gott. In der produktionsorientierten intertextuellen Lektüre, die Hays näher untersucht, erfüllt der narrative Kontext von Ex 32 die Funktion, Essen und Trinken mit bestimmten Fragen der Gottesdienstpraxis zu verknüpfen. Die intertextuelle Lektüre mit Did 10 vermag aus rezeptionsorientierter Perspektive eine vergleichbare Verbindung herzustellen: Essen und Trinken (im sakramentalen Kontext) ist untrennbar verknüpft mit einem bestimmten Verhalten gegenüber Gott.

Zur semantischen Bestimmung von πνευματικός wie für βρῶμα und πόμα ist offensichtlich die Wahl des Intertexts, den der Leser bei der Lektüre

[587] Hays, Conversion (NTS), 398.

hinzuzieht entscheidend. Insgesamt werden solche intertextuellen Lektüren, die versuchen 1Kor 10 im Rahmen einer Enzyklopädie der paulinischen Gemeinden im 1. Jahrhundert zu lesen, stärker Aspekte des Wunderbaren betonen. Dies ergibt sich allein durch die vom Text selbst gegebenen Verweise auf die Exodusgeschichte, die 1Kor 10,1-4 zunächst als Beschreibung des wunderbaren Handeln Gottes erscheinen lassen. Alleine die Bezeichnung als πνευματικὸν βρῶμα bzw. πνευματικὸν πόμα stellen Speise und Trank noch nicht in den Kontext des Herrenmahls.[588] Erst eine intertextuelle Lektüre, die stärker von späteren Texten - wie etwa Did 10,3 - geprägt ist, wird vermehrt Fragestellungen aus dem Bereich der Sakramente in den Vordergrund stellen und somit in 1Kor 10,1-4 eine Antizipation der Thematik von 1Kor 10,16ff. erkennen.

5.3.2.3 βρῶμα und πόμα im Licht ausgewählter Midraschtexte

Die Frage nach Speise- und Trankwundern beschäftigt nicht nur die Schriften des Alten Testaments und die Schriften des frühen Christentums, sondern findet ihre Fortsetzung in der Midrasch-Literatur.[589] Intertextuelle Lektüren, die 1Kor 10 im Zusammenhang mit diesen Traditionen untersuchen, sind freilich nicht mehr an der Frage interessiert, welche Textverweise im Text selbst angelegt sind. Sie fragen vielmehr - rezeptionsorientiert - nach Sinneffekten, die sich für Leser späterer Jahrhunderte ergeben.

Einen besonderen Fall stellen in diesem Zusammenhang die nach den Schriften des Neuen Testaments entstandenen Midraschim dar. Für eine intertextuelle Lektüre mit 1Kor 10 bietet sich die Midraschliteratur aus zwei Gründen besonders an:

- In den späteren Texten zeigt sich die weitere Bearbeitung der Exodusthematik neben bzw. in Auseinandersetzung mit christlichen Rezeptionen.
- Im Gegenüber zu den Midraschim kann auch die formale Gestaltung von 1Kor 10 - von vielen Exegeten[590] als midraschartig qualifiziert - näher diskutiert werden.

Die folgenden Ausschnitte aus dem Midrasch Schemot Rabba (ExR)[591] arbeiten in ihrer Exodusrezeption ebenfalls mit dem Motiv des wunderbar handelnden Gottes und bieten damit ein Gegenüber zur christlichen, auf sakramentale Fragen bezogenen, Auslegungsgeschichte. So führt etwa ExR

588 Inwieweit eine solche Verknüpfung durch andere Elemente - etwa die Vorstellung von Christus als dem Spender des Wassers - nahe gelegt wird, ist Gegenstand der Untersuchungen in Abschnitt 5.3.3.

589 Vgl. auch Schrage, 1Kor II, 392, FN 59.

590 Vgl. exemplarisch Luz, Geschichtsverständnis, 118f.

591 Zu Schemot Rabba vgl. grundlegend Stemberg, Einleitung, 303f. Eine Datierung des Gesamtwerkes fällt schwer. Teile stammen wahrscheinlich schon aus dem 9./10. Jahrhundert, als Gesamtwerk findet ExR zu Beginn des 13. Jahrhunderts Erwähnung.

25 zu Ex 16,4 aus: „Und so wird Gott auch einst jedem das geben, was er verlangt. Wenn du dich darüber wunderst, so betrachte nur, was er für die Israeliten in dieser Welt gethan hat. Er liess das Manna fallen, worin alle Arten von Geschmack waren und jeder Israelit schmeckte das, was er gern haben wollte; denn so heisst es Deut. 2,7: ‚Die ganzen vierzig Jahre war der Ewige, dein Gott, mit dir und es mangelte dir nichts.' Wünschte er etwas zu essen und sagte er: Wenn ich doch Gemästetes zu essen hätte, so hatte er in seinem Munde gleich den Geschmack von Gemästetem. Wenn sie den Wunsch nach etwas aussprachen, so befriedigte Gott ihren Willen."[592]

In der wunderbaren Speisung sieht der Text einen Ausdruck für die Fähigkeit Gottes, Gesetze der Schöpfung auch außer Kraft zu setzen: „[...] Bei den Menschen kommt das Wasser von oben und das Brot von unten, bei Gott ist es aber nicht so, sondern da kommt das Wasser von unten d.i. der Brunnen, wie es heisst Num. 21,27: „Steig herauf, Brunnen" u.s.w., und das Brot kommt von oben, wie es heisst: ‚Siehe, ich lasse euch Brot vom Himmel regnen.' Das wollen die Worte sagen: ‚Es giebt keinen, der wie du ist unter den Göttern, Ewiger, und nichts gleicht deinen Werken.' Oder: ‚Siehe ich lasse euch Brot vom Himmel regnen.' In Verbindung mit Prov. 9,5: (Die Weisheit spricht) ‚Kommt, esset von meinem Brote und trinket von dem Wein, den ich gemischt habe.' Gott sprach: Wem habt ihr es zu verdanken (eig. wer verursachte es euch), vom Manna zu essen und aus dem Brunnen zu trinken? Weil ihr die Satzungen und die Rechtsvorschriften angenommen habt, wie es heisst Ex. 15,25: ‚Dort gab er ihm (dem Volke) Satzung und Recht', also im Verdienste meines Brotes habt ihr das Brot des Manna empfangen, und im Verdienste des Weins, den ich gemischt habe, habt ihr das Wasser des Brunnens getrunken, wie es heisst: ‚Und trinket von dem Wein, den ich gemischt habe.' Und warum haben sie nicht ein Lied über das Manna angestimmt, wie sie es über den Brunnen angestimmt haben? Weil sie beim Manna ungeziemende Reden ausgestossen hatten s. Num. 11,6: ‚Und jetzt ist unsre Seele vertrocknet, nichts ist da.' Da sprach Gott: Ich verlange weder eurer Murren, noch eure Lobpreisungen, darum gab er ihnen nur die Erlaubnis, wegen des Brunnens ein Lied zu singen, weil sie ihn lieb gewonnen hatten s. Num. 21,17: ‚Steige auf Brunnen, singet ihm.' Oder: ‚Siehe, ich lasse euch Brot vom Himmel regnen.' In Verbindung mit Ps. 23,5: ‚Du richtest einen Tisch vor mir an in Gegenwart meiner Feinde.' Wann haben die Israeliten das gesagt? Als sie aus Aegypten zogen und die Völker sprachen: Diese werden einst in der Wüste sterben. Sie sprachen nämlich Ps. 78,19: ‚Vermag auch Gott in der Wüste einen Tisch anzurichten?' Was that Gott? Er umgab sie unten mit dem Gewölk der Herrlichkeit, wie es heißt Deut. 8,16: ‚Der dich mit Manna in der Wüste speiste', und das Manna lag höher als die Gewässer der Fluth s. Ps. 78,23: ‚Er gebot den Wolken von oben und öffnete die Himmelspforten', und bei der Fluth

592 Zitiert nach Wünsche, Bibliotheca, 189f.

heisst es Gen 7,11: ‚Und die Schleussen des Himmels thaten sich auf.' Die Völker sahen nun die Israeliten lagern und essen und Gott preisen, wie es heisst Ps. 23,5: ‚Du richtest vor mir an einen Tisch vor meinen Feinden, du salbst mit Oel mein Haupt' d.i. die Wachteln, ‚und mein Becher fliesst über' d.i. der Brunnen. Und so wird er auch einst kommen und essen und die Völker werden es sehen und seufzen und stöhnen, wie es heisst Jes. 65,13: ‚Siehe, meine Knechte essen und ihr hungert.'"[593]

Die Ausführungen von ExR sind gerade deswegen für die intertextuelle Lektüre von 1Kor 10 gleichermaßen interessant wie von Bedeutung, da sie diesen auf inhaltlicher und hermeneutischer Ebene in anderem Licht erscheinen lassen. Mit Blick auf den Inhalt zeigen die wenigen Passagen, wie sich die Auslegung der Speisung aus der Exodustradition im Wesentlichen weiterhin einer Semantik des Wunderbaren bedient. Die Gabe der Nahrung wird in erster Linie als göttliches Wunder verstanden, eine Handlung für die der Schöpfer die von ihm selbst gegebene Schöpfungsordnung explizit zu durchbrechen in der Lage ist. Auf hermeneutischer Ebene zeigt sich aber, dass der paulinische Text gerade nicht an der midraschartigen Auslegung einer bestimmten Textstelle interessiert ist.

5.3.2.4 βρῶμα und πόμα – Sakrament und Wunder

Die verschiedenen Lektüren lassen erkennen, dass sich die Vorstellungen von 1Kor 3f. nicht in einer intertextuellen Perspektive eindeutig auflösen lassen; das gilt jedenfalls dann, wenn man nicht einer bestimmten intertextuellen Konstellation eine vorrangige Stellung einräumt.[594] Es zeigen sich jedoch zwei Deutungssphären, die Speisung entweder stärker als Ausdruck des wunderbaren Handelns Gottes sehen, oder einen Bezug zur Sakramentenfrage in den Vordergrund rücken. Die zwei möglichen Deutungen sind dabei nicht als einander ausschließende Optionen zu verstehen, sondern als unterschiedliche legitime intertextuelle Lektüren, die die Leerstellen, die von 1Kor 10,3f. durch die syntaktische Verbindung von βρῶμα, πόμα und πνευματικός geboten werden, unterschiedlich ausfüllen.

5.3.3 πέτρα und Χριστός – Einschreibung in die Geschichte der πατέρες

Der Abschnitt 1Kor 10,4b.c (ἔπινον γὰρ ἐκ πνευματικῆς ἀκολουθούσης πέτρας, ἡ πέτρα δὲ ἦν ὁ Χριστός.) wirft bereits auf intratextueller Ebene eine Vielzahl

593 Zitiert nach Wünsche 192f. Vgl. auch ShemR 38 zu Ex 29,1: „Rabban Simeon ben Gamliel hat gesagt: Gross ist die Liebe zu Israel, dass Gott ihretwegen die Ordnung der Schöpfung ändert zu ihrem Wohl, denn er liess ihnen das Manna vom Himmel fallen und von der Erde Thau ihnen aufsteigen […]" (Zitiert nach Wünsche 276f.).

594 Vgl. wiederum Merz, Selbstauslegung, 19, die dem historischen Umfeld der Textproduktion die Rolle als Korrektiv zuspricht.

von Fragen auf, die verschiedene intertextuelle Lektüren motivieren können. Zwei größere Fragenkomplexe sind dabei von besonderem Interesse:

- Zunächst lassen sich aus 1Kor 10,4 nur unzureichende Informationen über das Syntagma ἡ πέτρα erheben. Im Wesentlichen zeichnet sich dieser Fels durch drei Kennzeichen aus: Er wird wie Speise und Trank mit dem Attribut πνευματικός belegt und es fällt gerade als Besonderheit auf, dass der Fels nicht statisch, sondern als (sich) bewegender (ἀκολουθούσης) vorgestellt wird. Schließlich wird er als Ursprung des Tranks für die Wüstenwanderer bezeichnet.
- Der zweite Fragenkomplex, der nicht nur für 1Kor 10,4, sondern für die Interpretation des ganzen Kapitels von großer Bedeutung ist, betrifft die nähere Klärung der Identifikation ἡ πέτρα δὲ ἦν ὁ Χριστός, also in letzter Konsequenz die semantische Bestimmung des ἦν.

1Kor 10,4b.c wird zudem innerhalb des narrativen Abschnittes der Verse 1-5 durch Betonung des durativen Aspekts besonders hervorgehoben - auf den Aorist **ἔπιον** πόμα folgt das Imperfekt **ἔπινον** γὰρ ἐκ πνευματικῆς ἀκολουθούσης πέτρας. 1Kor 10 verweist demnach nicht nur auf den Erzählzusammenhang des Exodus; das Kapitel unterscheidet auch innerhalb dieser intertextuellen Bezugnahme zwischen punktuellen und länger andauernden Handlungssträngen. 1Kor 10,4 stellt somit noch einmal pointiert ein wesentliches Problem des gesamten Abschnitts vor Augen: Wie lässt sich die Form der Bezugnahme zwischen 1Kor und anderen Texten genauer fassen?

Allein mit Blick auf den Χριστός in 1Kor 10,4 kennt die neuere Forschungsgeschichte fünf verschiedene Formen der Bezugnahme, die in Abstufungen ein Spektrum von realer Gleichsetzung bis zur typologischen Deutung beschreiben:[595]

- Paulus hat mit 1Kor 10,4 tatsächlich einen präexistenten Christus im Blick, über den er in der Form eines Tatsachenberichts[596] erzählt. Das Imperfekt ἔπινον wäre in diesem Fall durativ zu lesen, als Ausdruck eines andauernden Trinkens aus dem ständig mitziehenden Christusfelsen.
- Der Fels und Christus sind als identische Erscheinungen zu bezeichnen.[597]
- Der Fels symbolisiert Christus, ist aber nicht mit ihm identisch.
- Fels und Christus werden parallel in gleicher Art und Weise benutzt, sind aber nicht identisch.[598]

---

595 Die folgende Zusammenstellung orientiert sich an, Yeo, Hermeneutic, 167, FN 52. Zur Diskussion dieser Zusammenstellung vgl. auch Thiselton, 1Cor, 727f.

596 Thiselton, 1Cor, 727 spricht von „state of affairs".

597 Vgl. zu dieser Position Käsemann, Problem.

598 Vgl. Barrett, 1Cor, 222f.

- Die Gleichsetzung zwischen Christus und dem Felsen ist typologisch zu verstehen. Im Mittelpunkt steht dabei der Gemeindekontext in Korinth.

Die Verse 1Kor 10,1-4a hatten mit wenigen intertextuellen Verweisen einen Geschichtenpool aufgerufen, in deren Mittelpunkt die Vorfahren (πατέρες ἡμῶν) stehen, die in der Vergangenheit (ἦσαν) unter der Wolke (ὑπὸ τὴν νεφέλην) waren bzw. durch das Meer (διὰ τῆς θαλάσσης) hindurchzogen, somit auf Mose (εἰς τὸν Μωϋσῆν) getauft wurden und schließlich besondere (πνευματικός) Speise und Trank zu sich nahmen. Vers 4b ergänzt nun das Bild eines Felsen mit spezifischen Eigenschaften: Dieser Fels ist ebenfalls – wie Speise und Trank – als πνευματικός zu bezeichnen, er dient dazu, den Wüstenwanderern Wasser zu spenden und er folgt diesen nach bzw. begleitet sie. Während diese Informationen als narrative Abbreviaturen größerer Erzählzusammenhänge gelesen werden können, bekommt die Erzählung ab Vers 4c nun eine besondere Wendung: Die Aussage πέτρα δὲ ἦν ὁ Χριστός motiviert den Leser nun nicht mehr dazu, bestimmte Texte zum Verständnis des vorliegenden Verses intertextuell aufzurufen. Sie greift vielmehr in den durch die vorherigen Verse gegebenen Erzählzusammenhang deutend ein.

Die forschungsgeschichtlich dominierenden Fragen nach der näheren Bestimmung des Felsens sowie nach der genauen Form der Parallelisierung von Fels und Christus bewegen sich somit auf zwei deutlich zu unterscheidenden Ebenen intertextueller Verweisung. Diese unterschiedlichen Ebenen lassen sich mit Magdolna Orosz[599] als Formen bestätigender bzw. abweichender Bedeutungsintegration beschreiben. Während die Verse 1-4b verschiedene Erzählungen zur Bestätigung, d.h. zum tieferen Verständnis des neuen Textes, aufrufen, bietet Vers 4c eine abweichende Bedeutungsintegration, indem er vom Duktus der aufgerufenen Verweistexte abweicht. Das Besondere an dieser paulinischen Form der Intertextualität ist jedoch, dass diese Änderung nicht als Neuinterpretation präsentiert wird, sondern mit dem Anspruch einer (nachträglichen) Erklärung bzw. Richtigstellung eines vergangenen Ereignisses auftritt. Paulus kann in den Textbestand der γραφαί eingreifen, ihn verändern und erweitern, ohne dass dies die Autorität der Schrift untergraben würde.

Unterschiedliche Interpretationen von 1Kor 10,4, und damit auch die entscheidende Frage nach der Beziehung zwischen Fels und Christus, verdanken sich wiederum unterschiedlichen intertextuellen Lektüren. Drei unterschiedliche Perspektiven sollen im Folgenden umrissen werden.

---

599 Vgl. Orosz, Intertextualität, 25f.

5.3.3.1 πέτρα in zeitgenössisch-jüdischer Auslegung

Die Gleichsetzung des Felsens mit Christus hat in der Forschung der letzten Jahrzehnte eine umfangreiche Suche nach (zeitgenössischen) Vergleichstexten nach sich gezogen.[600] In diesem Zusammenhang wurde auf verschiedene Schriften innerhalb jüdischer Literatur des 1./2. Jahrhunderts verwiesen, in denen sich ähnliche Motive finden. Viele Kommentatoren sehen sogar eine Abhängigkeit zwischen 1Kor 10,4f. und diesen Texten: „Paulus greift hier wohl eine jüdische Auslegungstradition auf, die aus den verschiedenen Orten (Horeb: Ex 17,1-7; Kadesch: Num 20,1-11; Beer: Num 21,16-18) ein Mitwandern des Brunnens (so tSuk 3,11-13; TPsJ zu Num 21,16ff. [vgl. Bill. III 406-408]) oder des Felsens erschloß." [601] Über die Auslegung in Targumen hinaus, wird immer wieder auch auf vergleichbare Aussagen in anderen Texten hingewiesen: „In den um 100 n.Chr. verfaßten Antiquitates Biblicae (Pseudo-Philo) heißt es: ‚Und es folgte ihnen der Herr in der Wüste vierzig Jahre lang, und er stieg auf den Berg mit ihnen und stieg hinab in die Ebenen.' (11,15). Kurz zuvor war von dem ‚Brunnen mit dem nachfolgenden Wasser' die Rede (LibAnt 10,7)."[602]

Die traditionsgeschichtlich geprägten Auslegungen zur Stelle finden in der Kombination zwischen alttestamentlichen Stellen, jüdischer Targum- und Midraschliteratur sowie zeitgenössischen Schriftstellern des Judentums wie Philo sämtliche Vorlagen für die paulinischen Texte wieder. So fasst etwa Christian Wolff zusammen: „Die Vorstellung von einem die Israeliten begleitenden Felsen nimmt Paulus auf, um die Parallele zum Herrenmahl sicherzustellen: Das Trinken des Weines wiederholt sich bei jeder Feier, und dem entsprach die ständige Versorgung mit Felsenwasser (vgl. das Imperfekt ἔπινον nach dem konstatierenden Aorist ἔπιον). – Überraschend ist die Hinzufügung ‚Dieser Felsen aber war Christus.'. Gemeint ist der Präexistente (vgl. 8,6; Phil. 2,6; Kol 1,15-18). Der Gebrauch der Christus-Bezeichnung für den Präexistenten an dieser einzigen Stelle innerhalb der paulinischen Briefe erklärt sich aus dem alttestamentlich geprägten Kontext (vgl. Röm. 9,5; 15,8; Gal. 3,16). Es wird also der im Alten Testament erwartete Heilsbringer bezeichnet; er war bereits in seiner vorirdischen Daseinsweise bei der Wasserspendung heilbringend wirksam. Wie in 8,6 so ist auch hier eine im hellenistischen Judentum auf die göttliche Weisheit bezogene Aussage auf den präexistenten Christus übertragen; vgl. Weish. 11,4 im Kontext von 10,15ff.; Philons Auslegung von Deut. 8,15 im Legum allegoriae II,86 („Der schroffe Felsen ist die Weisheit Gottes, die er als höchste und erste von seinen Kräften schied, aus welcher er die gottliebenden Seelen tränkt")." [603]

---

[600] Vgl. zur Forschungsgeschichte auch Habermann, Präexistenzaussagen, 210-212.

[601] Merklein, 1Kor II, 246.

[602] Ebd.

[603] Wolff, 1Kor, 217f.

In solchen Deutungen stellt die Gleichsetzung von Felsen und Christus am ehesten vor Probleme. Das ἦν wird dann i.d.R. auch nicht als Identitätsaussage interpretiert - weder Christus und Fels, noch Weisheit und Fels seien identisch; die Gleichsetzung wird vielmehr vor dem Hintergrund von 1Kor 10,4a interpretiert und instrumental verstanden: „Christus gab aus dem Felsen das Wasser zu trinken."[604]

Diese Deutung, deren Grundzüge sich bis zu Johannes Weiß zurückverfolgen lassen, geht davon aus, dass Paulus sich verschiedener Traditionen bedient, die er beliebig kombinieren und ergänzen kann: „So wie Philo den Felsen mit der Sophia, aber auch mit dem Manna und wieder mit dem Logos gleichzusetzen fähig ist, so setzt P. an diese Stelle den präexistenten Christus. Irgend welche Schwierigkeiten macht das für sein Denken nicht. Überall wo in der israelit. Geschichte ein Eingreifen Gottes durch seine Engel oder durch die Mittelwesen der Sophia oder des Logos vorkommt, da kann ohne weiteres Christus an die Stelle treten."[605]

In jüngerer Zeit hat Larry Kreitzer[606] gezeigt, dass bei intertextuellen Lektüren, die valide Aussagen auf produktionsorientierter Ebene treffen wollen, sehr viel mehr exegetische Vorsicht geboten ist. Kreitzer betont, dass es zwar durchaus im Bereich jüdischer Tradition mit 1Kor 10,4 vergleichbare Bilder gibt - er verweist so bspw. auf tSuk 3,11, wo ebenfalls von einem sich bewegenden Felsen berichtet wird. In seinen weiteren Ausführungen geht er jedoch im Wesentlichen von zwei grundlegenden Feststellungen aus: Im paulinischen Text begegne die Vorstellung eines präexistenten Christus,[607] so dass man von einer „unquestionable evidence of the Apostle´s belief in the pre-existence of Christ"[608] ausgehen könne.

---

604 Wolff, 1Kor, 217f. Bei Wolff führt diese Interpretation noch zu weiter reichenden Schlussfolgerungen: „An dieser Stelle wird übrigens deutlich, daß Paulus nicht der Ansicht ist, die Israeliten hätten die gleichen Sakramente gehabt wie die Christen; beim Herrenmahl ist ja der gekreuzigte und erhöhte Herr der Handelnde, bei der Austeilung des Wüstentrankes aber der Präexistente." (Ebd., 218) Vgl. dagegen Schrage, 1Kor II, 395f.: „Viel bedeutsamer ist V4c, wo Paulus nun, um die Heilsgaben als Christusgaben zu charakterisieren, den Felsen mit Christus ‚identifiziert' und damit Christus als präexistenten qualifiziert, der im Geist wirkt und an sich Anteil gibt. Auch zu dieser das typologische Denken durchbrechenden Identifizierung des Felsens mit einem präexistenten göttlichen Wesen gibt es Parallelen, dieses Mal im hellenistischen Judentum. […] Von einer Identität von πέτρα und Χριστός im strikten Sinne kann trotz ihrer Gleichsetzung keine Rede sein. Christus war kein Wesen in der Gestalt eines Felsens. Die Art der Gleichheit bleibt offen. Ebensowenig darf man aber ἦν mit significabat wiedergeben bzw. als exegetische Deutung oder als Symbol verstehen, denn Paulus will die pneumatische Gegenwart und Realität des präexistenten Christus im wasserspendenden Felsen beim alten Bundesvolk nicht abschwächen."

605 Weiß, 1Kor, 251.

606 Vgl. für die folgenden Ausführungen Kreitzer, 1 Corinthians 10:4.

607 Als Paralleltexte nennt er etwa Gal 4,4; 1Kor 1,24; 8,6; 2Kor 4,4; Kol 1,15-20 und Phil 2,6-11.

608 Robertson/Plummer, 1Cor, 201.

Außerdem verweist er auf einen Traditionsstrang, der die Weisheit Gottes als präexistent kennt und sie - etwa im Fall von Weish 11,1-4 - mit dem Sinai/Horeb in Verbindung bringt. Ausgehend von diesen grundlegenden Annahmen untersucht Kreitzer verschiedene Abschnitte aus dem Œuvre Philos und hebt in diesem Zusammenhang die immer wieder verwendete Kombination[609] zwischen πέτρα und ἀκροτόμος hervor.[610] Eine wesentliche Rolle in Kreitzers Argumentation spielt sodann Josua 5,2f. (LXX): ὑπὸ δὲ τοῦτον τὸν καιρὸν εἶπεν κύριος τῷ Ἰησοῖ ποίησον σεαυτῷ μαχαίρας πετρίνας ἐκ πέτρας ἀκροτόμου καὶ καθίσας περίτεμε τοὺς υἱοὺς Ισραηλ. καὶ ἐποίησεν Ἰησοῦς μαχαίρας πετρίνας ἀκροτόμους καὶ περιέτεμεν τοὺς υἱοὺς Ισραηλ ἐπὶ τοῦ καλουμένου τόπου Βουνὸς τῶν ἀκροβυστιῶν.

In dieser Textpassage kommt dem Bundesmotiv eine besondere Bedeutung zu: Der „scharfe Fels" wird zum Zeichen für einen neuen Bund, dessen äußeres Zeichen die Beschneidung ist. Liest man 1Kor 10,4 zusammen mit Jos 5,2f. und Philos LegAll II,86 ergibt sich also eine neue Deutung mit besonderer pragmatischer Ausrichtung: Das Bild des mitziehenden Felsens in der Wüste - hier identifiziert mit Christus - steht für den neuen Bund dieser Generation mit Gott.[611]

Viele Einzelmotive aus 1Kor 10, insbesondere das Bild des Felsens, eines mitwandernden Brunnens und deren nährende und tränkende Funktion finden sich somit im Bereich jüdischer Texte neben und nach Paulus wieder. Die Vielfalt möglicher intertextueller Anknüpfungspunkte darf jedoch nicht darüber hinwegtäuschen, dass der paulinische Text selbst v.a. an einer Einschreibung des Χριστός in die Exoduserzählung jüdischer Provenienz interessiert ist. Zutreffend fasst Jürgen Habermann zusammen: „Es ist also nicht so, daß die Bezeichnung Fels dem Christus lediglich angeheftet wird. Es ist auch zu wenig zu sagen, daß diese Gleichung ein geistiges Produkt des Paulus sei, eine Art Abstraktion. Es trifft auch nicht zu, wenn man den Felsen als Urbild oder Zeichen des gegenwärtigen Christus charakterisieren will. 1Kor 10,4c spricht nicht einfach von einer Gegenwart

609 Kreitzer nennt (1 Corinthians 10:4, 118f.) neben LegAll II,86 noch Somn II,21, Mos 1,210 und Decal 16.

610 Kreitzer betont die Verbindung zu Passagen, die sich explizit auf das Exodusgeschehen beziehen, wie etwa Dtn 8,15 (τοῦ ἀγαγόντος σε διὰ τῆς ἐρήμου τῆς μεγάλης καὶ τῆς φοβερᾶς ἐκείνης οὗ ὄφις δάκνων καὶ σκορπίος καὶ δίψα οὗ οὐκ ἦν ὕδωρ τοῦ ἐξαγαγόντος σοι ἐκ πέτρας ἀκροτόμου πηγὴν ὕδατος) oder Ps 113,8 (τοῦ στρέψαντος τὴν πέτραν εἰς λίμνας ὑδάτων καὶ τὴν ἀκροτόμον εἰς πηγὰς ὑδάτων).

611 Kreitzer verweist auf weitere, freilich zeitlich nachgeordnete Texte, in denen ein solches Motiv relevant ist. Er nennt dabei Hebr 4,8, Barnabas 6,8 sowie Justins Dialog mit Tryphon 24,2: „Nicht für alle, sondern nur für euch ist nämlich diese Beschneidung Pflicht, damit ihr, wie gesagt, das erleidet, was ihr jetzt mit Recht erduldet. Wir nehmen ja auch nicht eure unnütze Brunnenwaschung an; denn neben unserer Waschung, die das Leben gibt, hat sie keine Bedeutung. Daher hat auch Gott gerufen: ‚Ihr habt ihn verlassen, die lebendige Quelle, und ihr habt euch Brunnen gegraben, die eingestürzt sind, und die kein Wasser fassen werden können."

Christi, sondern von dieser mit der Vergangenheit verbunden. Tatsächlich meint der Text ganz ungeschützt, daß Christus sich in dem Felsen in der Wüste nicht nur schemenhaft als spiritueller Spender und Geber verborgen habe oder darin gewirkt habe, sondern daß er sich als himmlisches Wesen mit dem wandernden Felsen verbunden und ineinsgesetzt habe. Selbstverständlich ist das nicht so einfach zu verstehen und ist das an heutigen Maßstäben orientiert eine nicht geringe Zumutung für das Verstehen. Man wird aber nur so den Sinn des Textes richtig wiedergeben."[612]

Die Einschreibung des Χριστός in die Exodusgeschichte sollte als primäres Ziel der intertextuellen Verweisung in 1Kor 10 betrachtet werden. Das indikativische ἦν erfüllt zunächst einmal genau diese Funktion auf der Textebene die Lektüre der Exodusgeschichte zu verändern. Ein Bezug zu einem (im modernen Sinne) historisch zu verortenden Zeitpunkt wird dem Text genauso wenig gerecht wie Realitäts- und Existenzbegriffe der Neuzeit.

5.3.3.2 Χριστός, πέτρα und σοφία

Besonders am Beispiel der Gleichsetzung von Fels und Χριστός wird deutlich, dass im 1Kor ‚Exodus' auf ganz verschiedene Weise verstanden wird.[613] 1Kor 10,1-4 zeichnet sich insbesondere dadurch aus, dass mit dem Stichwort Exodus zunächst einmal die Vorstellung einer zusammenhängenden Erzählung verbunden ist. Dabei wird deutlich, dass diese Exodusgeschichte - aus der Perspektive des 1Kor - über die Grenzen mehrerer alttestamentlicher Schriften hinweg ihren Niederschlag gefunden hat: Innerhalb des Erzählzusammenhangs von Exodus bis Josua wird in Analogie zu 1Kor 10,4a.b zweimal[614] von dem Felsen gesprochen, der - nachdem er von Mose mit dem Stab geschlagen wurde - Wasser spendet. Sowohl die Verwendung des Imperfekts ἔπινον in 1Kor 10,4 als auch das Attribut

---

612 Habermann, Präexistenzaussagen, 213. Bei Habermann verwischen im unmittelbaren Anschluss die Grenzen jedoch die Grenzen von Objekt- und Metasprache, wenn er – ganz im Sinne der von ihm angesprochenen „heutigen Maßstäbe" von „realem Sein" spricht: „Nicht also eine bloße Projektion oder eine abstrakte Gleichsetzung, eine im Nebulösen stecken bleibende Lokalisierung Christi in, hinter oder über dem Felsen meint der Text, sondern ein reales Sein und Wirken in der erwähnten geschichtlichen Periode. Dies kann nur reale Präexistenz in der Form der Wirksamkeit in der alttestamentlichen Geschichte genannt werden."

613 Vgl. oben Abschnitt 5.3.1.

614 Ex 17,5f.: καὶ εἶπεν κύριος πρὸς Μωϋσῆν προπορεύου τοῦ λαοῦ τούτου λαβὲ δὲ μετὰ σεαυτοῦ ἀπὸ τῶν πρεσβυτέρων τοῦ λαοῦ καὶ τὴν ῥάβδον ἐν ᾗ ἐπάταξας τὸν ποταμόν λαβὲ ἐν τῇ χειρί σου καὶ πορεύσῃ 6 ὅδε ἐγὼ ἕστηκα πρὸ τοῦ σὲ ἐκεῖ ἐπὶ τῆς πέτρας ἐν Χωρηβ καὶ πατάξεις τὴν πέτραν καὶ ἐξελεύσεται ἐξ αὐτῆς ὕδωρ καὶ πίεται ὁ λαός μου ἐποίησεν δὲ Μωϋσῆς οὕτως ἐναντίον τῶν υἱῶν Ισραηλ. und Num 20,11: καὶ ἐπάρας Μωϋσῆς τὴν χεῖρα αὐτοῦ ἐπάταξεν τὴν πέτραν τῇ ῥάβδῳ δίς καὶ ἐξῆλθεν ὕδωρ πολὺ καὶ ἔπιεν ἡ συναγωγὴ καὶ τὰ κτήνη αὐτῶν.

ἀκολουθούσης ergibt sich aus dieser besonderen Perspektive auf die zusammenhängende Exodusgeschichte. In der Logik des 1Kor, der sich auf die Gesamtheit der Exoduserzählungen bezieht, ist es offensichtlich, dass „in Paul's view the rock must have followed the Israelites because Moses was able to strike him more than once."[615]

Während sich somit zwei Attribute (wasserspendend, nachfolgend) aus dem Schriftverständnis des 1Kor ergeben, offenbart die Verwendung des Attributes πνευματικός ein weiteres Spezifikum des Abschnittes: Der Erzählzusammenhang der Exodusgeschichte kann offensichtlich neu interpretiert und ergänzt werden, ohne dass diese Veränderungen als Verfälschung angesehen werden.[616] Im Sprachgebrauch des 1Kor kann dabei dasselbe Attribut πνευματικός, das Speise und Trank zugeschrieben wird, auch mit dem Felsen in Verbindung gebracht werden.[617] Diese Verwendung des Attributes unterstreicht einerseits die Funktion des Christusfelsen als Spender der Gaben und betont andererseits, dass mit Hilfe von Speise und Trank eine Beziehung zum Χριστός aufgebaut werden kann: „Nur dann, wenn schon die Gaben des wandernden Gottesvolks Anteil am Pneuma und am präexistenten Christus vermitteln, kann die paulinische Argumentation überzeugen (vgl. auch ‚Christus versuchen' in V 9). Im Alten wie im Neuen Bund geben die geistliche Speise und der geistliche Trank realiter und nicht nur gleichnishaft und symbolisch Anteil an Christus. Auch die Israeliten tranken eben nicht einfach Wasser, sondern vom geistlichen Felsen, der der Christus war. Christus war nicht nur der Spender himmlischer Gaben, er war als Pneuma zugleich in der Gabe präsent. In der wunderbaren Speise und im wunderbaren Trank, den die Väter in der Wüste genossen, habe sie es mit dem darin gegenwärtigen Christus selbst zu tun gehabt."[618]

---

615 Collins, 1Cor, 369. Sicherlich ist es auch hier schwierig, direkt aus anderen Schriften einen Tradtionsstrang zu rekonstruieren, den man dann bei Paulus wieder findet. Einen solchen Versuch findet man bei Ellis, der verschiedene Elemente erarbeitet: „rock-shaped and resembling a sieve [...] given the Israelites in the desert [...] one of the ten things created on the Sixth Day [...] it rolled along after the wanderers through hills and valleys, and when they camped it settled at the tent of meeting" (Ellis, Use, 67). Sicherlich lassen sich an dieser Stelle weitere rabbinische Quellen nennen, die ähnliche Motive präsentieren. Die Intertextualitätsdebatte kann auch hier helfen, verschiedene Ebenen zu unterscheiden. Vgl. Thiselton, 1Cor, 727, FN 41.

616 Vgl. auch die Ausführungen zur Integration der präexistenten Christus-Figur in das Exodusgeschehen (Abschnitt 5.3.3.1).

617 Vgl. die Einheitsübersetzung, die πνευματικός jeweils unterschiedlich übersetzt und somit den im griechischen Text angelegten Zusammenhang nicht berücksichtigt: „Alle aßen auch die gleiche gottgeschenkte Speise, und alle tranken den gleichen gottgeschenkten Trank; denn sie tranken aus dem lebensspendenden Felsen, der mit ihnen zog."

618 Schrage, 1Kor II, 396.

Auf der Basis dieses Schriftverständnisses sind lediglich drei prinzipielle Einsichten vonnöten, um die Identifizierung von Fels und Christus plausibel erscheinen zu lassen:[619]

- Der Χριστός muss als Teil der Exodusgeschichte vorausgesetzt werden,
- der Leser muss diesen Χριστός mit der (als Person vorgestellten) göttlichen Weisheit identifizieren können und
- die göttliche Weisheit wird als Felsen, Beschützerin, Begleiterin und Nährerin Israels in der Wüstenzeit vorgestellt.

Sowohl das Motiv der mit Christus identifizierten Weisheit[620] als auch das des präexistenten Christus[621] sind im 1Kor bereits angelegt, so dass 1Kor 10,4 bereits durch *einen* weiteren Text, der von 1Kor als Teil der Exodusgeschichte gelesen wird, verständlich wird. Einen solchen Text findet der Leser etwa in einigen Textabschnitten aus Weish 10f.,[622] die der Weisheit

---

619 Thiselton, 1Cor, 730: „The long-standing debate about the relation between the rock and Christ has generated considerable heat, but it is better to allow the exegesis to determine how we understand τύπος than to approach the text with presuppositions about typology. The major difference between type and allegory is that the former is grounded in history and presupposes corresponding events; the latter is grounded in a linguistic system of signs or semiotic codes and presupposes resonances or parallels between ideas or semiotic meanings. If we insist on pedantic questions of nomenclature, Paul makes (i) theological or ontological truth claims about the agency of the preexistent Christ: (ii) utilizes a typological context of historical parallels between events in the experience of Israel and events in the experience of the Church at Corinth; and further using a suggestive semiotic, (iii) may well be drawing a cluster of symbolic resonances as well (if some of the traditions which emerge in Philo and rabbinic sources were widespread as early as Paul´s letter). This may suggest, if it is valid, that Paul offers a suggestive 'play' which portrays the all-sufficiency of the living Christ, who renews his mercies (not merely as a source of a static γνῶσις) as continuous provider, sustainer, and guide (imperfect ἔπινον) for all those privileged to participate in these blessings. Schrage is entirely safe to speak of 'the analogy' between grace to Israel and the grace of the Lord´s Supper."

620 Vgl. 1Kor 1,30: ἐξ αὐτοῦ δὲ ὑμεῖς ἐστε ἐν Χριστῷ Ἰησοῦ, ὃς ἐγενήθη σοφία ἡμῖν ἀπὸ θεοῦ.

621 Vgl. wiederum 1Kor 8,4-6.

622 Vgl. Weish 10,15-18.11,4: αὕτη λαὸν ὅσιον καὶ σπέρμα ἄμεμπτον ἐρρύσατο ἐξ ἔθνους θλιβόντων εἰσῆλθεν εἰς ψυχὴν θεράποντος κυρίου καὶ ἀντέστη βασιλεῦσιν φοβεροῖς ἐν τέρασι καὶ σημείοις ἀπέδωκεν ὁσίοις μισθὸν κόπων αὐτῶν ὡδήγησεν αὐτοὺς ἐν ὁδῷ θαυμαστῇ καὶ ἐγένετο αὐτοῖς εἰς σκέπην ἡμέρας καὶ εἰς φλόγα ἄστρων τὴν νύκτα διεβίβασεν αὐτοὺς θάλασσαν ἐρυθρὰν καὶ διήγαγεν αὐτοὺς δι' ὕδατος πολλοῦ [...] ἐδίψησαν καὶ ἐπεκαλέσαντό σε καὶ ἐδόθη αὐτοῖς ἐκ πέτρας ἀκροτόμου ὕδωρ καὶ ἴαμα δίψης ἐκ λίθου σκληροῦ (Die Weisheit rettete das heilige Volk und die untadelige Nachkommenschaft vor dem Volk, das sie bedrückte. Sie ging ein in die Seele des Dieners des Herrn und widerstand den grausamen Königen durch Wunder und Zeichen. Sie belohnte die Heiligen für ihre Mühe und leitete sie auf wunderbarem Wege und war ihnen am Tage ein Schutz und bei Nacht ein Sternenlicht. Sie führte sie durchs Rote Meer und leitete sie durch große Wasser; [...] Als es sie dürstete, riefen sie dich an, und ihnen wurde Wasser gegeben aus schroffem Fels, und sie löschten den Durst aus hartem Stein.).

eine entscheidende Rolle in der Exodusgeschichte zuschreiben. Aus der Perspektive des 1Kor wird Christus somit Bestandteil der Exodusgeschichte[623], so dass sich konstatieren lässt, dass „Christ himself, the pre-existent Christ, was present with the Israelites in their wilderness journey."[624]

Der Bezug zwischen πνευματικὸν βρῶμα bzw. πνευματικὸν πόμα und ποτήριον τῆς εὐλογίας innerhalb von 1Kor 10 wird daher weniger durch die besonderen Attribute von Speise und Trank als über die Kontinuität des Χριστός hergestellt. Christus ist somit „as much the source of the spiritual food and drink of the Israelites as he is the one present in the Lord´s Supper in Corinth."[625] Innerhalb der Plausibilitätsannahmen des 1Kor lässt sich daher - analog zur ἐκκλησία der Gegenwart - das Verhältnis zwischen den πατέρες ἡμῶν und Christus als κοινωνία bezeichnen. Genauso wie die korinthische Gemeinde im Herrenmahl Anteil an Christus hat, haben die Vorfahren in der Wüstenspeisung Anteil am Χριστός.[626]

Die Attribute des Felsens - wasserspendend, nachfolgend, pneumatisch - charakterisieren einzelne Exodusgeschichten als Wunder. Erst über die intertextuelle Einschreibung des Χριστός in diese Exodusgeschichte erhält 1Kor 10 seine besondere paränetische Spitze: Auch die κοινωνία der Vorfahren mit diesem Χριστός errettete sie nicht vor dem Verderben: „the Israelites had the same sort of benefit as Christians do, even benefits from Christ himself, and even this did not secure them against perishing [...] and losing out."[627]

5.3.3.3 πέτρα und die Integration der ἐκκλησία in die Exodusgeschichte

Während das Gros der Arbeiten zu 1Kor 10,1-4 die Herkunft verschiedener Einzelmotive untersucht, fragt Richard Hays in erster Linie nach der Funktion bestimmter intertextueller Verweise innerhalb des Kapitels. Er kommt

---

623 „'Was' indicates that the divine Christ was really a part of Israel´s history, providing them with life-giving water." (Witherington, Conflict, 218).

624 Bandstra, Interpretation, 14.

625 Ebd.

626 Vgl. pointiert auch Alkier, Wunder, 183: „Entscheidend ist dabei, daß im Textzusammenhang von 1Kor 8,1-11,1 davon ausgegangen wird, daß die //Väter// mittels des Trankes realen Anteil an //Christus// hatten." Man kann mit Recht auf andere Texte vor, neben und nach Paulus verweisen, die ähnliche Motive kennen: „Die Identifikation mit Christus ist um so leichter, als Paulus von der Präexistenz Christi ausgeht und der Felsen schon im hellenistischen Judentum (bes. Philo) mit der göttlichen Weisheit (All II 86 [in Verbindung mit Manna!]; vgl. Weish 10,15-11,4) bzw. mit dem göttlichen Logos (Det 115-118) gleichgesetzt wurde. Die auffällige (bei Paulus einmalige) Verwendung des Christustitels für den Präexistenten erklärt sich vielleicht ‚aus dem alttestamentlich geprägten Kontext' (Wolff mit Verweis auf Röm 9,5; 15,8; Gal 3,16). Mit der Identifizierung des Felsens mit Christus ist freilich, wenn man es genau nimmt, von der typologischen in die eigentliche Rede übergewechselt." (Merklein, 1Kor II, 246.)

627 Witherington, Conflict, 219.

dabei zu dem Schluss, dass der Abschnitt korrekterweise weniger christozentrisch als ekklesiozentrisch zu verstehen sei. Zunächst betont Hays aber den unmittelbaren paränetischen Charakter von 1Kor 10: „Of course, not all of Paul´s reference to Scripture work in such a subtly suggestive fashion. An interesting contrast to the metaleptic use of quotation in 2Cor. 8:15 is provided by the cognate passage 1Cor. 10:1-13. [...] There, explicitly declaring that Israel´s experiences in the wilderness happened ‚as types' (typikos) for the instruction of his own generation of Christians (‚upon whom the ends of the ages have come'), Paul fancifully explores the figurative possibilities inherent in the imaginative act of reading Exodus as metaphor for early Christian experience: the Israelites were 'baptized into Moses in the cloud and in the sea' (an imaginative construction on the analogy of Christian baptism into Christ in water and Spirit), they consumed 'spiritual' (pneumatikon) food and drink (thus prefiguring the Christian Eucharist), and they were followed by a 'spiritual rock', which Paul - in a startling stroke - identifies with Christ. Here again the argumentative purpose is deliberative, seeking to persuade the readers to action: the fanciful analogies allow Paul to make the serious point that participation in spectacular spiritual experiences does not relieve the people of God from ethical responsibility (vv. 6-13)."[628]

Hays betont, dass den einzelnen Anspielungen und Echos zwar eine gewisse Bedeutung zukommt, die jedoch im Einzelfall nicht überbewertet werden sollte: „Paul´s metaphors should not be pressed."[629] Sowohl das Einzelproblem der Mosetaufe wie auch die Frage nach der Art und Weise der Einschreibung Christi in die Exodusgeschichte stehe nicht im Mittelpunkt des Kapitels. Hays´ Entwurf lenkt den Blick vielmehr auf das einzige explizite Zitat der Passage: „The only direct quotation in the argument is the citation in verse 7 of Exod. 32:6: 'The people sat down to eat and drink and rose up to play.' The other wilderness episodes are evoked by Paul's summarizing allusions. This observation should remind us how inadequate it is to restrict consideration of Paul's use of Scripture to the passages that he quotes explicitly. Israel's story, as told in Scripture, so comprehensively constitutes the symbolic universe of Paul's discourse that he can recall the elements of that story for himself and his readers with the sorts of subtle gestures that pass between members of an interpretive family."[630]

Weder eine Konzentration auf das explizite Zitat in 1Kor 10,7, noch die isolierte Betrachtung der einzelnen Motive ermöglichen demnach ein umfassendes Verständnis des Abschnittes 1Kor 10,1-15. Dem intertextuellen

[628] Hays, Echoes, 91.

[629] Ebd.

[630] Ebd., 91f. Hays diskutiert im Folgenden auch die Frage ob und auf welche Art und Weise die Leser hierauf gelenkt werden. Vgl. zur Auseinandersetzung mit Hays´ Lektüre auch Aageson, Written Also for Our Sake.

Verweis kommt in 1Kor 10 vielmehr die Funktion zu, eine partikulare Gemeindeproblematik in eine größere Erzählung von Gottes Handeln zu integrieren und so neu beurteilen zu können: „Why then, does Paul cite a single verse from Exodus when allusions to Israel´s wilderness experience have already set the stage clearly? [...] Paul´s quotation from Exodus, by coaxing the reader to recall the golden calf story, links the present Corinthian dilemma (whether to eat meat offered to idols) to the larger and older story of Israel in the wilderness. This metaphorical act creates the imaginative framework within which Paul judges - and invites his readers to judge - the proper ethical response to the problem at hand. Of course, this rhetorical strategy depends on the reader's acquiescence to the fitness of the elaborate Israel/church correspondence created by the metaphor."[631]

Für die Interpretation von 1Kor 10,1-4 spielen somit der narrative Kontext der einzelnen angespielten Schriften sowie - so betont Hays - eine intertextuelle Verknüpfung im weiteren Verlauf des Kapitels eine bedeutende Rolle. Hays verweist auf den Bezug zwischen 1Kor 10,22[632] und Dtn 32,21[633]. Die beiden Verse fallen v.a. durch die parallele Verwendung des Verbs παραζηλόω sowie den gemeinsamen Bezug zur εἰδωλόθυτον-Problematik auf. Weiterhin finden sich auffällige Unterschiede zwischen der hebräischen bzw. griechischen Fassung von Dtn 32: Anstelle einiger von der LXX mit θεός wiedergegebenen Substantive[634] steht in der hebräischen Fassung der Gottesname הַצּוּר: „If indeed Paul is reading the wilderness story through the lens of Deuteronomy 32, one puzzling feature of his conceit turns out to be more explicable. Why does he identify the rock with Christ? The Hebrew text of Deuteronomy 32 repeatedly ascribes to God the title "the Rock" (vv. 4, 15, 18, 30, 31). Though the LXX - regrettably for Paul´s purposes - eliminates the metaphor, translating each of these references with generic theos, Paul surely knows the tradition. However, since he is writing to Greek readers who would not know the Hebrew text, he cannot quote Deuteronomy 32 to support his assertion. To explain to the Corinthians the difference between their Greek Bible and its Hebrew *Vorlage* would interrupt Paul´s argument. In any case, the identification of the rock with Christ is a parenthetical remark, an embellishment of the Israel/church trope. Consequently, rather than digressing to explain the grounds for his imaginative leap, he just leaps. The leap creates an extraor-

631 Hays, Echoes, 92.

632 ἢ **παραζηλοῦμεν** τὸν κύριον; μὴ ἰσχυρότεροι αὐτοῦ ἐσμεν;

633 αὐτοὶ **παρεζήλωσάν** με ἐπ' οὐ θεῷ παρώργισάν με ἐν τοῖς εἰδώλοις αὐτῶν κἀγὼ **παραζηλώσω** αὐτοὺς ἐπ' οὐκ ἔθνει ἐπ' ἔθνει ἀσυνέτῳ παροργιῶ αὐτούς

634 Vgl. z.B. Dtn 32,4 (LXX): θεός ἀληθινὰ τὰ ἔργα αὐτοῦ καὶ πᾶσαι αἱ ὁδοὶ αὐτοῦ κρίσεις θεὸς πιστὸς καὶ οὐκ ἔστιν ἀδικία δίκαιος καὶ ὅσιος κύριος mit Dtn 32,4 im hebräischen Text: הַצּוּר תָּמִים פָּעֳלוֹ כִּי כָל־דְּרָכָיו מִשְׁפָּט אֵל אֱמוּנָה וְאֵין.

dinarily interesting case of metalepsis: the trope of 1Cor 10:4 is fully intelligible only as a transformed echo of a text cited later in the chapter."[635]

Aus der Einbeziehung der narrativen Kontexte intertextuell eingespielter Schriften und der Verknüpfung von 1Kor 10 mit Dtn 32 entwickelt Hays seine grundlegende These:[636] „That is surely one reason for Paul's fanciful reading of Christ back into the exodus: if Christ was present in grace and judgement just as he is now present to the church, the Corinthians have no remaining ground for supposing themselves to possess an immunity from judgement that Israel did not possess. There is no distinction: just as Israel in the wilderness was tempted to worship the golden calf, so the Corinthians are tempted to participate in pagan temple feasts. In both cases, Christ is present."[637] In diesem Sinne liegt der Schwerpunkt von 1Kor 10 nicht im Bereich der Christologie; Argumentationsziel ist vielmehr die Verbindung zwischen ἐκκλησία und Israel. Dem Abschnitt kommt die pragmatische Aufgabe zu, die Geschichte der angesprochenen ἐκκλησία in eine – größere, bereits mit den Vorfahren in Beziehung stehende – Geschichte zu integrieren.

5.3.4 Schriftverständnis, Warnung und Urteilsvermögen

Die bisherigen Ausführungen zu 1Kor 10 lassen deutlich werden, dass das Kapitel als „komplexes intertextuelles Dokument"[638] beschrieben werden kann, das in unterschiedlicher Weise die Lektüre anderer Texte motiviert. Sowohl am Beispiel des grundlegenden Exodusbezug als auch an den Konzeptionen von pneumatischer Speise und der Einschreibung des Χριστός in die Exodusgeschichte lässt sich zeigen, dass sich die Interpretation des Abschnitts weder in einer Betrachtung von einzelnen Motiven, noch in der Erhebung einer Begriffsgeschichte erschöpft. Entscheidend ist vielmehr, auf welche Art und Weise der 1Kor andere Schriften liest und wie diese intertextuelle Lektüre beide Ausgangstexte verändert. Für das Verständnis von 1Kor 10 wird nicht nur enzyklopädisches Wissen aus anderen Texten vorausgesetzt, auch die umgekehrte Blickrichtung ist von Bedeutung: Der paulinische Text liest aus seiner Gegenwart heraus Texte aus der Vergangenheit neu – die Gegenwart verändert den Sinn vergangener Ereignisse und Texte! Studien, die ausschließlich nach Quellen des Paulus suchen, übersehen die Tatsache, dass es innerhalb der paulinischen Theologie v.a. um die *intertextuelle relecture* dieser Texte geht. Die Frage des angemessenen Schriftverständnisses ist somit eine zentrale für 1Kor 10. Dabei geht es gerade nicht nur um die Bedeutung der jüdischen Schriften

---

635 Hays, Echoes, 94.

636 Hays verweist für diese These ebenso auf den Bezug zwischen Dtn 17,7 (LXX) und 1Kor 5,13.

637 Hays, Echoes, 98.

638 Hays, Intertexualität, 55.

für Paulus[639] als normative Argumentationsgrundlage. Die bisherigen Untersuchungen haben vielmehr gezeigt, dass 1Kor 10 den Exodus-Geschichtenpool verändern und ergänzen kann und *zugleich* die (veränderte und ergänzte) Schrift als Zeuge seines Evangeliums[640] beansprucht.

Vor diesem Hintergrund muss auch die Frage, ob das Kapitel Ausgangspunkt oder sogar Schlüsselstelle zur Diskussion der paulinischen Schrifthermeneutik sein kann, neu gestellt werden. Weite Teile der bisherigen Forschung zu 1Kor 10 haben die geringe Bedeutung des Abschnitts für die paulinische Hermeneutik insgesamt betont:

- Eine erste Gruppe - vertreten etwa durch Ulrich Luz - sehen in der Perikope einen randständigen Text paulinischer Korrespondenz, der am ehesten als „Grenzfall seiner Exegese“ zu bezeichnen ist, so dass der Abschnitt „nicht zum Ausgangspunkt für die Frage nach der paulinischen Hermeneutik gemacht werden“[641] dürfe.
- Weitere Exegeten[642] gehen nicht näher auf die Hermeneutik des Paulus ein, da sie sich in der Tradition bzw. im Rahmen zeitgenössischer Zugänge befinde.[643] Somit könne man aus dem Abschnitt 1Kor 10 nichts spezifisch Paulinisches erkennen.
- Schließlich umgehen viele Arbeiten explizit die hermeneutische Frage, indem sie betonen, dass sie inhaltlich nicht Schwerpunkt der paulinischen Argumentation sei. Dieser sei vielmehr v.a. in den paränetischen Zügen zu suchen, der Schrift komme hier lediglich dienende Funktion zu: „Es ist klar, daß die paulinischen Schriftzitate im einzelnen dazu dienen sollen, die grundlegenden Topoi der paulinischen Theologie und Verkündigung zu belegen und zu untermauern. [...] Paulus hat seine Prämissen; er weiß, was er in der Schrift zu suchen hat und finden will, er zitiert die Schriftstellen gleichsam herbei.“[644]

---

639 So aber Wilk, Bedeutung sowie ders., Paulus, bes. 115f.

640 Vgl. Koch, Schrift.

641 Luz, Geschichtsverständnis, 122.

642 Vgl. von der Osten-Sacken, Geschrieben zu unserer Ermahnung, 77: „Und doch bleibt die Art und Weise, in der Paulus in V. 1-13 die Schrift, d.h. die Tora, rezipiert, aufs engste mit jüdischem Toraverständnis verbunden. Dies gilt vor allem in dem nachgewiesenen umfassenden Sinne, daß die Tora in den Dienst der Treue zu dem einen Gott gestellt wird.“

643 Vielhauer, Paulus, 216 bezweifelt indes auch dies, indem er feststellt, dass Paulus „auch gemessen an der zeitgenössischen jüdischen Exegese den alttestamentlichen Texten Gewalt antut“.

644 Blank, Erwägungen, 53. Gerade mit Verweis auf dieses inhaltliche Element umgehen viele Kommentare die Frage nach der paulinischen Hermeneutik. So stellt das monumentale Kommentarwerk Schrages fest: „Auch dieser Abschnitt ist mit seiner Warnung vor der securitas von Pneumatikern, die sich durch die Sakramente vor aller Gefährdung gefeit wähnen, als exemplum mit paränetischer Funktion zu charak-

Aus zwei Perspektiven soll im Folgenden gezeigt werden, dass die Frage der Schriftauslegung eine für die Interpretation von 1Kor 10 und darüber hinaus für die Auslegung des gesamten Briefes entscheidende ist. Der erste ist stärker formaler Natur und betrifft die Struktur und Pragmatik des gesamten Abschnittes. Zweitens wird - die vorhergehenden Abschnitte zusammenfassend - genauer zu bestimmen sein, was die Perikope unter der Größe „Schrift" versteht, welche Funktion der Schrift zugeschrieben wird und auf welche Weise ihr für die Gegenwart der ἐκκλησία Bedeutung zukommt.

5.3.4.1 Struktur und Pragmatik von 1Kor 10,1-15

Der Abschnitt 1Kor 10,1-15 fällt besonders dadurch auf, dass er die Frage nach dem Schriftverständnis, insbesondere aber das Problem der Schrift und das Problem des Verstehens, in nahezu jedem Vers stellt. Gliedert man die Verse unter diesem Gesichtspunkt, ergibt sich folgendes Bild:

1a	*Pragmatik:* Wissenserweiterung der Leserschaft
1b-5	*Intertextuelle Verknüpfung* zwischen der ἐκκλησία und den Vorfahren durch Bezug auf Exodus (*narrative Ebene)*
6	*Metakommunikative Reflexion:* τύπος
7-10	*Intertextuelle Verknüpfung* zwischen der ἐκκλησία und den Vorfahren durch Bezug auf Exodus (*ethische Normen)*
11 **12** **13**	*Metakommunikative Reflexion:* Schrift als νουθεσία Ethische Mahnungen πίστις θεοῦ
14	*Bezugnahme zum Kontext des 1Kor:* εἰδωλολατρία
15	*Rück- und Vorausblick:* Leser/Hörer als φρόνιμοι

Die Zusammenschau der Verse 1-15 ergibt somit eine schlüssige *Gesamtstruktur*, die insbesondere auf drei Merkmale gründet:

- Wie bereits ausgeführt korrespondieren die Verse 1 und 15, indem sie beide das Thema *Verstehen* bzw. Wissen in den Mittelpunkt rücken. Vers 1a formuliert als pragmatisches Ziel des Abschnitts die Wissenserweiterung der Angesprochenen, während Vers 15 von einer verstehenden Hörerschaft ausgeht.
- Die Verse 14 und 15 sind als *Brückenverse* in der Mitte des Gesamtkapitels zu lesen und können sowohl mit Blick auf die Verse 1-13 als auch auf die Verse 16-22 schlüssig interpretiert werden. Der

terisieren, soll also nicht über ‚Sakramente', Schriftverständnis u.ä. belehren." (Schrage, 1Kor II, 381.

Zusammenhang zwischen den Versen 14 und 15 wird allein schon auf formaler Ebene deutlich, wenn die ἀγαπητοί μου auch als φρόνιμοι bezeichnet werden. Zudem sind die Verse 16-22 im Gesamtkapitel eher als Folge der Verse 1-15 zu verstehen, da die Abendmahlsthematik an dieser Stelle nicht als solche, sondern nur im Zusammenhang der heidnischen Opfermahlzeiten zur Sprache kommt.[645]

- Neben der formalen Rahmung durch die Verse 1 und 15 bietet der Abschnitt 1Kor 10,11-15 die Basis für die Gesamtinterpretation des Kapitels: Relativ eindeutig lässt sich Vers 13 als Bezugnahme zum Kontext 1Kor 8,1-11,1 beschreiben. Die Interpretation des Kapitels, insbesondere in *pragmatischer Hinsicht*, beruht letztlich auf einer Gliederungsfrage und den daraus abzuleitenden Schlüssen. Die Mehrzahl der Ausleger betonen, der Text fordere auf der pragmatischen Ebene ein Fernbleiben vom Götzendienst und warne vor falscher Sicherheit. Eine solche Gesamtdeutung beruht *expressis verbis* auf einer Kombination der Verse 12 (Vermeintliche Sicherheit: Ὥστε **ὁ δοκῶν** ἑστάναι βλεπέτω μὴ πέσῃ) und 14 (Meiden des Götzendienstes: Διόπερ, ἀγαπητοί μου, **φεύγετε** ἀπὸ τῆς εἰδωλολατρίας.).[646] Im Gesamtzusammenhang lässt sich aber wenigstens genauso schlüssig eine andere pragmatische Konsequenz als Ziel des Abschnitts formulieren, die ein angemessenes Verständnis der Schrift und die daraus folgende Gotteserkenntnis in den Mittelpunkt rückt. Eine solche Interpretation beruft sich maßgeblich auf die Verse 11 (ἐγράφη δὲ πρὸς νουθεσίαν ἡμῶν, εἰς οὓς τὰ τέλη τῶν αἰώνων κατήντηκεν.) und 15 (ὡς φρονίμοις λέγω· κρίνατε ὑμεῖς ὅ φημι.).

Aus dieser Perspektive ist Schrage zu widersprechen, wenn er konstatiert: „Man sollte sich freilich bewußt bleiben, daß das eigentliche Ziel des Paulus auch hier nicht die Auslegung der atl. Texte ist, der Abschnitt nicht aus Schriftexegese entstanden ist […] und manche typischen Formelemente eines Midrasch fehlen […]. Die Argumentation mit den Schriftstellen als Paradigmen für die Korinther ist symbuleutisch angelegt und zielt auf

645 Vgl. etwa Hahn, Teilhabe, 166, der festhält, dass „die Aussagen über das Herrenmahl hier keinerlei selbständige Bedeutung haben. Sie haben ausgesprochen argumentative Funktion […], (Paulus) will keine Lehre vom christlichen Gottesdienst oder vom Herrenmahl vortragen, er will lediglich deutlich machen, was das Herrenmahl im Zusammenhang mit der Gefahr des Abfalls und des Götzendienstes für eine Tragweite hat."

646 Erwähnenswert ist dabei, dass – mit Ausnahme des Kommentars von Wolff – alle Kommentare, die das Kapitel in die Verse 1-13 bzw. 14-22 aufteilen sich offensichtlich in ihrer Interpretation maßgeblich auf Vers 14 stützen – also einen Satz, der außerhalb des Abschnitts liegt.

νουθεσία."[647] Während seiner positiven Bewertung - Ziel des Abschnitts sei νουθεσία - durchaus beigepflichtet werden kann, ist v.a. seine negative Positionierung gegenüber der Schriftauslegung problematisch. Zur νουθεσία finden die Angesprochenen nur indem sie dem, was eigens für sie Schrift geworden ist (ἐγράφη δὲ πρὸς νουθεσίαν ἡμῶν) mit einem angemessenen hermeneutischen Schlüssel (ὡς φρονίμοις) begegnen.

Diese enge Verbindung zwischen Schrift und angemessener Schrifthermeneutik wird noch deutlicher, wenn man versucht, auch den im biblischen Gebrauch seltenen Begriff νουθεσία intertextuell zu beleuchten. Wiederum im Kontext der Befreiungsgeschichte Israels aus Ägypten findet man in Weish 16,6f. den Hinweis auf die νουθεσία: εἰς νουθεσίαν δὲ πρὸς ὀλίγον ἐταράχθησαν σύμβολον ἔχοντες σωτηρίας εἰς ἀνάμνησιν ἐντολῆς νόμου σου ὁ γὰρ ἐπιστραφεὶς οὐ διὰ τὸ θεωρούμενον ἐσῴζετο ἀλλὰ διὰ σὲ τὸν πάντων σωτῆρα. Νουθεσία wird hier explizit als göttliches Vorzeichen zur Rettung dargestellt. Der Text berichtet dabei von einem göttlichen Strafwunder, das die Menschen an die Grundlagen der göttlichen Weisung (νόμου σου) erinnern soll. Ziel dieses göttlichen σύμβολον ist σωτηρία der Angesprochenen.

Die intertextuelle Lektüre mit Weish 16,6 bestätigt und präzisiert den Leseeindruck von 1Kor 10: Mit νουθεσία geht es um ein Zeichen zur Zurechtweisung der φρόνιμοι bzw. „Ver-ständigung" für die Menschen. Ziel ist auch hier der rettende Ausweg (1Kor 10,13: ἔκβασις), der durch Gottes Treue (πιστὸς δὲ ὁ θεός) verbürgt ist. Mit dem Gebrauch des Begriffs νουθεσία in 1Kor 10 ist somit eine zweifache Pragmatik verbunden: Der Leser wird als *aktiv* Verstehender, zur „Ver-ständigung" fähiger angesprochen. Gleichzeitig wird diese νουθεσία als *passives* Geschehen verstanden, dessen Subjekt Gott selbst ist.

5.3.4.2 Freiheit der Interpretation und die „Schrift" in 1Kor 10,1-15

Der auf den ersten Blick primär paränetisch ausgerichtete Textabschnitt 1Kor 10,1-15, kann bei genauerer Betrachtung ein Schlüssel zum Verständnis paulinischer Schrifthermeneutik sein. Das setzt voraus, dass Schriften zunächst einmal in der Form wahrgenommen werden, wie es 1Kor selbst tut.[648] Die Merkmale einer solchen Schrifthermeneutik, die sich an den

---

[647] Schrage, 1Kor II, 382, FN 3.

[648] Darin besteht der Kern der von Richard Hays vorgestellten Hermeutik paulinischer Schriften. Vgl. Hays, Echoes, 178f.: „Should we interpret Scripture with the same freedom that Paul did? [...] Does Paul offer a good model of how to interpret the Bible? How does our study of Paul´s readings of Scripture bear upon our reading of Paul´s writings as Scripture."; „The question of the appropriateness of Paul´s readings of Scripture can be considered more precisely if the issue is broken into three components: (1.) Are Paul´s specific *interpretations* of Scripture materially normative? (2.) Are Paul´s interpretative methods formally exemplary? (3.) What are the appropriate constraints on interpretative freedom?" (Hays, Echoes, 180).

paulinischen Texten selbst orientiert, hat Richard Hays äußerst treffend in fünf Punkten zusammengefasst: „If we learned from Paul how to read Scripture, we would learn to read it primarily as a narrative of election and promise. [...] If we learned from Paul how to read Scripture, we would read it ecclesiocentrically. [...] If we learned from Paul how to read Scripture, we would read in the service if proclamation. [...] If we learned from Paul how to read Scripture, we would read as participants in the eschatological drama of redemption. [...] If we learned from Paul how to read Scripture, we would learn to appreciate the metaphorical relationship between the text and our own reading of it."[649]

Theologischer Kern dieser Schrifthermeneutik ist der Verweis auf das unabhängige Handeln Gottes, das sich in bestimmten Geschichten auf besondere Art und Weise manifestiert: „No reading of Scripture can be legitimate if it denies the faithfulness of Israel´s God to his covenant promises. That criterion binds Paul's interpretative freedom to a relation of continuity with Israel's story. But a second, equally important constraint must be recognized: Scripture must be read as a witness to the gospel of Jesus Christ. No reading of Scripture can be legitimate if it fails to acknowledge the death and resurrection of Jesus as the climatic manifestation of God's righteousness. [...] No reading of Scripture can be legitimate, then, if it fails to shape the readers into a community that embodies the love of God as shown forth in Christ."[650]

Zu bemerken ist schließlich, dass es Paulus hier selbst nicht darum geht, auf eine bestimmte Schriftstelle zu rekurrieren. Ebenso wenig[651] kommt es ihm auf die Legitimation durch eine bestimmte Person an; eine Wendung wie etwa ἐν γὰρ τῷ Μωϋσέως νόμῳ γέγραπται fehlt in 1Kor 10. Ziel der Argumentation ist also weder eine Rückbindung an eine personelle Autorität, noch das Aufzeigen einer traditionsgeschichtlichen Linie, sondern das Vorhandensein der Größe „Schrift" als einer Sammlung von Geschichten, die unmittelbare Bedeutung für die Angesprochenen haben. Die Leser von 1Kor 10 zeichnen sich dadurch aus, dass sie die Schrift als solche lesen, εἰς οὓς τὰ τέλη τῶν αἰώνων κατήντηκεν. Den Lesern, die im Wendepunkt zweier Äonen stehen, kommt die Aufgabe zu, die Schrift in ihrer Bedeutung für Gegenwart und Zukunft der ἐκκλησία zu lesen.

Zwei Punkte sind ausschlaggebend dafür, dass die Frage nach dem angemessenen Schriftverständnis eine zentrale im Rahmen von 1Kor 10 ist: Zum Einen lässt sich (negativ) festhalten, dass die genannten Einwände nicht hinreichend sind, um die Frage nach der paulinischen Hermeneutik auszublenden. Sicherlich kommt der Perikope – wie dem gesamten Abschnitt 1Kor 8,1-11,1 – zunächst einmal paränetische Funktion mit Blick auf

649 Hays, Echoes, 183-186.

650 Ebd., 191.

651 Vgl. aber 1Kor 9,9f.

die Götzenfrage zu. Gerade um das Besondere dieses Kapitels im Zusammenhang herauszustellen und damit auch, um das Wie der paulinischen Argumentation genauer zu untersuchen, ist eine nähere Betrachtung seiner Schrifthermeneutik aber unumgänglich. Zum Anderen haben die letzten Abschnitte (positiv) gezeigt, dass die Frage nach der Schriftauslegung, nämlich insbesondere die Frage nach dem angemessenen In-Beziehung-Setzen der Exodusgeschichte und der eigenen Situation, ein zentrales Thema auf der brieflichen Kommunikation in 1Kor 10 darstellt.

Das zuletzt genannte Argument wiegt umso schwerer, da es im Kontext von 1Kor 8,1-11,1 keinerlei Veranlassung gibt, einen intertextuellen Bezug zum Exodusgeschehen herzustellen. Der Brief lässt es kaum zu, Anfragen der korinthischen Gemeinde mit Blick auf den Umgang mit den Schriften des Judentums zu vermuten, noch ergibt sich eine Verbindung zum Exodusgeschehen aus dem unmittelbaren Briefzusammenhang. Der intertextuelle Bezug zur Exoduserzählung wird vom Text ganz bewusst und ebenso ohne Vorbereitung neu eingeführt. Der pragmatische Impuls an die Leser des Briefes kann daher nur lauten: Das Verhältnis zwischen Gott und Menschen in der Gegenwart ist nicht ohne Bezug auf eine ganz bestimmte Schrifttradition zu erklären. Mehr noch: Bestimmte Texte - obwohl in der Vergangenheit verfasst - sind in erster Linie für diese Gegenwart in Schriftform gebracht worden. „Wie die Diskussion um Israel in der Wüste in 1Kor 10 illustriert, besteht Paulus darauf, dass die Erzählungen der Schriften Israels die Situation der Kirche präfigurieren, die durch seine eigene Mission zu den Heiden entstanden ist. Im Gegensatz zum Evangelisten Matthäus, der im Alten Testament nach christologischen Belegstellen [‚prooftexts'] gräbt, liegt das paulinische Augenmerk bei seiner Auslegung des Alten Testaments darauf, dass das AT auf die Kirche als das Volk Gottes hinweist und deshalb als Anleitung für die Handlungen der Kirche zu verstehen ist. Daher benutzt Paulus eine ekklesiozentrische Hermeneutik: Eine Auslegungsstrategie, die auf die Kirche und ihre Situation fokussiert ist."[652]

Dabei besteht der Schwerpunkt des Textes in der Verbindung bestimmter Elemente der Ekklesiologie und der Theologie: „In 1Kor 10 stellt Paulus keinen Vergleich zwischen der Untreue Israels einerseits und der Treue der Kirche andererseits dar. Stattdessen warnt er seine Leser davor, dass sie genau in derselben Lage wie die Israeliten sind und demselben Gericht unterstehen."[653] Es ist nicht das primäre Ziel von 1Kor 10, christologische Aussagen über die Präexistenz Christi zu treffen; ebenso wenig steht die Paraphrase bzw. Korrektur bestimmter Ereignisse in der Geschichte Israels

---

652 Hays, Intertextualität, 58.

653 Ebd., 59. Diese Perspektive wird durch die Einschreibung des Χριστός in die Exodusgeschichte noch verstärkt: Die korinthische Gemeinde hat auch in diesem Punkt keinen Vorzug vor den Israeliten in der Wüste. Diese stehen in κοινωνία zum auferstandenen Christus, jene zum Χριστός im Exodus.

im Vordergrund. Mit der intertextuellen Verweisung auf Texte des Alten Testaments verfolgt der paulinische Text - wie Hays zutreffend bemerkt - eine Hermeneutik, in deren Mittelpunkt das Verhältnis zwischen Gott und ἐκκλησία steht.

Mit dem von Hays hier verwendeten Terminus einer „ekklesiozentrische[n] Hermeneutik"[654] ist allerdings nur eine Perspektive dieser Wechselbeziehung beschrieben. Während 1Kor 10 auf einer ersten Ebene das Schicksal der Vorfahren als warnendes Vorbild zur „Ver-ständigung" darstellt, geht es auf einer zweiten Ebene um die Unverfügbarkeit des göttlichen Handelns und die Erkenntnisfähigkeit der ἐκκλησία mittels der Schrift - und damit um primär theologische Fragen. So lässt sich zwar einerseits von einer paulinischen ekklesiozentrischen Hermeneutik sprechen, da „Paul reads the Bible in light of a central conviction that he and his readers are those upon whom the ends of the ages have come. They are God's eschatological people who, in receiving the grace of God through Jesus Christ, become a living sign, a privileged clue to the meaning of God's word in Scripture. This hermeneutical conviction demands a fresh reading of Scripture and produces the ecclesiocentric interpretations [...], interpretations that find in Scripture prefigurations of the church and words of grace spoken to those who are 'children of promise'."[655] Diese ekklesiologischen Interpretationen implizieren jedoch ganz spezifische theologische Aussagen, da sie die grundlegende Frage stellen, wie die ἐκκλησία den Gott erkennen kann, dessen Handeln sich in der Schrift manifestiert.[656]

Neben 1Kor 10,11, der γραφή, τύπος und νουθεσία miteinander in Beziehung setzt, findet die zentrale theologische Aussage dieser Hermeneutik ihren Niederschlag in 1Kor 10,13: Die πίστις θεοῦ, die sich gerade durch die Berufung in κοινωνία auszeichnet, ist auch Garant dafür, dass für die verschiedenen Versuchungen eine ἔκβασις geschaffen wird. Auch hier ist Gott wieder in entscheidender Weise als handlungstragendes Subjekt vorgestellt: Gott selbst wird - wie er für die Vorfahren einen ἔξοδος ermöglichte - für die Leserschaft des 1Kor die ἔκβασις für die Probleme der Gegenwart bereithalten.

---

654 Vgl. nur Hays, Echoes, 84ff. u.ö.

655 Hays, Echoes, 121.

656 Hays hat diese Wechselbeziehung wiederholt angedeutet: „Nils Dahl nannte die Gotteslehre als ‚de[n] vernachlässigte[n] Faktor in der Theologie des Neuen Testaments.' Als Heidenmissionar ist Paulus davon überzeugt, dass das Verständnis von Gott keineswegs als gegeben angenommen werden kann. Paulus besteht darauf, dass die Identität des gepredigten Gottes erst durch ein aufmerksames Lesen der Schrift zu erkennen ist - d.h., durch eine intertextuelle Fusion der Geschichte Israels mit der Botschaft des Evangeliums." (Hays, Intertextualität, 61).

5.4 Vom ἔξοδος zur ἔκβασις: Zur angemessenen Rede von Gott (Zusammenfassung)

1Kor 10 präsentiert sich als Text, der selbst deutlich über sich hinausweist und mit einer Reihe von Leerstellen bzw. narrativen Abbreviaturen intertextuelle Lektüren motiviert. Auf der Basis des Intertextualitätsparadigmas lassen sich Kategorien entwickeln, die unterschiedliche Lektüren als Folge verschiedener Enzyklopädien erscheinen lassen. 1Kor 10 bietet so ein Paradebeispiel für Intertextualität innerhalb neutestamentlicher Schriften:

- Das Kapitel besitzt zunächst spezifische Funktionen auf intratextueller Ebene. Es greift einerseits die Thematik von Essen und Trinken wieder auf, enthält andererseits aber auch direkte ethische Warnungen an die Angesprochenen.
- 1Kor 10 lenkt aber bereits in den ersten Versen die Aufmerksamkeit über den Brief hinaus. Den grundlegenden Verweisen auf Mose und ein Geschehen in der Vergangenheit folgen viele einzelne Motive, die der Leser intertextuell auflösen muss. Aus unterschiedlichen produktionsorientierten bzw. rezeptionsorientierten Perspektiven kommen dabei unterschiedliche Texte in den Blick.
- Der Text spricht gerade unterschiedliche Ebenen des ‚Exodus' an: Er rekurriert auf das Buch Exodus, den Erzählzusammenhang Exodus im Kanon (Exodus bis Josua) und außerhalb des Kanons (Weisheit bei Philo) sowie auf das befreiende Handeln Gottes als Kern des Exodusgeschehens. Der Text besitzt aber auch die Freiheit, neue Einträge in diese Geschichten vorzunehmen, ohne als nachträgliche Verfälschung markiert zu werden.
- Sicherlich ist das ganze Kapitel im Zusammenhang der Speisefrage einzuordnen und kann – mit Blick auf 1Kor 10,16ff. und 1Kor 11 – als Vorbereitung der Abendmahlsfrage verstanden werden. Im Mittelpunkt von 1Kor 10,1-15 steht jedoch zunächst die Frage nach dem wunderbaren Handeln Gottes, das sich durch (positive) Speisungs- und Trankwunder, aber auch durch (negative) Strafwunder zeigen kann. Jenseits der Frage nach dem Abendmahl betont Kapitel 10, dass Gott auf vielfältige Weise in das Leben der Welt eingreift, dass dieses Eingreifen zur unmittelbaren Verwendung für die Angesprochen in Schriftform gebracht wurde und dass es keine garantierte Sicherheit für ein bestimmtes Handeln Gottes gibt.[657]

[657] Gerade das ist die Pointe des gesamten Abschnittes. Die vielfach verwendete Überschrift „Das warnende Beispiel Israels" wäre missverstanden, verstände man sie nicht aus der Perspektive Gottes. Die πατέρες ἡμῶν sind genau wie die Angesprochenen selbst dem freien Handeln Gottes unterworfen. Die paränetische Funktion des Abschnittes ergibt sich zu einem Teil aus der Aufzählung der Vergehen Israels, die

Die Perikope thematisiert zwar auch die Freiheit menschlichen Handelns verbunden mit der Warnung vor Sicherheit. Im Zentrum der Verse des Kapitels steht dagegen eine Aussage über das Handeln Gottes, das sich durch Unverfügbarkeit und Kontinuität zwischen der Generation der Vorfahren und der Gemeinde der Gegenwart auszeichnet. Eine paulinische Schrifthermeneutik, die von 1Kor 10 ausgeht, stellt die überkommene Perspektive auf den Kopf: Es ist gerade nicht so, dass der pharisäische Jude Paulus sein Gottesbild konserviert und um einige christologische Momente ergänzt oder „alttestamentlichen Texten Gewalt antut".[658] Der Abfassungszweck der Schriften und Kennzeichen des Handelns Gottes erschließen sich vielmehr von der Gegenwart aus, einer Gegenwart zwischen und an den Enden der Zeiten.

Im Zentrum dieser spezifisch theologischen Hermeneutik steht die Überzeugung von der Wirkmächtigkeit Gottes in der Gegenwart: „Here speaks the master hermeneutical trope that governs all the intertextual play of Paul´s letters. The trope is simple but almost infinitely potent: the word of Scripture is read as the word of God to us. The text was written by some human author long ago, written to and for an ancient community of people in Israel, but original writer and readers have become types whose meaning emerges with full clarity only in the church - that is, only in the empirical eschatological community that Paul is engaged in building. Even utterances that appear to be spoken to others in another time find their true addressees in *us*. When God blesses Abraham, he is speaking to us. When Moses charges Israel, he is speaking to us. When Isaiah cries comfort to Jerusalem, he is speaking to us."[659]

1Kor 10 zeigt die Vielfalt, Originalität und Eigenart paulinischer Intertextualität in besonderem Maße: „Paul already faced this problem in his own time: his readings of Scripture seemed so scandalously revisionary that he had to defend their continuity with the Torah. In the course of that defense, he acknowledged, either implicitly or explicitly, certain fundamental constraints or criteria by which the validity of his readings could be assessed. In order to be taken as paradigmatic for ours, I would suggest that we must acknowledge the same constraints that acknowledged. (That, I take it, is part of what it means to recognize his writings as Scripture.) But if the normative constraints on our reading are to be the same as Paul's, historical criticism, however useful it may be for other purposes - such as stimulating analogical imagination - should not be burdened with theological responsibility for screening the uses of Scripture in Christian proclama-

dann mit einem καθώς dem Verhalten der Angesprochenen gegenübergestellt wird. Wenigstens ebenso stark betont der Abschnitt, dass das wunderbare Handeln Gottes gegenüber dem menschlichen Verhalten unabhängig bleibt.

658 Vielhauer, Paulus, 216.

659 Hays, Echoes, 167.

tion. If it were entrusted with such a normative task, many of Paul's readings would fail the test."[660]

Prägend für die Schrifthermeneutik in 1Kor 10 sind dabei die Vorstellungen von νουθεσία und ἔκβασις: Gotteserkenntnis ist untrennbar verbunden mit einem angemessenen Verständnis der Schrift. Dabei ist es Gott selbst, der den Menschen „Ver-ständigung" (νουθεσία) ermöglicht und - in Parallelität zum Exodus - auch für die Leserschaft der Gegenwart eine ἔκβασις bereit hält. 1Kor 10 liest somit die Exoduserzählung nicht nur als Befreiungsgeschichte. Der Text verbindet dieses grundlegende Exodus-Motiv mit drei Elementen, die durch die intertextuellen Lektüren deutlich werden - wunderbare Speisung, angemessenes Verhalten gegenüber Gott und Umgang mit der Größe „Schrift".

660 Hays, Echoes, 190.

5.5 Übersetzung

1	Denn ich will nicht, dass ihr nicht wisst, Geschwister, dass unsere Vorfahren alle unter der Wolke waren und alle durch das Meer hindurchgingen,	Οὐ θέλω γὰρ ὑμᾶς ἀγνοεῖν, ἀδελφοί, ὅτι οἱ πατέρες ἡμῶν πάντες ὑπὸ τὴν νεφέλην ἦσαν καὶ πάντες διὰ τῆς θαλάσσης διῆλθον
2	und somit alle auf Mose getauft wurden in der Wolke und im Meer,	καὶ πάντες εἰς τὸν Μωϋσῆν ἐβαπτίσθησαν ἐν τῇ νεφέλῃ καὶ ἐν τῇ θαλάσσῃ
3	und alle dieselbe geistlich-wunderbare Speise aßen	καὶ πάντες τὸ αὐτὸ πνευματῖ κὸν βρῶμα ἔφαγον
4	und alle denselben geistlich-wunderbaren Trank tranken; denn sie tranken aus einem geistlich-wunderbaren, (ihnen) nachfolgenden Felsen, der Fels aber war Christus.	καὶ πάντες τὸ αὐτὸ πνευματικὸν ἔπιον πόμα· ἔπινον γὰρ ἐκ πνευματικῆς ἀκολουθούσης πέτρας,ἡ πέτρα δὲ ἦν ὁ Χριστός.
5	Aber an den meisten von ihnen hatte Gott nicht Gefallen, denn sie wurden hingestreckt in der Wüste.	'Αλλ' οὐκ ἐν τοῖς πλείοσιν αὐτῶν εὐδόκησεν ὁ θεός, κατεστρώθησαν γὰρ ἐν τῇ ἐρήμῳ.
6	Diese (Dinge) aber wurden unsere Vorbilder, damit wir nicht verlangend nach Schlechtem seien, ebenso wie auch jene verlangten.	Ταῦτα δὲ τύποι ἡμῶν ἐγενήθησαν, εἰς τὸ μὴ εἶναι ἡμᾶς ἐπιθυμητὰς κακῶν, καθὼς κἀκεῖνοι ἐπεθύμησαν.
7	Und werdet nicht Götzendiener, ebenso wie einige von ihnen, wie geschrieben ist: „Das Volk setzte sich zu essen und zu trinken und sie standen auf zu tanzen."	μηδὲ εἰδωλολάτραι γίνεσθε καθώς τινες αὐτῶν, ὥσπερ γέγραπται· ἐκάθισεν ὁ λαὸς φαγεῖν καὶ πεῖν καὶ ἀνέστησαν παίζειν.
8	Und lasst uns nicht Unzucht treiben, ebenso wie einige von ihnen Unzucht trieben und es fielen an einem Tag 23.000.	μηδὲ πορνεύωμεν, καθώς τινες αὐτῶν ἐπόρνευσαν καὶ ἔπεσαν μιᾷ ἡμέρᾳ εἴκοσι τρεῖς χιλιάδες.
9	Und lasst uns nicht Christus versuchen, ebenso wie einige von ihnen versuchten und durch die Schlangen zugrunde gingen.	μηδὲ ἐκπειράζωμεν τὸν Χριστόν, καθώς τινες αὐτῶν ἐπείρασαν καὶ ὑπὸ τῶν ὄφεων ἀπώλλυντο.
10	Und murrt nicht, ebenso wie einige von ihnen murrten und zugrunde gingen durch den Verderber.	μηδὲ γογγύζετε, καθάπερ τινὲς αὐτῶν ἐγόγγυσαν καὶ ἀπώλοντο ὑπὸ τοῦ ὀλοθρευτοῦ.
11	Dieses aber ereignete sich jenen vorbildlich, geschrieben wurde es aber zu unserer Zurechtweisung, über die die Enden der Weltzeiten gekommen sind.	ταῦτα δὲ τυπικῶς συνέβαινεν ἐκείνοις, ἐγράφη δὲ πρὸς νουθεσίαν ἡμῶν, εἰς οὓς τὰ τέλη τῶν αἰώνων κατήντηκεν.

12	Darum, wer meint zu stehen, soll sehen, (dass) er nicht falle.	Ὥστε ὁ δοκῶν ἑστάναι βλεπέτω μὴ πέσῃ.
13	Versuchung hat euch nicht erfasst, wenn nicht menschliche; treu aber ist Gott, der nicht zulassen wird, dass ihr geprüft werdet über das hinaus, was ihr in euer Kraft habt, sondern er wird zusammen mit der Prüfung auch den Ausweg schaffen, (um) bestehen zu können.	πειρασμὸς ὑμᾶς οὐκ εἴληφεν εἰ μὴ ἀνθρώπινος· πιστὸς δὲ ὁ θεός, ὃς οὐκ ἐάσει ὑμᾶς πειρασθῆναι ὑπὲρ ὃ δύνασθε ἀλλὰ ποιήσει σὺν τῷ πειρασμῷ καὶ τὴν ἔκβασιν τοῦ δύνασθαι ὑπενεγκεῖν.
14	Eben deshalb, meine Lieben, flieht fort vom Götzendienst.	Διόπερ, ἀγαπητοί μου, φεύγετε ἀπὸ τῆς εἰδωλολατρίας.
15	Weil ihr Verständige (seid), sage ich: Beurteilt ihr, was ich spreche.	ὡς φρονίμοις λέγω· κρίνατε ὑμεῖς ὅ φημι.

6 γραφαί und ἀνάστασις – Gottes schöpferische Macht in 1Kor 15

6.1 Das εὐαγγέλιον und das Problem der Auferweckung (Intratextuelle Lektüreskizzen)

6.1.1 Zur Einordnung von 1Kor 15 in den Briefkontext

1Kor 15 kommt sowohl mit Blick auf den Umfang als auch auf die inhaltlichen Schwerpunkte eine besondere Rolle innerhalb der gesamten brieflichen Argumentation zu. Pointiert wird diese Position bereits von Karl Barth vertreten: „Das Kapitel von der Auferstehung der Toten steht im Zusammenhang des 1. Korintherbriefes nicht so isoliert da, wie es auf den ersten Blick scheinen möchte. Es bildet nicht nur den Schluß und Höhepunkt des ganzen Briefes, sondern auch seinen Schlüsselpunkt, von dem aus Licht auf das Ganze fällt, von dem aus er, nicht äußerlich aber innerlich, als Einheit verständlich wird. Man wird sogar sagen müssen, daß diese zentrale Bedeutung der in unserem Kapitel angesprochenen Gedanken über den Rahmen des 1. Korintherbriefes hinausreicht. Hier deckt Paulus überhaupt seinen Mittelpunkt, seinen Hintergrund, seine Voraussetzung auf."[661]

Dass in 1Kor 15 verschiedene Argumentationsstränge zusammenlaufen und ihren Zielpunkt erreichen, wird bereits im Proömium des Briefes angedeutet.[662] So folgt im Rahmen des Briefeingangs auf die Erwähnung der in 1Kor 12-14 thematisierten Charismen[663] der Ausblick auf Themen aus 1Kor 15: Genannt werden die Parusie Christi[664] sowie das endgültige Ziel der Schöpfung,[665] das zugleich auf die ἡμέρα τοῦ κυρίου Ἰησοῦ bezogen wird. Neben diesem grundlegenden, bereits zu Beginn des 1Kor angelegten Zusammenhang greift 1Kor 15 verschiedene, im Verlauf des Briefs diskutierte Themen wieder auf und korreliert sie mit der Auferweckungsfrage. Dazu zählen insbesondere die Fragen nach dem Verhältnis zwischen θεός und Χριστός, nach der Macht Gottes gegenüber anderen Mächten und nach den Grundlagen der gemeindlichen Existenz und der Welt insgesamt.

---

661 Barth, Auferstehung, III.

662 Vgl. zur Vorbereitung der Kapitel 12-15 im Proömium Beker, Sieg, 66ff.

663 1Kor 1,7a: ὥστε ὑμᾶς μὴ ὑστερεῖσθαι ἐν μηδενὶ χαρίσματι.

664 1Kor 1,7b: ἀπεκδεχομένους τὴν ἀποκάλυψιν τοῦ κυρίου ἡμῶν Ἰησοῦ Χριστοῦ.

665 1Kor 1,8: ἕως τέλους"..." ἐν τῇ ἡμέρᾳ τοῦ κυρίου ἡμῶν Ἰησοῦ.

Vergleichbar mit der Argumentationsstruktur in 1Kor 1,[666] 1Kor 8[667] und 1Kor 10[668] beginnen die Ausführungen in 1Kor 15,1 mit einer Erinnerung an ein von den Mitgliedern der ἐκκλησία geteiltes Wissen, dessen Kernpunkte gleichzeitig erneut vor Augen gestellt werden. Das γνωρίζειν beschreibt somit nicht das Verkünden eines komplett neuen Sachverhaltes, sondern „vom Kontext her die Erinnerung an das den Lesern schon bekannte Evangelium“[669], das den Angesprochenen noch einmal - gleichwohl in anderem Kontext - entfaltet wird.

Gegenstand des Erinnerns und der folgenden Ausführungen soll das εὐαγγέλιον sein, das in 1Kor 15,1f. dreifach qualifiziert wird: Es wurde der ἐκκλησία durch Paulus verkündigt (ὃ εὐηγγελισάμην ὑμῖν), von ihr angenommen (ὃ καὶ παρελάβετε) und bildet weiterhin den festen Grund der individuellen und kollektiven Existenz der Korinther (ἐν ᾧ καὶ ἑστήκατε). Im Anschluss an diese Überlieferungsgeschichte des εὐαγγέλιον formuliert 1Kor 15,2a dann dessen wesentliches Ziel: die Rettung aller. Gleichzeitig gibt das präsentische σῴζεσθε an, dass diese Rettung bereits begonnen hat.[670]

Die Explikation der rettenden Kraft des Evangeliums bildet somit die Basis der Argumentation des Auferweckungskapitels, in dem sich weiterhin drei große Abschnitte differenzieren lassen: Die Verse 1Kor 15,1-11 betrachten grundlegend Geschichte, Ziel und Inhalt des εὐαγγέλιον. Die folgenden Verse 1Kor 15,12-34 kontrastieren den Kern des εὐαγγέλιον mit dem Problem der Auferstehungsleugnung innerhalb der ἐκκλησία.[671] Es geht in diesem Abschnitt weniger um eine theoretische Reflexion der Thematik bzw. die argumentative Widerlegung der Auferstehungsleugnung als um ein Aufzeigen der Konsequenzen, die eine solche Leugnung für das konkrete Leben der ἐκκλησία hat.[672] Auch auf syntaktischer Ebene lässt sich

---

666 Bevor 1Kor 1,10 den vordringlichsten Missstand innerhalb der ἐκκλησία benennt, entwerfen die Verse 1-9 den „Rahmen, in den sich die im Brief folgenden Wirklichkeitsannahmen, Wertungen und Argumentationsgänge einschreiben und auf dessen Basis sie ihre Plausibilität erlangen.“ (Alkier, Wunder, 155).

667 Hier begannen die Ausführungen zu den εἰδωλόθυτα mit der Erinnerung an eine gemeinsam geteilte γνῶσις.

668 1Kor 10 nennt zunächst einmal die Exodusgeschichte als Voraussetzung, ohne die die weiteren Ausführungen nicht verstanden werden können.

669 Kremer, 1Kor, 320.

670 Schrage, 1Kor IV, 29 betont, dass Paulus von σωτηρία zumeist im Futur spricht. Die Verse 2b-3a korrespondieren - wie Wolfgang Schenk (Schenk, Aspekte) gezeigt hat - mit den Aussagen in Vers 1 und bilden so einen Chiasmus mit dem Mittelglied σῴζεσθε. Durch diese Doppelung wird einerseits der Inhalt der Aussagen hervorgehoben, außerdem erscheint das Mittelglied (die eschatologische σωτηρία) gleichsam als Höhepunkt des Verses.

671 Vgl. dazu Wolff, 1Kor, 376. So findet man Ausführungen dazu in den Versen 12, 13, 15, 16, 29 und 32.

672 Vgl. zu diesem Gedanken die einführenden Bemerkungen bei Kremer, 1Kor, 336.

der Abschnitt durch das rahmende τίνες in den Versen 12 und 34 abgrenzen. 1Kor 15,12 wechselt zudem nach dem Rückblick auf Grundlagen des εὐαγγέλιον in den Versen 1-11 in die direkte Ansprache (ἐν ὑμῖν τινες) einer Frage. Wie Kapitel 15 insgesamt schließt auch der Abschnitt 1Kor 15,12-34 mit einer imperativischen Anrede: ἐκνήψατε δικαίως καὶ μὴ ἁμαρτάνετε. Auf der Basis der Kohärenz des Abschnittes lassen sich noch drei einzelne Argumentationsgänge unterscheiden. Der Abschnitt 1Kor 15,12-19 thematisiert zunächst direkt den Zusammenhang zwischen der Auferweckung Jesu und der Auferweckung der Christen. Die folgenden Verse (1Kor 15,20-28) diskutieren die Bedeutung der Auferweckung Christi für die christliche Hoffnung auf die vollendete Gottesherrschaft. Der dritte Teil (1Kor 15,29-34) betont stärker ethische Aspekte des Lebensvollzuges im Falle einer Auferstehungsleugnung.

Der dritte und letzte Hauptabschnitt des Kapitels (1Kor 15,35-58) vereint mehrere unterschiedliche Argumentationsperspektiven miteinander. Nachdem in 1Kor 15,1-11 das εὐαγγέλιον von der Auferweckung Jesu Christi im Vordergrund stand, werden im folgenden Abschnitt dessen soteriologische Konsequenzen diskutiert. 1Kor 15,35-58 ist sodann unter der gemeinsamen Frage nach dem „Wie und Wann?" der Auferstehung zusammenzufassen. Die Erörterung umfasst Betrachtungen zur Leiblichkeit der Auferstehung, zur Geschöpflichkeit des Menschen, zur zeitlichen Abfolge der Auferstehung und zum Ende dieses κόσμος. Auch dieser Abschnitt lässt sich nochmals nach verschiedenen Aspekten unterteilen: Ein erster großer Teil thematisiert den Aspekt der Leiblichkeit der Auferstehung (1Kor 15,35-49). 1Kor 15,50-58 setzt sodann die Auferweckungsfrage pointiert in Beziehung zur Frage nach dem eschatologischen Sieg über alle Mächte des Todes.[673]

6.1.2 Zur intratextuellen Argumentationsstruktur von 1Kor 15

6.1.2.1 Christologische Grundlagen: 1Kor 15,1-11

In rhetorischer Analogie zur Argumentationsstruktur von 1Kor 8 und 1Kor 10 intendiert auch 1Kor 15 nicht die gänzlich neue Entfaltung eines Themas, - etwa der Auferweckung Jesu Christi oder der allgemeinen Auferstehung aller Christen. Beabsichtigt ist vielmehr, die Argumentation der Gegner zu destruieren, indem auf die κοινωνία stiftenden, gemeinsamen Grundlagen des Glaubens verwiesen wird, die von eben diesen Gegnern verlassen werden. Diese κοινωνία τοῦ Ἰησοῦ Χριστοῦ, in die Gott selbst beruft (1Kor 1,9), bietet auf zweifache Weise die Verstehensvoraussetzung für die Argumentation von 1Kor 15:

673 Eine feinere Unterteilung bietet z.B. Wolff, 1Kor, 401ff. oder Fitzmyer, 1Cor, 539ff.

- Bereits in 1Kor 1 wird ein Abfall von der einenden Grundlage des εὐαγγέλιον als Ursache für die σχίσματα genannt.[674] Auch die von 1Kor 15,12 eingeführte Frage (πῶς λέγουσιν ἐν ὑμῖν τινες ὅτι ἀνάστασις νεκρῶν οὐκ ἔστιν) kann - dieser für den 1Kor grundlegenden Logik folgend - nur von solchen Lesern gestellt werden, die das εὐαγγέλιον vergessen oder auf nicht adäquate Weise interpretieren. Die mit der Auferstehungsleugnung einhergehende Abkehr vom εὐαγγέλιον impliziert somit den Bruch der κοινωνία τοῦ Ἰησοῦ Χριστοῦ und umgekehrt.
- Zugleich entfaltet 1Kor 15 einen speziellen Aspekt der κοινωνία τοῦ Ἰησοῦ Χριστοῦ, der ebenfalls bereits in 1Kor 1 angelegt ist: Gott beruft selbst in die durch Jesus Christus qualifizierte κοινωνία.[675] Indem diese κοινωνία durch die Auferweckung Jesu Christi auch über den Tod hinaus Bestand hat, kann 1Kor 15 von Anfang an Auferweckung und Aufrechterhaltung der Gottesbeziehung als Synonyme verstehen.

Dieser notwendige Zusammenhang zwischen κοινωνία, εὐαγγέλιον und ἀνάστασις ist auch Grundlage der einführenden Verse 1Kor 15,1-3a. Es geht in der weiteren Argumentation um das von Paulus verkündete (εὐηγγελισάμην) und den Adressaten bekannte, angenommene (παρελάβετε) und weiterhin als Grundlage akzeptierte (ἑστήκατε) Evangelium. Seine rettende Kraft (σῴζεσθε) besitzt dieses Evangelium auch über die konkrete Kommunikationssituation des 1Kor hinaus. Paulus selbst stellt sich in die Reihe der frühchristlichen Verkündiger (ὃ καὶ παρέλαβον) und unterstreicht damit wiederholt die universelle Bedeutung seiner Aussagen für alle, die in der Gemeinschaft der einzelne Orte übergreifenden ἐκκλησία stehen.[676]

Von einiger Bedeutung für das Verständnis der paulinischen Argumentation ist die angemessene Übersetzung und Interpretation des τίνι λόγῳ (1Kor 15,2): Das in 1Kor 15,3 folgende ὅτι ist gerade nicht als ὅτι-*recitativum* zu verstehen. Das in 1Kor 3b-5 wiedergegebene Evangelium - und die damit zusammenhängende Rettung - kann somit zwar in sprachlicher Form wiedergegeben werden, ist aber nicht auf eine bestimmte sprachliche Formel festgelegt.[677] Mit dem Begriff des λόγος verweist 1Kor 15 vielmehr einerseits auf die Ausführungen zum λόγος τοῦ σταυροῦ aus 1Kor 1 und andererseits auf die folgenden Verbalaussagen, die *als* narrative Abbreviaturen die Geschichte von Sterben, Begräbnis, Auferweckung und Erscheinung Christi entfalten. Beide Verweise berufen sich auf ein zwischen Paulus und der korinthischen

674 1Kor 1,13: μεμέρισται ὁ Χριστός;.

675 1Kor 1,9: Πιστὸς ὁ θεός, δι᾽ οὗ ἐκλήθητε εἰς κοινωνίαν.

676 Vgl. 1Kor 1,2: ἐπικαλουμένοις τὸ ὄνομα τοῦ κυρίου ἡμῶν Ἰησοῦ Χριστοῦ ἐν παντὶ τόπῳ.

677 Vgl. Hays, Christ, 53: „Salvation depends upon a message that can be formulated in words, a message that can be received and passed on (15:3). Further, this message takes precisely the form of a story."

Gemeinde in κοινωνία geteiltes Wissen: Der λόγος τοῦ σταυροῦ ist zur δύναμις θεοῦ geworden (1Kor 1,18), erlangt seine Bedeutung also gerade nicht durch wortgetreues Zitieren, sondern durch seine Wirksamkeit als Gotteskraft. Vor diesem Hintergrund markieren die Verbalsaussagen des ὅτι-Satzes die narrative Struktur des λόγος τοῦ σταυροῦ.

Der theologische Gehalt des Evangeliums wird dann ab 1Kor 15,3b entfaltet: Dieser lässt sich differenzieren in die einzelnen narrativen Elemente Sterben (ἀπέθανεν) und Begraben-Werden (ἐτάφη), Auferweckt-Werden (ἐγήγερται) und Erscheinen bzw. Sich-Sehen-Lassen (ὤφθη). Die Liste der unterschiedlichen Auferstehungszeugen wird durch Paulus selbst abgeschlossen (1Kor 15,8), bevor 1Kor 15,9-11 ringförmig[678] die eröffnende Argumentation abschließt. Das Sterben und Begrabenwerden wird dabei mit den Aoristformen ἀπέθανεν und ἐτάφη als einmalig punktuelles, abgeschlossenes und aus menschlicher Perspektive nicht revidierbares Faktum beschrieben.[679] Beide Ereignisse sind somit konkret in Zeit und Raum zu verorten: „Christus starb zu einem konkreten Zeitpunkt an einem geographisch ausmachbaren Ort."[680] Von diesem Tod wird auf diese Weise - ergänzt durch den Hinweis auf das Begräbnis - wie von jedem anderen menschlichen Tod berichtet. Indem der Text auf die unbestreitbare Faktizität dieser Ereignisse hinweist, wird zugleich für den Leser deutlich: Es geht in den folgenden Ausführungen um die Beschreibung einer Auferweckung *aus* den Toten, nicht um ein irgendwie geartetes Außerkraftsetzen des Sterbens. Das Sterben Jesu Christi hat zudem eine unmittelbare Relevanz für die Gegenwart der ἐκκλησία: Die Wendung ὑπὲρ τῶν ἁμαρτιῶν ἡμῶν in 1Kor 15,3 verbindet grundlegend die Jesus-Christus-Geschichte mit der durch Sünden gekennzeichneten Existenz der ἐκκλησία.

Diese Geschichte des Sterbens und Begrabenwerdens wird sodann durchbrochen durch die Erwähnung der Auferweckung. Das perfektische ἐγήγερται hebt sich aus der Reihe der aoristischen Verbalformen hervor und drückt so in besonderer Weise als perfektisches Geschehen, das in der Vergangenheit seinen Ursprung hat und bis in die Gegenwart wirksam ist, „die Dauer des Vollendeten"[681] aus. Gerade vor dem Hintergrund des Bezugs zu 1Kor 1,18 lässt sich die passivische Form kaum anders als als *passivum divinum* verstehen: Die Kraft Gottes zeigt sich in der Fähigkeit zur und der Realität der Auferweckung Jesu Christi. Mit dem ἐγήγερται in 1Kor 15,4 ist daher die eigentliche Spitzenaussage des Abschnitts erreicht. Während die ersten beiden Verbalsaussagen die Faktizität des Todes betonen und

---

678 Vgl. dazu insbesondere Schenk, Aspekte: In 1Kor 15,1 wird Evangelium als Gegenstand der Argumentation eingeführt, bevor Kor 15,11 den Abschnitt mit dem Verweis auf das Predigen des Evangeliums abschließt.

679 Vgl. Alkier, Vielfalt, 196 und Alkier, Realität, 18-23.

680 Alkier, Vielfalt, 196.

681 BDR, § 340.

die dritte die Auferweckung als göttliche Machttat kennzeichnet, verbindet das folgende ὤφθη nun die Jesus-Christus-Geschichte mit der Geschichte der ἐκκλησία. Das Erscheinen des Auferstandenen setzt sein Sterben und seine Auferstehung voraus, ist aber zugleich der „Anfang des nachösterlichen Christentums“[682].

Die Elemente der Jesus-Christus-Geschichte (Sterben, Begräbnis, Auferweckung und Erscheinen) werden nicht als isoliertes Geschehen dargestellt, sondern erscheinen in unterschiedlichen Bezügen: Der Tod Jesu Christi wird *soteriologisch* auf die Sünden des Paulus und seiner Gemeinde (ὑπὲρ τῶν ἁμαρτιῶν ἡμῶν) bezogen, während mit der zweiten Ergänzung – κατὰ τὰς γραφὰς – das paulinische εὐαγγέλιον von Sterben und Auferweckung in den *heilsgeschichtlichen* Zusammenhang anderer Schriften gestellt wird. Die Schriftgemäßheit wird hier mit Blick auf die Gesamtheit der beiden narrativen Bestandteile betont, ohne dass dabei ein bestimmter Referenztext als unmittelbarer Bezug erwähnt würde. Während Sterben, Begräbnis und Auferstehung über ihren Schriftbezug bezeugt werden, ist das Erscheinen (ὤφθη) als integraler Bestandteil des Geschehens nicht durch die Schrift, sondern die Reihe unterschiedlicher Zeugen bestätigt.[683]

Das εὐαγγέλιον von der Auferweckung steht somit nicht isoliert am Beginn von 1Kor 15, sondern erfährt seine Konkretion und Legitimation durch den Bezug zum λόγος (τοῦ σταυροῦ), durch den Verweis auf die mannigfaltige Zeugenschaft und den Rückbezug auf die γραφαί.

6.1.2.2 Soteriologische Konsequenzen: 1Kor 15,12-34

Wiederum ganz im Duktus der bisherigen Argumentation[684] führt das Kapitel nicht zu Beginn, sondern erst in 1Kor 15,12 eine korinthische Aussage bzw. These an, die aufgrund der bisherigen Verse bereits haltlos geworden ist: Εἰ δὲ Χριστὸς κηρύσσεται ὅτι ἐκ νεκρῶν ἐγήγερται, πῶς λέγουσιν ἐν ὑμῖν τινες ὅτι ἀνάστασις νεκρῶν οὐκ ἔστιν; Die folgenden Verse (1Kor 15,12-19) qualifizieren die als Zitat einiger Korinther gekennzeichnete Aussage, es gebe keine Auferstehung der Toten, als Widerspruch zu dem im vorangegangen Abschnitt erinnerten Evangelium von Tod und Auferweckung des Gekreuzigten. 1Kor 15,12a wiederholt daher nochmals die gemeinsame Grundüberzeugung (εἰ δὲ Χριστὸς κηρύσσεται ὅτι ἐκ νεκρῶν ἐγήγερται) und schließt dann erst die Frage an, warum auf dieser unbestrittenen Basis einige die Auferstehung leugnen. In diesem Zusammenhang sind auch die Verortung der Auferweckung Jesu Christi in das eschatologische Geschehen und erneute Betonung der Interdependenz zwischen εὐαγγέλιον und Auferweckung zu verstehen: Eine

682 Alkier, Vielfalt, 196.

683 Ebd.

684 Vgl. z.B. oben die Ausführungen zu 1Kor 8 und 10.

Rede von der Auferweckung Jesu Christi ist sinnlos ohne die Rede von einer eschatologischen Auferstehung aller Christen und umgekehrt.

Im folgenden Teilabschnitt (1Kor 15,20-28) geht der Text noch einen Schritt weiter: Die Auferweckung Jesu Christi steht nicht nur mit dem Schicksal und dem Glaubensinhalt aller Christen in unmittelbarem Zusammenhang. Vielmehr ist die Auferweckung Jesu Christi ein untrügliches Vorzeichen für ein die gesamte Welt betreffendes, und somit *kosmisches* Geschehen. Es geht nicht nur um die Auferweckung Einzelner, sondern um den endgültigen Sieg über den Tod, der als eigenständige Macht verstanden wird (1Kor 15,26: ἔσχατος ἐχθρὸς καταργεῖται ὁ θάνατος·). Die Auferstehungsfrage ist somit eine genuine Frage nach der Macht und den Machtverhältnissen. Mit dem Stichwort ἔσχατος verknüpft 1Kor 15 noch eine weitere Thematik mit dem Problem der Auferweckung: Auferweckung ist ein Geschehen innerhalb der Zeit, steht aber auch am Ende der Zeit - verschiedene Zeitebenen werden miteinander verschränkt:

- Einerseits ist Auferweckung ein Geschehen innerhalb dieser Welt, das Elemente der Vergangenheit (Auferweckung Jesu Christi), Gegenwart (wirksamer λόγος τοῦ σταυροῦ innerhalb der Gemeinde) und Zukunft (eschatologische Auferweckung der Christen) miteinander in Beziehung setzt.
- Andererseits durchbricht das paulinische Auferweckungskonzept gerade die Realitätsannahmen einer abgeschlossenen Diesseitigkeit dieses κόσμος. Genauso wie die Menschheit von der Schöpfung an (Adam) dem Tod verfallen ist, wird durch die Auferweckung Jesu Christi die Todesmacht eschatologisch überwunden.

Die von 1Kor 15 durch die Verweise auf Sterben, Begraben-Werden, Auferweckt-Werden und Erscheinen anzitierte Jesus-Christus-Geschichte bekommt auf diese Weise eine „vertikale" und eine „horizontale" Dimension. Einerseits offenbart sich in ihr ein göttlicher Eingriff in die Welt, „a definitive unsurpassable divine incursion into the world."[685] Andererseits zeigen sich in ihr Elemente des Handelns und der Kommunikation innerhalb dieser Welt, die qua menschlicher Sprache weitergegeben werden können (1Kor 15,1: γνωρίζω / εὐηγγελισάμην / παρελάβετε / ἑστήκατε). Eine Reduktion der Jesus-Christus-Geschichte auf eine der Perspektiven wird ihr daher nicht gerecht.[686]

Erst von dieser eschatologischen endgültigen Todesüberwindung her werden die apokalyptischen Bilder der Verse 1Kor 15,24-28 verständlich:

---

685 Watson, Story, 234.

686 So hat Richard B. Hays zutreffend die Position Francis Watsons´ kritisiert, der ausschließlich die vertikale Dimension hervorhebt und betont, dass dieses göttliche Handeln in der Auferweckung „lies beyond the scope of human storytelling" (Watson, Story, 234). Hays wendet demgegenüber ein, dass dieser Einspruch nur dann als gerechtfertigt gelten kann, wenn man „narrativ" a priori als Ausdrucksform menschlicher Kommunikation definiere (vgl. Hays, Christ, 65f.).

Mit der Auferweckung Jesu Christi ist im Rahmen der eschatologischen Auferweckung der Erstling festgelegt; durch den λόγος τοῦ σταυροῦ ist die Basis für den Ablauf der eschatologischen Totenerweckung garantiert, es folgt die Auferstehung der zu Christus gehörenden und der Sieg über alle den Tod befördernden Mächte. Klar subordinierend wird die Rolle des Christus im Folgenden definiert, wenn deutlich gemacht wird, dass dessen Macht nur als geliehene zu verstehen ist, die wieder an den Vater zurück geht, damit dieser „alles in allem" sei. In diesem Zusammenhang ist auch der resümierende Satz in 1Kor 15,34 zu verstehen: γνωσίαν γὰρ θεοῦ τινες ἔχουσιν.

Das Bewusstsein der kosmischen Dimension des Auferweckungsgeschehens bildet nun die Grundlage für die folgenden Verse 1Kor 15,29-34, die konkrete Fragen der Glaubens- und Lebenspraxis ansprechen. Insbesondere setzen die Ausführungen zur Taufe für Verstorbene und zu den unterschiedlichen Leiden der apostolischen Existenz die Realität der Auferweckung voraus: εἰ νεκροὶ οὐκ ἐγείρονται, φάγωμεν καὶ πίωμεν, αὔριον γὰρ ἀποθνῄσκομεν (1Kor 15,32).

6.1.2.3 Eschatologische Konsequenzen: 1Kor 15,35-58

Die Doppelfrage in 1Kor 15,35 nach dem Wie und dem Leib der Auferweckung macht schon zu Beginn dieses Argumentationsganges unmissverständlich klar: Auferweckung kann nur leiblich gedacht werden – wenn es eine Auferstehung gibt, dann stellt sich zugleich die Frage nach dem Leib der Auferstehung. Weil Leben und Lebendigkeit im Diskursuniversum des 1Kor nur leiblich gedacht werden können, impliziert die Frage nach der lebendigen Existenz der Auferstandenen Ausführungen zum Leib der Auferstehung. Während in dieser Leiblichkeit die Kontinuität zwischen dem diesseitigen und dem auferweckten Leben fundiert wird, weist das Bild vom Samenkorn (1Kor 15,36ff.) auf die unhintergehbare Diskontinuität, die durch den Tod markiert wird, hin. Die einzig denkbare Kontinuität expliziert der Text in den folgenden Versen: *Gott* gibt jedem einen Leib, dieser ist aber je unterschiedlich qualifiziert, insbesondere über die Opposition „natürlich" (ψυχικός) und „geistlich" (πνευματικός).

Die abschließenden Verse rücken mit dem Bild der Posaune die Auferweckungsthematik noch einmal ganz in den Zusammenhang apokalyptischen Denkens (ἐν ἀτόμῳ, ἐν ῥιπῇ ὀφθαλμοῦ, ἐν τῇ ἐσχάτῃ σάλπιγγι· σαλπίσει γάρ, καὶ οἱ νεκροὶ ἐγερθήσονται ἄφθαρτοι, καὶ ἡμεῖς ἀλλαγησόμεθα) und Gott als handelndes Subjekt in den Mittelpunkt des Geschehens: Die Jesus-Christus-Geschichte ist zwar integraler Bestandteil des göttlichen Heilsplanes. Der Dank für den endgültigen Sieg über den Tod gebührt aber Gott selbst (τῷ δὲ θεῷ χάρις τῷ διδόντι ἡμῖν τὸ νῖκος διὰ τοῦ κυρίου ἡμῶν Ἰησοῦ Χριστοῦ).

6.2 Zur intertextuellen Disposition

1Kor 15 enthält eine große Vielfalt sehr unterschiedlicher intertextueller Verweise. Ohne jeden Anspruch auf Vollständigkeit sollen im Folgenden drei thematische Schwerpunkte ausgewählt werden, die in intertextueller Perspektive wesentliche Beiträge zur Gottesrede des Kapitels wie auch des 1Kor insgesamt liefern.

Bereits zu Beginn des Kapitels fällt auf, dass der Text ganz allgemein die Schriftgemäßheit des paulinischen εὐαγγέλιον feststellt. Dabei bleibt das zweifache κατὰ τὰς γραφὰς ohne weitere Spezifizierung mit Blick auf einen Einzeltext oder eine bestimmte Schrift. Vielmehr fordert dieser allgemeine Schriftbezug die Frage des Lesers nach den speziellen Bezügen, die der Argumentation zugrunde liegen, heraus.

Über dieses Problem der unbestimmten bzw. unterbestimmten intertextuellen Bezüge hinaus basiert die Argumentation in 1Kor auf zwei thematischen Schwerpunkten, die sich jeweils unterschiedlichen Formen intertextueller Verweisung bedienen:

- Zunächst beruft sich 1Kor auf verschiedene Texte zur *Schöpfung*. Dieser Bezug wird entweder über Typologien (1Kor 15,22: Adam-Christus), direkte Schriftzitate (1Kor 15,45: οὕτως καὶ γέγραπται) oder - am häufigsten - durch Stichwortverknüpfung (u.a. σὰρξ, σῶμα, δόξα, χοϊκός, ἐπουράνιος) hergestellt.
- Weiterhin kombiniert der Text Probleme der *Eschatologie* mit der *Machtfrage* und steht dabei ebenfalls in vielfältigen intertextuellen Bezügen zu anderen Schriften. Dies geschieht über direkte Zitate (1Kor, 15,55: ὁ λόγος ὁ γεγραμμένος)[687] und Stichwortverknüpfung (etwa 1Kor 15,52: ἐν τῇ ἐσχάτῃ σάλπιγγι), v.a. aber über die Verwendung des Wortfeldes „Macht, Herrschaft“ sowie die Zuordnung der Menschheit in Machtsphären[688].

Diese drei Grundfragen nach einem universellen, aber durch den Leser näher zu bestimmenden *Schriftbezug* (6.3.1), nach der intertextuellen Enfaltung des paulinischen *Machtdiskurses* (6.3.2) und nach der Relevanz der *Schöpfung* für die Auferstehungsproblematik (6.3.3) sollen in den folgenden intertextuellen Lektüreskizzen näher entfaltet werden. Ein zusammenfassender Rückblick (06.4) schließt diese Untersuchung ab.

[687] Aber auch 1Kor 15,25.27.

[688] Vgl. 1Kor 15,22: ἐν τῷ ᾿Αδὰμ¨ ἐν τῷ Χριστῷ.

6.3 Gottes schöpferisches Handeln (Intertextuelle Lektüreskizzen)

6.3.1 Tod, Auferweckung und Schrift

6.3.1.1 Tod und Auferweckung κατὰ τὰς γραφὰς

Während 1Kor 15,1-11 insgesamt die Geschichte und das Ziel des paulinischen εὐαγγέλιον näher betrachtet, wenden sich die Verse 1Kor 15,3f. besonders dessen Inhalt zu und betonen zugleich die Schriftgemäßheit der bisherigen Ausführungen. Mit der Ergänzung κατὰ τὰς γραφάς wird sowohl die Todesaussage (Χριστὸς ἀπέθανεν ὑπὲρ τῶν ἁμαρτιῶν ἡμῶν) als auch die Auferweckungsaussage ([Χριστὸς] ἐγήγερται τῇ ἡμέρᾳ τῇ τρίτῃ) markiert.

Diese Bindung an die γραφαί ohne Vorliegen eines expliziten Zitats determiniert rückwirkend auch die Übersetzung des τίνι λόγῳ in 1Kor 15,2. Es kann dabei also auch aus intertextueller Perspektive[689] nicht um die Wiedergabe eines bestimmten Wortlauts gehen[690], dessen wortgetreue Rezitation zur σωτηρία führt. Vor Augen ist vielmehr „die Wirklichkeit und Wirksamkeit des Logos als ein Wirklichkeit schaffendes Wort, als eine Kraft"[691], so dass der λόγος seine unverwechselbare Identität durch seine δύναμις und die daraus resultierende σωτηρία erhält.[692] Auch wenn der Text im Folgenden vom κατέχειν des λόγος spricht, so ist damit am ehesten ein „existentielles Festhalten und Ernstnehmen […], kein bloßes kognitives Nichtvergessen"[693] im Blick. Die δύναμις des λόγος, dessen Gegenstand das εὐαγγέλιον ist, kommt genau dann zum Tragen und bleibt bestehen, wenn die Angeredeten daran festhalten. Für die genauere Untersuchung von Textbezügen zu den γραφαί sind v.a. die Ergänzungen der Todes- und Auferstehungsaussagen[694] von Relevanz. Die Ergänzung des ἐγήγερται durch τῇ ἡμέρᾳ τῇ τρίτῃ wird meist als Verweis auf Hos 6,2 verstanden:[695]

Hos 6,2	Er wird uns nach zwei Tagen lebendig machen, am dritten Tag werden wir aufgerichtet werden und so werden wir vor seinem Angesicht leben.	ὑγιάσει ἡμᾶς μετὰ δύο ἡμέρας ἐν τῇ ἡμέρᾳ τῇ τρίτῃ ἀναστησόμεθα καὶ ζησόμεθα ἐνώπιον αὐτοῦ.

689 Zur intratextuellen Perspektive, die ebenfalls eine Übersetzung mit „Wortlaut" eher ablehnt, s.o. FN 676.

690 Dagegen bietet z.B. die Einheitsübersetzung „Wortlaut" als Übersetzung an.

691 Vgl. Alkier, Vielfalt, 178.

692 Vgl. die Bemerkungen von Alkier, Vielfalt, 195.

693 Schrage, 1Kor IV, 31.

694 Zur Bestimmung des Todes durch ὑπὲρ τῶν ἁμαρτιῶν ἡμῶν vgl. ausführlich die nächsten Abschnitte 6.3.1.2 und 6.3.2.

695 Vgl. dazu die Überblicksdarstellungen bei Wolff, 1Kor, 364-368 oder Schrage, 1Kor IV, 39-43.

Lässt sich der Verweis auf den dritten Tag auf intratextueller Ebene noch als „historische Erinnerung“[696] verstehen, so eröffnet eine intertextuelle Lektüre mit Hos 6,2 andere Perspektiven. Hos 6,2 beschreibt zunächst einmal eindeutig göttliche Handlungen – das Subjekt κύριος wird explizit in Hos 6,1 genannt. Außerdem werden in diesem Zusammenhang mit ὑγιάζω und ζάω ausdrücklich zwei Begriffe verwendet, die das göttlichen Handeln als Leben bzw. Heil schaffend kennzeichnen. Die intertextuelle Lektüre mit Hos 6,2 lässt auch die Auferweckung in 1Kor 15,4 als von Gott gewirktes Lebendigmachen erscheinen. Erst vor diesem Hintergrund lässt sich die Rede vom dritten Tag dann als „soteriologisches Interpretament der entscheidenden Heilswende“[697] als Ausdruck für die „Wendung zum Neuen und Besseren“ [698] und als eine „Sache von der Entscheidung durch Gottes Heilstat zur endgültigen und Geschichte schaffenden Lösung“[699] interpretieren.

Aus intertextueller Perspektive bleibt der Umstand besonders interessant, dass auf die Schriftgemäßheit des Sterbens, Begrabenwerdens und Auferstehens, und damit des Inhalt des λόγος, verwiesen wird. Dieser findet sich jedoch – abgesehen von Einzelmotiven wie dem „dritten Tag“[700] – als Ganzes nirgends in den (jüdischen) γραφαί wieder. Der Verweis auf die γραφαί ist daher nicht als Markierung eines aufgenommenen Einzelmotivs, sondern vielmehr als intertextuelle Lektüreanweisung zu verstehen. Diese impliziert auf pragmatischer Ebene verschiedene Impulse: Während die bisherigen Ausführungen des Briefes die Größe „Schrift“ einerseits als Autorität eingeführt haben, diese aber gleichzeitig als nicht abgeschlossen bzw. veränderbar[701] denken, betont 1Kor 15,3f. v.a. die *Pluralität* der γραφαί. Der Text hat also weder eine abgeschlossene oder kanonisierte Größe Schrift, noch bestimmte Einzeltexte im Blick, die als Grundlage für die Ausführungen zur Auferweckung gelten können. Gerade die vielfältige Gesamtheit der γραφαί wird als Zeuge für die Auferweckung eingesetzt.[702] 1Kor 15 führt somit die Charakterisierung der γραφαί innerhalb des 1Kor zu einem Zielpunkt. Diese zeichnen sich durch vier Merkmale aus:

---

696 Wolff, 1Kor, 367.

697 Schrage, 1Kor IV, 43.

698 Lehmann, Auferweckt, 181.

699 Ebd.

700 Vgl. bspw. die Ausführungen zu ὑπὲρ τῶν ἁμαρτιῶν ἡμῶν in Abschnitt 6.3.1.2 und bei Wolff, 1Kor, 354 oder den Exkurs zur Frage des dritten Tages bei Schrage, 1Kor IV, 39-42.

701 Vgl. oben zu 1Kor 10 Kapitel 5.

702 Vgl. Wolff, 1Kor, 263: „Die Formulierung im Plural (‚Schriften‘) macht deutlich, daß das Zeugnis des gesamten Alten Testaments in Anspruch genommen wird. Es handelt sich also um eine prinzipielle Formulierung.“

- Wie bereits die intertextuellen Bezugnahmen zur Exodusgeschichte in 1Kor 10 gezeigt haben, wird die Geschichte, die in den γραφαί ihren Niederschlag findet nicht als abgeschlossen oder unveränderbar begriffen, sondern zeichnet sich durch ihre *strukturelle Offenheit* aus. Innerhalb dieses Schriftverständnisses kann auch die Geschichte von Tod und Auferstehung Jesu Christi als schriftgemäß bezeichnet und in die γραφαί eingeschrieben werden.
- Damit in unmittelbarem Zusammenhang steht die *Pluralität* innerhalb der über intertextuelle Verweise aufgerufenen Schriften. Die Auferstehung als ganze kann als schriftgemäß bezeichnet werden, auch wenn die Schriften über das postmortale Schicksal unterschiedliche Auskünfte geben.
- Der intertextuelle Bezug κατὰ τὰς γραφάς verschränkt *story* und *history* – es existiert hier keine systematische Trennung zwischen Schrift und referierter Welt außerhalb der Schrift. In diesem Sinne kann Paulus auch davon sprechen, dass die Mitglieder der ἐκκλησία das Evangelium angenommen haben und fest in ihm stehen.
- Die Schriften haben somit unmittelbare *Gegenwartsrelevanz* für die ἐκκλησία; ihre Gegenwärtigkeit beziehen sie aus dem unmittelbaren Handeln Gottes in der Gegenwart der Gemeinde.

Mit dieser Vorstellung der γραφαί korrespondiert direkt ein weiterer pragmatischer Impuls: Indem die Verse 1Kor 15,3f. nicht auf einen Einzeltext, sondern auf die Gesamtheit der γραφαί rekurrieren, wird der Leser aufgefordert, auf der Basis der bisherigen Brieflektüre zu entscheiden, auf welche Art und Weise die Auferweckung κατὰ τὰς γραφάς zu verstehen ist. Die Schrift wurde im bisherigen Briefverlauf insbesondere als Zeuge göttlichen Handelns vorgestellt,[703] das die Weisheit der Welt übersteigt[704] und direkt für die Gegenwart der ἐκκλησία[705] Bedeutung besitzt. Diese Grundaussage der Schriften kann der Leser des 1Kor nun auch auf das Problem der Auferweckung übertragen: Wenn diese als schriftgemäß bezeichnet wird, ist damit offensichtlich, dass ein über die Gesetze dieser Welt hinausweisendes göttliches Handeln mit unmittelbarer Bedeutung für die Gegenwart im Blick ist.

Schließlich verweist das κατὰ τὰς γραφάς den Leser im Besonderen auch auf die weitere Lektüre des 15. Kapitels.[706] *Inwieweit* Sterben und Auferweckung Jesu Christi als schriftgemäß zu verstehen sind, erweist sich gerade

703 Vgl. 1Kor 2,9: ἀλλὰ καθὼς γέγραπται· ἃ ὀφθαλμὸς οὐκ εἶδεν καὶ οὖς οὐκ ἤκουσεν καὶ ἐπὶ καρδίαν ἀνθρώπου οὐκ ἀνέβη, ἃ ἡτοίμασεν ὁ θεὸς τοῖς ἀγαπῶσιν αὐτόν.

704 Vgl. das Zitat in 1Kor 1,19: γέγραπται γάρ· ἀπολῶ τὴν σοφίαν τῶν σοφῶν καὶ τὴν σύνεσιν τῶν συνετῶν ἀθετήσω.

705 Vgl. wiederum 1Kor 10,11 sowie die entsprechenden Ausführungen in Kapitel 5.

706 Vgl. Hays, Christ, 54.

auch durch die weitere Lektüre von 1Kor 15. Das gesamte 15. Kapitel dient demnach zur Explikation der Schriftgemäßheit der Jesus-Christus-Geschichte, in der sich göttliches Handeln offenbart. Die Argumentation beginnt daher gerade nicht mit dem Aufgreifen der korinthischen Anfrage (1Kor 15,12), sondern mit dem doppelten Verweis auf die Schriften. Die rhetorische Frage in 1Kor 15,12 ist dagegen bereits integraler Teil der argumentativen Entfaltung der These: Christi Tod und Auferstehung ist insofern schriftgemäß, als sich darin Gottes Handeln zeigt.

6.3.1.2 Tod und Auferweckung ὑπὲρ τῶν ἁμαρτιῶν ἡμῶν

Gleich zu Beginn von 1Kor 15 fällt innerhalb der paulinischen Evangeliumsverkündigung die doppelte Bestimmung des ἀπέθανεν auf: Christus starb ὑπὲρ τῶν ἁμαρτιῶν ἡμῶν, und dieses Geschehen erfolgte κατὰ τὰς γραφάς. 1Kor 15,3b stellt somit das Kreuz in unmittelbaren Zusammenhang mit den Sünden der ἐκκλησία und motiviert zugleich die intertextuelle Rückfrage nach der Schriftgemäßheit eines solchen Sterbens als Sterben für die Sünden anderer. Die Art und Weise, wie das Sterben Christi mit den Sünden der ἐκκλησία in Verbindung gebracht werden kann, wird durch die Übersetzung des ὑπέρ determiniert, das wenigstens drei prinzipiell differente Übersetzungen mit jeweils unterschiedlichen theologischen Implikationen zulässt: „zugunsten von", „um willen" und „anstelle von". Zudem steht das ὑπέρ in unmittelbarem Zusammenhang mit dem ἡμῶν – Christi Tod wird somit explizit nicht mit *eigenen* Sünden, sondern mit denen *anderer* in Beziehung gesetzt.

Eine Verknüpfung von ἀποθνῄσκω mit Präpositionen wie ὑπέρ oder διά und damit die Verbindung zwischen dem Schicksal einer Person und der Sünde anderer lässt sich nahezu ausschließlich[707] in jüdischen Texten finden; innerhalb der jüdischen γραφαί kommt letztlich insbesondere[708] Jes 53

707 Vgl. Wolter, Heilstod, 303: „Eine Recherche mit dem TLG ergab, daß solche Formulierungen in keinem einzigen nichtjüdischen Text belegt sind." Wolter zieht nachfolgend den traditionsgeschichtlichen Schluss: „Wenn man diesen Sachverhalt als traditionsgeschichtlich signifikant akzeptiert, kann man sagen, daß überall dort, wo sich diese Redeweise findet, ein spezifisch jüdisches Orientierungswissen im Hintergrund steht." Insgesamt aber äußert Wolter berechtigterweise Zweifel mit Blick auf die Zusammenfassung verschiedener Phänomene unter später entwickelte metasprachliche Termini wie „Stellvertretung" sowie gegenüber vorschnellen eindeutigen traditionsgeschichtlichen Zuordnungen: „Im Blick auf den neutestamentlichen Gesamtbefund empfiehlt es sich darum, das Bemühen um individuelle traditionsgeschichtliche Zuordnungen und die damit verbundenen Abgrenzungen erst einmal zurückzustellen und mit einer Vielfalt von Deutekategorien zu rechnen, ohne daß eine von ihnen im frühen Christentum oder auch nur bei einem einzelnen Autor […] so etwas wie eine Leitfunktion übernommen hätte." (Wolter, Heilstod, 301).

708 Vgl. Hofius, Gottesknechtslied, 351f., der eine enge traditionsgeschichtliche Bindung vermutet: „Ein anderes Urteil läßt sich ferner auch darüber nicht gewinnen, ob – wie

als Referenztext in Frage. In der exegetischen Auseinandersetzung mit 1Kor 15,3b wurde daher die (Heils)Bedeutung des Todes Jesu in erster Linie vor einem traditionsgeschichtlichen Hintergrund diskutiert. „Gefragt wurde vor allem nach den aus nichtchristlichen Texten bekannten ‚Voraussetzungen', den Modellen, den Vorstellungen und den Kategorien, die den frühen Christen aufgrund ihrer kulturellen Kompetenz zur Verfügung standen und mit deren Hilfe sie den Tod Jesu als Heilstod deuten konnten. Die diesbezügliche Spurensuche hat bekanntlich zu ausgesprochen divergenten Ergebnissen geführt."[709] Zudem sind diese traditionsgeschichtlichen Beziehungen zwischen 1Kor 15 und Jes 53 immer wieder im Rahmen der Kategorien ‚Sühne' bzw. ‚Stellvertretung' charakterisiert worden. Die Verwendung dieser Termini stellt vor das prinzipielle Problem, inwieweit solche metasprachlichen, wissenschaftlich-theologisch geprägten Sammelbegriffe überhaupt sinnvoll zur Beschreibung der paulinischen Argumentation appliziert werden können.[710]

Eine intertextuelle Untersuchung sollte daher weder ausschließlich ältere Texte als bereits vorhandene feste Deutekategorie verstehen, in die sich die Jesus-Christus-Geschichte ohne signifikante Transformation übertragen ließe, noch einfach systematisch-theologische Kategorien an die Welt des Textes herantragen. Es empfiehlt sich im Folgenden daher zunächst eine Skizze zur Vorstellung einer stellvertretenden Schuldübernahme in Jes 53. In einem weiteren Schritt kann dann nach Sinneffekten gefragt werden, die sich aus der intertextuellen Lektüre mit 1Kor 15 ergeben.

Jes 53,4	Dieser trug unsere Krankheit und lud unsere Schmerzen auf sich. Wir meinten, er sei von Gott geschlagen, von ihm getroffen und niedergebeugt.	οὗτος τὰς **ἁμαρτίας ἡμῶν** φέρει καὶ περὶ ἡμῶν ὀδυνᾶται καὶ ἡμεῖς ἐλογισάμεθα αὐτὸν εἶναι ἐν πόνῳ καὶ ἐν πληγῇ καὶ ἐν κακώσει.

ich vermuten möchte – alle vier Glieder des Summariums auf das vierte Gottesknechtslied zurückgehen, das zweimalige κατὰ τὰς γραφάς also dezidiert auf Jes 53 verweisen soll. Dagegen kann es nicht zweifelhaft sein, daß die Stellvertretungsaussage des ersten Gliedes – Χριστὸς ἀπέθανεν ὑπὲρ ἁμαρτιῶν ἡμῶν κατὰ τὰς γραφάς – auf Jes 53 bezogen sein will. Gegen die damit vorausgesetzte Bezugnahme auf eine einzige Stelle der Schrift spricht keineswegs der Plural κατὰ τὰς γραφάς." Hofius findet für alle narrativen Elemente aus 1Kor 15,3b-5 ein Pendant in Jes 53 (vgl. Hofius, Gottesknechtslied, 351 – FN 56): ἀπέθανεν ὑπὲρ τῶν ἁμαρτιῶν ἡμῶν (Jes 53,4a τὰς ἁμαρτίας ἡμῶν φέρει/Jes 53,5 διὰ τὰς ἁμαρτίας ἡμῶν/Jes 53,12 παρεδόθη εἰς θάνατον ἡ ψυχὴ αὐτου); ἐτάφη (Jes 53,9a δώσω τοὺς πονηροὺς); ἐγήγερται (Jes 53,11a αὐτοῦ δεῖξαι αὐτῷ φῶς); ὤφθη (Jes 53,1 κυρίου τίνι ἀπεκαλύφθη).

709 Wolter, Heilstod, 297.

710 Vgl. Wolter, Heilstod, 304, der ebenfalls auf die Problematik der Verwendung metasprachlicher Termini als „quasi quellensprachlichen Kategorien" verweist.

Jes 53,11	Wegen der Mühe seiner Seele sieht er das Licht und die Fülle haben. Und durch seine Erkenntnis wird er, mein Knecht, der Gerechte, den Vielen Gerechtigkeit schaffen; denn er trägt ihre Sünden.	ἀπὸ τοῦ πόνου τῆς ψυχῆς αὐτοῦ δεῖξαι αὐτῷ φῶς καὶ πλάσαι τῇ συνέσει δικαιῶσαι δίκαιον εὖ δουλεύοντα πολλοῖς καὶ τὰς **ἁμαρτίας αὐτῶν** αὐτὸς ἀνοίσει
Jes 53,12	Darum will ich ihm die Vielen zum Anteil geben, und er soll mit den Starken die Beute teilen, dafür dass er seine Seele in den Tod gegeben hat und zu den Übeltätern gezählt wird und er die Sünde der Vielen getragen und für die Übeltäter gebeten hat.	διὰ τοῦτο αὐτὸς κληρονομήσει πολλοὺς καὶ τῶν ἰσχυρῶν μεριεῖ σκῦλα ἀνθ' ὧν παρεδόθη εἰς θάνατον ἡ ψυχὴ αὐτοῦ καὶ ἐν τοῖς ἀνόμοις ἐλογίσθη καὶ αὐτὸς ἁμαρτίας πολλῶν ἀνήνεγκεν καὶ διὰ τὰς **ἁμαρτίας αὐτῶν** παρεδόθη

Jes 53 zeichnet sich besonders dadurch aus, dass hier explizit von der *Übernahme fremder Verfehlung* bzw. Sünde (ἁμαρτίας ἡμῶν/αὐτῶν) gesprochen wird. Der Text setzt somit die Trennung von Person und Schuld und die Aufhebung eines unmittelbaren Bezugs zwischen Tun und Ergehen als möglich voraus. Der Abschnitt widerspricht damit anderen Aussagen innerhalb der jüdischen γραφαί, die demgegenüber den unmittelbaren Bezug zwischen Sünder und Sünde,[711] die Nicht-Übertragbarkeit der Sünde[712] sowie den Tun-Ergehen-Zusammenhang zwischen Sünde und Strafe[713] betonen. An dieser Stelle wird deutlich, vor welche exegetischen und systematischen Probleme Jes 53 bereits innerhalb der alttestamentlichen Schriftensammlung stellt: „Ist es denkbar, daß ein Mensch stellvertretend für andere Menschen die ihnen rechtens gebührende Strafe zu erleiden vermag? Sind Schuld und Strafe zwischenmenschlich übertragbar?" [714] Im Zusammenhang von Jes 53 folgt daraus aber unmittelbar die weitere Frage, wie die Übertragbarkeit von Sünde durch explizit göttliches Handeln vorstellbar bzw. theologisch vertretbar sein kann. Diese theologische Frage erhält ja gerade im Gottesknechtslied ihre besondere Relevanz, da Gott hier selbst als derjenige genannt wird, der die Sünden auf den Gottesknecht

711 Vgl. z.B. Ex 32,33 (καὶ εἶπεν κύριος πρὸς Μωυσῆν εἴ τις ἡμάρτηκεν ἐνώπιόν μου ἐξαλείψω αὐτὸν ἐκ τῆς βίβλου μου).

712 Vgl. z.B. Ez 18,20b (ὁ δὲ υἱὸς οὐ λήμψεται τὴν ἀδικίαν τοῦ πατρὸς αὐτοῦ οὐδὲ ὁ πατὴρ λήμψεται τὴν ἀδικίαν τοῦ υἱοῦ αὐτοῦ δικαιοσύνη δικαίου ἐπ' αὐτὸν ἔσται καὶ ἀνομία ἀνόμου ἐπ' αὐτὸν ἔσται).

713 Vgl. wiederum Ez 18,20a (ἡ δὲ ψυχὴ ἡ ἁμαρτάνουσα ἀποθανεῖται) sowie Jer 31,30 (ἀλλ' ἢ ἕκαστος ἐν τῇ ἑαυτοῦ ἁμαρτίᾳ ἀποθανεῖται καὶ τοῦ φαγόντος τὸν ὄμφακα αἱμωδιάσουσιν οἱ ὀδόντες αὐτοῦ).

714 Hofius, Gottesknechtslied, 344.

überträgt.[715] Im Umkehrschluss ist auch der Gottesknecht in Jes 53 nicht derjenige, der aktiv Sünden auf sich nimmt, sondern diese von Gott übertragen bekommt. Der (exkludierende) Sündenbegriff, der sich so in Jes 53 zeigt, geht davon aus, dass Person und Sünde zu differenzieren sind, Sünde demnach von einer dann ‚gereinigten' Person entfernt werden kann. Im Gegenüber zu einer solchen Vorstellung dominiert bereits im Alten Testament ein inkludierender, den Mensch als Ganzen umfassender, Sündenbegriff: „Die Sünde greift vielmehr ins Zentrum der Person. Sie bestimmt als eine den Menschen von Anfang an zeichnende und ihn radikal durchwirkende Verderbnis seine Daseinsverfassung, die Grundrichtung seines Seins."[716] Weil die Sünde hier den Menschen in seinem ganzen Dasein qua Geschöpflichkeit[717] betrifft, bedarf es auch eines Eingreifens des Schöpfers[718] selbst, um die Sünde wirksam zu bekämpfen. Während die exkludierende Sündenvorstellung in Jes 53 göttliches Eingreifen nur im Akt des Übertragens auf den Gottesknecht beschreibt, muss eine inkludierende Sündenvorstellung die Überwindung der Sündhaftigkeit generell dem göttlichen Handeln überlassen. Die Übertragbarkeit der Sünde auf einen anderen Menschen, und damit die Befreiung von der Sünde durch menschliche Stellvertretung allein muss in diesem Zusammenhang jedoch als prinzipiell unmöglich abgelehnt werden.

Die Aussage, Christus sei für unsere Sünden gestorben erhält durch die intertextuelle Bezugnahme[719] auf Jes 53 eine besondere Pointe: Eine Lektüre, die den leidenden Gerechten mit Christus identifiziert, durchbricht endgültig das Konzept eines Tun-Ergehen-Zusammenhangs.[720] Bleibt man allein auf der Textebene von Jes 53 bedeutet das: Entweder der Gottesknecht ist ein Leidender und kann daher – in der Logik des Tun-Ergehen-Zusammenhangs – nicht als Gerechter bezeichnet werden oder er ist gerecht, so dass ihn vor dem selben Hintergrund kein Leiden treffen kann. Hinzu kommt, dass im Gegenzug der Schuldige straffrei bleibt. Die Vorstellung vom leidenden, gerechten Gottesknecht in Jes 53 kann für sich genommen letztlich nur auf der Basis und gleichzeitig als Durchbrechung des Tun-Ergehen-Zusammenhangs gedeutet werden. Indem 1Kor 15 auf Jes 53 zurückgreift, stellt sich hier insbesondere die Frage nach der Verhältnisbestimmung zwischen Schuld, Sünde, Sühne und Tod. Liest man

715 Vgl. Jes 53,6 (καὶ κύριος παρέδωκεν αὐτὸν ταῖς ἁμαρτίαις ἡμῶν) und Jes 53,10 (καὶ κύριος βούλεται καθαρίσαι αὐτὸν τῆς πληγῆς).

716 Hofius, Gottesknechtslied, 346.

717 Vgl. z.B. Ps 51,7 (ἰδοὺ γὰρ ἐν ἀνομίαις συνελήμφθην καὶ ἐν ἁμαρτίαις ἐκίσσησέν με ἡ μήτηρ μου).

718 Vgl. wiederum Ps 51,11f. (ἀπόστρεψον τὸ πρόσωπόν σου ἀπὸ τῶν ἁμαρτιῶν μου καὶ πάσας τὰς ἀνομίας μου ἐξάλειψον καρδίαν καθαρὰν κτίσον ἐν ἐμοί ὁ θεός καὶ πνεῦμα εὐθὲς ἐγκαίνισον ἐν τοῖς ἐγκάτοις μου).

719 Vgl. Hofius, Gottesknechtslied, 347.

720 Vgl. Janowski, Sünden, 303f.

1Kor 15 streng mit der (gleichwohl dort schon als außergewöhnlich gekennzeichneten) Sündenvorstellung von Jes 53, so ergibt sich eine unmittelbare Korrelation zwischen ὑπὲρ τῶν ἁμαρτιῶν ἡμῶν (1Kor 15,3c) und διὰ τὰς ἁμαρτίας ἡμῶν (Jes 53,5a), so dass insbesondere ὑπέρ und διά parallel zu verstehen sind. 1Kor 15,3c wäre dann kausal zu interpretieren: ‚Christus ist um unserer Sünden willen gestorben; Christus starb wegen der Sünden, die wir begangen haben.' Liest man in einer traditionsgeschichtlichen Perspektive 1Kor 15,3 ganz im Sinne der Vorstellungen von Jes 53, so müsste man im Sterben Christi eine stellvertretende Übernahme menschlicher Schuld bzw. Straffolge sehen. „Christus ist an die Stelle der Schuldigen getreten, die wegen ihrer Sünden dem Tod verfallen sind, und hat sie durch die Hingabe des eigenen Lebens von der ‚Last' und damit von der tödlichen Folge ihrer Sünden befreit."[721]

Dass Paulus zwar die Terminologie, aber nicht diese (exkludierende) Sündenvorstellung zugrunde legt, zeigt die Argumentation in 1Kor 15,12-22, die Christi Tod als *Sühnung* der Sünden begreift. Christi Tod und Auferstehung begründen in diesen Versen die Auferweckung der Toten, so dass 1Kor 16,16f. formulieren kann εἰ γὰρ νεκροὶ οὐκ ἐγείρονται, οὐδὲ Χριστὸς ἐγήγερται bzw. in der Folge diese Ereignisse wiederum mit den Sünden in Beziehung setzt: εἰ δὲ Χριστὸς οὐκ ἐγήγερται, ματαία ἡ πίστις ὑμῶν, ἔτι ἐστὲ ἐν ταῖς ἁμαρτίαις ὑμῶν. Der Bezug dieser Aussage zu 1Kor 15,3b liegt allein schon auf syntaktischer Ebene nahe, da hier wiederum der im *Corpus Paulinum* seltene Plural ἐν ταῖς ἁμαρτίαις begegnet. „Die Leugnung der Totenauferstehung impliziert die Leugnung der Auferstehung Christi und eben damit die Negation des Satzes Χριστὸς ἀπέθανεν ὑπὲρ τῶν ἁμαρτιῶν ἡμῶν." Paulus übernimmt somit aus Jes 53 die Vorstellung eines durchbrochenen Tun-Ergehen-Zusammenhangs zwischen Tod und Sünde, prägt aber eine neue Vorstellung vor dem Hintergrund der untrennbaren Verbindung zwischen Mensch und Sündhaftigkeit. Eine Interpretation, die das Gottesknechtslied als Element der Tradition ansieht, das im Kreuz Jesu seine Erfüllung findet greift an dieser Stelle zu kurz.[722] Christus wird hier

---

[721] Hofius, Gottesknechtslied, 353.

[722] Michael Wolter betont in diesem Zusammenhang, dass eine ausschließlich traditionsgeschichtliche Rückfrage nach der Herkunft einer „Deutefolie", die eine Interpretation des Kreuzes als Heilstod ermöglicht, zu kurz greift, und demgegenüber viel stärker nach dem konkreten theologischen Gebrauch im Neuen Testament zu fragen sei (Heilstod, 299). Zudem hat Wolter überzeugend deutlich gemacht, dass die Interpretation des Todes Jesu nicht isoliert betrachtet werden darf: „Wir haben dementsprechend davon auszugehen, daß es eine Vielzahl von Kategorien und Vorstellungen war, die die Deutung des Todes Jesu als Heilstod möglich und plausibel machte und ihr auf der Ausdrucksebene der Texte diejenige Sprachgestalt verlieh, die wir in den neutestamentlichen Texten vorfinden. Diese Kategorien und Vorstellungen gehörten zum überindividuellen kulturellen Wissen der Menschen jener Zeit. Sie waren Bestandteil ihrer sprachlichen Kompetenz und machten es möglich, nicht nur das Leben, sondern auch den Tod Jesu als Bestandteil der Epiphanie des universalen Heils-

nicht einfach als „zeitgenössischer Gottesknecht" präsentiert; 1Kor 15 möchte vielmehr eine Leseanweisung für die Schriften bieten: Was bedeutet es für die über die Schriften kommunizierte Gottesrede, wenn Christus für unsere Sünden starb?

Gleichzeitig übernimmt 1Kor in modifizierter Weise die Vorstellung, dass Gott als Handelnder in Erscheinung tritt: *Weil* Sünde dem Menschen qua Geschöpflichkeit zueigen ist, liegt im sühnenden Christusgeschehen göttliches Handeln als Schöpfer vor. Somit bereitet bereits 1Kor 15,3 auf einer inhaltlichen Ebene die Perspektive der Schöpfungstheologie vor, die dann zunächst über die Adam-Christus-Typologie, später über die Verschiedenheit der σώματα ins Zentrum rückt. Gleichzeitig wird in diesem Zusammenhang deutlich, dass mit dieser Typologie nicht in erster Linie mit dem Christusereignis eine neue zeitliche Epoche begonnen hat, sondern dass auf eine bestimmte Qualität rekurriert wird: Es geht vielmehr um den Bezug zwischen Sünde und Tod im Machtbereich des Adam und demgegenüber um Sühne und Auferstehung im Machtbereich des Christus. Dabei wird bereits hier deutlich, dass Sünde qua Geschöpflichkeit und die Todverfallenheit (qua Adam) daraus resultiert. Die Verbindung zwischen den drei großen intertextuellen Themen Schriftgemäßheit - Macht - Schöpfung ist so bereits über den ersten Schriftverweis über das Thema Sünde/Sühne gegeben.

Die Vorstellungen eines Sühne- bzw. Entsündigungsprozesses wie sie hier im intertextuellen Zusammenspiel zwischen 1Kor 15,3 und Jes 53 entwickelt werden, umgreifen die Ganzheit der Beziehung zwischen Mensch und Gott. Gottes Handeln in der Auferweckung Jesu Christi bleibt nicht auf ein einmaliges Eingreifen beschränkt, darin liegt vielmehr die Verbindung zwischen Gottes Handelns wie es in den γραφαί verbürgt ist, seiner Gegenwart in der ἐκκλησία und der Gewissheit seines schöpferischen Eingreifens in der kommenden Auferweckung aller. „Dann aber ist Sühne nicht einfach Tilgung von Schuld, als würde [...] lediglich eine Störung des Weltlaufs ‚ungeschehen' gemacht. Es geht um mehr: In der Sühne wird *Zukunft* erschlossen, ‚Neuland' für das in seiner Vergangenheit festgefahrene Leben. Sühne ist Erneuerung der göttlichen Gegenwart, Zusage und Gewährung der Nähe des *kommenden* Gottes. Im Akt der Sühne wird die Schöpfung in ihr durch die Schuld des Menschen verspieltes Recht wieder

willens Gottes zu deuten. [...] Dies war für die Menschen der neutestamentlichen Zeit nicht weiter problematisch, denn sie konnten auf eine Vielzahl von Modellen zurückgreifen, die es möglich machten, sich die Heilswirkung des Todes vorzustellen und sprachlich zu realisieren." Wolter beschreibt hier letztlich die grundlegende Idee der Enzyklopädie im Ecoschen Intertextualitätskonzept, die ebenfalls über das bloße Erfassen einer vermeintlichen Vorlage sowie die Vorstellung einer einfachen Motivgeschichte hinausweist.

eingesetzt, denn es ist ihr [...] Recht, im Ausblick auf das zukünftige Reich der Herrlichkeit zu existieren."[723]

Der Verweis κατὰ τὰς γραφὰς unterstreicht in diesem Zusammenhang, dass - in der intertextuellen Perspektive des 1Kor - weder die Übernahme fremder Schuld in Jes 53, noch das Sühnegeschehen in der Jesus-Christus-Geschichte ohne ein aktives Eingreifen Gottes gedacht werden können. „‚Nach der Schrift' ist die Passionsgeschichte Jesu Gottes eigene Geschichte. [...] Der Tod am Kreuz ist Gott nicht äußerlich geblieben. Er muß, wenn anders sich Gott mit einem ‚toten' Menschen ‚identifiziert', in den Gottesbegriff selbst eingezeichnet werden, und nötigt [...] zu einem neuen Nachdenken und Reden über Gott."[724] Die Auferstehung Jesu Christi wird in 1Kor 15 weder als isoliertes geschichtliches Ereignis geschildert, noch im Rahmen abstrakter Kategorien wie der der Stellvertretung systematisch entwickelt. Paulus argumentiert vielmehr von der erfahrenen Situation der ἐκκλησία her: Die ἐκκλησία steht fest (ἑστήκατε) in der Erfahrung der σωτηρία, die in unmittelbarem Zusammenhang mit der Jesus-Christus-Geschichte steht. Diese wiederum steht im Spannungsfeld mit der Geschichte, die die γραφαί erzählen: „[...] the emphasis on the Scriptures requires us to interpret the saving significance of Jesus´ death and resurrection in relation to the ancient story of God´s dealings with Israel. The story of Jesus` death and resurrection is placed within the matrix of the story of Israel."[725]

So lässt sich bereits der kurze Hinweis in 1Kor 15,3, Christus sei für unsere Sünden gemäß der Schrift gestorben, als narrative Abbreviatur einer zu entfaltenden Geschichte lesen: „Soteriology presumes two states of human existence, a state of deprivation (sin, corruption) and a state of release from that deprivation (salvation, liberation), and an event that produces a change from the first state to the second. It presumes then the sufficient conditions of a narrative: two states and an event that transforms the first into a second."[726] 1Kor 15,3 stellt nun diese beiden Geschichten - die Ge-

---

723 Link, Für uns gestorben, 160. Vgl. auch ebd., 166: „Die theologische Tradition hat diese Geschichte einer fortschreitenden Selbst-Preisgabe mit der personalen Kategorie der *Stellvertretung* interpretiert und hat damit zu verstehen gegeben, daß es sich hier nicht einfach, wie bei einer Vormundschaft oder einem Zivilprozeß, um das Problem ‚übertragbarer' Rechte bzw. Dinge handelt, die gleichsam über den Kopf der Beteiligten hinweg verhandelt werden könnten. Hier wird unsere Identität vertreten. Steht aber das eigene Selbst auf dem Spiel, dann eben auch die konkrete Geschichte, in der ich es gewinne oder verlieren, und so meint Stellvertretung ja auch von Hause aus, daß ein anderer mir meinen Platz unter den Menschen freihält, statt mich zu ersetzen. [...] Es ist also wirklich kein metaphysisches Drama, das sich hier entrollt, sondern, wie Paulus den Weg Jesu zusammenfasst, eine Geschichte fortschreitender Selbst-Entäußerung (Phil 2,6-8), das heißt wachsenden Identitätsverlustes."

724 Link, Für uns gestorben, 167.

725 Hays, Christ, 54.

726 Root, Structure, 263f.

schichte Gottes aus den γραφαί mit der Jesus-Christus-Geschichte – in einen intertextuellen Zusammenhang.

6.3.2 Tod, Auferweckung und Macht

6.3.2.1 Gottes Macht und die Mächte

Nach den grundlegenden Ausführungen zu Beginn von 1Kor 15 rücken die ab 1Kor 15,12 folgenden Verse einen speziellen Aspekt der Auferstehungsdiskussion in den Fokus, der für die weitere Argumentation von entscheidender Bedeutung ist: Mit der Leugnung der Auferweckung (1Kor 15,12b: ὡς λέγουσιν ἐν ὑμῖν τινες ὅτι ἀνάστασις νεκρῶν οὐκ ἔστιν;) ist nicht nur die Verkündigung des Evangeliums in Abrede gestellt (1Kor 15,12a: εἰ δὲ Χριστὸς κηρύσσεται ὅτι ἐκ νεκρῶν ἐγήγερται), sondern Gottes Macht und sein Gottsein als solches.

Die Verse 1Kor 15,13-20 stellen die Auferweckung Christi zunächst mehrfach in unmittelbaren Zusammenhang zum zukünftigen Schicksal der ἐκκλησία und durchbrechen so bereits die Argumentationslogik[727] der Auferstehungsleugner: Die Thematik kann nicht als philosophisches Problem ohne direkten Bezug zum eigenen Dasein diskutiert werden, insbesondere hat jede Auferstehungsleugnung Konsequenzen für das Leben der ἐκκλησία. 1Kor 15,13f. bringt daher konsequenterweise die Auferweckung Christi mit Fragen der allgemeinen Totenauferweckung, der Verkündigung und des Glaubens in Zusammenhang. Der folgende Vers (1Kor 15,15) lenkt sodann den Blick auf einen weiteren Aspekt der Auferstehungsleugnung, der zugleich für die Gottesrede in 1Kor 15 zentrale Bedeutung gewinnt: Die Leugner der Auferweckung erweisen sich als ψευδομάρτυρες τοῦ θεοῦ – Auferweckung und Gottesfrage sind in unmittelbarem Zusammenhang zu sehen. Bereits aufgrund der im Briefeingang wiederholt dargestellten gemeinsamen Überzeugungen ist es aber innerhalb des Diskursuniversums des 1Kor schlechterdings nicht vorstellbar, aus der Leugnung der Auferweckung auch eine Leugnung Gottes bzw. Negierung Gottes zu schließen. Die Faktizität der Existenz Gottes ist im Gegensatz zur Art und Weise dieser Existenz in der brieflichen Auseinandersetzung zwischen Paulus und den Korinthern letztlich an keiner Stelle in Frage gestellt.[728] 1Kor 15,15 spricht auf der Basis dieser Grundannahme im Zusammenhang mit der Auferstehungsleugnung dann auch von einem ψευδομαρτύριον gegenüber Gott.

Innerhalb der gesamten Argumentationslogik von 1Kor 15,1-15 hängen das Auferstehungsgeschehen (Tod, Auferweckung, Begräbnis, Erscheinen), der Verweis auf die γραφαί, das Schicksal der ἐκκλησία und die Gottesfrage

---

727 Vgl. Mayordomo, Paulus, bes. 95-127.

728 Vgl. etwa nur oben die Ausführungen zu 1Kor 8.

ganz unmittelbar zusammen: Die Auferweckung Jesu Christi ist gerade insofern als schriftgemäß zu bezeichnen, als sich darin das durch die Schrift bezeugte machtvolle Handeln Gottes zeigt. Auferweckung, Schrift und Gottes Handeln haben zudem unmittelbare soteriologische Implikationen für das Leben der Korinther. Diejenigen, die in 1Kor 15,12 mit τινες bezeichnet werden, stellen sich daher gleichermaßen gegen das εὐαγγέλιον von der Auferweckung, gegen die γραφαί, gegen die Einheit der Gemeinde[729] und letztlich gegen Gott selbst.

Zieht man im Anschluss an 1Kor 8 und 1Kor 10 in Betracht, dass der Brief insgesamt mit dem Verweis auf die γραφαί i.d.R. auf grundlegende Erzählzusammenhänge aus diesen Schriften verweist, so lässt sich das Verhalten der τινες als verschärfter Verstoß gegen den Dekalog beschreiben: Der Auferstehungsleugner ist nicht nur ψευδόμαρτυς κατὰ τοῦ πλησίον (Ex 20,16; Dtn 5,20)[730] sondern ψευδόμαρτυς τοῦ θεοῦ.[731] Wenn sich derjenige, der die Auferstehung in Frage stellt, als ψευδόμαρτυς τοῦ θεοῦ erweist, so lässt sich folgern, dass im Umkehrschluss ein angemessenes und plausibles μαρτύριον (gegenüber Gott) darin besteht, die Wirklichkeit der Auferstehung anzuerkennen. Dass ein solches μαρτύριον τοῦ θεοῦ im Besonderen darin besteht, Gottes Macht (ἐξουσία/δύναμις) im Gegenüber zu allen anderen Mächten und Gewalten zu bestimmen, ist das wesentliche Argumentationsziel der folgenden Verse bis zum Ende des Abschnitts in 1Kor 15,34. In diesen Zusammenhang sind auch die Ausführungen über die Machtbereiche Adams und Christi[732] sowie der intertextuelle Verweis Ps 109 (LXX) als Bild für das Machtgefüge zwischen Gott und Christus eingeordnet.

Nachdem 1Kor 15,15 die Auferstehung und das Zeugnis gegenüber Gott in unmittelbaren Zusammenhang rückt, führen die folgenden Verse diese Thematik weiter aus, indem sie die Gottesfrage als Machtfrage kennzeichnen. Dabei wird ein differenziertes Bild der Machtstrukturen zwischen Gott, Christus und anderen Mächten gezeichnet. Der Abschnitt 1Kor 15,23-28 führt damit auch die bereits im Briefeingang[733] des 1Kor angestoßene und im weiteren Verlauf – insbesondere in 1Kor 8 – immer wieder

729 Auf diese Weise sind die τινες aus 1Kor 15,12 in besonderer Weise Repräsentanten der durch σχίσματα (1Kor 1,10) fraktionierten Gemeindestruktur in Korinth.

730 οὐ ψευδομαρτυρήσεις κατὰ τοῦ πλησίον σου μαρτυρίαν ψευδῆ.

731 Innerhalb einer kanonisch-intertextuellen Lektüre ergibt sich ein weiterer interessanter Querverweis zur matthäischen Passionsgeschichte. Innerhalb der dortigen Gerichtsszene (Mt 26,59f. Οἱ δὲ ἀρχιερεῖς καὶ τὸ συνέδριον ὅλον ἐζήτουν ψευδομαρτυρίαν κατὰ τοῦ Ἰησοῦ ὅπως αὐτὸν θανατώσωσιν, καὶ οὐχ εὗρον πολλῶν προσελθόντων ψευδομαρτύρων.) versuchen die Ankläger Jesu wiederholt, falsche Zeugenaussagen gegen Jesus vorzubringen, scheitern aber damit. Die Auferstehungsleugner, die mit 1Kor 15 angesprochen sind, legen gegenüber Gott somit dasselbe Verhalten zu Tage wie die Ankläger Jesu.

732 Vgl. oben Abschnitt 6.3.2.2.

733 Vgl. v.a. 1Kor 1,3f.

diskutierte Frage nach der angemessenen Verhältnisbestimmung zwischen θεός und Χριστός zu einem gewissen Abschluss innerhalb der brieflichen Argumentation:

1Kor 15,23	Jeder aber der Ordnung entsprechend: als Erstling Christus, dann - bei seiner Ankunft - die, die in Christus sind,	Ἕκαστος δὲ ἐν τῷ ἰδίῳ τάγματι· ἀπαρχὴ Χριστός, ἔπειτα οἱ τοῦ Χριστοῦ ἐν τῇ παρουσίᾳ αὐτοῦ,
1Kor 15,24	dann (kommt) das Ende, wenn er die Herrschaft dem Gott und Vater übergibt, wenn er jede Hoheit, jede Macht und jede Kraft vernichtet hat.	εἶτα τὸ τέλος, ὅταν παραδιδῷ τὴν βασιλείαν τῷ θεῷ καὶ πατρί, ὅταν καταργήσῃ πᾶσαν ἀρχὴν καὶ πᾶσαν ἐξουσίαν καὶ δύναμιν.
1Kor 15,25	Denn er muss herrschen, bis er alle Feinde unter seine Füße legt.	δεῖ γὰρ αὐτὸν βασιλεύειν ἄχρι οὗ θῇ πάντας τοὺς ἐχθροὺς ὑπὸ τοὺς πόδας αὐτοῦ.
1Kor 15,26	Als letzter Feind wird der Tod vernichtet;	ἔσχατος ἐχθρὸς καταργεῖται ὁ θάνατος·
1Kor 15,27	denn alles unterwarf er unter seine Füße. Wenn er aber spricht: Alles ist unterworfen, ist klar: außer dem, der ihm das alles unterworfen hat.	πάντα γὰρ ὑπέταξεν ὑπὸ τοὺς πόδας αὐτοῦ. ὅταν δὲ εἴπῃ ὅτι πάντα ὑποτέτακται, δῆλον ὅτι ἐκτὸς τοῦ ὑποτάξαντος αὐτῷ τὰ πάντα.
1Kor 15,28	Wenn aber ihm alles unterworfen wurde, dann wird sich auch der Sohn selbst dem unterwerfen, der ihm das alles unterworfen hat, damit sei Gott alles in allem.	ὅταν δὲ ὑποταγῇ αὐτῷ τὰ πάντα, τότε [καὶ] αὐτὸς ὁ υἱὸς ὑποταγήσεται τῷ ὑποτάξαντι αὐτῷ τὰ πάντα, ἵνα ᾖ ὁ θεὸς [τὰ] πάντα ἐν πᾶσιν.

Sowohl das Verhältnis zwischen θεός und Χριστός als auch das Problem von Tod und Auferweckung wird in diesen Versen mit Hilfe einer Reihe von Begriffen aus dem Wortfeld „Macht/Herrschaft" beschrieben. Während 1Kor 15,22 die Zusammengehörigkeit innerhalb der Sphäre des Χριστός betont,[734] trennt der folgende deutlich (ἔπειτα) zwischen Christus (ἀπαρχή) und οἱ τοῦ Χριστοῦ. Diese Unterscheidung wird qualifiziert durch τάγμα, das hier am ehesten mit Rang oder Stellung wiedergegeben werden kann. Dabei ist nicht ausschließlich ein Rang im Sinne zeitlicher Abfolge im Blick, es wird vielmehr in qualitativer Hinsicht die soteriologische Bedeutung der Auferstehung Jesu für das postmortale Schicksal der Christen betont. Mit παρουσία, dem erneuten herrlichen Erscheinen des Erhöhten in der Zukunft,

734 Vgl. den letzten Abschnitt 6.3.2.2.

wird zugleich die ἀποκάλυψις τοῦ κυρίου ἡμῶν Ἰησοῦ Χριστοῦ (1Kor 1,7) näher bestimmt. Der Abschnitt stellt dabei ein differenziertes Machtgefüge und eine klare zeitliche und qualitative Abfolge der eschatologischen Ereignisse, v.a. des Lebendig-gemacht-Werdens[735] vor Augen: *Nach* (εἶτα) der Rettung Christi und der Seinen kommt das Ende (τέλος), und zwar genau *in dem Moment* (ὅταν), der durch die Übergabe der Macht an Gott, den Vater geprägt ist (παραδιδῷ τὴν βασιλείαν τῷ θεῷ καὶ πατρί). Auch diese Angabe wird noch einmal temporal mit Blick auf die Machtstruktur näher bestimmt; die Herrschaftsübergabe findet genau dann statt, *wenn* der Χριστός seine Aufgabe der Vernichtung aller irdischer Gewalten (ὅταν καταργήσῃ πᾶσαν ἀρχὴν καὶ πᾶσαν ἐξουσίαν καὶ δύναμιν) erfüllt hat.

Insbesondere mit der Vorstellung einer klaren zeitlichen und qualitativen Reihenfolge der eschatologischen Ereignisse verlässt der Text die Ebene reiner Argumentation.[736] Vielmehr ist – wie mit den Verbalaussagen in 1Kor 15,3b-5 – der Abriss einer narrativen Struktur gegeben, die die zunächst (1Kor 15,1-11) erinnerte Jesus-Christus-Geschichte und das Schicksal der ἐκκλησία in den umfassenderen Kontext eines kosmologischen Geschehens, in den Kontext der Auseinandersetzung göttlicher und widergöttlicher Mächte einbindet.

Dass Auferstehung und zukünftiges Leben in engem Zusammenhang mit der Machtfrage stehen, illustriert anschaulich der mit γάρ eingeleitete Folgesatz in 1Kor 15,25. Wiederum – wie in 1Kor 15,3b-5 – wird eine narrativen Abbreviatur mit einem intertextuellen Verweis verbunden, hier mit Bezug auf Ps 109,1(LXX)[737] (εἶπεν ὁ κύριος τῷ κυρίῳ μου κάθου ἐκ δεξιῶν μου ἕως ἂν θῶ τοὺς ἐχθρούς σου ὑποπόδιον τῶν ποδῶν σου). Die syntaktische Struktur der vorangegangen Verse macht zur Integration des Psalmtexts einen Subjektwechsel notwendig: Im Psalm spricht der κύριος/יהוה zum κύριος μου/אדני des Psalmbeters. In 1Kor 15,25a ist jedoch Christus Subjekt,

---

735 Bezugspunkt der Verse 1Kor 15,22-25 ist durchgehend das ζῳοποιηθήσονται aus 1Kor 15,22.

736 Vgl. Hays, Christ, 55f.: "Once again, it should be beyond dispute that we are reading a *precis* of a narrative. The story of Jesus, rooted somehow in Israel´s story and coming to its decisive turning point in the cross and resurrection, extends through the present time in which cosmic warfare is underway to an eschatological consummation in which the dead will be made alive and Christ, the triumphant ruler, will offer one final act of self-emptying to the Father."

737 Vgl. grundlegend den Aufsatzband Sänger, Heiligkeit sowie Hengel, Psalm 110 sowie Nordheim, Morgenröte; außerdem Hays, Christ, 60f.: „God´s saving act is not a bolt from the blue that bears no relation to the story of Israel. Rather, God´s act in Christ is said to happen kata tas graphas; its intelligibility depends upon its relation to Israels´Scripture. For example the eschatological thriumph of the Christ is expressed and interpreted through an allusion to the royal (messianic) exaltation promised in Ps 110:1 (1 Cor 15:25), and his triumph over death is to be understood in counterpoint to the story of Adam. […] The question of how to specify and explicate the narrative continuities then becomes a major project for theology."

so dass die 1. Person Singular des Psalms in eine 3. Person Singular geändert wird. Die Zitatstruktur insgesamt kann so folgendermaßen beschrieben werden:

1Kor (Subjekt: Χριστός)	*Psalm (Subjekt: θεός)*
Denn er muss herrschen, bis	
	er legt
alle	
	Feinde unter
seine	
	Füße.

1Kor 15,25 ruft neben diesem Inhalt der wörtlichen Rede auch die Einleitung von Ps 109(LXX) intertextuell auf und bezieht sie auf das Verhältnis zwischen Vatergott und Christus. Dabei wird der κυριός μου/אדני des Psalms mit dem Χριστός in 1Kor identifiziert, so dass in der intertextuellen Perspektive der auferweckte Χριστός als κυριός μου benannt wird.[738] Die intertextuelle Lektüre verändert auf diese Weise die Perspektive auf den Psalmtext *und* den Text des 1Kor: Einerseits wird das Bild des Unter-die-Füße-Stellens der Feinde verwendet, um in der Argumentation des 1Kor Christus als machtvollen und gleichzeitig vom πατήρ abhängigen Akteur zu zeichnen. Andererseits verändert sich in diesem Zusammenhang auch die Lektüre des Psalmtexts, indem dieser in den Kontext eschatologischer Ereignisse gestellt wird, in deren Mittelpunkt das Machtverhältnis zwischen den beiden κύριοι steht.

Dass die göttlichen Mächte auch siegreich gegenüber den Todesmächten sein werden, macht 1Kor 15,26 durch die Präsensform καταργεῖται deutlich.[739] Der dort angekündigte Sieg steht zwar noch aus, wird aber sicher erfolgen. Mit der Bezeichnung des Todes als widergöttliche Macht kommen intertextuell auch Texte wie Jes 25,8 (κατέπιεν ὁ θάνατος ἰσχύσας) oder Weish 2,24 (φθόνῳ δὲ διαβόλου θάνατος εἰσῆλθεν εἰς τὸν κόσμον) in den Blick.[740] Der Abschnitt diskutiert aber über das Ziel der eschatologischen Überwindung der Todesmächte hinaus auch weiterhin das Machtverhältnis der beiden göttlichen Wesen untereinander. In diesem Zusammenhang verwendet 1Kor 15,27 wiederum das Bild des Unter-die-Füße-Stellens und stellt damit - neben dem Bezug zu Ps 109 (LXX) - auch einen intertextuellen Verweis zu Ps 8 her, in dem die Macht über die Schöpfung dem

[738] Vgl. oben die Ausführungen zum Bekenntnischarakter von 1Kor 8-16.
[739] Vgl. auch Schrage, 1Kor IV, 181.
[740] Zur Frage der Todesmächte vgl. Wolff, 1Kor, 388.

ἄνθροπος bzw. dem υἱός τοῦ ἀνθρώπου von Gott selbst gegeben wird.[741] Der erneute intertextuelle Verweis hebt noch einmal Gottes souveränes Handeln als Ursprung jeglicher Macht und Ort der Machtfülle hervor. Zugleich wird so auch das Verhältnis zum Χριστός definiert: „Gott also ist bei der gegenwärtigen Herrschaft des Christus nicht etwa suspendiert, sondern durch den Christus wirksam. Das aber bedeutet bereits jetzt eine gewisse Unterordnung Christi unter Gott. Der Gehorsam Christi bleibt also bestimmend für sein Verhältnis zu Gott."[742]

In Kontinuität zu 1Kor 8 legt auch 1Kor 15,28 besonderen Wert auf die Einheit der göttlichen Mächte und beschließt daher den Gedankengang mit Rückbezug auf 1Kor 15,24: Christus ordnet sich als Sohn dem Willen des Vaters unter. In dieser Unterordnung vollendet sich der Gehorsam Christi als des Sohnes. Sein Wirken hat das Ziel - die umfassende Gottesherrschaft und Gottesnähe - erreicht. Gottes Herrschaft erstreckt sich ohne Einschränkung über die ganze Schöpfung. „Der Schlusssatz des Verses macht deutlich, dass das Ziel des Heilsgeschehens Gott als der alles Bestimmende ist, und nicht individuelle Seligkeit. [...] Es geht um Gottes Gottsein, durch das der Mensch seine Vollendung erfährt."[743]

Die Macht Gottes, die sich in einem ganz bestimmten Machtverhältnis zwischen Gott und Christus manifestiert, kann somit auch als Ausführung zur Schriftgemäßheit der Auferweckung nach 1Kor 15,3f. gelten. Unterschiedliche γραφαί - Ps 8, Ps 109(LXX), Jes 25, Weish 2 - beschreiben die verschiedenen Mächte innerhalb des κόσμος. Die schriftbezeugte Macht Gottes über alle anderen Mächte, auch über die Macht des Todes steht somit hinter der Schilderung der Auferweckung κατὰ τὰς γραφάς.

6.3.2.2 Macht, Sünde und Sühne ἐν Χριστῷ

Die von 1Kor 15,3f. ausgehenden intertextuellen Lektüren hatten die γραφαί als Verstehenshorizont für die Jesus-Christus-Geschichte sowie die Jesus-Christus-Geschichte als Lektüreanweisung für die γραφαί erkennen lassen. Eine besondere Stellung innerhalb biblischer Intertextualität haben neben solchen hetero-intertextuellen Bezügen auto-intertextuelle Lektüren[744] zwischen Texten desselben Autors. Im Fall des 1Kor liegt mit dem 2Kor nicht nur ein Schreiben desselben Absenders vor, es wird darüber hinaus auch dieselbe Zielgruppe in den Blick genommen. Mit Blick auf die Themen aus 1Kor 15 eröffnet insbesondere 2Kor 5 in verschiedener Hinsicht Perspektiven für intertextuelle Lektüren, deren besondere Pointe darin liegt, dass hier offensichtlich (vom selben Autor für die selbe Zielgruppe) ein ver-

---

741 Vgl. bes. Ps 8,7: καὶ κατέστησας αὐτὸν ἐπὶ τὰ ἔργα τῶν χειρῶν σου πάντα ὑπέταξας ὑποκάτω τῶν ποδῶν αὐτοῦ.

742 Wolff, 1Kor, 387f.

743 Ebd., 390.

744 Vgl. zur Terminologie Holthuis, Intertextualität, 45.

gleichbares Themenspektrum bearbeitet wird. Beide Texte beziehen sich auf ein und dieselbe Geschichte, erwarten aber in je unterschiedlicher Weise deren narrative Entfaltung. 2Kor 5 lässt sich vor diesem Hintergrund als intertextuelle Lektüreanweisung für 1Kor 15 verstehen, die dessen Aussagen verstärken, abschwächen, verändern oder in einen anderen Kontext setzen kann. Insbesondere kann gefragt werden, wie eine Lektüre von 2Kor 5 die Polyvalenz bzw. Interpretationsspielräume, die in 1Kor 15 angelegt sind, aufgreift, ggf. eingrenzt oder erweitert.[745]

Im Sinne einer solchen Lektüreanweisung greift 2Kor 5 wesentliche Stichworte aus 1Kor 15 – etwa Tod, Auferstehung, Sünden – wieder auf,[746] diskutiert weitere Fragen aber insbesondere mit Blick auf eine umfassendere Kosmologie, in deren Mittelpunkt die Beziehung zwischen Theologie und Christologie steht.

2Kor 5,14	Denn die Liebe Christi drängt uns, da wir überzeugt sind, dass, wenn einer für alle gestorben ist, sie alle gestorben sind.	ἡ γὰρ ἀγάπη τοῦ Χριστοῦ συνέχει ἡμᾶς, κρίναντας τοῦτο, **ὅτι εἷς ὑπὲρ πάντων ἀπέθανεν**, ἄρα οἱ πάντες ἀπέθανον·
2Kor 5,15	Und er ist darum für alle gestorben, damit alle, die leben, nicht mehr sich selbst leben, sondern dem, der für sie gestorben und auferstanden ist.	**καὶ ὑπὲρ πάντων ἀπέθανεν**, ἵνα οἱ ζῶντες μηκέτι ἑαυτοῖς ζῶσιν ἀλλὰ τῷ ὑπὲρ αὐτῶν ἀποθανόντι καὶ ἐγερθέντι.

745 Das Urteil Hanna Rooses mit Blick auf den 1Thess lässt sich im Wesentlichen auch auf das Verhältnis zwischen 1Kor und 2Kor übertragen. „Polyvalenz durch Intertextualität kommt in den Blick, wenn gefragt wird, wie sich der Bedeutungsspielraum von anzitierten bzw. alludierten Texten verändert. Diese referenztext-orientierte Funktion von Intertextualität erlangt dort, wo der pseud-epigraphe 2. Thessalonicher als ‚Leseanweisung' für den 1. charakterisiert wird (Soloff, Reinmuth), zentrale Bedeutung. Der 1. Thessalonicher wird im Rahmen dieses Modells implizit zu einem polyvalenten Text erklärt, dessen Bedeutungsspielräume sich durch den intertextuellen Bezug auf den 2. Thessalonicher verschieben (sollen). Dieses im Modell angelegte Postulat der Polyvalenz des 1. Thessalonicher wird jedoch bisher kaum eingelöst, da die Auslegungen zu einseitig danach fragen, wie der Verfasser des 2. Thessalonicher den 1. verarbeitet." (Roose, Polyvalenz, 250) Das gilt auch – und gerade – dann, wenn das Verhältnis zwischen den Thessalonicherbriefen auf der einen und den Korintherbriefen auf der anderen Seite bemerkenswert unterschiedlich ist – etwa allein schon mit Blick auf die Authentizität. Vgl. ebenso auch Merz, Selbstauslegung, 232: „Indem der fiktive Verfasser (‚Paulus') unter Bezugnahme auf ‚eigene' Texte Neues sagt, verändert er […] den Spielraum der möglichen Bedeutungen des anzitierten […] Referenztextes, sei es bewusst, sei es unbewusst.".

746 Vgl. grundlegend zum Verhältnis der Auferweckungsdiskurse in 1Kor und 2Kor, Alkier, Realität, 46f.

2Kor 5,16	Daher kennen wir von nun an niemanden mehr nach dem Fleisch; und auch wenn wir Christus gekannt haben nach dem Fleisch, so kennen wir ihn doch jetzt so nicht mehr.	Ὥστε ἡμεῖς ἀπὸ τοῦ νῦν οὐδένα οἴδαμεν κατὰ σάρκα· εἰ καὶ ἐγνώκαμεν κατὰ σάρκα Χριστόν, ἀλλὰ νῦν οὐκέτι γινώσκομεν.
2Kor 5,17	Darum: Ist jemand in Christus, so ist er eine neue Kreatur; das Alte ist vergangen, siehe, Neues ist geworden.	ὥστε εἴ τις **ἐν Χριστῷ**, καινὴ κτίσις· τὰ ἀρχαῖα παρῆλθεν, ἰδοὺ γέγονεν καινά·
2Kor 5,18	Aber das alles von Gott, der uns mit sich selber versöhnt hat durch Christus und uns den Dienst der Versöhnung gegeben hat.	τὰ δὲ πάντα ἐκ τοῦ θεοῦ τοῦ **καταλλάξαντος** ἡμᾶς ἑαυτῷ διὰ Χριστοῦ καὶ δόντος ἡμῖν τὴν διακονίαν τῆς καταλλαγῆς,
2Kor 5,19	Denn Gott war in Christus (gegenwärtig), indem er die Welt mit sich selber versöhnte und ihnen ihre Sünden nicht anrechnete und hat unter uns aufgerichtet das Wort der Versöhnung.	ὡς ὅτι **θεὸς ἦν ἐν Χριστῷ** κόσμον καταλλάσσων ἑαυτῷ, μὴ λογιζόμενος αὐτοῖς τὰ παραπτώματα αὐτῶν καὶ θέμενος ἐν ἡμῖν τὸν λόγον τῆς καταλλαγῆς.
2Kor 5,20	So sind wir nun Botschafter an Christi Statt, indem Gott durch uns ermahnt; so bitten wir nun an Christi Statt: Lasst euch versöhnen mit Gott!	Ὑπὲρ Χριστοῦ οὖν πρεσβεύομεν ὡς τοῦ θεοῦ παρακαλοῦντος δι' ἡμῶν· δεόμεθα ὑπὲρ Χριστοῦ, **καταλλάγητε τῷ θεῷ.**
2Kor 5,21	Denn er hat den, der von keiner Sünde wusste, für uns zur Sünde gemacht, damit wir in ihm die Gerechtigkeit Gottes würden.	τὸν μὴ γνόντα ἁμαρτίαν **ὑπὲρ ἡμῶν ἁμαρτίαν** ἐποίησεν, ἵνα ἡμεῖς γενώμεθα δικαιοσύνη θεοῦ ἐν αὐτῷ.

Dieser Abschnitt verbindet – in Analogie zu 1Kor 15,3 – zunächst wiederum das ἀπέθανεν mit einer ὑπέρ-Aussage, geht also erneut über die Vorstellung eines starren Zusammenhangs zwischen Tun und Ergehen hinaus. 2Kor 5,17 findet dann mit dem τις ἐν Χριστῷ einen Ausdruck für die Möglichkeit der Teilhabe der ἐκκλησία am Christus-Geschehen. 2Kor 5,14-17 bestätigt somit den unmittelbaren Zusammenhang, der auch in 1Kor 15,3 und 1Kor 15,22 angelegt ist: Diejenigen, für die Christus gestorben ist, finden sich in der Gemeinschaft ἐν Χριστῷ wieder. 2Kor 5 vermag aber in besonderer Weise zu illustrieren, wie das Verhältnis zwischen Gott und Christus in diesem Zusammenhang vorzustellen ist. Christus ist einerseits als das Medium des gegenwärtigen Handelns Gottes zu verstehen: Gott als Subjekt des Versöhnungs- bzw. Sühnegeschehens (καταλλάξαντος) handelt durch Christus (διὰ Χριστοῦ). Zugleich ergänzt aber 2Kor 5,19 θεὸς ἦν ἐν

Χριστῷ. Gott wirkt demnach nicht nur *durch* Christus, sondern in der Person Christi zeigt sich die Gegenwart Gottes, so dass *in* Christus Sühne für die ἐκκλησία ermöglicht wird. „Innerhalb des differenzierten Zusammenhangs von Personenaussage und Werkaussage lenken die Worte θεὸς ἦν ἐν Χριστῷ nachdrücklich den Blick auf das Personengeheimnis Jesu Christi, das darin liegt, dass in ihm Gott gegenwärtig ist. Gegenwärtig aber ist er als der Versöhner, der für die ihm feindliche Menschenwelt eintritt, um von sich aus ihre Feindschaft zu überwinden."[747]

Das διὰ Χριστοῦ in 2Kor 5,18 wird so durch das ἐν Χριστῷ im folgenden Vers gleichermaßen weitergeführt und präzisiert. „*Weitergeführt* wird sie durch die Betonung des universalen Aspekts, aufgrund dessen die Versöhnung der Gemeinde mit Gott nur als eine solche gedacht werden kann, die in der *alle* Menschen umfassende Versöhnungstat Gottes gründet. Eine *Präzisierung* erfolgt in zweifacher Hinsicht. Zum einen macht V. 19a deutlich: Christus ist nicht bloß das ‚Instrument', auch nicht nur der ‚Mittler' der Versöhnung; die Versöhnung ist vielmehr das Werk des *Deus in Christo* zugleich und in einem die Tat des Vaters und des in der Einheit mit dem Vater handelnden Sohnes Gottes. Zum anderen wird klargestellt: Christi Tod ist nicht nur die Ermöglichung der Versöhnung mit Gott, sondern er ist als das Werk des *Deus in Christo* der Vollzug dieser Versöhnung. Das aber heißt: Die ganze Menschheit steht bereits, ob sie es weiß oder nicht, im Licht des Kreuzestodes Jesu Christi und damit im Licht der Liebe Gottes."[748]

Von der zentralen, zunächst eigenständigen Aussage in 2Kor 5,19 – θεὸς ἦν ἐν Χριστῷ – ist sowohl die Versöhnungsaussage (καταλλάσσων) abhängig, wie auch das grammatikalisch parallele Nicht-Anrechnen der Sünden (μὴ λογιζόμενος). Der Begriff der Versöhnung erfährt durch das Nicht-Anrechnen der Sünden seine Ergänzung und Präzisierung. Das Syntagma Χριστὸς ἀπέθανεν ὑπὲρ τῶν ἁμαρτιῶν ἡμῶν aus 1Kor 15,3 wird durch 2Kor 5 so in vier Schritten expliziert:

- *Universalisierung*: Christus starb für alle (2Kor 5,15: ὑπὲρ πάντων ἀπέθανεν); das Ziel ist die Versöhnung der gesamten Welt (2Kor 5,19 κόσμος).
- *Verknüpfung von Mittlerschaft und Gottespräsenz*: In der Jesus-Christus-Geschichte verbinden sich Gottes Wirken *durch* Christus (2Kor 5,18: διὰ Χριστοῦ) und Gottes Sein *in* Christus (2Kor 5,19 ἐν Χριστῷ).

747 Hofius, Gott, 142.

748 Ebd., 142f. Viele Elemente der Argumentationsstruktur von 2Kor 5 finden sich auch wieder in Kol 1,15-20. Gott hat Gefallen daran, dass in Christus die Fülle wohnt (Kol 1,19: ὅτι ἐν αὐτῷ εὐδόκησεν πᾶν τὸ πλήρωμα κατοικῆσαι), und in Christus schafft Gott Versöhnung (Kol 1,20a: καὶ δι' αὐτοῦ ἀποκαταλλάξαι τὰ πάντα εἰς αὐτόν).

- *Gottes Handeln als Versöhnung:* Indem Gott die Welt mit sich selber versöhnte, war er in Christus (2Kor 5,19).
- *Gottes Handeln als Nicht-Anrechnen von Sünde:* Indem Gott die Sünden nicht anrechnete, war er in Christus (2Kor 5,19).

Außerdem führt 2Kor 5 einen Aspekt näher aus, der im weiteren Verlauf von 1Kor 15 zunehmend an Bedeutung gewinnt: Der θεὸς ἐν Χριστῷ ist Urgrund der καινὴ κτίσις.[749] In 1Kor 15 wie in 2Kor 5 ist die Auferstehungsfrage nicht als isoliertes Geschehen der individuellen Nach-Todes-Erwartung zu verstehen. Vielmehr steht die Frage nach der Auferstehung in unmittelbarem und untrennbarem Zusammenhang mit der paulinischen Kosmologie, v.a. aber seiner Theologie. Im Blick ist das Leben der Lebendigen schlechthin (οἱ ζῶντες), deren Dasein durch die Jesus-Christus-Geschichte zur καινὴ κτίσις wird. Diese weite Perspektive spiegelt sich auch in der Verwendung der Vokabel παράπτωμα für Sünde in 2Kor 5,19: Mit den Sünden ist an dieser Stelle keine individuelle Verfehlung im Blick. Vielmehr wird die umfassendere Sündhaftigkeit des *ge*fallenen und dem Tod *ver*fallenen Menschen (πτῶμα) von Gott nicht angerechnet. Für den Menschen hat das Sein ἐν Χριστῷ zur Folge, Teil der neuen Schöpfung zu sein, im Machtbereich des Lebens zu existieren. Befreiung von Sünde im Sinne von Todverfallenheit ist somit der Ermöglichungsgrund eines Lebens mit Zukunft.

Versteht man auf diese Weise 2Kor 5 als intertextuelle Lektüreanweisung[750] für 1Kor 15, so lässt sich insbesondere noch einmal der enge Zusammenhang der thematischen Einzelfragen unterstreichen. Sünde im Sinne von Todverfallenheit wird durch Christus, in dem Gott gegenwärtig ist, gesühnt. Leben im Machtbereich Christi in der Koexistenz mit Gott

---

749 Vgl. zur Thematik der Präsenz Gottes in Christus auch Kol 2,9 (ὅτι ἐν αὐτῷ κατοικεῖ πᾶν τὸ πλήρωμα τῆς θεότητος σωματικῶς). Im Zusammenhang von Kol 2 wird das θεὸς ἦν ἐν Χριστῷ noch spezifiziert: Gott zeichnet sich durch πλήρωμα aus; diese Fülle findet sich nun in somatischer Weise (σωματικῶς) in Christus wieder.

750 Hanna Roose hat verschiedene methodische Konsequenzen aus einem solchen Modell einer Leseanweisung gegenüber einem traditionsgeschichtlichen Modell erarbeitet (vgl. besonders Roose, Polyvalenz, 256f.) und mit Blick auf das Verhältnis der Thessalonicherbriefe spezifiziert: „Das Modell der Leseanweisung erfordert ein erweitertes Methodenspektrum, das über das Vorbild des synoptischen Vergleichs hinausgreift. Zu fragen ist nicht nur diachron, wie nämlich der Verfasser des 2. Thessalonicher bestimmte Passagen aus dem 1. Thessalonicher übernimmt und verändert [...], sondern auch synchron: Wie liest sich der 1. Thessalonicher vom 2. her? Dabei ist der Kontinuitätsanspruch einzulösen, den der pseudepigraphe Verfasser durch seine Autor- und Adressatenfiktion erhebt. Um der Intention des pseudepigraphen Verfassers gerecht zu werden, muss also – überspitzt gesagt – der paulinischen Auslegung des 1. Thessalonicher eine pseudo-paulinische an die Seite gestellt werden, die den paulinischen Brief aus der Perspektive des pseudo-paulinischen 2. Thessalonicher betrachtet. Eine solche Auslegung bewertet den 1. Thessalonicher als einen hochgradig polyvalenten Text, der – je nach intertextuellem Kontext – eine paulinische und eine pseudo-paulinische Lesart eröffnet."

führt somit zu einem Sein als neue Kreatur in der durch Lebendigkeit ausgezeichneten Schöpfung.

6.3.3 Tod, Auferweckung und Schöpfung

6.3.3.1 Adam und Christus - Tod und Leben

Bereits die ersten Abschnitte aus 1Kor 15 hatten den Auferweckungsdiskurs in den Zusammenhang des machtvollen göttlichen Handelns gestellt und im intertextuellen Bezug mit den jüdischen γραφαί soteriologisch profiliert. Im Folgenden verweisen insbesondere die Verse 1Kor 15,21ff. auf die Zeit und Raum übersteigende göttliche ἐξουσία, die sich in der Fähigkeit ausdrückt, Auferweckung sowie in umfassendem Sinn Leben und Lebendigkeit zu ermöglichen. Das Thema Auferstehung erschöpft sich somit weder in dem λόγος τοῦ σταυροῦ, noch in der Frage nach dem postmortalen Schicksal Einzelner; es verweist vielmehr umfassend auf Fragen nach Leben und Tod als bestimmendes Thema der Rede von Gott.

Einen besonderen Ausdruck findet der Machtdiskurs von 1Kor 15 in der Zuordnung des Menschen in die Machtsphäre Adams bzw. Christi:

1Kor 15,21	Denn da durch einen Menschen der Tod kam, kommt auch durch einen Menschen die Auferstehung der Toten.	ἐπειδὴ γὰρ δι' ἀνθρώπου θάνατος, καὶ δι' ἀνθρώπου ἀνάστασις νεκρῶν.
1Kor 15,22	Denn wie in Adam alle sterben, so werden auch in Christus alle lebendig gemacht werden.	ὥσπερ γὰρ ἐν τῷ 'Αδὰμ πάντες ἀποθνῄσκουσιν, οὕτως καὶ ἐν τῷ Χριστῷ πάντες ζῳοποιηθήσονται.

Die Verse 1Kor 15,21f. erweitern zunächst die Alternative von θάνατος und ἀνάστασις νεκρῶν zum Gegenüber von πάντες ἀποθνῄσκουσιν und πάντες ζῳοποιηθήσονται. Der Tod wird hier als Sterben ἐν τῷ 'Αδάμ, die Auferstehung als Lebendiggemachtwerden ἐν τῷ Χριστῷ markiert, wobei jeweils das ἐν das Bestimmtsein des Menschen durch Adam bzw. Christus ausdrückt. Alle in der Wirksphäre des Adam sterben, alle in der Wirksphäre des Christus werden lebendig gemacht werden (ζῳοποιηθήσονται). Für die soteriologischen Konsequenzen aus der Adam-Christus-Typologie ist das zweifache πάντες in 1Kor 15,22 von entscheidender Bedeutung. Dass mit dem Verweis auf Adam die Sterblichkeit als Grundkonstante *jedes* menschlichen Lebens betont wird, kann als wahrscheinlich angesehen werden. Schwierig wird die Zuordnung des πάντες im zweiten Teil des Verses. „[...] man kann nicht gut Adam eine Menschheitsbedeutung zu- und Christus absprechen, auch wenn meist mit Recht festgestellt wird, daß das Schicksal der Ungläubigen bei Paulus ganz im Hintergrund steht."[751] Verschiedentlich wurden Versuche unternommen, die Adam-Christus-Typologie dahingehend aufzulösen, dass der Machtbereich des Χριστός eingeschränkt[752] wird. Jedoch scheint im Zusammenhang des 1Kor weder die Möglichkeit eines Gegenübers von Bestimmung und tatsächlicher Erwählung zur Auferstehung[753], noch eine nachträgliche Beschränkung der πάντες durch das οἱ τοῦ Χριστοῦ in 1Kor 15,23 schlüssig.[754]

Die bisherige Lektüre des 1Kor - insbesondere 1Kor 8 - legt vielmehr eine umfassende kosmologische Relevanz des bereits seit der Schöpfung in die Geschichte Gottes eingeschriebenen Christus nahe. 1Kor 15 denkt die Auferweckung Jesu Christi nicht als isoliertes Einzelereignis, sondern spricht ihr kosmologische Auswirkungen bzw. Dimensionen zu. Mit der Person des Adam ist im paulinischen Denken die universale Todesbetroffenheit aller Menschen konnotiert. Dem steht auf der anderen Seite die Person des Christus gegenüber, der - über die korinthische ἐκκλησία und alle, die den Herrn anrufen,[755] hinaus - für die Auferweckung, die Überwindung des Todes und umfassendes Lebendigmachen steht.

Wie stark dieses Lebendigmachen im paulinischen Denken als Neuschöpfung vorgestellt ist, wird am zweiten Verweis auf Adam in 1Kor 15,45 deutlich.

1Kor 15,45	So ist auch geschrieben: Es wurde der erste Mensch Adam zu lebender Seele, der letzte Adam zu lebendig machendem Geist.	οὕτως καὶ γέγραπται· ἐγένετο ὁ πρῶτος ἄνθρωπος Ἀδὰμ εἰς ψυχὴν ζῶσαν, ὁ ἔσχατος Ἀδὰμ εἰς πνεῦμα ζῳοποιοῦν.

751 Schrage, 1Kor IV, 163.

752 Vgl. die Zusammenstellung bei Schrage, 1Kor IV, 163-166.

753 Vgl. Ebd., 164.

754 Die Adam-Christus-Typologie aus 1Kor 15 lässt sich innerhalb der paulinischen Briefe noch einmal intertextuell kontrastieren mit Röm 5,12-21. Während 1Kor 15 stärker den Sieg über die Todesmächte in den Blick nimmt, finden sich in Röm 5 stärkere Verweise auf in Christus wirksame göttliche Gnade (vgl. z.B. Röm 5,15b: πολλῷ μᾶλλον ἡ χάρις τοῦ θεοῦ καὶ ἡ δωρεὰ ἐν χάριτι τῇ τοῦ ἑνὸς ἀνθρώπου Ἰησοῦ Χριστοῦ εἰς τοὺς πολλοὺς ἐπερίσσευσεν) Zu Recht weist jedoch Hays (Christ, 55) darauf hin, dass sich beide Stellen - trotz dieser unterschiedlichen Schwerpunktsetzung - als narrative Abbreviaturen ein und derselben Geschichte verstehen: „Romans 5 focuses more on the death of Jesus as a reconciling act of divine love, while 1 Cor 15 focuses more on the resurrection of Jesus as a sign of the eschatological triumph in which we shall participate by virtue of union with him. In that sense, the two narrative redescriptions have different soteriological emphases, but they are profoundly unified as interpretations of the same story - the story of Jesus´ death, resurrection, and eschatological victory."

755 Vgl. 1Kor 1,2.

Der Text bietet hier nicht nur ein Zitat (οὕτως καὶ γέγραπται)[756] von Gen 2,7, sondern verknüpft dieses auch mit den für die vorangehenden Verse grundlegenden Begrifflichkeiten ψυχικός und πνευματικός. Das Begriffspaar dient in 1Kor 15,45 dazu, erste und zweite Schöpfung voneinander zu differenzieren. In den Text von Gen 2,7 zur Beschreibung des ersten Menschen (καὶ ἐγένετο ὁ ἄνθρωπος εἰς ψυχὴν ζῶσαν) fügt 1Kor 15,45 die erläuternden Zusätze πρῶτος und Ἀδὰμ ein. Der zweite Adam wird dagegen mit πνεῦμα ζῳοποιοῦν attribuiert. Über das ζῳοποιοῦν hinaus wird auch auf formaler Ebene der Rückbezug zu 1Kor 15,22 hergestellt und somit der dort genannte Χριστός mit diesem zweiten Adam identifiziert. Christus wird so nicht nur als eschatologischer Schöpfungsmittler Gottes eingesetzt; vielmehr verbindet sich über das Stichwort πνεῦμα auch Christologie, Pneumatologie und Eschatologie: „Weil Christus Anfänger einer neuen Menschheit ist, hat er formal die gleiche Funktion wie Adam."[757]

Mit dem Rückgriff auf die Person des Adam in 1Kor 15,45 wird gleichzeitig der intertextuelle Verweis auf die Schöpfungsgeschichte[758] in 1Kor 15,47 vorbereitet: Die Vergänglichkeit des irdischen Leibes resultiert aus der Geschaffenheit aus Erde (ἐκ γῆς χοϊκός). Um diese Verbindung hervorzuheben, verwendet der Text hier nicht (wie in 1Kor 15,44.46) das Gegensatzpaar ψυχικός – πνευματικός, sondern ἐκ γῆς χοϊκός – ἐξ οὐρανοῦ. Auf dieser Basis können die Verse 1Kor 15,48f. nun mit οἷος – τοιοῦτοι einen repräsentativen Bezug zwischen den beiden Adamfiguren herstellen. Somit (1Kor 15,48) bestimmt der vergängliche, aus Staub geborene Adam das irdische Leben der vergänglichen Menschen,[759] während Christus als Synonym für das zukünftige himmlische Leben der Menschen steht.

Bemerkenswert ist, dass der Text im gesamten Abschnitt nicht in abstrakten Begriffen von Welt und Schöpfung – κτίσις oder κόσμος[760] – spricht. Vielmehr wird der Bezug zur Schöpfung in 1Kor 15,22 durch den Verweis auf Adam hergestellt – eine Perspektive, die sich auch über die erneute Erwähnung des Adam in 1Kor 15,45 hinaus durchhält: Schöpfung und Welt kommen hier aus der adamitischen Perspektive, aus der Perspektive von Körper und Leib, von natürlich und geistlich, von irdisch und himmlisch, von Schöpfer und Geschöpf in den Blick. Der erste intertextuelle Verweis auf Adam nimmt dabei bemerkenswerterweise auch nicht Gen 2, sondern Gen 3 in den Blick. Die intertextuell eingespielte Urgeschichte dient somit nicht dazu, ausschließlich auf das ursprüngliche „Sehr gut" der Welt zu rekurrieren. Dieser Idealzustand wird allenfalls implizit als Vo-

---

756 In den Text von Gen 2,7 wird das πρῶτος ergänzt.

757 Sellin, Streit, 180.

758 Vgl. Gen 2,7 und Gen 3,19.

759 Vgl. auch Weish 7,1a: εἰμὶ μὲν κἀγὼ θνητὸς ἄνθρωπος ἴσος ἅπασιν καὶ γηγενοῦς ἀπόγονος πρωτοπλάστου.

760 Vgl. dagegen 2Kor 5.

raussetzung gesetzt, wenn 1Kor 15,21 betont, dass der Tod erst durch und damit mit den Menschen in die Welt kam. Der Verweis auf die Schöpfungserzählungen der Genesis dient im Rahmen der Adam-Christus-Typologie nicht in erster Linie zur Illustration der gelungenen Schöpfung, sondern einer Zurückführung des verfehlten und daher todbringenden menschlichen Handelns in die Geschichte des Ursprungs. *Weil* Adam dann in der Folge durch ein (Straf-)Handeln Gottes des Paradieses verwiesen wurde, bedarf es wiederum eines *Handelns Gottes*, um dem Leben in Gottesnähe Raum zu schaffen.[761]

Die Darstellung der menschlichen Existenz als geschöpflicher Existenz mittels der Adam-Christus-Typologie markiert in doppelter Hinsicht eine Differenz bzw. Opposition: Im Gegenüber zur derzeitigen geschöpflichen Existenz wird die zukünftige nach der Auferweckung eine andere Qualität haben; außerdem liegt in der geschöpflichen Existenz das Gegenüber zum schöpferischen Handeln Gottes. „Damit ist klar, was der positive Sinn der paulinischen Entgegensetzung von Schöpfer und Schöpfung ist: An die Stelle eines seinsmäßigen Zusammenhangs des Göttlichen mit der Wirklichkeit, welche deren Mängel gegenüber der göttlichen Vollkommenheit immer nur als ontologische Defizite interpretieren kann, tritt die strikte Unterscheidung beider – und zwar die Unterscheidung als Bedingung der Möglichkeit von Beziehung und damit von Gemeinschaft. An die Stelle gleichbleibender Ontologie tritt die Geschichte; als Schöpfung wird diese Welt eingebunden in die von Gott bestimmte Heilsgeschichte zwischen Fall und Gericht bzw. Erlösung."[762]

Weder die Figur des Adam, noch die des Christus kommen daher als Prototypen einer bestimmten Ontologie in den Blick. Insbesondere der intertextuelle Verweis auf Adam dient dazu, eine Geschichte vom Anfang der Beziehung Gott – Mensch zu erinnern und im Akt der Lektüre deren erneutes Erzählen vorauszusetzen.[763] Mit dieser Geschichte vom Beginn

761 Vgl. Feldmeier, Schöpfung, 294: „Mit erstaunlicher Schärfe nimmt der Apostel die Unvollkommenheit der Schöpfung wahr, und er gibt dafür auch im Rückgriff auf Gen 3 eine heilsgeschichtliche Erklärung. Damit ist er – neben den Verfassern der SapSal und der ApkMos – der erste uns bekannte Theologe aus dem Bereich des antiken Judentums, der die negativen Aspekte der ‚sehr gut' geschaffenen Welt durch Rückgriff auf die Urgeschichte erklärt und Gen 3 als Ätiologie des Nichtigen, des Bösen und des Todes deutet. Als Folge der adamitischen Übertretung ist die Verdammnis über alle Menschen gekommen (Röm 5,18), die Schöpfung ist der Nichtigkeit unterworfen."

762 Feldmeier, Wirklichkeit, 296.

763 Dunn hat in jüngerer Zeit (Dunn, Narrative Approach) einen solchen narrativen Ansatz bei der Untersuchung paulinischer Briefe kritisch hinterfragt und betont, dass Paulus „is simply not a storyteller" (Ebd., 232). Vgl. zu Dunn insbesondere Hays, Christ, 63f.: „What I and others have attempted to demonstrate is that Paul´s theological language is grounded in story and that his letters must be interpreted as theological reflection on the first-order kerygmatic narrative about Jesus." (Ebd., 64). Ver-

wird nun die Jesus-Christus-Geschichte in Bezug gesetzt – beide Geschichten stellen das Handeln Gottes als Heilsgeschehen in den Mittelpunkt. Der paulinische Gebrauch des Terminus Schöpfung hat so „letztlich eine soteriologische Pointe"[764]: Der Mensch hat paradigmatisch in Adam seine Daseinsbestimmung verfehlt, über sein Handeln im Christusereignis ermöglicht Gott selbst Auferweckung, neue Schöpfung und damit Leben. „Anders also als das schlechthin jenseitige Göttliche der platonischen Metaphysik bleibt der von seiner Schöpfung strikt unterschiedene Schöpfer mit dieser verbunden, weil er als ihr Ursprung und Ziel sie an sich gebunden hat."[765] – Mehr noch: Gott ist nicht nur Ursprung und Ziel, sondern in der Jesus-Christus-Geschichte hat er ein sichtbares Zeichen seines Handelns in der Gegenwart der εκκλησία gegeben, deswegen kann er von Jesus Christus als dem ἀπαρχή sprechen.

Die Geschichte Gottes, die mit der Schöpfung und dem ersten Adam beginnt, findet ihr Ziel in der neuen Schöpfung in der Auferweckung des zweiten Adam. Die Differenz zwischen Schöpfer und Geschöpf ist keine ontologische Kategorie – in dieser Differenz liegt vielmehr der Ermöglichungsgrund für eine Beziehungshaftigkeit zwischen Gott und den Menschen und eine Gemeinschaft zwischen den Menschen. Die Differenz zwischen Schöpfer und Geschöpf markiert gerade nicht zwei abgeschlossene Bereiche – den menschlichen auf der einen, den göttlichen auf der anderen Seite. Vielmehr beginnt mit der Unterscheidung eine Geschichte, die Geschichte zwischen Gott und den Menschen, die Geschichte von göttlichem und menschlichem Handeln. Diese Geschichte findet nicht ihr Ende, indem die Menschen den Sündenfall rückgängig machen, sondern indem Gott selbst sich im Christusereignis entäußert und darin den Menschen Sühne ermöglicht, bis schließlich Gott „alles in allem" ist. Dieser Gott hält die in der Geschichte der γραφαί und in der Jesus-Christus-Geschichte entfaltete Beziehung zu den Menschen auch über den Tod hinaus weiter aufrecht.

6.3.3.2 Leib und Leben in der Schöpfung Gottes

Die ersten beiden großen Abschnitte des Kapitels (1Kor 15,1-11.12-34) hatten Tod und Auferweckung Christi v.a. soteriologisch als Heilsgeschehen beschrieben, dessen Schriftgemäßheit sich gerade im machtvollen Handeln

---

gleichbares ist gerade am Beispiel der sog. „Adam-Christus-Typologie" in intertextueller Perspektive zu sehen. 1Kor 15 sieht gerade nicht im Wesen oder in der Personen Christi bzw. Adams einen τύπος für den Menschen, sondern verlangt nach einem Blick auf die jeweilige gesamte *story*. Vgl. auch Hays, Christ, 60: „The question is not whether Adam and Christ are precisely comparable figures within a single historical continuum, but whether the action of Jesus is *narrated* as an event that delivers humanity from a state of bondage to a state of righteousness and life."

764 Feldmeier, Wirklichkeit, 296.

765 Ebd.

Gottes erweist. Die intertextuellen Verweise zur Schriftgemäßheit des Sühnetodes Christi, zu den Konsequenzen der Auferstehungsleugnung sowie die Adam-Christus-Typologie lassen die Auferweckungsfrage als eine Frage nach der Macht Gottes erscheinen. Auch wenn der Bezug zu Gen 2f. über die Figur des Adam bereits angelegt ist, stellen erst die Verse 1Kor 15,35-58 umfassende intertextuelle Bezüge zur Schöpfungsgeschichte her. Dieser Abschnitt erfüllt damit innerhalb des Kapitels die Aufgabe, den Begriff der Macht Gottes als *Schöpfermacht* näher zu bestimmen und leistet damit einen entscheidenden Beitrag zur Gottesrede des 1Kor: „Zum paulinischen Gottesbegriff aber gehört *per definitionem*, daß er die Toten erweckt und das Nichtseiende ins Sein ruft."[766]

Um die Wirklichkeit der Auferweckung als Schöpfung zu erläutern, bedient sich der Text den Plausibilitätsstrukturen einer zeitgenössischen jüdischen Enzyklopädie - ein Verstehenshorizont, der durch die vielfältigen intertextuellen Verweise auf die γραφαί bereits vorbereitet ist. „Paulus beschreibt die erste Schöpfung in sinngemäßer Anlehnung an Gen 1, indem er den Schöpfungsbericht auf sein korinthisches Problem hin liest und interpretiert."[767] Im Rahmen dieses intertextuellen Bezugs zu Gen 1 verwendet der Text insbesondere die Kategorien der Leiblichkeit und der Lebendigkeit als Zeichen von Schöpfung und Auferweckung als Zeichen von Neuschöpfung. Die Ausführungen verstehen Auferweckung wiederum nicht isoliert als Problem der fortgesetzten individuellen Existenz, sondern verorten sie innerhalb des wunderbaren Schöpferhandelns Gottes.

So bedient sich 1Kor 15,35-58 in Form und Inhalt unterschiedlicher intertextueller Verweise, um Auferweckung als Schöpfung und damit als göttliches Handeln zu qualifizieren. Zunächst einmal formuliert 1Kor 15,35 in syntaktischer Parallele zu 1Kor 15,12 als rhetorische Frage einen grundsätzlichen, mit ἀλλὰ eingeleiteten Einwand: Ἀλλὰ ἐρεῖ τις· πῶς ἐγείρονται οἱ νεκροί; ποίῳ δὲ σώματι ἔρχονται; Indem hier die Frage nach dem Wie (πῶς) der Auferweckung durch das ποίῳ δὲ σώματι ergänzt wird, führt der Text die *Leiblichkeit* als zentrales Element der Auferstehungsmetaphorik ein. In dieser Leiblichkeit liegt die Basis für eine Vorstellung, die Auferweckung in intertextuellem Rückgriff auf Gen als schöpferisches Handeln begreift. In Analogie zur Schöpfungsgeschichte wird Gott als handelndes Subjekt auch in der Neuschöpfung allen Kreaturen einen je eigenen, spezifischen

---

766 Schrage, 1Kor IV, 188. Vgl. dazu auch den in diesem Zusammenhang immer wieder genannte Abschnitt aus dem jüdischen Achtzehnbittengebet: „Du bist mächtig in Ewigkeit, Herr. Du belebst die Toten, du bist reich an Hilfe. Du erhältst alles Lebende in Liebe, belebst die Toten mit großer Barmherzigkeit. Du unterstützt die Fallenden, heilst die Kranken und befreist die Gefesselten. Du bewahrst deine Treue denen, die im Staub schlummern. Wer ist dir gleich, ein König, der tötet und belebt und das Heil erblühen läßt? Getreu bist du, die Toten wieder zu beleben. Gelobt seist du, Herr, der die Toten belebt." (zitiert nach Greshake, resurrectio, 64).

767 Becker, Auferstehung, 90. Vgl. hierzu auch Alkier, Realität, bes. 18-31.

Leib geben (1Kor 15,38-41). Auf die Kreatürlichkeit und Leiblichkeit referiert auch der Ausdruck πᾶσα σάρξ (1Kor 15,39), zu dem sich wiederum vielfältige intertextuelle Bezüge zu den γραφαί herstellen lassen.[768] Er bezeichnet die Gesamtheit der lebenden Wesen, insbesondere aber den Menschen in „seiner Lebendigkeit und Kreatürlichkeit, Schwachheit und Vergänglichkeit."[769]

1Kor 15,44 bietet die eigentliche Antwort auf die Frage nach dem Wie bzw. dem Leib der Auferstehung aus 1Kor 15,35 und entwirft sogleich Unterscheidungsmerkmale zwischen den somatischen Existenzen der ersten und der zweiten Schöpfung. Der Leib der Auferstehung wird ein σῶμα πνευματικόν sein, der sich von dem Leib der derzeitigen Lebenden, dem σῶμα ψυχικόν radikal unterscheidet. Da die menschliche Existenz insgesamt als somatische vorgestellt wird, wird ψυχικός zur umfassenden „Bezeichnung für das Diesseitige und das, was ihm angehört."[770] Als Gegenüber zum Diesseits zeichnet der Abschnitt „jene Welt, die durch das πνεῦμα gekennzeichnet ist"[771], in der der Leib der Auferstehung ein „durch und durch vom göttlichen Geist beherrschter Leib"[772] ist. Das σῶμα ψυχικόν kann nicht Teil der neuen Schöpfung werden, es bedarf (1Kor 15,50) einer besonderen somatischen Qualität, um Teil dieser neuen Welt zu werden. Dabei ist zu betonen, dass beide Seinsformen, die geistliche und die natürliche, im umfassenden Sinn leiblich gedacht werden. Der geistliche Leib zeichnet sich gegenüber dem natürlichen jedoch durch seine Lebendigkeit aus, die im Geist Christi gründet: ὁ ἔσχατος 'Αδὰμ εἰς πνεῦμα ζῳοποιοῦν (1Kor 15,45b). Vor allem aber gründet diese Qualität in der Ausstattung des pneumatischen Leibes mit göttlicher Kraft (1Kor 15,43a δύναμις).

Obwohl die Vorstellung einer solchen gleichermaßen somatischen Existenz eine enge Verbindung zwischen erster und zweiter Schöpfung nahelegt, betont 1Kor 15 eine radikale Diskontinuität: „Es gibt kein über den Tod hinausreichendes anthropologisches oder ontologisches Kontinuum, etwa in Form eines pneumatischen Wesenskerns, in dem das Neue schon latent und immanent angelegt wäre. [...] Spricht man von einer Identität des Ich oder der Person, [...] dann ist diese jedenfalls nicht vom Ich selbst oder seinem σῶμα gewährleistet."[773] Auch die mit οὕτως καί eingeleiteten antithetischen Gegenüberstellungen der Verse 1Kor 15,42f. (ἐν φθορᾷ und ἐν ἀφθαρσίᾳ, ἐν ἀτιμίᾳ und ἐν δόξῃ sowie ἐν ἀσθενείᾳ und ἐν δυνάμει) betonen zunächst wiederum die aus menschlicher Perspektive unüberbrückbare

[768] Vgl. z.B. Gen 6,17; Gen 9,16f.; Num 18,15; Ps 136,25; Jes 40,6; Dan 4,9.
[769] Schrage, 1Kor IV, 290.
[770] Bauer-Aland, Wörterbuch, 1783.
[771] Ebd.
[772] Wolff, 1Kor, 407 nach Hübner, Theologie 2, 206.
[773] Schrage, 1Kor IV, 285.

Diskrepanz zwischen diesseitigem und jenseitigem Leben, zwischen diesseitiger und jenseitiger Welt.

Nicht nur das Dass der Auferweckung, sondern auch jegliche *Kontinuität* zwischen irdischem und himmlischem Leben sowie die *Individualität* der Kreaturen wird so ausschließlich durch das Schöpfungshandeln Gottes gewährleistet (1Kor 15,38: ὁ δὲ θεὸς δίδωσιν αὐτῷ σῶμα καθὼς ἠθέλησεν, καὶ ἑκάστῳ τῶν σπερμάτων ἴδιον σῶμα.). Der intertextuelle Verweis auf die die Schöpfungserzählungen der Genesis, insbesondere aber auf Gen 1,11ff., bekommt besondere Bedeutung zur Illustration der individuellen Mannigfaltigkeit des göttlichen Schöpfungshandelns. „Sonne, Mond und Sterne treten in der Reihenfolge Gen 1,14-19 auf und werden ausdrücklich nach ihrer Leuchtkraft (Paulus deutet Glanz, Herrlichkeitsgrad) eingeteilt. Die Tiere auf dem Lande, in der Luft und im Wasser werden Gen 1,20ff. in umgekehrter Reihenfolge erschaffen und der Mensch als letzter und Krönung der Schöpfung (Gen 1,26ff.). Paulus liest – wohl wegen seiner gezielten Ausrichtung auf den Menschen – also den Schöpfungsbericht gleichsam von hinten. Absichtlich wird in ihm die Artdifferenz der Tiere hervorgehoben (Gen 1,21), auf die der Apostel Bezug nimmt. Endlich wird man auch fragen, ob nicht die Erwähnung von Samen und Unterscheidung der Samen nach Arten – auf Gen 1,11f. aufbaut. Wenn Paulus zudem festhält, dies tue Gott, ‚wie er beschlossen hat‘(v. 38), dann ist dies eine sachgemäße Interpretation des Schöpfungsbefehls in Gen 1,11.“[774] Verbunden mit dem jeweiligen σῶμα, das jedes Geschöpf in einer einzigartigen Handlung durch seinen Schöpfer zugewiesen bekommt, ist eine von Gott qualifizierte Pluralität innerhalb der Schöpfung. Auferstehung ist somit nicht identisch mit eigenmächtigem Aufstehen oder Wechseln in einen anderen Daseinszustand, Auferstehung ist vielmehr jeweils die einzigartige Neuschöpfung durch Gott. „Die Möglichkeit neuen Lebens steckt nicht im Samenkorn oder in einem von Gott unabhängigen Naturgesetz, sondern in Gottes schöpferischem Handeln, seinem διδόναι, das als präsentisch qualifiziertes Geben seine *creatio continua* und keinen immanenten Entwicklungsprozeß in den Blick nimmt.“[775] Erst im Rahmen des allgemeinen Verweises auf die Schöpfungsgeschichte erscheint die Erwähnung anderer Lebewesen, der Gestirne und letztlich auch des Menschen sinnvoll: Der paulinische Text betont so, dass – wie in der ersten Schöpfung – Individualität und Vielfältigkeit durch Gott selbst gewährleistet ist.

Diese gottgegebene Mannigfaltigkeit innerhalb der Schöpfung unterstreichen die Verse 1Kor 15,39-41 durch die Reihung prädikatloser Parataxen, die darüber hinaus durch Begriffe wie ἄλλη (siebenmal in diesem Abschnitt), ἑτέρα und διαφέρει flankiert wird. Der Abschnitt hebt über die Unterschiedlichkeit hinaus die spezifische δόξα eines jeden Geschöpfs (ein-

[774] Becker, Auferstehung, 90.
[775] Schrage, 1Kor IV, 287.

schließlich der Gestirne) hervor. Mit dieser Qualifizierung über die jeweilige δόξα wird wiederum intertextuell auf die γραφαί verwiesen, die zunächst eine δόξα κυρίου bzw. כְּבוֹד יְהוָה kennen,[776] die sodann im Akt der Schöpfung an die Geschöpfe weitergegeben wird (Ps 8,6: καὶ τιμῇ ἐστεφάνωσας αὐτόν). Wenn das Kapitel nun wiederholt auf die Unterschiedlichkeit der verschiedenen Geschöpfe verweist und sich dabei auf die unterschiedliche δόξα bezieht, so wird pointiert 1Kor 15,38 erläutert: ὁ δὲ θεὸς δίδωσιν αὐτῷ σῶμα καθὼς ἠθέλησεν. Alle lebendigen Wesen zeichnen sich durch ein unterschiedliches σάρξ aus, wobei die Differenz durch eine unterschiedliche δόξα qualifiziert wird. Auch die Gestirne als lebendige Wesen unterscheiden sich in ihrer Mannigfaltigkeit und ihrer δόξα.[777] Auf diese Weise wird der gesamte κόσμος, insbesondere aber die durch den ersten Adam geprägte Welt, als von verschiedenen σώματα geprägter Ort vorgestellt. Diese aus der Schöpfung hervorgegangenen σώματα lassen sich als σάρξ mit je unterschiedlicher δόξα beschreiben.

Eindrücklich unterstreicht 1Kor 15,36ff. die in der Leiblichkeit und Schöpfungstheologie gründende Auferweckungsvorstellung im Bildwort vom *Samenkorn*. Dieses illustriert zunächst einmal die radikale Diskontinuität[778] zwischen dem Leben vor und nach dem Tod sowie gleichermaßen die Unausweichlichkeit des Todes. Die Anrede ἄφρων hat daher diejenigen im Blick, die ohne Verweis auf Gott nach einer Kontinuität der individuellen Existenz fragen. Demgegenüber verweist 1Kor 15,38 auf die grundlegende Abhängigkeit von der Schöpferkraft Gottes (ὁ δὲ θεὸς δίδωσιν αὐτῷ σῶμα), die unverfügbar ist (καθὼς ἠθέλησεν) und personale Individualität als gottgegebene Gestalt ermöglicht (καὶ ἑκάστῳ τῶν σπερμάτων ἴδιον σῶμα). Zudem dient das σπείρεται in 1Kor 15,36-44 auch weniger als Metapher für das Sterben denn als Sinnbild für die Geschöpflichkeit und die leibliche Existenz des Menschen. Diese markiert zugleich das Gegenüber zu ἀφθαρσία in der Auferstehung. Vor diesem Hintergrund ist die durchweg negative Konnotation der drei σπείρεται mit ἐν φθορᾷ, ἐν ἀτιμίᾳ und ἐν ἀσθενείᾳ auch nur als Gegenüber zur Herrlichkeit der Auferstehung zu verstehen. Jeder Versuch, aus dieser Antithetik eine prinzipielle Abwertung der lebendigen Existenz vor der Auferstehung zu konstruieren, übersieht, dass auch das Leben in der ersten Schöpfung durch Lebendigmachen Gottes qualifiziert ist und daraus seine Würde erhält.

776 Vgl. bspw. Ex 16,10 (καὶ ἡ δόξα κυρίου ὤφθη ἐν νεφέλῃ).

777 Vgl. auch Reinmuth, Anthropologie, 185-244, bes. 229-238.

778 Vgl. Sellin, Streit, 221f. Das von Paulus verwendete Gleichnis vom Samenkorn stammt wohl aus jüdischem Kontext und diente ursprünglich zur Abgrenzung der leiblichen Auferstehung von der Vorstellung einer Unsterblichkeit der Seele. Sellin untersucht die Beziehung zwischen rabbinischer Tradition und paulinischer Redeweise an diesem Punkt noch genauer. Vgl. Wolff, 1Kor, 403.

Auch über das Bild des in die Erde gelegten und zerfallenen Korns wird die Diskontinuität zwischen erster Schöpfung und Auferweckung illustriert - das Korn bekommt ein völlig neues σῶμα (1Kor 15,36-38). Wiederum wird also deutlich („*wenn es vorher nicht gestorben ist*"), dass es um eine Auferweckung *aus* den Toten geht und mit der derzeitigen Gemeinschaft in Christus dieser Zustand noch nicht erreicht wurde. Wie bei Samenkorn und Pflanze determiniert die Existenz des einen auch die des anderen Leibes: „Wenn es ein σῶμα ψυχικόν ist, als das Christen bis zum Tod existieren, dann gibt es auch ein σῶμα πνευματικόν, so wie es beim Weizen eine Pflanze gibt, sofern es ein Korn gibt." [779]

So finden sich im Bild des Samenkorns alle bisher erarbeiteten Konstitutiva der Auferstehungsvorstellung als Schöpfung wieder: die leibliche Existenz, die Realität des Todes, die Diskontinuität zwischen jetzigem und zukünftigem Leib, gleichzeitig aber auch die Kontinuität, die allein in dem je spezifischen Schöpfungshandeln Gottes begründet liegt. Es geht also „prinzipiell um den Tod als Akt der Diskontinuität, der die beiden konträren Existenzweisen zeitlich trennt. [...] Das Verhältnis von Saat und Pflanze wird gerade nicht im Sinne der Entwicklung, im Sinne des Keim-Begriffs verstanden, sondern als eine Neuschöpfung Gottes im Sinne eines Wunders."[780]

Ein weiteres wesentliches Konstitutivum der Auferweckung nach 1Kor 15 wird durch die beiden futurisch aufzufassenden Verben ἐγείρονται und ἔρχονται bereits in 1Kor 15,35 deutlich markiert: Die geschilderten Vorgänge sind in die Zukunft, an das Ende der vorstellbaren Zeiten zu datieren. Somit sind die genauen zeitlichen Angaben in 1Kor 15,23f. (τάγμα, ἀπαρχή, ἔπειτα, εἶτα, ὅταν), das futurisch zu verstehende Präsens in 1Kor 15,42-44 (ἐγείρεται) und die apokalyptischen Bilder in 1Kor 15,52f. (ἐν τῇ ἐσχάτῃ σάλπιγγι) im Rahmen eines Urzeit-Endzeit-Schemas zu lesen. Weil die aktuelle menschliche Existenz nur als leibliche, auf einen konkreten Anfang zurückführbare gedacht werden kann, ist auch das Leben in seiner Fülle, und damit das Leben nach dem Tod auch auf ein konkretes Datum festzulegen. Dieses Datum markiert sogleich das Ende dieser Schöpfung und den Beginn einer neuen. Die Hoffnung auf diese Auferweckung als Akt der Neuschöpfung[781] findet ihren tragenden Grund darin, dass Gott der ist, der sich durch ζῳοποιεῖν auszeichnet: ὥσπερ γὰρ ἐν τῷ 'Αδὰμ πάντες ἀποθνῄσκουσιν, οὕτως καὶ ἐν τῷ Χριστῷ πάντες ζῳοποιηθήσονται. Der Argumentationszusammenhang bedarf dabei immer wieder intertextueller

[779] C. Burchard zitiert nach Wolff, 1Kor, 408.

[780] G. Sellin, Der Streit um die Auferstehung der Toten, 214.

[781] Deutlich wird das u.a. durch das Bild vom Samenkorn (1Kor 15,35), den Bezug zur Vielfalt innerhalb der Schöpfung (1Kor 15,38-41) oder der Rede von den zwei Adam-Figuren (1Kor 15,45).

Rückbindung an die Schöpfungsgeschichten der γραφαί, ohne die dieser Zusammenhang nicht denkbar wäre.

6.4 Gottes Macht, Schöpfung und Schrift (Zusammenfassung)

Die abschließenden Verse von 1Kor 15 führen die grundlegenden bisherigen Gedanken - Schriftgemäßheit der Auferweckung, Macht Gottes und Konstitutiva einer Auferstehung als Schöpfung - zusammen:

1Kor 15,54	Wenn aber dies Verwesliche Unverweslichkeit anzieht und dies Sterbliche Unsterblichkeit anzieht, dann wird geschehen das geschriebene Wort: Verschlungen wurde der Tod in den Sieg.	ὅταν δὲ τὸ φθαρτὸν τοῦτο ἐνδύσηται ἀφθαρσίαν καὶ τὸ θνητὸν τοῦτο ἐνδύσηται ἀθανασίαν, τότε γενήσεται ὁ λόγος ὁ γεγραμμένος·κατεπόθη ὁ θάνατος εἰς νῖκος.
1Kor 15,55	Wo ist, Tod, dein Sieg? Wo, Tod, dein Stachel?	ποῦ σου, θάνατε, τὸ νῖκος; ποῦ σου, θάνατε, τὸ κέντρον;
1Kor 15,56	Der Stachel des Todes aber ist Sünde, die Kraft aber der Sünde ist das Gesetz;	τὸ δὲ κέντρον τοῦ θανάτου ἡ ἁμαρτία, ἡ δὲ δύναμις τῆς ἁμαρτίας ὁ νόμος·
1Kor 15,57	Gott aber sei Dank, der uns den Sieg gibt durch unseren Herrn Jesus Christus.	τῷ δὲ θεῷ χάρις τῷ διδόντι ἡμῖν τὸ νῖκος διὰ τοῦ κυρίου ἡμῶν Ἰησοῦ Χριστοῦ.

1Kor 15,50 leitet mit der neuerlichen persönlichen Anrede ἀδελφοί den abschließenden Gedankengang ein. Mit σάρξ καὶ αἷμα wird der Mensch wiederum in seiner Gesamtheit und Geschöpflichkeit[782] im Gegenüber zu Gott qualifiziert. Aus den vorherigen Versen wird das Motiv der Geschöpflichkeit übernommen und im Rahmen prophetischer Rede (ἰδοὺ μυστήριον ὑμῖν λέγω) eschatologisch qualifiziert: Aussagen über die Auferweckung der Toten liegen nicht im Bereich des „irdisch Erfahrenen und Erfahrbaren."[783] Das „endzeitliche Geheimnis"[784] betont, dass bei der Parusie Lebende wie Verstorbene einer völligen Verwandlung unterzogen werden: „Keiner wird bleiben, wie er lebt oder gestorben ist, und diese wunderbare Verwandlung betrifft nicht nur etwas am Menschen, etwa seine äußere Gestalt oder seine innere Struktur, sondern umgreift den Menschen als ganzen. Er wird

782 Vgl. Wolff, 1Kor, 413.

783 Schrage, 1Kor IV, 369.

784 Ebd., 371. Vgl. dazu Beker, Sieg, 100.

nicht bloß verändert, sondern ein radikal anderer werden, und zwar inklusive seiner Leiblichkeit."[785]

Wie bereits 1Kor 15,20ff. (ἀπαρχή) Interesse an einer zeitlichen Ab- und qualitativen Rangfolge der Auferstehung hat, führt auch 1Kor 15,52 Details zur Reihenfolge des Auferstehungsgeschehens aus. Vor den bei der Parusie Lebenden werden dabei die Toten erwähnt.[786] Mit dem Bild der Posaune als eschatologisches Signal zur Totenauferstehung werden intertextuell verschiedene Texte aufgerufen, die den Anbruch der Endzeit,[787] die endzeitliche Sammlung des Volkes Gottes[788] sowie die Wiederkunft des κύριος in unmittelbaren Zusammenhang stellen. Wenn das Signal ertönt, dann geschieht in kürzester Zeit (ἐν ἀτόμῳ, ἐν ῥιπῇ ὀφθαλμοῦ) die Auferweckung der gestorbenen Christen zur neuen Leiblichkeit[789] und die Verwandlung der noch Lebenden, zu denen sich auch Paulus zählt. Ohne göttliches Handeln (ἀλλαγησόμεθα) kehren weder die Toten in ihre alte Leiblichkeit zurück,[790] noch besteht die Möglichkeit, Unsterblichkeit aus eigenem Antrieb zu erlangen. Mit dem δεῖ macht 1Kor 15,53 deutlich, dass die neue Leiblichkeit der auferstandenen Toten Gottes eschatologischem Willen entspricht und die geschilderten Ereignisse gewiss eintreten. Dabei wird mit den Gegensatzpaaren φθαρτόν – ἀφθαρσία bzw. θνητόν – ἀθανασία noch einmal das radikal Unterschiedliche der – zuvor mit den unterschiedlichen Adamfiguren identifizierten – Sphären betont. Es ist zwar *dieses* Sterbliche, das Unsterblichkeit anziehen muss und *dieses* Verwesliche, das Unverweslichkeit anziehen muss; das Unverwechselbare einer Person bleibt also gewahrt. Trotzdem kann in diesem Zusammenhang nicht von einer Weiterentwicklung die Rede sein, sondern elementar wichtig ist die Schöpfertat Gottes.

Auch die weiteren Ausführungen sind von der Vorstellung einer zeitlichen Abfolge (ὅταν) der eschatologischen Ereignisse geprägt. Die Geschehnisse folgen dabei einem zweigliedrigen λόγος ὁ γεγραμμένος. Aus den γραφαί selbst lässt sich jedoch allenfalls das Motiv des Verschlingens des Todes (Jes 25,8[791]) bzw. das Erretten aus dem Tod (Hos 13,14[792]) rekonstruieren. Im paulinischen Text wird dieser intertextuelle Verweis jedoch als prophetische Voraussage über die eschatologischen Geschehnisse einge-

---

785 Schrage, 1Kor IV, 372. Zur textkritischen Betrachtung dieses Verses siehe Schrage, 1Kor IV, 370.

786 Wie in 1Thess 4,13ff.

787 Jo 2,1, Ze 1,16 oder 4Esr 6,23.

788 Vgl. PsSal 11,1; PsSal 10.

789 Vgl. 1Kor 15,42.

790 Vgl. dagegen SyrBar. 50,1ff.; ÄthHen 51,1ff; 62,15 ff.

791 κατέπιεν ὁ θάνατος ἰσχύσας καὶ πάλιν ἀφεῖλεν ὁ θεὸς πᾶν δάκρυον ἀπὸ παντὸς προσώπου τὸ ὄνειδος τοῦ λαοῦ ἀφεῖλεν ἀπὸ πάσης τῆς γῆς τὸ γὰρ στόμα κυρίου ἐλάλησεν.

792 θανάτου λυτρώσομαι αὐτούς ποῦ ἡ δίκη σου θάνατε ποῦ τὸ κέντρον σου ᾅδη παράκλησις κέκρυπται ἀπὸ ὀφθαλμῶν μου.

setzt: „Erst dann, wenn der Tod völlig beseitigt sein wird, die Todeswirklichkeit und Todeswelt ganz im Sieg verschlungen sein werden, dann ist dieser λόγος ὁ γεγραμμένος, der eben jetzt noch in seiner Wahrheit vom φθαρτόν und θνητόν in Frage gestellt wird, ganz realisiert und stimmig."[793] Mit κέντρον wird noch einmal die Macht des Todes betont, die jedoch als überwunden geschildert wird. Die triumphierende Frage nach der Macht richtet sich jedoch nicht nur an den Tod (θάνατος); auch die Mächte, die mit ihm in unmittelbarem Zusammenhang stehen (1Kor 15,56: ἁμαρτία und νόμος) verlieren ihren Schrecken und werden dem eschatologischen Sieg Gottes untergeordnet.[794]

An die Schilderung über das Ende der verschiedenen Mächte schließt sich mit 1Kor 15,57 die Danksagung an Gott an, der durch den κύριος ἡμῶν Ἰησοῦς Χριστός der ἐκκλησία gegeben wird.[795] Das διδόντι erfährt seine nähere Bestimmung durch das διά. Durch die Darstellung der Auferweckung als machtvolles Schöpferhandeln Gottes wird die Bezeichnung Jesu Christi als „Mittler" mit „instrumentaler Bedeutung"[796] möglich. Subjekt des Handelns[797] ist jedoch der Gott, der den eschatologischen Sieg über alle todbringenden Mächte gibt (τῷ διδόντι ἡμῖν τὸ νῖκος) und dem daher Dank gebührt (τῷ δὲ θεῷ χάρις).

Das ὥστε im abschließenden paränetischen Vers bezieht sich mit der Anrede ἀδελφοί auf den Beginn des Kapitels zurück und resümiert auch die gesamte Argumentation. Mit der Betonung des ἔργον τοῦ κυρίου wird einer Vernachlässigung des Diesseits zugunsten des Jenseits auch hier- in Analogie zu 1Kor 15,19 - eine klare Absage erteilt. „Die Ethik ist auch hier Konsequenz lebendiger und nicht Kompensation zurücktretender Eschatologie."[798] Im Zentrum der abschließenden Paränese steht die Aufforderung, nicht von der gemeinsamen Grundlage des schriftgemäßen Evangeliums abzuweichen (ἀμετακίνητοι γίνεσθε), das die Jesus-Christus-Geschichte als Ausdruck der Schöpfermacht Gottes liest.

1Kor 15 verbindet auf diese Weise nicht nur Auferstehung, Schriften, göttliche Macht und Schöpfungstheologie, sondern bietet komprimiert am Beispiel Auferstehung noch einmal eine Theologie, die sich auf die grundlegenden Aussagen des Briefeingangs zurückbezieht. Alle vier grundle-

---

793 Schrage, 1Kor IV, 379.

794 Paulus entfaltet hier nicht weiter die Thematik von ἁμαρτία und νόμος, sondern stellt sie nur in Zusammenhang zum θάνατος und verbindet so die Frage nach der Auferstehung mit der Frage der Gerechtigkeit Gottes. Vgl. zur ausführlicheren Diskussion dieses Zusammenhangs oben Abschnitt 6.3.1.2.

795 διδόντι ist analog zu den Verbalformen der vorherigen Verse als präsentisches Futur zu übersetzen.

796 Schrage, 1Kor IV, 384.

797 Gegen Schrage, ebd.

798 Ebd.

genden dort genannten Beziehungen,[799] in denen sich göttliches Handeln ausdrückt, werden in 1Kor 15 entfaltet:

- Paulus selbst bezeugt Gottes Handeln im schriftgemäßen Handeln von der Auferweckung Jesu Christi und steht daher am Ende und in der Gemeinschaft einer Reihe von Auferstehungszeugen.
- Gott selbst wird in einem Schöpfungsakt jedem Mitglied der ἐκκλησία einen neuen, unverwechselbaren Leib geben. Tod und Auferstehung Christi sind primär als Heilsgeschichte mit soteriologischer Pointe für die ἐκκλησία zu lesen: In der Auferweckung findet die Beziehung zwischen Gott und Mensch, wie sich zunächst grundlegend in den Geschichten der Schöpfung, später auch in der korinthischen Gemeinde selbst wiederfindet, ihren endgültigen Höhepunkt. Diese Soteriologie ist dabei nie individualisierend, sondern in der Gemeinschaft der ἐκκλησία gedacht, innerhalb derer das ἐν Χριστῷ seine Entfaltung findet.[800]
- Die einzelnen Glieder der ἐκκλησία können sich innerhalb dieser Gemeinschaft ihrer Rettung sicher sein, weil Gott als Erstling Jesus Christus auferweckt hat, ihm Macht gegeben hat und durch ihn und in ihm den Tod endgültig besiegt. Das Verhältnis zwischen Gott und Christus wird auch in 1Kor 15 maßgeblich von der narrativ ausgestalteten und auszugestaltenden Jesus-Christus-Geschichte geprägt, die eschatologisch zu ihrem Abschluss gelangt, wenn „Gott alles in allem" ist.
- Schließlich markiert die eschatologische Auferstehung das Ende von Zeit und Raum dieses κόσμος, dessen Anfang Gott durch die erste Schöpfung gesetzt hat. Dabei ist das Verhältnis von Gott und Welt durch das Setzen von Anfang und Ende nur unzureichend dargestellt. Vielmehr konstituiert sich dieses Verhältnis gerade durch eine fortlaufende Beziehungshaftigkeit. Diese findet ihren Ausdruck nicht zuletzt in den Geschichten der γραφαί, die in 1Kor 15 intertextuell aufgerufen werden.

Die Auferweckung der Toten ergibt sich für 1Kor 15 unmittelbar und notwendigerweise aus dem εὐαγγέλιον vom auferweckten Gekreuzigten. Seine Gewissheit bezieht der Text dabei aus der durch die γραφαί bezeugten Schöpfermacht Gottes. Die Rede von der Auferweckung im 1Kor lässt sich daher in erster Linie als Rede vom Leben ermöglichenden und Leben schaffenden Gott explizieren. Die Jesus-Christus-Geschichte – das macht 1Kor 15

---

799 Vgl. oben Abschnitt 3.2.

800 Vgl. Hays, Christ, 62: „The logic of Paul´s soteriological narrative is participatory. We receive salvation insofar as we are united with Christ and belong to him. This has farreaching implications. [...] For one thing, a participatory soteriology ensures that salvation always has an ecclesial character: we are not saved as solitary individuals, but we become incorporate in Christ, so that our fate is bound together not only with him but also with our brothers and sisters in him."

deutlich - ist notwendiger Interpretationshorizont für eine angemessene Rede vom Handeln Gottes durch und in der verstehenden Lektüre der γραφαί.

Schlussbetrachtung

Gottes Gegenwart in der Schrift. Die Geschichte Gottes im Ersten Korintherbrief

Der Gottesgedanke kann nur als – begrifflich kontrollierte – Erzählung von Geschichte gedacht werden. Will das Denken Gott denken, muß es sich im Erzählen versuchen.

Eberhard Jüngel (Gott, 414)

Die einer besonderen Absicht entbehrende Wiederkehr von Leitworten untersteht dem gleichen objektiven Prinzip des Aufeinanderbezogenseins der Stellen. Manche Leitworte offenbaren ihre Sinnweite und -tiefe nicht von einer einzigen Stelle aus, die Stellen ergänzen, unterstützen einander, Kundgebung strömt dauernd zwischen ihnen, und der Leser, dem ein organisches biblisches Gedächtnis zu eigen geworden ist, liest jeweils nicht den einzelnen Zusammenhang für sich, sondern als von der Fülle der Zusammenhänge umschlungen."

Martin Buber (Verdeutschung, 4)

ἅπαξ ἐλάλησεν ὁ θεός δύο ταῦτα ἤκουσα

Psalm 62,12

ἐγράφη δὲ πρὸς νουθεσίαν ἡμῶν

ὡς φρονίμοις λέγω· κρίνατε ὑμεῖς ὅ φημι

προφῆται δὲ δύο ἢ τρεῖς λαλείτωσαν καὶ οἱ ἄλλοι διακρινέτωσαν

1Kor 10,11b.15; 14,29

Die Rede von Gott als Geschichte Gottes im 1Kor

Die narrative und intertextuelle Grundstruktur der Gottesrede im 1Kor

Die intertextuellen Lektüren zeigen, dass die einzelnen Kapitel wie der 1Kor insgesamt nicht daran interessiert sind, feste systematische Beschreibungskategorien zur paulinischen Gottesrede zu entwerfen. Die Ausführungen des 1Kor zeichnen sich vielmehr auf zwei Ebenen durch ihre jede statische Systematik durchbrechende narrative Grundstruktur aus:

- Direkte Aussagen über Gott erscheinen meist als (partizipiale) Verbalaussage; θεός wird etwa mit κλητός (1Kor 1,1), ἐμώρανεν (1Kor 1,20) oder δίδωσιν (1Kor 15,38) in unmittelbaren Zusammenhang gestellt. Verwendet der 1Kor dagegen adjektivische Attribute, wird i.d.R. ein erläuternder, auf Verbalaussagen basierender Nachsatz angefügt.[801] Die explizite Rede von Gott als dem Handelnden, die durch die starke Präsenz von Verbalformen unterstrichen wird, lässt deutlich werden, „daß dieser Gott seinem Wesen nach eine wirkende, auf andere bezogene Macht ist."[802] Vor dem Hintergrund dieses syntaktischen Befunds lässt sich bereits auf der Ebene des Mikrotexts die Gottesrede des 1Kor grundlegend als narrativ kennzeichnen, die in ihrer Grundform das Subjekt des Handelns (Gott), die nähere Beschreibung des Handelns (Verbalaussage) und das Objekt dieses Handelns enthält.[803] Als beispiel-

---

801 Vgl. etwa die beiden Aussagen zur Treue Gottes in 1Kor 1,9 (πιστὸς ὁ θεός, δι' οὗ ἐκλήθητε εἰς κοινωνίαν τοῦ υἱοῦ αὐτοῦ Ἰησοῦ Χριστοῦ τοῦ κυρίου ἡμῶν) und 1Kor 10,13 (πιστὸς δὲ ὁ θεός, ὃς οὐκ ἐάσει ὑμᾶς πειρασθῆναι ὑπὲρ ὃ δύνασθε ἀλλὰ ποιήσει σὺν τῷ πειρασμῷ καὶ τὴν ἔκβασιν τοῦ δύνασθαι ὑπενεγκεῖν).

802 Feldmeier, Gott, 140. Feldmeier führt eine Reihe von Textstellen auf, mit denen er diesen Befund stützt.

803 Feldmeier, Gott, 138f. betont, dass Paulus im Umkehrschluss gerade nicht so von Gott redet wie es etwa die Metaphysik oder die zeitgenössische Philosophie bietet: „Wenn in der Metaphysik über das Göttliche nachgedacht wird, dann wird dieses mit Prädikaten bestimmt, welche die *differentia specifica* des göttlichen Wesens als dessen Andersartigkeit und Überlegenheit gegenüber unserer Wirklichkeit auf den Begriff bringen. Das kann *via eminentiae* geschehen, d.h. durch die Verabsolutierung der als positiv eingeschätzten Eigenschaften unserer Welt (aus ‚wissen' wird dann ‚allwissen', aus ‚mächtig' wird ‚allmächtig'), oder häufiger *via negationis*, d.h. durch Verneinung ihrer negativen Aspekte (dem ‚vergänglich' wird ‚unvergänglich entgegengesetzt, ‚sterblich' wird zu ‚unsterblich', ‚endlich' zu ‚unendlich', ‚begrenzt' zu ‚unbegrenzt', ‚sichtbar' zu ‚unsichtbar' usw.). Solches bleibt nicht auf den Bereich der paganen Philosophie beschränkt; das gebildete Diasporajudentum hat in dieser Redeweise eine Chance gesehen, die Transzendenz und Unverfügbarkeit des biblischen Gottes auszudrücken, wie besonders an dem jüdischen Religionsphilosophen Philo von Alexandrien gesehen werden kann, einem etwas älteren Zeitgenossen des Apostels. [...] Aus den klassischen Gottesprädikaten, welche das exklusive Anderssein des

haft für diese Struktur kann schon 1Kor 1,1 gelten: Παῦλος (Objekt göttlichen Handelns) κλητός (göttliches Handeln) […] διὰ θελήματος θεοῦ (Gott als Subjekt des Handelns).

- Wie die Untersuchungen der letzten Kapitel gezeigt haben, erschöpft sich die paulinische Gottesrede nicht durch diese narrative Struktur auf intratextueller Ebene. Das Gros der Ausführungen des 1Kor verweist vielmehr intertextuell auf Geschichtenpools außerhalb des Briefzusammenhangs. Der Text sperrt sich somit auch deswegen gegen ein statisches Gefüge systematischer Begriffe zur Gottesrede, weil er im Akt der Lektüre ein kreatives Moment enthält: Einzelne Stichworte und Strukturen im Text erwarten vom Leser die abduktive Konstruktion einer *Geschichte Gottes*, deren Konstitutiva sich erst durch den intertextuellen Bezug auf andere Texte ergeben.

Die Untersuchung des 1Kor unterstreicht damit die Ergebnisse verschiedener exegetischer Studien, die seit den 1980er Jahren im englisch-[804] und deutschsprachigen Raum[805] entstanden sind und betonen, dass „die paulinischen Argumentationsgänge mit narrativen Elementen durchsetzt sind, deren Umfang, sprachliche Form und textpragmatische Funktion sehr unterschiedlich sein können."[806] So wie Eckart Reinmuth den Inhalt des paulinischen Evangeliums nicht als „Christologie" noch als „eine historische Faktizität", sondern als „Erzählung von Gottes Handeln in Jesus Christus"[807] beschreibt, soll als Ergebnis der vorliegenden Studie die paulinische Gottesrede des 1Kor als *Geschichte Gottes* dargestellt werden.[808] Nicht nur der λόγος τοῦ σταυροῦ, sondern Gottes Handeln insgesamt erscheint im 1Kor narrativ als *Erzählung von Gottes Handeln*. Die Untersuchungen zu den ein-

---

göttlichen Wesens auf den Begriff bringen, werden in der paulinischen Theologie inklusive soteriologische Prädikate." Vgl. grundlegend auch Kahl, Gott.

[804] Vgl. bspw. Hays, Faith und Witherington, World.

[805] Reinmuth, narratio; Reinmuth, Paulus.

[806] Reinmuth, narratio, 13.

[807] Ebd., 26.

[808] In diesem Zusammenhang sind nicht nur exegetische Studien zu nennen. Das Konzept einer *Geschichte Gottes* begegnet ebenfalls im systematisch-theologischen Diskurs, prominent etwa bei Gunda Schneider-Flume als Grundlage eines Lehrbuchs zur Dogmatik (Schneider-Flume, Grundkurs) oder in Eberhard Jüngels Entwurf „Gott als Geheimnis der Welt" (vgl. bes. § 19). Die Rolle der *Geschichte Gottes* in ihrer narrativen Verfasstheit reflektiert Albert Grözinger für die Homiletik: „Die Vielfalt der biblischen Geschichten resultiert aus der Vielfalt der Erfahrungen, die die Menschen mit dem einen Gott gemacht haben. […] Menschengeschichten werden damit in einer bestimmten Perspektive erzählbar. Sie werden in ihrer Vielfalt und Variabilität erzählbar und können doch auf die eine Geschichte Gottes bezogen bleiben." (Grözinger, Homiletik, 120). Neben der exegetischen, systematisch- und praktisch-theologischen Diskussion begegnen vergleichbare Konzepte auch in populärer bzw. populärwissenschaftlicher Literatur (vgl. exemplarisch Lütz, Gott).

zelnen Abschnitten aus 1Kor implizieren drei Konstitutiva dieser Erzählung, der *Geschichte Gottes,* die Gegenstand der folgenden Zusammenfassung sein sollen:

- Paulinische Gottesrede im 1Kor ist umfassend als narrativ entfaltete und zu entfaltende Geschichte Gottes zu verstehen.
- Die Geschichte Gottes im 1Kor bedarf intertextueller Lektüren, die - ausgehend von narrativen Abbreviaturen - nicht nur einzelne Motive, sondern den jeweiligen Gesamtkontext verschiedener Geschichtenpools in den Blick nehmen.
- Schließlich zeichnet sich die Geschichte Gottes dadurch aus, dass sie durch intertextuelle Verweise kreative Lektüren herausfordert und ermöglicht, andererseits dieser Freiheit der Interpretation durch ihre Struktur und Konstitution Grenzen setzt.

In der Frage nach der paulinischen Gottesrede werden so die hermeneutischen Konzepte der Intertextualität und Narrativität mit dem - auch bei Eco eingehender diskutierten[809] - Problem von Kreativität, Originalität und Serialität. Die narrativ zu entfaltende Geschichte Gottes findet sich dabei *nicht expressis verbis* im 1Kor, sondern wird vom paulinischen Text als Metadiskurs bzw. Legitimierungsgrund eingeführt, der im Akt der Lektüre generiert werden muss.

Exkurs: Lyotard und das „Ende der großen Erzählungen"

Die Rolle „großer Erzählungen" als Legitimation der Wissensproduktion diskutiert Jean Francois Lyotard[810] in seinem Werk „Das Postmoderne Wissen", das in den 1970er Jahren zu großer Bedeutung innerhalb der philosophischen und literaturtheoretischen Diskussion gelangte. Lyotard beschreibt darin die Lage der Wissenschaften, „indem er sie in Beziehung setzt zu dem was er ‚Krise der Erzählungen' (*crise des récits*) nennt. Wissenschaft steht von Anfang an in einem kritischen Verhältnis zu den Erzählungen. Wenn sie aber den Anspruch hat, etwas ‚Wahres' zu sagen, muß sie in irgendeiner Weise ihre Spielregeln legitimieren, auf einem Metadiskurs basieren. Wenn dieser Metadiskurs auf eine ‚große Erzählung' (*grand récit*) zurückgreift, [...] nennt Lyotard ihn modern. Postmodern ist dagegen, extrem vereinfachend gesagt, die Skepsis gegenüber diesen großen Erzählungen der Aufklärung oder der Geschichtsphilosophie."[811]

So beschreibt Lyotard den Verlust der legitimierenden Funktion großer Erzählungen als Kennzeichen der Postmoderne und benennt dabei gleich-

---

809 Vgl. besonders Eco, Innovation, 155ff.

810 Lyotard bezeichnet sein Werk selbst als „Gelegenheitsarbeit [...] über das Wissen in den höchstentwickelten Gesellschaften" (Wissen, 17). Vgl. zu Lyotards Werk auch Reese-Schäfer, Lyotard, insbes. 25-36.

811 Reese-Schäfer, Lyotard, 25.

zeitig „Vereinheitlichung“[812] als wesentliches Ziel dieser *récits*: „Die große Erzählung hat ihre Glaubwürdigkeit verloren, welche Weise der Vereinheitlichung ihr auch immer zugeordnet wird: Spekulative Erzählung oder Erzählung der Emanzipation.“[813] Die Wissenschaft der Postmoderne zeichnet sich - so Lyotard - gerade durch die Disqualifikation narrativer Legitimationsstrukturen aus: „Sich über den ‚Sinnverlust‘ in der Postmodernität zu beklagen, bedeutet zu bedauern, daß das Wissen hier nicht mehr hauptsächlich narrativ ist. Das ist eine Inkonsequenz. Nicht weniger inkonsequent ist der Versuch, das wissenschaftliche Wissen vom narrativen abzuleiten oder es aus ihm generieren zu wollen (durch Operatoren wie Entwicklung usw.), als ob dieses jenes im Embryonalzustand beinhalte. [...] Der Wissenschaftler fragt nach der Gültigkeit narrativer Aussagen und stellt fest, daß sie niemals der Argumentation und dem Beweis unterworfen sind. Er ordnet sie einer anderen Mentalität zu: Wild, primitiv, unterentwickelt, rückständig, verwirrt, aus Meinungen bestehend, Gewohnheiten, Autorität, Vorurteilen, Unwissenheit und Ideologien. Die Erzählungen sind Fabeln, Mythen, Legenden, gut für Frauen und Kinder. Im besten Fall wird man versuchen, Licht in diesen Obskurantismus zu bringen, zu zivilisieren, auszubilden und zu entwickeln.“[814]

Die Ausführungen Lyotards streben jedoch weniger eine bloße Deskription der Ablehnung narrativer Legitimationen durch die Wissenschaft der Postmoderne an.[815] Im Zentrum seiner Untersuchung steht vielmehr die Feststellung, dass auch die Wissensproduktion der Gegenwart ihre Legitimation aus großen Erzählungen bezieht, gleichzeitig aber deren Überwindung für sich beansprucht: „Die von uns besprochene Weise der Legitimierung, die die Erzählung als Gültigkeit des Wissens wiedereinführt, kann damit zwei Orientierungen annehmen, je nachdem, ob sie das Subjekt der Erzählung als kognitiv oder als praktisch darstellt. [...] Wir werden zwei große Varianten der Legitimierungserzählung untersuchen, eine eher politische und eine eher philosophische, beide von großer Bedeutung in der modernen Gesellschaft, insbesondere in der des Wissens und seiner Institutionen. Die eine ist jene, die die Menschheit als Helden der Freiheit zum Thema hat. Alle Völker haben ein Recht auf die Wissenschaft. Wenn das gesellschaftliche Subjekt noch nicht das Subjekt des wissenschaftlichen

812 Vgl. auch oben den Abschnitt 2.2.2.4 zur Intertextualitätstheorie George Aicheles, der - in Analogie und Weiterführung des Lyotardschen Ansatzes - die in seinen Augen kontrollierende, vereinheitlichende und autoritäre Funktion des biblischen Kanons kritisiert. Wie Lyotard kommt Aichele mit Blick auf den biblischen Kanon zum Ergebnis, dass dieser seine originäre Funktion in der Postmoderne verloren hat.

813 Lyotard, Wissen, 112.

814 Ebd., 85.

815 Diese wird vielmehr - wie bereits im Zitat - überzeichnet und in der Form ihrer Wissenschaftslegitimation *ad absurdum* geführt. Zu dieser Einschätzung kommt auch Alkier, Wort.

Wissens ist, so darum weil es von den Priestern und den Tyrannen daran gehindert wurde."[816]

Gerade in dieser Differenzierung wird der eigentliche Kritikpunkt Lyotards deutlich, der für ihn die Grundlage dafür bildet, den großen Erzählungen ihre Legitimität abzusprechen: Lyotard begreift jede große Erzählung in ihrem Streben nach Vereinheitlichung als ausgrenzend und totalisierend: „Es gibt keinen Grund anzunehmen, man könne Metapräskriptionen bestimmen, die all diesen Sprachspielen gemein wären, und daß ein revidierbarer Konsens, wie der, der zu einem bestimmten Zeitpunkt in der Gemeinde der Wissenschaftler herrscht, die Menge der Metapräskriptionen umfassen könnte, die die Menge der in einer Gemeinschaft zirkulierenden Aussagen regelt. Vielmehr ist der heutige Verfall der Legitimierungserzählung, gleich ob traditionell oder ‚modern' (Emanzipation der Menschheit oder das Werden der Idee), gerade mit der Aufgabe dieser Überzeugung verbunden. Ebenso ist es der Verlust dieser Überzeugung, den die Ideologie des ‚Systems' zugleich durch ihre totalisierende Prätention ersetzt und durch den Zynismus ihres Performativitätskriteriums zum Ausdruck bringt. Aus diesem Grund scheint es weder möglich noch ratsam, die Ausarbeitung des Problems der Legitimierung wie Habermas auf der Suche nach einem universellen Konsens auszurichten mit Hilfe dessen, was er einen Diskurs nennt, das heißt den Dialog der Argumentationen."[817] Das Denken auf der Basis einer großen Erzählung führt - so Lyotard - *eo ipso* zur Ausgrenzung und Machtausübung und somit letztlich zur Verdrängung der einen Position durch eine andere. Die auf vereinheitlichenden Konsens angelegte große Erzählung ist somit nicht fähig, das Gegenüber in seiner jeweiligen Plausibilität denkend anzuerkennen.

Statt auf die durch seine Ausführungen diskreditierte Legitimation der Wissensproduktion durch *grands récits* verweist Lyotard auf die wesentliche Bedeutung kleiner, lokaler Erzählungen: „Entscheiden wir hier, daß die Daten des Problems der Legitimierung des Wissens heute für unser Vorhaben genügend geklärt sind. Der Rekurs auf die großen Erzählungen ist ausgeschlossen; man kann sich also für die Gültigkeit des postmodernen wissenschaftlichen Diskurses weder auf die Dialektik des Geistes noch auf die Emanzipation der Menschheit berufen. Man hat aber soeben gesehen, daß die ‚kleine Erzählung' die Form *par excellence* der imaginativen Erfindung bleibt, vor allem in der Wissenschaft."[818] Ziel ist dabei eine „Legitimierung allein durch die Paralogie", in der die „Betonung auf den Dissens gelegt" wird - „Der Konsens ist ein Horizont, er wird niemals erworben."[819]

816 Lyotard, Wissen, 95f.
817 Ebd., 188f.
818 Ebd., 175.
819 Ebd., 176f.

Kennzeichen des postmodernen Wissens als Paralogie ist eine „Heteromorphie der Sprachspiele“: „Das Erkennen der Heteromorphie der Sprachspiele ist ein erster Schritt in diese Richtung. Es impliziert offenkundig den Verzicht auf den Terror, der ihre Isomorphie annimmt und zu realisieren trachtet. Der zweite ist das Prinzip, daß, wenn es einen Konsens über die Regeln gibt, die jedes Spiel und die darin gemachten ‚Spielzüge‘ definieren, so muß dieser Konsens lokal sein, das heißt von gegenwärtigen Mitspielern erreicht und Gegenstand eventueller Auflösung. Man orientiert sich also an Vielfalten endlicher Metaargumentationen, wir wollen sagen: Argumentation, die Metapräskriptionen zum Gegenstand haben und raumzeitlich begrenzt sind.“[820] In Lyotards Vision eines so strukturierten postmodernen Wissens wäre nicht nur das Denken von Wahrheit in pluralqualifzierter Vielfalt möglich. Die Beschaffenheit dieser Pluralität wäre gerade auch Gegenstand der Wissensreflexion und -produktion.

Form und Struktur der Geschichte Gottes im 1Kor

Grundlegend für den 1Kor und die paulinische Geschichte Gottes ist die weder über statische, noch ontologische Begrifflichkeiten erschöpfend darstellbare Kategorie des göttlichen Handelns in Beziehungen. Das Credo gleich zu Beginn des 1Kor lautet daher: Weil von Gott nur als Handelndem erzählt werden kann, kann eine Theologie auch nur narrativ entfaltet werden. Indem der Gott des 1Kor handelt, verhält er sich stets zu einem Gegenüber - zum Apostel, zur Gemeinde, zur Welt insgesamt.[821] Diesem exegetischen Befund entspricht die systematisch-theologische Perspektive auf die Geschichtlichkeit und Geschichtswirksamkeit Gottes in umfassendem Sinn: „Der Menschlichkeit Gottes vermag der Mensch sprachlich nur dadurch zu entsprechen, daß er sie *stets auf neue* erzählt. Er erkennt damit an, daß Gottes Menschlichkeit auch als *geschehene* Geschichte nicht aufhört, *geschehende* Geschichte zu sein, weil Gott Subjekt seiner eigenen Geschichte bleibt. Anders formuliert: es ist die Kraft des Heiligen Geistes, in der Gottes Vernunft gegenübertritt, ohne durch deren vernehmenden Akt ein für allemal vereinnahmt werden zu können: Gottes Sein bleibt im *Kommen*.“[822] In diesem Sinne qualifiziert sich aber Gottes Handeln auch in den ersten Kapiteln des 1Kor als Handeln an Jesus Christus, wie es der λόγος τοῦ σταυροῦ bezeugt und die Jesus-Christus-Geschichte erzählt. Diese Jesus-Christus-Geschichte nötigt den Leser, seine bisherigen Gottesvorstellungen nicht nur zu *über*denken, sondern gänzlich *neu* zu denken.[823] Die Grund-

---

820 Lyotard, Wissen, 191.

821 Vgl. 1Kor 1,1-9 und die Ausführungen in Kapitel 3 dieser Arbeit.

822 Jüngel, Gott, 415 (Hervorhebungen i.O.).

823 Jüngel überschreibt den für diese Thematik maßgeblichen Abschnitt in seiner Monographie mit „Die Menschlichkeit Gottes als zu erzählende Geschichte“ (Jüngel, Gott, § 19). Jüngel stellt fest: „Der Gottesgedanke kann nur als – begrifflich kontrollierte –

these der vorliegenden Arbeit lautet daher: *Paulinische Gottesrede im 1Kor lässt sich adäquat als große Erzählung vom Handeln Gottes – als Geschichte Gottes beschreiben.*

Diese große Erzählung unterscheidet sich jedoch von den durch die Lyotardsche Kritik diskreditierten großen Erzählungen in vier grundlegenden Perspektiven:

- *Die paulinische Geschichte Gottes steht in produktiver Spannung zu verschiedenen kleinen, lokalen Erzählungen:* Paulus bezieht die Legitimation seiner Gottesrede im 1Kor durch die große Erzählung der jüdischen γραφαί. Der 1Kor stellt diese große Erzählung jedoch fortwährend in ein Spannungsfeld mit verschiedenen kleinen, lokalen Erzählungen im Sinne Lyotards, von denen die Jesus-Christus-Geschichte die grundlegende darstellt. Die große Erzählung bietet nicht nur monoperspektivisch den Rahmen und die Fundierung für die kleinen Erzählungen, sondern ist durch jene auch ständiger Kritik ausgesetzt.
- *Die paulinische Geschichte Gottes ist keine totalisierende große Erzählung.* Die lokale Erzählung der Jesus-Christus-Geschichte führt dazu, dass die große Erzählung nicht statisch, unveränderbar und totalisierend wirkt. Diese Geschichte Gottes ist nicht abgeschlossen, sondern an entscheidenden Stellen für neue Einträge offen: Göttliches Handeln zeichnet sich als Handeln von θεός und κύριος aus (1Kor 8), dieser κύριος wird in die Exodusgeschichte eingeschrieben (1Kor 10) und besiegt mit göttlichem Auftrag alle widergöttlichen Mächte (1Kor 15). Die lokalen Erzählungen des 1Kor stellen vor die Aufgabe, die große Erzählungen im Akt der Lektüre neu verändernd zu denken und verhindert darin jeglichen totalisierenden Anspruch.
- *Die paulinische Geschichte Gottes fordert zum Denken auf; Wissen und Erzählen befruchten einander.* Denken und Wissen sind im 1Kor grundlegend auf Erzählungen angewiesen; diese fußen aber umgekehrt darauf, dass Gott auf der Basis der Jesus-Christus-Geschichte neu gedacht wird. Paulus regt selbst dazu an, überkommenes Wissen, die „Weisheit dieser Welt" hinter sich zu lassen und die Radikalität des λόγος τοῦ σταυροῦ zu denken. Dieser kann geradezu als Basis der Aufforderung, sich der Geschichte Gottes denkend zu nähern, beschrieben werden. Paulus wendet sich nicht gegen eine wie auch immer geartete γνῶσις, sondern ge-

Erzählung von Geschichte gedacht werden. Will das Denken Gott denken, muß es sich im Erzählen versuchen. Auf diese Weise lernt es sich allerdings auch als Denken neu kennen, insofern das Bewußtsein nun nicht mehr nur als durch die Egoität des ‚Ich denke', sondern zugleich als durch Geschichte konstituiert erscheint und sicher selber als ein ‚in Geschichte verstricktes' Bewußtsein entdeckt." (Jüngel, Gott, 414).

gen eine γνῶσις θεοῦ, die in starren Kategorien verharrt (1Kor 8,1: γνῶσιν ἔχομεν) und Gott zum Erkenntnisgegenstand degradiert. Die Leser sind viel eher als φρόνιμοι (1Kor 10,15) angesprochen, die in der Lage sind, die Schriften zur eigenen νουθεσία zu rezipieren, indem sie die Geschichte Gottes neu erzählen.

- *Die paulinische Geschichte Gottes erwartet über intertextuelle Verweise fortwährend das Denken des Anderen.* Das Wissen über Gott, die paulinische γνῶσις θεοῦ (1Kor 8), bedarf des intertextuellen Aufrufs von Erzählungen. Eine Untersuchung, die lediglich die materielle Gestalt der paulinischen Schriftbenutzung betrachtet, verharrt einerseits im von Lyotard kritisierten Machtdiskurs und wird andererseits den paulinischen Texten selbst nicht gerecht. Im Mittelpunkt einer intertextuellen Untersuchung des 1Kor muss vielmehr die pragmatische Komponente der im Brief angelegten Schriftverweise stehen: Der Text gibt über intertextuelle Dispositionen einen Rahmen vor, ist jedoch auf das kreative Denken des Anderen und Neuen im jeweiligen Lektüreakt angewiesen.

Die Geschichte Gottes, die der 1Kor erzählt, besteht aus vielen einzelnen, lokalen Geschichten. Viele dieser Einzelgeschichten erzählt der Text nicht in Gänze, sondern verweist auf sie mit Hilfe *narrativer Abbreviaturen.*[824] „Wir verstehen die argumentierenden Texte des Paulus nur, wenn wir beobachten, wie er sich auf biblische Erzählungen und Erzählzusammenhänge bezieht. Es ist bekannt, dass die Geschichten Israels im antiken Judentum lebendig waren und kommuniziert werden konnten, ohne aktuell erzählt werden zu müssen. Die Kommunikation biblischer Geschichten hatte Funktionen, die wir heute mit dem Stichwort ‚historische Sinnbildung' umreißen würden. Mit den Geschichten wurde Geschichte kommuniziert. Paulus teilt diese Praxis mit dem antiken Judentum. Auch er muss in seinen Brieftexten die narrativen Zusammenhänge, auf die er sich bezieht, nicht selber erzählen. Er verwendet narrative Abbreviaturen als argumentative Bezugsgrößen."[825]

Es sind verschiedene Formen narrativer Abbreviaturen, mit deren Hilfe der 1Kor intertextuell auf die jüdischen γραφαί verweist. Dabei kommt weder ausschließlich das Resultat einer Erzählung in den Blick, noch beschränkt sich der Bezug auf eine einzelne Erzählung: Mit dem Rekurs auf den Exodus in 1Kor 10 wird bspw. nicht nur bzw. nur am Rande auf das Ergebnis dieses Auszuges - nämlich die Landnahme Israels - Bezug genommen. Genauso wenig lässt sich im gleichen Text ein eindeutiger intertextueller Verweis ausmachen. Zur Auseinandersetzung mit der Gottesfrage verweist 1Kor 10 vielmehr über narrative Abbreviaturen auf verschiedene Exodusgeschichten.

---

824 Vgl. im Folgenden v.a. Reinmuth, Allegorese.

825 Reinmuth, Allegorese, 57.

In diesem Zusammenhang wird ein besonderes Spezifikum paulinischer Intertextualität deutlich: Weil sich narrative Abbreviaturen nicht auf das – wie auch immer geartete – Resultat einer Erzählung beziehen bzw. die angespielten Erzählungen nicht „lediglich als Substitute eines ‚höheren Sinns' anzusehen"[826] sind, fordern sie den Leser zum erneuten Erzählen auf. Im Akt der Lektüre wird so zum Verständnis des 1Kor das Aufrufen ganz unterschiedlicher Texte notwendig bzw. möglich. Genau an dieser Stelle ergeben sich für Autor und Leser des 1Kor große interpretatorische Freiräume: Die Interpretationsaufgabe, 1Kor 8,1b-6 *als* Antwort auf die Frage nach den εἰδωλόθυτα zu lesen kann in unterschiedlichen Lektürekontexten das Abrufen verschiedener intertextueller Verknüpfungen herausfordern. Die narrative Grundstruktur der Geschichte Gottes im 1Kor macht es aber auch möglich, dass die Erzählung im Akt des Erzählens jeweils Änderungen erfährt. Paulus kann etwa in 1Kor 10 die Reihenfolge von Straf- und Speisungswunder verändern oder die narrative Abbreviatur des Exodus mit πατέρες ἡμῶν beginnen lassen. Paulus kann sogar Änderungen in überkommenen Erzählungen vornehmen, ohne dass dies als Fälschung oder illegitime nachträgliche Änderung empfunden würde. Die Aussage ἡ πέτρα δὲ ἦν ὁ Χριστός (1Kor 10,4) verlangt somit nach keiner weiteren detaillierten Untersuchung über den Realitätsgehalt des ἦν. Während die Hinweise auf das Meer, die Wolke und Mose als narrative Abbreviaturen den Rahmen abstecken, in dem sich die intertextuell aufgerufenen Geschichten bewegen sollen, greift 1Kor 10,4 in die Erzählung ein und verändert sie um die Einschreibung Christi in die Exodusgeschichte.

Intertextualität als Denkvoraussetzung für die Geschichte Gottes

Narrative Struktur und intertextuelle Disposition der Geschichte Gottes im 1Kor determinieren sich auf diese Weise gegenseitig. Einerseits zeigt sich in der narrativen Gestalt gerade das Besondere der paulinischen intertextuellen Verweisung; der 1Kor verweist i.d.R. nicht auf Einzelaussagen, sondern auf Erzählzusammenhänge. Andererseits sind die grundlegenden Einsichten intertextueller Theoriebildung[827] Voraussetzung für die Beschreibung paulinischer Gottesrede; die Geschichte Gottes muss im Akt der Lektüre auf der Basis intertextueller Verweisungen jeweils neu erzählt werden. Die exegetischen Einzelstudien der Kapitel 3-6 basieren somit auf den grundlegenden Einsichten intertextueller Theoriebildung:[828]

Die paulinische Gottesrede im 1Kor, die sich angemessen als Geschichte Gottes beschreiben lässt, bedarf einer reflektierten intertextuellen Texttheorie. Die Untersuchung der paulinischen Gottesrede im Zusammenhang anderer Schriften

826 Reinmuth, Allegorese, 58.

827 Vgl. oben Abschnitt 2.

828 Vgl. oben Abschnitt 2.1.5.

führt im Rahmen eines historisch-kritischen Paradigmas unweigerlich in Aporien, da sich der Modus, in dem die paulinischen Texte von Gott und den γραφαί sprechen, mit der Rekonstruktion des Ursprungskontexts dieser γραφαί nur unzureichend beschreiben lässt. Über das Problem, dass mit dem bloßen Nachweis eines Zitats oder einer Anspielung noch nichts über deren Funktion innerhalb des (neuen) Kontexts gesagt ist, hinaus führen die Kategorien von Einfluss und Tradition zu weiter reichenden systematischen Problemen: Die paulinische Theologie kann mit Hilfe dieser Termini immer nur als Fortführung oder Ablehnung einer bestimmten zeitlich vorgeordneten (jüdischen) Theologie verstanden werden. Garant für Diskontinuität wie Kontinuität ist dann jeweils die Person des Apostels selbst. Es lässt sich im Gegenüber zu dieser Hermeneutik fragen, „ob nicht die mittelalterliche Lehre vom vierfachen Schriftsinn geradezu progressiv war dem undurchschauten Wahn gegenüber, der heute weithin die Exegese beherrscht, wonach die Reduktion auf den *sensus grammaticus* oder *historicus*, der dann sogleich mit dem physischen Phänomen der vermeintlichen ‚Intention des Autors' identifiziert wird, die Festlegung des ‚objektiven Textsinns' erlauben soll."[829]

Zur Untersuchung intertextueller Beziehungen bedarf es daher einer Texttheorie, die

- zwischen Autorenintention und verschiedenen *usus* sowie *sensus* eines Textes differenziert,
- die Ebenen von linearer Manifestation eines Textes und seiner Lektüre in Beziehung setzt und gleichzeitig methodologisch zu trennen vermag,
- die kreative Rolle der Lektüre als Textstrategie berücksichtigt.

Am Beispiel der Erörterung der paulinischen Gottesrede im 1Kor wird deutlich, wie wichtig diese hermeneutischen Grundfragen für die Klärung der Thematik sind. Nur auf Basis einer expliziten Texttheorie kann es gelingen, die paulinische Schrifthermeneutik nicht ausschließlich in den Bereich von Tradition und Redaktion zu verorten, sondern sie als Rezeption der γραφαί zu beschreiben. In dieser rezeptionsorientierten Perspektive wird es möglich, die Gottesrede des 1Kor als Antwort auf die Frage zu verstehen, wie Paulus die Schriften liest und damit die Geschichte Gottes erzählt.[830]

Die paulinische Geschichte Gottes bedarf eines intertextuellen Lektüremodells, das die aktive Rolle des Lesers in Auseinandersetzung mit einem gegebenen Text hervorhebt. Zu den wesentlichen hermeneutischen Grundüberzeugungen der Intertextualitätsdebatte gehört es, im Anschluss an Ecos Modell Interpretation als Aufgabe des Lesers in Auseinandersetzung mit der linearen Manifestation eines Textes zu verstehen. Dieser Verortung liegt die Über-

[829] Thyen, Gott, 12.
[830] Vgl. Hays, Echoes, 183-193.

zeugung zugrunde, „daß ein Text mit seiner Verschriftung von seinem Autor und damit gegenüber seinen psycho-sozialen Entstehungsbedingungen autonom wird. Richtet, vereinfacht gesprochen, eine produktionsästhetische Texttheorie ihr Augenmerk auf die Intention des Autors und identifiziert diese mit dem Sinn des Textes, so lenkt eine rezeptionsästhetische Textinterpretation den Blick auf den Leser und seine aktive Rolle beim Zustandekommen eines Textsinnes in einem neuen Lebenskontext. Im Akt des Lesens zerbricht die Welt des Textes diejenige des Autors."[831] Im Fall intertextueller Bezüge gilt diese Autonomie des Textes in doppelter Hinsicht – mit Blick auf den *untersuchten* Text einerseits und mit Blick auf den *intertextuell aufgerufenen* Text andererseits. Wenn bereits für die rezeptionsorientierte Untersuchung des 1Kor gilt, dass „mit der Intention des Autors als der einzig möglichen Bedeutung eines Textes zur Disposition [steht], was bisher als Literalsinn verstanden und mit dem Instrumentarium historisch-kritischer Methodik analysiert wurde,"[832] trifft das umso mehr für die intertextuelle Perspektive zu.

Die paulinische Geschichte Gottes bedarf einer intertextuellen Texttheorie, die die Vielfalt verschiedener Lektüren miteinander ins Gespräch bringen kann. Die im 1Kor selbst angelegte Pluralität innerhalb der Geschichte Gottes rechnet mit einer Vielfalt der Lektüren, die durch die Leser als φρόνιμοι ermöglicht und durch die Vorgabe der Materialität des Textes begrenzt ist. Mit der Geschichte Gottes, die durch intertextuelle Lektüren abduktiv erschlossen wird, ist somit nicht nur eine Vielfalt der Lektüren, sondern auch ein kreativer Prozess in jedem Lektüreakt im Blick. Damit geht das Konzept der Intertextualität deutlich über die autorenzentrierte Perspektive der historischen Kritik, aber auch pluralisierende Hermeneutiken wie die des mehrfachen Schriftsinns hinaus. Letztere birgt auch die Gefahr der negativen Eigenschaften einer großen Erzählung im Sinne Lyotards: „Mitnichten aber handelt es sich bei Origenes` Lehre vom dreifachen Schriftsinn um eine pluralisierende literarische Hermeneutik. Origenes postuliert nämlich nicht die Möglichkeit mehrerer *usus* einer Schriftstelle, sondern behauptet einen dreifachen *sensus*. Die biblischen Texte oder einzelnen Begriffe in ihnen sind angeblich äquivok. Ihre Äquivokation aber entsteht nicht durch den Leser, sondern wird als gezielt eingesetztes Ausdrucksmittel des verborgenen Autors, nämlich Gottes, interpretiert. Somit ist die Lehre vom dreifachen Schriftsinn bei Origenes eine produktionsästhetische Texttheorie, die nicht nach Verstehensmöglichkeiten der Leser, sondern nach der Aussageintention Gottes bzw. des Heiligen Geistes fragt, welcher hinter der Vielfalt menschlicher Autoren als der eine und einzige Autor der Schrift angenommen wird. Dem in sich einheitlichen Heilswillen Gottes aber entspricht zwar eine mehrdimensionale, gleichwohl einzige Aussageabsicht Gottes.

---

831 Körtner, Leser, 89.

832 Ebd.

Diese allein konstituiert den wahren Sinn der Schrift."[833] Die verschiedenen Interpretationsoptionen, die sich in einer intertextuellen Lektüre ergeben, müssen in ihrem je eigenen Lektürekontext eingeordnet und interpretationsethisch begründet werden. Die intertextuelle Perspektive ermöglicht so erst, die im paulinischen Text angelegte Pluralität zur Sprache zu bringen.

Die Geschichte Gottes und die Probleme einer paulinischen Gottesrede

Die paulinische Rede von Gott im 1Kor lässt sich adäquat nur als Geschichte Gottes beschreiben, die sich aus vielen Einzelerzählungen, auf die mit Hilfe narrativer Abbreviaturen rekurriert wird, zusammensetzt. Vor diesem Hintergrund sind auch die im Eingangsteil dieser Arbeit skizzierten Problemfelder paulinischer Gottesrede neu zu bedenken.

Zunächst einmal lässt sich die Frage nach einem *genuin paulinischen Gottesbild* reformulieren. Jedes neue Erzählen der Geschichte Gottes – und damit auch das paulinische – entwirft ein differentes Gottesbild. Diese Aussage ist jedoch in zwei Hinsichten einzuschränken:

- Die paulinische Geschichte Gottes bezieht sich maßgeblich auf die große Erzählung der jüdischen γραφαί. Die starre Alternative „Fortführung des jüdischen Gottesbildes" versus „Abgrenzung durch Neudefinition" erweist sich aber als texttheoretisch nicht haltbar. Es geht in der Geschichte Gottes aus den Schriften Israels nicht um eine narrativ ausgestaltete Sammlung systematischer Aussagen über das Wesen Gottes. Paulus kann – wie andere jüdische Autoren vor und neben ihm – die Geschichte Gottes neu erzählen und dabei neue Elemente einbinden.
- Jede neue Lektüre der paulinischen Schriften ist als ein produktiver Akt zu verstehen, in dem (abduktiv) über narrative Abbreviaturen jeweils unterschiedliche intertextuelle Lektüren motiviert werden. Somit lässt sich auch nicht von einem starren paulinischen Gottesbild sprechen. Vielmehr ist auch der paulinische Text – wie jeder Text – den Grundbedingungen (schriftlicher) Kommunikation unterworfen.

In diesem Zusammenhang sind – im Anschluss an Umberto Eco – intertextuelle Verweisungen auf andere Texte, Geschichtlichkeit und das innovative Moment paulinischer Gottesrede unmittelbar aufeinander bezogen.[834] Das Besondere paulinischer Gottesrede bemisst sich damit gerade nicht im einfachen Gegenüber von Tradition und Abgrenzung gegenüber dieser Tradition, sondern in unterschiedlichen Lektüreperspektiven, die der 1Kor ermöglicht: „Mit dem Wort Geschichte kommen die Vielperspektivität, die

---

833 Körtner, Leser, 94.

834 Vgl. wiederum Eco, Innovation.

Vieldimensionalität und der Geschehenscharakter der Wirklichkeit zur Sprache."[835]

In dieser Weise lässt sich zwar von einer genuin paulinischen Gottesrede sprechen, die sich jedoch in weiten Teilen als erneutes und erneuerndes Erzählen der Geschichte Gottes in den jüdischen γραφαί versteht. Da sich diese Geschichte Gottes durch narrative Abbreviaturen konstituiert, ist sie auch nicht abgeschlossen, sondern erschließt sich bei jeder Lektüre in Auseinandersetzung mit dem gegebenen Text des 1Kor neu. Dieses kreative Potential macht zugleich die Anschlussfähigkeit und die Attraktivität des paulinischen Gottesbildes aus.[836]

In der Folge lässt sich auch die Frage nach der *Systematik innerhalb der paulinischen Gottesrede* neu bedenken. Mit Blick auf den 1Kor lassen sich abstrakte Kategorien der Theologie und Christologie nur schwerlich erheben. Noch weniger kann man deren Wechselbeziehung mit Bezeichnungen wie Unterordnung, Gleichordnung oder Hinordnung adäquat beschreiben. Vielmehr generieren die grundlegenden christologischen Aussagen des 1Kor selbst wiederum eine Erzählung - die Jesus-Christus-Geschichte. Diese wird nun integraler Bestandteil der paulinischen Geschichte Gottes und transformiert diese damit gleichzeitig fundamental: Die Geschichte Gottes wird nun aus der Perspektive des λόγος τοῦ σταυροῦ erzählt. Aber auch diese Geschichte Gottes unterliegt selbst nochmals einer weiteren Dynamik. Eine Rede von Gott im 1Kor ist nicht ohne das kreative Moment des Lektüreprozesses selbst vorzustellen.

Schließlich ist zu betonen, dass *der Bezug zu außerpaulinischen Schriften* somit von essentieller Bedeutung für die paulinische Geschichte Gottes ist. Diese Bedeutung ergibt sich vorrangig jedoch weder durch eine Vielzahl expliziter Zitate im Zusammenhang mit der Gottesfrage noch lässt sich mit Hilfe der Intertextualitätstheorie die besondere Beeinflussung des 1Kor durch bestimmte Schriften herausarbeiten. Die paulinische Gottesrede ist insofern hochgradig intertextuell, als sie über den Verweis auf andere Texte selbst einen neuen Text generiert - die paulinische Geschichte Gottes.

Konstitutiva der Geschichte Gottes im 1Kor

Der Ursprung der paulinischen Geschichte Gottes liegt nicht im ersten nachchristlichen Jahrhundert. Ihre Grundlage hat sie in der großen - durch viele kleine Geschichten generierten - Erzählung der jüdischen γραφαί. Die intertextuellen Lektüren zu 1Kor 8, 1Kor 10 und 1Kor 15 haben gezeigt,

835 Schneider-Flume, Grundkurs, 23.

836 Vgl. Schnelle, Paulus, 458-463. Die Ausführungen Schnelles sind um diese grundlegende Eigenschaft der paulinischen Texte zu erweitern: Ihre Anschlussfähigkeit ergibt sich gerade durch die Art und Weise, wie durch sie die Geschichte Gottes generiert wird.

dass Paulus zunächst einmal auf Grundzüge dieser großen Erzählung der Schriften Israels zurückgreift.

Die Geschichte Gottes nach dem 1Kor basiert somit auf drei grundlegenden Elementen, die die γραφαί und die Gegenwart der ἐκκλησία miteinander verschränken:[837]

- *die schriftgewordenen Geschichten der jüdischen γραφαί*, die grundlegend vom Anfang und vom Ende des κόσμος und vom schöpferischen Handeln Gottes innerhalb von Zeit und Raum erzählen;
- *die Jesus-Christus-Geschichte*, in der durch die Auferweckung des Gekreuzigten die Gesetze dieser Welt überwunden werden und die γραφαί unter neuer Perspektive gelesen werden;
- *die Geschichte der ἐκκλησία*, durch die Leser und Erzähler in die Geschichte Gottes eingeschrieben werden.

Das Handeln Gottes in Beziehungen, das in Abschnitt 3 dieser Arbeit anhand des Briefeingangs skizziert wurde, bietet somit die Grundlage für die Integration verschiedener Elemente in einer großen Erzählung. Die Geschichte Gottes erzählt nicht von einer *res* außerhalb der Welt von Leser und Erzähler; *lector* und *narrator* werden als Teil der ἐκκλησία Bestandteil der *fabula*.

Handeln und Berufung

Grundlegend für das Gottesverständnis des 1Kor ist, dass Gott nie „in seinem Sosein, sondern immer als Handelnder in den Blick"[838] gelangt. Jeglicher Versuch, die Gottesrede des 1Kor mit statischen ontologischen Termini zu umreißen, ist so zum Scheitern verurteilt. Dieser Befund lässt sich durch die intertextuelle Konstitution der einzelnen untersuchten Abschnitte noch erhärten: Selbst das Wissen um Gottes Einzigkeit und Einheit in 1Kor 8 resultiert für den Leser aus einem *Handeln Gottes*, nämlich dem Bundesschluss in der Gabe der Tora. Indem Gott so immer als Akteur vorgestellt wird, bekommt ein anderer Aspekt ebenfalls besondere Bedeutung. Gottes Handeln spielt sich nicht in einer fernen Welt ab, sondern in konkreten Beziehungen und in der Gegenwart der Angesprochenen. „Für Gott selbst dagegen verwendet Paulus kaum Adjektive, und an den wenigen Stellen, wo er dies doch tut, etwa um Gottes Treue oder seine Wahrhaftigkeit zu bezeichnen, da sind dies Attribute, die nicht Gottes Abgrenzung von allem anderen, sondern seine Beziehung zum Ausdruck bringen. An-

837 Vgl. auch Witherington, World, bes. 215-355. Witherington identifiziert vier *narratives* als Bestandteile des paulinischen Denkens: 1. Schöpfungserzählungen als Grundlegung über Gott und die Welt, 2. Geschichte(n) Israels innerhalb dieser Welt, 3. die Jesus-Christus-Geschichte (die sich 1. und 2. verdankt) sowie 4. die Geschichte von Paulus und der ἐκκλησία. Vgl. weiterhin den Aufriss bei Dunn, Paul und Longenecker, Narrative Dynamics.

838 Schnelle, Paulus, 441.

dere Adjektive werden umgewidmet oder spezifisch ergänzt. [...] Gottes Wesen erweist sich durch sein entsprechendes Wirken."[839]

Will man den Modus göttlichen Handelns näher beschreiben, so stößt man bereits zu Beginn des Briefes auf die Kategorie der Berufung.[840] Gottes κλῆσις zeichnet sich dabei gerade dadurch aus, dass sie in Vollmacht geschieht und unmittelbar Wirklichkeit schafft. Paulus ist κλήτος ἀπόστολος, die Gemeinde ist ἐκκλησία und unterscheidet sich gerade dadurch von solchen Realitäten, die lediglich von Menschen benannt werden (1Kor 8: λεγόμενοι θεοί). Das Handeln Gottes im 1Kor ist von Anfang an als schöpferisches Handeln gekennzeichnet - als Handeln, das kreativ diejenige Wirklichkeit schafft, die Basis der gesamten brieflichen Argumentation ist. Zugleich liegt im schöpferischen Berufen Gottes seine Differenz gegenüber dem Menschen begründet, der im Diskursuniversum des 1Kor nicht als derjenige erscheint, dessen Benennung autoritativ und wirklichkeitsschaffend ist.[841]

In unmittelbarem Zusammenhang mit den Kategorien göttlichen Handelns und Berufens steht die Vorstellung Gottes als Spender göttlicher Gaben wie χάρις und εἰρήνη.[842] Bei Gott haben χάρις und εἰρήνη nicht ihren - statischen - Ursprung, sondern über diese Gaben tritt der handelnde Gott in Beziehung zu den Menschen. Deswegen kann Paulus der Gemeinde (1Kor 1,3) χάρις und εἰρήνη ἀπὸ θεοῦ als Wunsch zusprechen. Dabei ist es die χάρις *θεοῦ,* die die ἐκκλησία umfassend über alle Zeiten hinweg bewahren wird.[843]

Einzigkeit und Einheit

Gottes Handeln zeigt sich im Diskursuniversum des 1Kor in herausgehobener Weise in seinem Verhältnis zu Jesus Christus. Die Jesus-Christus-Geschichte ist diejenige, die die große Geschichte Gottes in einem anderen Licht erscheinen lässt. Gott lässt sich selbst in dieser Beziehung umfassend charakterisieren: ὁ δὲ θεὸς καὶ τὸν κύριον ἤγειρεν καὶ ἡμᾶς (1Kor 6,14a). Mit der Gegenüberstellung von θεός und Χριστός bzw. πατήρ und υἱός sind zugleich die Begriffspaare gegeben, mit denen Paulus versucht, Gott grundlegend neu zu denken, die Geschichte Gottes von Grund auf neu zu erzählen. Hier liegt das „Herzstück der paulinischen Theologie und das Revolutionäre seines Redens von Gott. Der Schöpfer hat sich im Gekreu-

---

839 Feldmeier, Gott, 139f.

840 Vgl. oben Abschnitt 3.

841 Vgl. aber Gen 1,19f.: καὶ ἤγαγεν αὐτὰ πρὸς τὸν Αδαμ ἰδεῖν τί καλέσει αὐτά καὶ πᾶν ὃ ἐὰν ἐκάλεσεν αὐτὸ Αδαμ ψυχὴν ζῶσαν τοῦτο ὄνομα αὐτοῦ καὶ ἐκάλεσεν Αδαμ ὀνόματα πᾶσιν τοῖς κτήνεσιν καὶ πᾶσι τοῖς πετεινοῖς τοῦ οὐρανοῦ καὶ πᾶσι τοῖς θηρίοις τοῦ ἀγροῦ τῷ δὲ Αδαμ οὐχ εὑρέθη βοηθὸς ὅμοιος αὐτῷ.

842 Vgl. dazu auch Breytenbach, Gott, 51-53.

843 Vgl. 1Kor 1,4-7.

zigten auf den Tod und das Verbrechen der Welt eingelassen, um gerade am Ort des Todes neues Leben ermöglichen zu können. Gott hat sich also, so sagt es der Erste Korintherbrief, in der Torheit und dem Anstoß (σκάνδαλον) geoffenbart, um so seine rettende Macht zu erweisen."[844] Auf dieser Basis versucht der 1Kor, „Gott und Christus aufs engste"[845] zusammenzurücken. In den Abschnitten des Briefs, die explizit auf den λόγος τοῦ σταυροῦ und die Auferstehungsfrage Bezug nehmen, geschieht dies vermehrt durch die Wendung ἐν Χριστῷ ('Ιησοῦ):[846] „Das heißt: In Christus ist Gottes Gerechtigkeit - deshalb sind die Glaubenden in Christus Gerechte; in Christus ist Gottes Heiligkeit - deshalb sind die Glaubenden in Christus Heilige; in Christus ist Gottes Liebe - deshalb sind die Glaubenden in Christus Geliebte."[847]

Gott ist sodann innerhalb des 1Kor in zweifacher Hinsicht als Vater ausgezeichnet; er ist πατήρ ἡμῶν und πατήρ 'Ιησοῦ Χριστοῦ. Diese beiden Qualitäten bedingen einander: Die Vater-Sohn-Beziehung zwischen θεός und Χριστός ist für die Gottesrede von eminent wichtiger Bedeutung, weil über sie die Einheit der göttlichen Wesen gedacht wird.[848] Weil die ἐκκλησία aber von Gott in die κοινωνία mit Jesus Christus berufen wurde, können auch ihre Mitglieder ihn mit Vater ansprechen. Es ist dieser Zusammenhang, in dem etwa 1Kor 8 die Frage nach den εἰδωλόθυτα zur grundsätzlichen Erörterung der Gottesfrage nutzt. Die intellektuelle Pointe des Abschnitts besteht dabei darin, Gott gleichzeitig differenziert und einheitlich zu denken. Die intertextuellen Einspielungen von Dekalog und Schᵉma Israel sind grundlegend für das Gedankenexperiment, gleichzeitig

- Gott vor allen anderen λεγόμενοι θεοί als *Einzigen* auszuzeichnen, der dieses Prädikat berechtigterweise trägt,
- Gottes *Einheit* zu denken, die in der Differenzierung εἷς θεὸς καὶ εἷς κύριος ihre Entfaltung findet,
- dies als Explikation der großen Erzählung der γραφαί Israels zu verstehen, die dem grundlegenden Perspektivenwechsel durch die Jesus-Christus-Geschichte geschuldet ist.

Macht und Befreiung

Lyotards Kritik, bestehende Machtstrukturen würden durch große Erzählungen legitimiert und gefestigt, unterminiert der 1Kor, indem von *Gottes Macht* als δύναμις und ἐξουσία auf grundlegend andere Weise erzählt wird. Dadurch dass sich die δύναμις θεοῦ im λόγος τοῦ σταυροῦ zeigt, geht es bei der machtvollen Kraft Gottes weder um eine herkömmliche, noch die Ge-

844 Feldmeier, Gott, 142.
845 Ebd., 141.
846 Vgl. etwa 1Kor 1,2.4.30; 1Kor 4,10.15.17; 1Kor 15,18.19.22.31.
847 Feldmeier, Gott, 142f.
848 Vgl. 1Kor 1,3, 1Kor 8 u.ö.

setzmäßigkeiten dieser Welt einfach überbietende Macht. Wenn sich das Wissen des Apostels einzig und allein auf diesen λόγος bezieht (1Kor 2,2: οὐ γὰρ ἔκρινά τι εἰδέναι ἐν ὑμῖν εἰ μὴ Ἰησοῦν Χριστὸν καὶ τοῦτον ἐσταυρωμένον), dann wird Gott als derjenige dargestellt, der die Gesetze der ἄρχοντες τοῦ αἰῶνος τούτου durch Außerkraftsetzen delegitimiert. Indem der 1Kor eine Geschichte erzählt, die grundsätzlich auf der Macht Gottes basiert, wird die Machtfrage also weder ausgeblendet, noch wird das prinzipielle Vorhandensein anderer Mächte negiert. Zielpunkt der Geschichte Gottes des 1Kor ist jedoch der Sieg Gottes über alle Mächte und Gewalten: εἶτα τὸ τέλος, ὅταν παραδιδῷ τὴν βασιλείαν τῷ θεῷ καὶ πατρί, ὅταν καταργήσῃ πᾶσαν ἀρχὴν καὶ πᾶσαν ἐξουσίαν καὶ δύναμιν (1Kor 15,25).

Das Weltbild, das durch die Geschichte im 1Kor entworfen wird, kommt nicht ohne Machtstrukturen aus - im Diskursuniversum des 1Kor existieren vielmehr unterschiedlichste machtvolle Wesen. Die Mächte dieser Welt erhalten diesen Status aber entweder als im Modus menschlicher Kommunikation zugesprochene[849] oder zeitlich begrenzte Macht.[850] Selbst die Macht Christi erscheint letztlich als von Gott gegebene, die am Ende der Zeiten wieder zu ihm zurückkehrt: ὅταν δὲ ὑποταγῇ αὐτῷ τὰ πάντα, τότε [καὶ] αὐτὸς ὁ υἱὸς ὑποταγήσεται τῷ ὑποτάξαντι αὐτῷ τὰ πάντα, ἵνα ᾖ ὁ θεὸς [τὰ] πάντα ἐν πᾶσιν (1Kor 15,28).

Die intertextuellen Lektüren zu 1Kor 10 und 1Kor 15 zeigen, dass die Macht Gottes durch Rekurs auf die γραφαί als rettende Schöpfermacht qualifiziert wird. Es ist Kennzeichen der πίστις θεοῦ, dass sie die ἐκκλησία über alle Zeiten hinweg,[851] vom Beginn der Schöpfung bis zur neuen Schöpfung in der Auferstehung begleitet und aus den gegenwärtigen Gefangenschaften befreit.[852]

Erkenntnis und Verständigung

Erkennen und Verstehen sind zentrale Kategorien des 1Kor, insbesondere mit Blick auf die Gottesfrage. Die Eröffnung des Briefes spricht zunächst eine klare Sprache - die in der Welt Herrschenden, aber auch die Menschen insgesamt erkennen Gott nicht bzw. nicht richtig.[853] Als äußeres Zeichen, dass das Unverständnis der Welt (ausgedrückt als Handeln ohne Gotteserkenntnis) offenbar werden lässt, gilt der λόγος τοῦ σταυροῦ. Der 1Kor kennt somit ein spezifisches Nicht-Erkennen Gottes, das sich in einer negativen

849 1Kor 8: λεγόμενοι θεοί.

850 Vgl. etwa die Todesmächte in 1Kor 10.

851 Vgl. 1Kor 1,4-9.

852 Vgl. 1Kor 10,13.

853 Vgl. z.B. 1Kor 2,8.14: ἣν οὐδεὶς τῶν ἀρχόντων τοῦ αἰῶνος τούτου ἔγνωκεν· εἰ γὰρ ἔγνωσαν, οὐκ ἂν τὸν κύριον τῆς δόξης ἐσταύρωσαν [...] ψυχικὸς δὲ ἄνθρωπος οὐ δέχεται τὰ τοῦ πνεύματος τοῦ θεοῦ· μωρία γὰρ αὐτῷ ἐστιν καὶ οὐ δύναται γνῶναι, ὅτι πνευματικῶς ἀνακρίνεται.

Positionierung gegenüber der Jesus-Christus-Geschichte ausdrückt, bemerkt aber ebenso die prinzipielle Vorläufigkeit menschlicher Erkenntnis: βλέπομεν γὰρ ἄρτι δι' ἐσόπτρου ἐν αἰνίγματι, τότε δὲ πρόσωπον πρὸς πρόσωπον· ἄρτι γινώσκω ἐκ μέρους, τότε δὲ ἐπιγνώσομαι καθὼς καὶ ἐπεγνώσθην (1Kor 13,12).

Diese prinzipielle Einschränkung menschlicher Erkenntnisfähigkeit wird insbesondere mit Blick auf Gott deutlich: Erkennen ist immer eine Frage der Gegenseitigkeit, Objekt und Subjekt des Erkennens stehen in ständiger Wechselbeziehung.[854] „Gott Erkennen ist also mehr als die Erfassung einer *res* durch den *intellectus*, wodurch das Erkenntnisobjekt dann ‚begriffen' ist. Die Erkenntnis von Angesicht zu Angesicht bezeichnet demgegenüber einen reziproken Vorgang, in welchem das Gegenüber keinesfalls nur passives Objekt ist, sondern seinerseits den Erkennenden erkennt."[855] Gotteserkenntnis ist im 1Kor ein dynamischer Begriff, der zudem über die ἀγάπη qualifiziert wird: εἰ δέ τις ἀγαπᾷ τὸν θεόν, οὗτος ἔγνωσται ὑπ' αὐτοῦ. γνῶσις ohne unmittelbare pragmatische Folgen für die eigene Existenz bleibt defizitär: εἴ τις δοκεῖ ἐγνωκέναι τι, οὔπω ἔγνω καθὼς δεῖ γνῶναι (1Kor 8,2). In intertextueller Perspektive verweist die unmittelbare Verbindung von γνῶσις und ἀγάπη auf die Grundlagen der - in den γραφαί als διαθήκη qualifizierten - Gott-Mensch-Beziehung.

Als Medium zur Erkenntnis Gottes mittels der Geschichte Gottes beschreibt der 1Kor die γραφαί, die

- von den Mitgliedern der ἐκκλησία als φρόνιμοι (1Kor 10,15) gelesen werden können,
- unmittelbare Relevanz für die Gegenwart der ἐκκλησία haben (1Kor 10,11: ἐγράφη δὲ πρὸς νουθεσίαν ἡμῶν),
- Gegenstand angemessener γνῶσις sein können (1Kor 8,4: οἴδαμεν ὅτι οὐδὲν εἴδωλον ἐν κόσμῳ καὶ ὅτι οὐδεὶς θεὸς εἰ μὴ εἷς),
- in ihrer Pluralität als Zeuge für die Grundlagen der Jesus-Christus-Geschichte gelten können (1Kor 15,3: κατὰ τὰς γραφάς) und
- Gottes Handeln in Vergangenheit, Gegenwart und Zukunft angemessen wiedergeben.

Die untersuchten Textabschnitte aus 1Kor verweisen auf breiter Basis auf einzelne Bestandteile der großen Erzählung der jüdischen γραφαί. Besonders im Blick sind dabei grundlegende Erzählstränge, die mit den Stichworten Schöpfung, Befreiung im Exodus und Bund durch die Tora umrissen werden können. Diese Referenzen erschöpfen sich nicht in Einzelrekursen auf abgrenzbare Verse aus den Schriften. Vielmehr werden über narrative Abbreviaturen ganze Erzählzusammenhange bzw. Ge-

---

[854] Vgl. insbesondere 1Kor 13,12b (τότε δὲ ἐπιγνώσομαι καθὼς καὶ ἐπεγνώσθην) und 1Kor 8,3 (εἰ δέ τις ἀγαπᾷ τὸν θεόν, οὗτος ἔγνωσται ὑπ' αὐτοῦ).

[855] Feldmeier, Gott, 144.

schichtenpools aufgerufen. Weder die referierenden noch die referierten Texte werden als abgeschlossen oder statisch begriffen.

Schöpfung und Leben

Die Geschichte Gottes der jüdischen γραφαί, die der 1Kor variiert und durch die Jesus-Christus-Geschichte pointiert erweitert, ist grundlegend von den Kategorien Schöpfung und Leben bestimmt. Anfang und Ende der Zeiten werden durch einen Schöpfungsakt Gottes markiert, und das ζῳοποιεῖν wird zum genuinen Handeln des wahren Gottes. Zugleich aber stellt sich Paulus der Aufgabe, den lebendigen Gott mit dem Tod am Kreuz, dem λόγος τοῦ σταυροῦ zusammen zu denken. Wenn Gott das Zeichen des Kreuzes zu einem Zeichen des Sieges des Lebens über den Tod gemacht hat, dann ist die Fähigkeit, lebendig zu machen *die* grundlegende Eigenschaft Gottes. Umgekehrt: Wenn Gott sich durch seine Lebendigkeit auszeichnet, dann stellt der λόγος τοῦ σταυροῦ vor die Aufgabe, das Kreuz *als* Zeichen für das Leben zu denken.

Weil die Geschichte Gottes die Geschichte des lebendigen und Leben schaffenden Gottes ist, beginnt sie bei den grundlegenden Erzählungen der jüdischen γραφαί. Sie erzählt - neben der Befreiungsgeschichte des Exodus und der Bundesgeschichte durch die Gabe der Tora - zuallererst die Geschichte von der Schöpfung. Sie erzählt von dem Gott, der einen Anfang markiert und das Nicht-Seiende durch sein Wirklichkeit schaffendes Wort ins Sein ruft - die geschaffene Welt ist eine gute und gelungene Welt. In besonderem Verhältnis steht das Schöpferhandeln von Anbeginn an zu den Menschen; sie stehen Gott nicht nur bildhaft gegenüber, sondern haben ebenfalls einen herrschaftlichen Auftrag,[856] der sich durch ihre Fähigkeit, Dinge vollmächtig zu benennen ausdrückt.[857] In der Schöpferkraft, die als Fähigkeit lebendig zu machen verstanden wird, bündeln sich die unterschiedlichsten Aspekte der Geschichte Gottes im 1Kor:

- Paulus wird vom Verfolger zum Verkündiger berufen,[858]
- die ἐκκλησία wird aus dem Nichts erschaffen und berufen,[859]
- der λόγος τοῦ σταυροῦ wird zum Ausdruck der δύναμις θεοῦ,

---

856 Vgl. Gen 1,26: καὶ εἶπεν ὁ θεός ποιήσωμεν ἄνθρωπον κατ' εἰκόνα ἡμετέραν καὶ καθ' ὁμοίωσιν καὶ ἀρχέτωσαν.

857 Vgl. Gen 2,19: αἱ ἔπλασεν ὁ θεὸς ἔτι ἐκ τῆς γῆς πάντα τὰ θηρία τοῦ ἀγροῦ καὶ πάντα τὰ πετεινὰ τοῦ οὐρανοῦ καὶ ἤγαγεν αὐτὰ πρὸς τὸν Αδαμ ἰδεῖν τί καλέσει αὐτά καὶ πᾶν ὃ ἐὰν ἐκάλεσεν αὐτὸ Αδαμ ψυχὴν ζῶσαν τοῦτο ὄνομα αὐτοῦ.

858 Vgl. 1Kor 1,1 (κλητὸς ἀπόστολος διὰ θελήματος θεοῦ) und 1Kor 15,9 (Ἐγὼ γάρ εἰμι ὁ ἐλάχιστος τῶν ἀποστόλων ὃς οὐκ εἰμὶ ἱκανὸς καλεῖσθαι ἀπόστολος, διότι ἐδίωξα τὴν ἐκκλησίαν τοῦ θεοῦ).

859 Vgl. 1Kor 1,2 (κλητοῖς ἁγίοις) und 1Kor 1,28 (καὶ τὰ ἀγενῆ τοῦ κόσμου καὶ τὰ ἐξουθενημένα ἐξελέξατο ὁ θεός, τὰ μὴ ὄντα, ἵνα τὰ ὄντα καταργήσῃ).

- in der Schöpferkraft verbinden sich Christologie und Theologie, der eine Gott ist derjenige ἐξ οὗ τὰ πάντα und der eine Herr ist derjenige δι' οὗ τὰ πάντα.[860]
- Gott schafft in einem schöpferischen Akt einen Ausweg aus den Bedrängnissen der Gegenwart (1Kor 10,13: ποιήσει σὺν τῷ πειρασμῷ καὶ τὴν ἔκβασιν),
- schließlich ist die Auferweckung als Akt der Neuschöpfung vorzustellen[861] und die Hoffnung auf Auferweckung findet ihren tragenden Grund darin, dass Gott der ist, der sich durch ζῳοποιεῖν auszeichnet.[862]

Die Aussagen, die in der Geschichte Gottes Erkenntnis über dessen Schöpferkraft beanspruchen, vermögen einerseits zwischen der Binnenperspektive der ἐκκλησία und der „Welt außerhalb" zu differenzieren.[863] Andererseits beanspruchen die Aussagen des 1Kor Gültigkeit weit über die räumliche und zeitliche Beschränkung der ἐκκλησία in Korinth hinaus. Der narrative Rahmen, mit dem die Geschichte Gottes den vielen Einzelthemen des 1Kor Kohärenz verleiht, überschreitet die Grenzen der Einzelgemeinde (1Kor 1,2: σὺν πᾶσιν τοῖς ἐπικαλουμένοις τὸ ὄνομα τοῦ κυρίου ἡμῶν Ἰησοῦ Χριστοῦ ἐν παντὶ τόπῳ), des einzelnen Ortes (1Kor 8,5: εἴτε ἐν οὐρανῷ εἴτε ἐπὶ γῆς), der einzelnen göttlichen Gestalt (1Kor 15,28: ἵνα ᾖ ὁ θεὸς [τὰ] πάντα ἐν πᾶσιν) und den einzelnen Zeitpunkten innerhalb der Geschichte der Welt (1Kor 10,11: εἰς οὓς τὰ τέλη τῶν αἰώνων κατήντηκεν).

Die Geschichte Gottes als νουθεσία für die Gegenwart

Verständigung und Lektüre

1Kor 10,11 resümiert mit Blick auf die Exodusgeschichte: ἐγράφη δὲ πρὸς νουθεσίαν ἡμῶν. Wenig später fährt der Text fort: ὡς φρονίμοις λέγω· κρίνατε ὑμεῖς ὅ φημι. Diese beiden Verse lassen sich auf die Geschichte Gottes als intertextuell geprägter und narrativ gestalteter Form der Gottesrede im 1Kor übertragen, da sie Grundlegendes über die Lesererwartungen des Briefs aussagen. Die Leser werden als φρόνιμοι nicht nur dazu aufgefordert, die Ausführungen des Texts zu lesen und zu beurteilen. Die Aussage impliziert auf inhaltlicher Ebene auch exakt das, was sich bei Umberto Eco auf literaturtheoretischer Ebene findet: Die Lineare Manifestation eines Textes allein führt nicht unmittelbar zur Interpretation desselben. Die Leser

860 1Kor 8,6.

861 Deutlich wird das u.a. durch das Bild vom Samenkorn (1Kor 15,35), den Bezug zur Vielfalt innerhalb der Schöpfung (1Kor 15,38-41) oder der Rede von den zwei Adam-Figuren (1Kor 15,45).

862 Vgl. etwa 1Kor 15,22.

863 Vgl. beispielhaft das betonte „Wir" in 1Kor 1,23f. und 1Kor 8,6.

nehmen bei der Lektüre eine wichtige Rolle ein, die sich in doppelter Hinsicht als Mitarbeit bezeichnen lässt. Zunächst ist zum Verstehen des Textes die *Mit*arbeit des Lesers, d.h. die Auseinandersetzung mit einem fremden Gegenüber notwendig. Sodann ist zur Lektüre Mit*arbeit* nötig, Verstehen versteht sich nicht von selbst. Die Ausführungen des 1Kor enthalten eine Reihe von deutlichen Lektüreaufträgen, die gerade auch intertextuelle Perspektiven mit einbeziehen. Beispielhaft ist an dieser Stelle etwa die Auseinandersetzung um die γνῶσις in 1Kor 8 zu nennen, in der sich gegen jede Form eines statischen Wissens gewandt wird: Wenn aber jemand (fälschlicherweise) meint, er sei in Besitz eines Anteils an der Erkenntnis gekommen, so hat er noch nicht einmal begonnen zu verstehen, wie man verstehen soll (1Kor 8,2).

Die bisherigen exegetischen Untersuchungen wurden bewusst mit der Bezeichnung „intertextuelle *Lektüren*" belegt, um die grundlegende Angewiesenheit der Texte auf die jeweilige Lektüre zu betonen. Dieses methodische Vorgehen bedarf an dieser Stelle einer doppelten Qualifikation:

- Die einzelnen Studien machen deutlich, dass sich selbst (weitgehend) produktionsorientierte intertextuelle Lektüren methodisch deutlich von der Erhebung traditionsgeschichtlicher Linien unterscheiden. Die wesentliche Differenz besteht dabei in der grundlegenden Rolle, die dem Lektüreprozess zugeschrieben wird. Auf der Ebene der linearen Manifestation eines Textes trägt weder das Aufspüren paralleler Texte, noch eine Diskussion über deren Tradition allein Substantielles zur Interpretation eines gegebenen Textes aus dem 1Kor bei. Eine Interpretation eines Textes wird erst im Akt der Lektüre möglich, an dem der Leser entscheidenden Anteil hat. Diese Kreativität im Lektüreprozess unterläuft jedwede Festlegung einer großen Erzählung auf vereinheitlichende Machtstrukturen.
- Eine so verstandene intertextuelle Lektüre darf dabei aber nicht als individuelles und beliebiges Spiel verstanden werden. Die paulinische Aufforderung zur selbstständigen Beurteilung (κρίνατε ὑμεῖς) wird unmittelbar determiniert durch die Vorgegebenheit des Textes (ὅ φημι). Es geht bei dem Modell einer intertextuellen Lektüre gerade nicht um den Austausch der Machtstruktur einer vereinheitlichenden, autorzentrierten großen Erzählung durch eine beliebige, ausschließlich auf einen individuellen Leser zentrierte Sammlung kleiner Erzählungen. Vielmehr ist der Ausgangspunkt jeder Lektüre die lineare Manifestation eines Textes und die daraus zu erschließende Interpretationsaufgabe.

Der 1Kor illustriert an mehreren Stellen seine grundlegende Pragmatik, die darin besteht durch die verstehende Lektüre in der von Gott selbst geschaffenen κοινωνία Ἰησοῦ Χριστοῦ zu bleiben. Diesen Ἰησοῦς Χριστός kennt

Paulus nur als den ἐσταυρωμένος (1Kor 2,2). Von diesem Punkt aus entwickelt der 1Kor seine Theologie, die sich jeweils im Akt der Lektüre entfaltet. Weil diese Jesus-Christus-Geschichte die große Geschichte Gottes nachhaltig prägt, entscheidet sich die Theologie des 1Kor in der Schriftlektüre aus dieser neuen Perspektive. Diejenigen erweisen sich daher als φρόνιμοι, die die für die Gegenwart der Gemeinde schriftgewordenen γραφαί aus der Perspektive der Jesus-Christus-Geschichte lesen. Text und Leser gehören zusammen und bilden eine Einheit zur verstehenden Lektüre. „Darum kann auch die Rezeptionsgeschichte nicht als etwas behandelt werden, das dem Werk äußerlich wäre, als bloß interessanter Anhang zu seiner aktuellen Auslegung. Die reale Dialektik zwischen dem Werk und seinem Leser darf weder zugunsten des Werkes noch seines Lesers aufgelöst werden. Dies Verhältnis läßt die Alternative von Heteronomie und Autonomie nicht zu, denn Werk wie Leser haben jeweils nur eine relative Autonomie. Was der Leser sich bei der Lektüre aneignet, ist nicht eine hinter dem Werk liegende Geschichte, von der es bloß erzählte, so daß er historisch zu prüfen hätte, ob es wirklich so gewesen ist. Es ist vielmehr der in Strukturen des Werkes verschlüsselte ‚Entwurf von Welt'."[864]

Verständigung in Einheit und Vielfalt

Die paulinische Geschichte Gottes im 1Kor verbindet auf besondere Art und Weise Einheit und Vielfalt miteinander. Über die *inhaltlichen* Konstitutiva, die im letzten Abschnitt zusammengefasst wurden hinaus zeigt sich dies besonders an der intertextuellen *Struktur* des 1Kor. So stellt die paulinische Geschichte Gottes der Kritik Lyotards eine große Erzählung gegenüber, die so konstruiert ist, dass sie sich nicht zur Machtausübung und zum Ausschließen anderen Denkens mit Verweis auf den eigenen Vorzug eignet. Eine bibelwissenschaftliche Hermeneutik, die Textbezüge ausschließlich auf der Basis vermeintlicher kausaler Beeinflussung thematisiert, reduziert nicht nur die Wahrheitsfrage auf die Rekonstruktion empirischer Wirklichkeit, sondern läuft auch genau in die Lyotardsche Kritik der großen Erzählungen. Das Intertextualitätsparadigma reformuliert dagegen die Wahrheitsfrage als *pragmatische* Frage des Verhaltens des Lesers in Auseinandersetzung mit dem Text. Die Pluralität intertextueller Lektüren ermöglichen im Sinne Lyotards Paralogien, die die Frage nach den Grundstrukturen der zugrunde liegenden Diskurse stellen.[865]

Ziel intertextueller Lektüren ist das Aufzeigen möglicher Interpretationen in bestimmten intertextuellen Zusammenhängen. Nicht die Verifikation der Frage, *ob* ein Bezug zu einem Prätext vorliegt, sondern *welche Folgen*

---

864 Thyen, Jesu Leben, 13.

865 Wahrheit ist im Sinne Peirce´ die Suche nach dem finalen Interpretanten, verschiedene intertextuelle Lektüren sind Schritte dorthin.

für die Interpretation ein solcher Bezug hat, steht im Interesse intertextueller Untersuchungen. Und genau darin besteht auch die wesentliche theologische Anfrage, an alle, die mit dem (biblischen) Text arbeiten: Wenn sich die Interpretation eines jeden Textes je nach intertextuellem Zusammenhang verändern kann, dann ist der wesentliche Impuls, den die Intertextualitätsdebatte gibt ein pragmatischer, nämlich sich zu den unterschiedlichen Interpretation zu verhalten.

Basis zur Beurteilung solcher intertextueller Lektüren, denen es auf diese Weise um die Erhebung spezifischer Textbedeutungen in bestimmten intertextuellen Zusammenhängen geht, können erweiterte Formen der Haysschen Kriterien der *History of Interpretation* und *Satisfaction* sein: Das Kriterium der *History of Interpretation* sollte nicht nur der Überprüfung der eigenen Interpretation dienen,[866] indem nach vergleichbaren Interpretation im Laufe der Interpretationsgeschichte eines Textes gefragt wird. Vielmehr stellt sich gerade diese Interpretationsgeschichte als Geschichte der unterschiedlichen intertextuellen Lektüren - Lektüren, die je ihre eigenen Plausibilitätsstrukturen haben - dar. *History of Interpretation* ist daher als ein Kriterium zu verstehen, das nicht nur der überprüfenden Legitimation eigener Deutungen dienen sollte, sondern prinzipiell den Blick für die im Intertextualitätsparadigma angelegte Pluralität schärft.[867] Ähnlich verhält es sich mit dem Kriterium der *Satisfaction*, das bei Hays - wie er selbst betont - das wichtigste und zugleich am schwierigsten zu beschreibende darstellt.[868] Die dem Kriterium zugrunde liegende Fragestellung kann auf der Basis einer intertextuellen Lektüretheorie modifiziert und präzisiert werden: *Lässt sich eine intertextuelle Lektüre plausibel als Interaktion zwischen vorgegebenem Text und jeweiliger Lektüre verstehen und welchen Plausibilitätsstrukturen verdankt sich diese Lektüre?* Zugleich wird mit dieser Frage über den Text und seine unmittelbare Lektüre hinaus verwiesen. Ob und inwieweit die Lektüre „a satisfying account of the effect of the intertextual relation" ergibt, entscheidet sich nicht mehr ausschließlich auf der Basis von Kriterien, die der Text selbst zur Verfügung stellt.

---

866 Vgl. Hays, Echoes, 30f.

867 Wie sich das Hayssche Kriterium der *History of Interpretation* zu Ebelings Programm einer *Kirchengeschichte als Geschichte der Auslegung der Heiligen Schrift* verhält, muss an dieser Stelle unbeantwortet bleiben. Es ist jedoch das Verdienst Hays´ hervorzuheben, die Auslegungsgeschichte mit ihren sehr unterschiedlichen jeweiligen hermeneutischen Voraussetzungen zum Maßstab für die Angemessenheit einer intertextuelle Lektüre gemacht zu haben.

868 „With or without clear confirmation from the other criteria listed here, does the proposed reading make sense? Does it illuminate the surrounding discourse? Does it produce for the reader a satisfying account of the effect of the intertextual relation? This criterion is difficult to articulate precisely without falling into the affective fallacy, but it is finally the important test: it is in fact another way of asking whether the proposed reading offers a good account of the experience of a contemporary community of competent readers." (Hays, Echoes, 31f.).

Die Vielfalt möglicher Lektüren wird grundsätzlich durch die Offenheit der verschiedenen Geschichten innerhalb der Geschichte Gottes ermöglicht: „Paul´s letters reflect the fact that for Paul neither the story of Christ nor the story of Christians has yet been completed."[869] Genauso sind die γραφαί in ihrer unmittelbaren Relevanz für die ἐκκλησία nicht abgeschlossen. Die Geschichte Gottes wartet in mehrerer Hinsicht auf ihre Vervollständigung und ist daraufhin angelegt.[870]

Verständigung für die Gegenwart

Alle Texte entfalten unabhängig von den Prozessen, die zu ihrer Entstehung geführt haben „allein auf der Ebene der Gleichzeitigkeit, Spannung und Differenz aller ihrer Elemente Sinnangebote für den Leser."[871] Welche Entwicklungen zur endgültigen Gestalt von 1Kor 10 geführt haben und die Diskussion darüber auf welche Vorlage Paulus wörtlich zurückgegriffen hat, ist für die Interpretation des Kapitels letztlich von untergeordnetem Interesse. Intertextuelle Lektüren diskutieren Verweise zu anderen Texten gerade nicht in einer Differenzierung zwischen Tradition und Redaktion, sondern gehen von einem kohärenten Text aus, dessen impliziter Autor mit der intertextuelle Disposition Lektüreanweisungen gibt. Die paulinische Gottesrede im 1Kor manifestiert sich grundlegend in solch intertextueller Struktur: Die jeweilige intertextuelle Lektüre garantiert die Gegenwart Gottes in der Schrift, sie ergänzt, korrigiert und illustriert die Geschichte Gottes. Lektüre geschieht immer von der Gegenwart aus für die Gegenwart: „Erstens ist der intertextuelle Kontext jedes Textes immer hier und jetzt. Mit anderen Worten ist das Lesen immer anachronistisch. Das Lesen irgendeines Textes, selbst ältester Texte, ist immer eine zeitgenössische Lektüre. Das heißt nicht, dass heutige Leser keine Ahnung der Art und Weisen haben können, wie antike Leser den Text verstanden, aber unser Bewusstsein solcher antiker Lektüren ist immer von unseren gegenwärtigen Kontexten, Interessen und Betroffenheiten konditioniert. Das ist wahr auch in Bezug auf unser Verständnis der historischen Bedingungen, unter denen der Text geschrieben wurde. Eine antike Lektüre als die richtige

869 Witherington, World, 354.

870 Vgl. die Ausführungen Hartwig Thyens mit Blick auf das Johannesevangelium, die für den 1Kor sinngemäß ebenfalls zutreffen: „Das überlieferte Johannesevangelium von Joh 1,1 bis Joh 21,25 ist ein kohärenter literarischer Text. Alle seine Textteile bis hinunter zur Ebene seiner Sätze müssen aus dem Ganzen des Evangeliums und als dessen Konstituentien begriffen werden. Wie immer das Johannesevangelium historisch zustande gekommen sein mag, und auch wenn seine Texte hier und da noch die Erfahrungen und Nöte der realen Welt und Geschichte seiner ersten Leser spiegeln sollten, so sind doch jetzt alle seine Teiltexte und Textteile in ihrer primären und für die Lektüre allein relevanten Funktion nichts als die Elemente aus denen die inspirierende Textwelt des Evangeliums aufgebaut ist." (Thyen, Jesu Leiden, 10.).

871 Thyen, Jesu Leiden, 10.

Bedeutung des Textes zu privilegieren, ist nichts anderes als den heutigen Intertext zu privilegieren, durch den diese alte Lektüre verstanden wird."[872]

Der 1Kor denkt diese Bezogenheit der Lektüre auf das Hier und Jetzt konsequent weiter. Die Schrift ist keine Größe, in deren Tradition man steht, sondern eine für die Gegenwart der ἐκκλησία verfasste. Die γραφαί können nur deshalb gültige Aussagen über Gott treffen, weil sich in ihnen die *Gegenwart Gottes für die gegenwärtige Lektüre* zeigt. Der 1Kor ist als kohärenter Text durch seine Verschriftlichung und Kanonisierung γραφή geworden, die sich von ihrer ursprünglichen Kommunikationssituation deutlich entfernt hat. In der schriftlichen Briefform findet man keinesfalls nur eine Fixierung der rhetorischen Ausführungen des Paulus für eine bestimmte Gemeinde oder für spätere Zeiten. „Eines ist also die mutmaßliche Absicht eines Autors, und ein ganz anderes ist die autonome, in der Textur seines Textes strukturierte Fülle der Bedeutungen seines Werkes. Ist für die Rede die lebendige Beziehung zwischen Redner und Hörer, sowie deren Situation ausschlaggebend, so warten Texte allein auf ihre Leser. Darum können auch die Autoren selbst keinesfalls die authentischen Interpreten ihrer Werke sein. Sie sind vielmehr nichts als Teilnehmer am Gespräch über deren Lektüre."[873]

Verstehendes Lesen im Sinne der vom 1Kor geforderten νουθεσία muss die Schriftlichkeit des Briefes und seine literarisch-kanonische Vernetzung innerhalb des biblischen Kanons genauso wie seine intertextuellen Verknüpfungen zu außerkanonischen Texten wahrnehmen. Intertextuelle Lektüre hat dabei nicht einen wie auch immer gearteten „Kanon im Kanon" im Blick, sondern begreift den paulinischen Brief als Ausgangspunkt für die Vielfalt intertextueller Lektüren, deren Zielgruppe alle sind, die den Namen des Herrn gegenwärtig anrufen – an jedem beliebigen Ort (1Kor 1,2). Indem die Geschichte Gottes im 1Kor nicht abgeschlossen ist und mit der Mitarbeit durch den Leser rechnet, erfährt sie ihren unmittelbaren Gegenwartsbezug: „Paul´s story of redemption, then, is not just about the actions of God. Although the divine initiative and divine grace are clearly dominant themes in the story, it is also about the responses and responsibilities of human beings. There are for the living still some loose ends in the tapestry, some parts to be played in the drama."[874]

Wie von Gott reden? – Eine Antwort auf die Ausgangsfrage dieser Studie kann unter Berücksichtigung der vorliegenden Ergebnisse lauten: Die Leser des 1Kor haben als φρόνιμοι kreativen Anteil an der Konstitution der Geschichte Gottes, indem sie die große Erzählung der γραφαί für die Ge-

---

[872] Aichele, Kanon, 162.

[873] Thyen, Jesu Leben, 12. Vgl. auch Eco, Nachschrift, 13f.

[874] Witherington, World, 354.

genwart der ἐκκλησία, vor dem Hintergrund der Jesus-Christus-Geschichte und in intertextueller Perspektive narrativ entfalten.

Anhang

Literaturverzeichnis

Die verwendeten Abkürzungen folgen Schwertner, Siegfried M., Internationales Abkürzungsverzeichnis für Theologie und Grenzgebiete (IATG²). Zeitschriften, Serien, Lexika, Quellenwerke mit bibliographischen Angaben, 2. Aufl., Berlin u.a. 1992 sowie - für Reihentitel mit Erscheinungsdatum nach 1992 - den Abkürzungen Theologie und Religionswissenschaft nach RGG⁴, Tübingen 2007.

Quellen und Übersetzungen

CICERO, MARCUS TULLIUS, *de natura deorum*, hg. von Otto Plasberg und Wilhelm Ax, Leipzig: Teubner, 1987.

DER MIDRASCH SCHEMOT RABBA. Das ist die allegorische Auslegung des zweiten Buches Mose, Bibliotheca Rabbinica III. Eine Sammlung alter Midraschim. Zum ersten Mal ins Deutsche übertragen von August Wünsche, Hildesheim u.a. 1993.

DIDACHE, griechisch/lateinisch/deutsch, hg. von Georg Schöllgen, FChr 1, Freiburg 1991.

DIE APOKRYPHEN UND PSEUDEPIGRAPHEN DES ALTEN TESTAMENTS, hg. von Emil Kautzsch, Band 1 - Die Apokryphen des Alten Testaments, Darmstadt 1962.

DIE APOKRYPHEN UND PSEUDEPIGRAPHEN DES ALTEN TESTAMENTS, hg. von Emil Kautzsch, Band 2 - Die Pseudepigraphen des Alten Testaments, Darmstadt 1962.

DIE BIBEL MIT APOKRYPHEN, nach der Übersetzung Martin Luthers, hg. von der Evangelischen Kirche in Deutschland, Stuttgart 1984.

DIE BIBEL: ALTES UND NEUES TESTAMENT. Einheitsübersetzung, hg. im Auftrag der Bischöfe Deutschlands, Österreichs, der Schweiz, des Bischofs von Luxemburg, des Bischofs von Lüttich, des Bischofs von Bozen-Brixen, des Rates der Evangelischen Kirche in Deutschland und des Evangelischen Bibelwerks in der Bundesrepublik Deutschland, Stuttgart 1980.

DIE SCHRIFT, verdeutscht von Martin Buber und Franz Rosenzweig, Teil 1. Die fünf Bücher der Weisung, 10. Aufl., Stuttgart 1992.

JOSEPH UND ASENETH, übers. von Christoph Burchard, JSHRZ II/4, Gütersloh 1983.

JOSEPHUS, FLAVIUS, De bello Iudaico, griechisch/deutsch, hg. von Otto Michel/ Otto Bauernfeind, 3 Bände, Darmstadt 1959-1969.

JOSEPHUS, FLAVIUS, Jüdische Altertümer, über. von Heinrich Clementz, Wiesbaden 2004.

JUSTINUS, Dialog mit dem Juden Tryphon, übers. von Philipp Haeuser, neu hg. von Katharina Greschat und Michael Tilly, BDK, Wiesbaden 2005.

MÜNCHENER NEUES TESTAMENT, hg. von Josef Hainz, 5. Aufl., München 1998.

NOVUM TESTAMENTUM GRAECE, hg. von Kurt Aland, 27. Aufl., Stuttgart 1993.

PHILO VON ALEXANDRIEN, Die Werke in deutscher Übersetzung, hg. von Leopold Cohn/Isaak Heinemann/Maximilian Adler/Willy Theiler, 7 Bände, Berlin 1909–1938 und 1964.

PHILONIS OPERA QUAE SUPERSUNT, hg. von Leopold Cohn/Paul Wendland/Siegfried Reiter, 7 Bände, Berlin 1896–1930.

PSEUDO-PHILO, Antiquitates Biblicae (Liber antiquitatum Biblicarum), hg. von Hermann Lichtenberger, JSHRZ 2,2, Gütersloh 1975.

SEPTUAGINA. Id est Vetus Testamentum graece iuxta LXX interpretes edidit Alfred Rahfs. Editio altera quam recognovit et emendavit Robert Hanhart, Stuttgart 2006.

Nachschlagewerke und Hilfsmittel

BAUER, WALTER/ALAND, BARBARA/ALAND, KURT (HG.), Griechisch-Deutsches Wörterbuch zu den Schriften des Neuen Testaments und der frühchristlichen Literatur, 6. Aufl., Berlin 1988.

BLAß, FRIEDRICH/DEBRUNNER, ALBERT/REHKOPF, FRIEDRICH, Grammatik des neutstamentlichen Griechisch, 18. Aufl., Göttingen 2001.

GEMOLL, WILHELM, Griechisch-Deutsches Schul- und Handwörterbuch, 9. Aufl., München 1997.

LEGGEWIE, OTTO/MEHRLEIN, ROLF/ RICHTER, FRIEDRICH/SEELBACH, WILHELM, Ars Graeca. Griechische Sprachlehre. Grammatik, Paderborn 1981.

Kommentare

ARZT-GRABNER, PETER U.A., 1.Korinther, Papyrologische Kommentare zum NT, Band 2, Göttingen 2006.

BARRETT, CHARLES K., A commentary on the first epistle to the Corinthians, BNTC, London 1968.

BARTH, KARL, Der Römerbrief 1922, Zürich 1940.

COLLINS, RAYMOND F., First Corinthians, Sacra pagina series 7, Collegeville 1999.

CONZELMANN, HANS, Der erste Brief an die Korinther, KEK 5, 2. Aufl., Göttingen 1981.

ECKEY, WILFRIED, Die Apostelgeschichte. Der Weg des Evangeliums von Jerusalem nach Rom, Teilband 1: 1,1-15,35, Neukirchen-Vluyn 2000.

FEE, GORDON D., The First Epistle to the Corinthians, NIC, Grand Rapids 1987.

FITZMYER, JAMES. A., First Corinthians. A New Translation with Introduction and Commentary, AncB, New Haven u.a. 2008.

HAYS, RICHARD B., First Corinthians, Interpretation. A Bible Commentary for Teaching and Preaching, Louisville 1997.

KLAUCK, HANS-JOACHIM, 1. Korintherbrief, NEB 7, 2. Aufl., Würzburg 1987.

KOVACS, JUDITH L., The Church´s Bible. 1Corinthians, Grand Rapids 2005.

KREMER, JAKOB, Der Erste Brief an die Korinther, RNT, Regensburg 1997.

LANG, FRIEDRICH, Die Briefe an die Korinther, NTD 7, 6. Aufl., Göttingen u.a. 1986.

LINDEMANN, ANDREAS, Der Erste Korintherbrief, HNT 9,1, Tübingen 2000.

MERKLEIN, HELMUT, Der erste Brief an die Korinther (Kapitel 1-4), ÖTK 7,1, Gütersloh 1992.

MERKLEIN, HELMUT, Der erste Brief an die Korinther (Kapitel 5,1-11,1), ÖTK 7,2, Gütersloh 2000.

MERKLEIN, HELMUT/GIELEN, MARLIS, Der erste Brief an die Korinther (Kapitel 11,2-16,24), ÖTK 7,3, Gütersloh 2005.

PESCH, RUDOLF, Die Apostelgeschichte (Apg 13-28), EKK V/2, Neukirchen-Vluyn 1986.

ROBERTSON, ARCHIBALD/PLUMMER, ALFRED, A Critical and Exegetical Commentary on the First Epistle of St Paul to the Corinthians, ICC, 2. Aufl., Edinburgh 1978.

SCHLATTER, ADOLF, Paulus der Bote Jesu, 3. Aufl., Stuttgart 1962.

SCHRAGE, WOLFGANG, Der erste Brief an die Korinther (1Kor 1,1-6,11), EKK VII/1, Zürich u.a. 1991.

SCHRAGE, WOLFGANG, Der erste Brief an die Korinther (1Kor 6,12-11,16), EKK VII/2, Zürich u.a. 1995.

SCHRAGE, WOLFGANG, Der erste Brief an die Korinther (1Kor 11,17-14,40), EKK VII/3, Zürich u.a. 1999.

SCHRAGE, WOLFGANG, Der erste Brief an die Korinther (1Kor 15,1-16,24), EKK VII/4, Zürich u.a. 2001.

STRACK, HERMANN L./BILLERBECK, PAUL, Kommentar zum Neuen Testament aus Talmud und Midrasch. Dritter Band: Die Briefe des Neuen Testaments und die Offenbarung Johannis, 9. Aufl., München 1994.

STROBEL, AUGUST, Der erste Brief an die Korinther, ZBK.NT 6,1, Zürich 1989.

THISELTON, ANTHONY C., The First Epistle to the Corinthians. A Commentary on the Greek text, NIGTC, Grand Rapids, Michigan 2000.

VEIJOLA, TIMO, Das 5. Buch Mose Deuteronomium. Kapitel 1,1-16,17, ATD 8,1, Göttingen 2004.

WEIß, JOHANNES, Der erste Korintherbrief, KEK 5, 9. Aufl., Göttingen 1910 (Neudruck 1977).
WITHERINGTON, BEN, Conflict and Community in Corinth: Socio-Rhetorical Commentary on 1 and 2 Corinthians, Grand Rapids 1995.
WOLFF, CHRISTIAN, Der erste Brief des Paulus an die Korinther, ThHK 7, 2.Aufl., Leipzig 2000.
ZELLER, DIETER, Der erste Brief an die Korinther, KEK 5, Göttingen 2010.

Sekundärliteratur

AAGESON, JAMES W., Written Also for Our Sake: Paul´s Use of Scripture in the Four Major Epistles, with a Study of 1 Corinthians 10, in: Porter, Stanley E. (Hg.), Hearing the Old Testament in the New Testament, Grand Rapids 2006, 152-181.
ABASCIANO, BRIAN J., Diamonds in the Rough: A Reply to Christopher Stanley Concerning the Reader Competency of Paul´s Original Audiences, NT 49 (2007), 153-183.
ADAMS, EDWARD, Paul´s Story of God and Creation. The Story of How God Fulfuls His Purposes in Creation, in: Longenecker, Narrative Dynamics, 19-43.
AICHELE, GEORGE, Kanon als Intertext: Einschränkung oder Befreiung?, in: Alkier/Hays, Bibel, 159-178.
AICHELE, GEORGE, Sign, Text, Scripture. Semiotics and the Bible, Interventions 1, Sheffield 1997.
AICHELE, GEORGE, The Control of Biblical Meaning. Canon as Semiotic Mechanism, Harrisburg 2001.
AICHELE, GEORGE/PHILLIPS, GARY A. (HG.), Intertextuality in the Bible, Semeia 69/70, Atlanta/Georgia 1995.
ALKIER, STEFAN, Das „Wort vom Kreuz" und die „Weisheit dieser Welt". Zur Epistemologie des Apostels Paulus, in: Deninger-Polzer, Gertrude/Winter, Christian (Hg.), Das Denken und seine Folgen, FS Günter Böhme, Idstein 2008, 65-79.
ALKIER, STEFAN, Die Bibel im Dialog der Schriften und das Problem der Verstockung in Mk 4. Intertextualität im Rahmen einer kategorialen Semiotik biblischer Texte, in: Alkier/Hays, Bibel, 1-22.
ALKIER, STEFAN, Die Vielfalt der Zeichen und die Aufgabe einer Theologie des Neuen Testaments, in: Witte, Markus (Hg.), Religionskultur. Zur Beziehung von Religion und Kultur in der Gesellschaft, Würzburg 2001.
ALKIER, STEFAN, Es geht ums Ganze! Wider die geschichtswissenschaftliche Verkürzung der Bibelwissenschaften oder Aufruf zur intensiveren Zusammenarbeit der theologischen Disziplinen, in: Rothgangel, Martin/Thaidigsmann, Edgar (Hg.), Religionspädagogik als Mitte der Theologie? Theologische Disziplinen im Diskurs, Stuttgart 2005, 165-170.

ALKIER, STEFAN, Ethik der Interpretation, in: Witte, Markus (Hg.), Der eine Gott und die Welt der Religionen. Beiträge zu einer Theologie der Religionen und zum interreligiösen Dialog, Würzburg 2003, 21-41.

ALKIER, STEFAN, From Text to Intertext: Intertextuality as a paradigm for reading Matthew, HTS 61,1-2 (2005), 1-18.

ALKIER, STEFAN, Hinrichtungen und Befreiungen: Wahn - Vision - Wirklichkeit in Apg 12. Skizzen eines semiotischen Lektüreverfahrens und seiner theoretischen Grundlagen, in: Alkier/Brucker, Exegese, 111-133.

ALKIER, STEFAN, Intertextualität - Annäherungen an ein texttheoretisches Paradigma, in: Sänger, Heiligkeit, 1-26.

ALKIER, STEFAN, Neues Testament, UTB-Basics, Tübingen u.a. 2010.

ALKIER, STEFAN, Neutestamentliche Wissenschaft - Ein semiotisches Konzept, in: Strecker, Christian (Hg.), Kontexte der Schrift II. Kultur, Politik, Religion, Sprache, Stuttgart 2005, 343-360.

ALKIER, STEFAN, Urchristentum. Zur Geschichte und Theologie einer exegetischen Disziplin, BHTh 83, Tübingen 1993.

ALKIER, STEFAN, Zeichen der Erinnerung - Die Genealogie in Mt 1 als intertextuelle Disposition, in: Bull, Klaus-Michael/Reinmuth, Eckart (Hg.), Bekenntnis und Erinnerung. FS zum 75. Geburtstag von Hans-Friedrich Weiß, Rostocker Theologische Studien 16, Münster 2004, 108-128.

ALKIER, STEFAN/BRUCKER, RALPH, Exegese und Methodendiskussion, TANZ 23, Tübingen/Basel 1998.

ALKIER, STEFAN/HAYS, RICHARD B. (HG.), Die Bibel im Dialog der Schriften. Konzepte intertextueller Bibellektüre, NET 10, Tübingen/Basel 2005.

ALKIER, STEFAN/ZANGENBERG, JÜRGEN, Zeichen aus Text und Stein. Ein semiotisches Konzept zur Verhältnisbestimmung von Archäologie und Exegese, in: Alkier, Stefan/Zangenberg, Jürgen (Hg.), Zeichen aus Text und Stein. Studien auf dem Weg zu einer Archäologie des Neuen Testaments, TANZ 42, Tübingen 2003, 21-62.

ALLEN, GRAHAM, Intertextuality, London 2000.

ANTOS, GERD/TIETZ, HEIKE (HG.), Perspektiven der Textlinguistik, Opladen 1997.

ASHOLT, WOLFGANG, Intertextualität und Subversivität, Heidelberg 1994.

ASSMANN, JAN, Das kulturelle Gedächtnis. Schrift, Erinnerung und politische Identität in fruehen Hochkulturen, 2. Aufl., München 1999.

ASSMANN, JAN, Religion und kulturelles Gedächtnis, München 2000.

ATTRIDGE, HAROLD W., Intertextuality in the Acts of Thomas, Semeia 80, Atlanta/Georgia 1997, 87-124.

BACHTIN, MICHAIL, Die Ästhetik des Wortes, Frankfurt 1979.

BAIL, ULRIKE, Gegen das Schweigen, Eine intertextuelle Studie zu den Klagepsalmen Ps 6 und Ps 55 und der Erzählvorgang von der Vergewaltigung, Gütersloh 1998.

BAIRD, WILLIAM, I Corinthians 10:1-13, Interp. 44 (1990), 286-290.

BALLHORN, EGBERT/STEINS, GEORG (HG.), Der Bibelkanon in der Bibelauslegung. Methodenreflexion und Beispielexegesen, Stuttgart 2007.

BANDSTRA, ANDREW J., Interpretation in 1 Corinthians 10,1-11, CTJ 6 (1971), 5-21.

BARTH, KARL, Das Wort Gottes als Aufgabe der Theologie (1922), Karl Barth Gesamtausgabe, hg. von Holger Finze, III. Vorträge und kleinere Arbeiten. 3. Vorträge und Kleinere Arbeiten 1922- 1925, Zürich 1990, 144-175.

BARTH, KARL, Die Auferstehung der Toten, München 1926.

BARTHES, ROLAND, Die Lust am Text, Frankfurt 1974.

BARTHES, ROLAND, Image, music, text, New York 1988.

BAUR, FERDINAND CHRISTIAN, Vorlesungen über neutestamentliche Theologie, posthum hg. von Ferdinand Friedrich Baur, Gotha 1892.

BECKER, EVE-MARIE, ΕΙΣ ΘΕΟΣ und 1Kor 8. Zur frühchristlichen Entwicklung und Funktion des Monotheismus, in: Popkes, Wiard/Brucker, Ralph (Hg.), Ein Gott und ein Herr. Zum Kontext des Monotheismus im Neuen Testament, BThSt 68, Neukirchen-Vluyn 2004, 65-100.

BECKER, EVE-MARIE, Schreiben und Verstehen. Paulinische Briefhermeneutik im Zweiten Korintherbrief, NET 4, Tübingen u.a. 2002.

BECKER, EVE-MARIE, Text und Hermeneutik am Beispiel einer textinternen Hermeneutik, in: Wischmeyer/Scholz, Bibel, 193-216.

BECKER, JÜRGEN, Auferstehung der Toten im Urchristentum, SBS 82, Stuttgart 1976.

BEKER, JOHAN CHRISTIAAN, Der Sieg Gottes. Eine Untersuchung zur Struktur des paulinischen Denkens, SBS 132, Stuttgart 1988.

BLANK, JOSEF, Erwägungen zum Schriftverständnis des Paulus, in: Friedrich, Johannes u.a. (Hg.), Rechtfertigung. FS Ernst Käsemann, Tübingen 1976, 37-56.

BOERS, HENDRIKUS, Christ in the Letters of Paul. In place of a Christology, BZNW 140, Berlin u.a. 2006.

BORMANN, LUKAS, Schöpfung, Monotheismus und fremde Religionen. Studien zu Inklusion und Exklusion in den biblischen Schöpfungsvorstellungen, BThSt 95, Neukirchen-Vluyn 2008.

BOYARIN, DANIEL, Intertextuality and the reading of Midrash, Bloomington 1990.

BOYARIN, DANIEL, Old Wine in New Bottles: Intertextuality and Midrash, Poetics Today 8:4 (1987), 539-557.

BRAUMANN, GEORG, Vorpaulinische christliche Taufverkündigung bei Paulus, BWANT 82, Stuttgart 1962.

BREYTENBACH, CILLIERS, Der einzige Gott - Vater der Barmherzigkeit. Thoratexte als Grundlage des paulinischen Redens von Gott, BThZ 1/2005, 37-54.

BRODIE, THOMAS L./MACDONALD, DENNIS R./PORTER, STANLEY E. (HG.), The Intertextuality of the Epistles. Explorations of Theory and Practice, Sheffield 2006.

BROER, INGO, „Darum: Wer da meint zu stehen, der sehe zu, daß er nicht falle." 1Kor 20f im Kontext von 1Kor 10, 1-13, in: Merklein, Helmut (Hg.), Neues Testament und Ethik, FS R. Schnackenburg, Freiburg 1989, 209-235.

BROICH, ULRICH/PFISTER. MANFRED (HG.), Intertextualität. Formen, Funktionen, anglistische Fallstudien, Tübingen 1985.

BRUEGGEMANN, WALTER, Texts under Negotiation. The Bible and Postmodern Imagination, Minneapolis 1993.

BUBER, MARTIN, Gottesfinsternis. Betrachtungen zur Beziehung zwischen Religion und Philosophie, in: Werke, Band 1: Schriften zur Philosophie, München 1962, 503-603.

BUBER, MARTIN, Zur Verdeutschung der Preisungen, in: Die Schriftwerke, verdeutscht von Martin Buber, 6. Aufl., Stuttgart 1976.

BUCHANAN, GEORGE WESLEY, Introduction to Intertextuality, Lewiston 1994.

BULTMANN, RUDOLF, Die Christologie des Neuen Testaments, GuV I, 8. Aufl. 1980, 245-267.

BULTMANN, RUDOLF, Theologie des Neuen Testaments, 8. Aufl., Tübingen 1980.

BULTMANN, RUDOLF, Welchen Sinn hat es, von Gott zu reden, in: ders., Glauben und Verstehen. Gesammelte Aufsätze, Band 1, 9. Aufl., Tübingen 1993, 26-37.

COLLIER, GARY D., "That we might not crave Evil": The Structure and Argument of 1 Corinthians 10.1-13, JSNT 55 (1994), 55-75.

COLLINS, RAYMOND F., "It was indeed written for our sake" (1 Cor 9,10). Paul´s Use of Scripture in the First Letter to the Corinthians, SNTU.A 20 (1995), 151-170.

CULLER, JONATHAN, Presupposition and Intertextuality, in: The Pursuit of Signs, London 1981, 100-118.

DALFERTH, INGOLF U., Religiöse Rede von Gott, BEvTh 87, München 1981.

DE BEAUGRADE, ROBERT-ALAIN/DRESSLER, WOLFGANG U., Einführung in die Textlinguistik, Tübingen 1981.

DEMKE, CHRISTOPH, „Ein Gott und viele Herren". Die Verkündigung des einen Gottes in den Briefen des Paulus, EvTh 36 (1976), 473-484.

DEUSER, HERMANN, Kleine Einführung in die Systematische Theologie, Stuttgart 1999.

DIECKMANN, DETLEF, Segen für Isaak. Eine rezeptionsästhetische Auslegung von Gen 26 und Kotexten, BZAW 329, Berlin u.a. 2003.

DOHMEN, CHRISTOPH, Die Bibel und ihre Auslegung, München 1998.

DOSSE, FRANCOIS, Geschichte des Strukturalismus 1. Das Feld des Zeichens, 1945-1966, Hamburg 1998.

DOSSE, FRANCOIS, Geschichte des Strukturalismus 2. Die Zeichen der Zeit, 1967-1991, Hamburg 1997.

DRAISMA, SIPKE (HG.), Intertextuality in Biblical Writings. Essays in Honour of Bas van Iersel, Kampden 1989.

DUNN, JAMES D.G., The Theology of Paul the Apostle, Grand Rapids 1998.

DUNN, JAMES D.G., The Narrative Approach to Paul. Whose Story?, in: Longenecker, Narrative Dynamics, 217-230.

EBELING, GERHARD, Die Bedeutung der historisch-kritischen Methode für die protestantische Theologie und Kirche, ZThK 47 (1950), 1-46.

EBELING, GERHARD, Kirchengeschichte als Geschichte der Auslegung der Heiligen Schrift, Tübingen 1947.

EBELING, GERHARD, Was heißt „Biblische Theologie"?, in: ders., Wort und Glaube I, Tübingen 1960, 69-89.

ECO, UMBERTO, Die Grenzen der Interpretation, München 1992.

ECO, UMBERTO, Lector in fabula. Die Mitarbeit der Interpretation in erzählenden Texten, aus dem Ital. übers. von Heinz-Georg Held, München 1987.

ECO, UMBERTO, Nachschrift zum „Namen der Rose", übers. von Burkhart Kröber, München 1986.

ECO, UMBERTO, Semiotik und Philosophie der Sprache, übers. von Christiane Trabant-Rommel/Jürgen Trabant, München 1985.

ECO, UMBERTO, Die Innovation im Seriellen, in: ders., Über Spiegel und andere Phänomene, 2. Aufl., München 1991.

ECO, UMBERTO, Zwischen Autor und Text. Interpretation und Überinterpretation. Mit Einwürfen von Richard Rorty, Jonathan Culler, Christine Brooke-Rose und Stefan Collini, München 1996.

EISEN, UTE E., Die Poetik der Apostelgeschichte. Eine narratologische Studie, NTOA/StUNT 58, Fribourg/Göttingen 2006.

ERIKSSON, ANDERS, Special Topics in 1 Corinthians 8-10, in: Porter, Stanley E./Stamps, Dennis. L. (Hg.), The Rhetorical Interpretation of Scripture. Essays from the 1996 Malibu Conference, JSNT.SS 180, Sheffield 1999.

EVANS, CRAIG A. (HG.), The quest for context and meaning. Studies in biblical intertextuality in honor of James A. Sanders, Biblical interpretation series 28, Leiden 1997.

EVANS, CRAIG A./SANDERS, JAMES A., Paul and the scriptures of Israel, JSNT.SS 83, Sheffield 1993.

FEE, GORDON D., Εἰδωλόθυτα Once Again: An Interpretation of 1 Corinthians 8-10, in; Biblica (1980), 177-178.

FELDMEIER, REINHARD, „Der das Nichtsseiende ruft, daß es sei". Gott bei Paulus, in: Kratz/Spieckermann, Götterbilder II, 135-152.

FEWELL, DANNA NOLAN (HG.), Reading between Texts, Intertextuality and the Hebrew Bible. Literary Currents in Biblical Interpretation, Louisville 1992.

FISHBANE, MICHAEL A., Biblical interpretation in Ancient Israel, Oxford 1988.

FLEBBE, JOCHEN, Solus Deus. Untersuchungen zur Rede von Gott im Brief des Paulus an die Römer, BZNW 158, Berlin/New York 2008.

FOWLER, DON, On the Shoulders of Giants, in: ders., Constructions, 115-137.

FOWLER, DON, Roman Constructions. Readings in Postmodern Latin, Oxford 2000.

FREI, HANS W., The eclipse of biblical narrative. A study in 18. and 19. century hermeneutics, New Haven 1974.

FREY, JÖRG/SCHRÖTER, JENS (HG.), Deutungen des Todes Jesu im Neuen Testament, unveränderte Studienausgabe, Tübingen 2007.

FUES, WOLFRAM M., Text als Intertext, Leuven 1995.

GAVENTA, BEVERLY R./HAYS, RICHARD B. (HG.), Seeking the Identity of Jesus. A Pilgrimage, Grand Rapids 2008.

GENETTE, GÉRARD, Palimpseste. Die Literatur auf zweiter Stufe, Frankfurt 1993.

GILLMAYR-BUCHER, SUSANNE, Intertextualität, Protokolle zur Bibel 8 (1999), 5-20.

GRESHAKE, GISBERT U.A., Resurrectio mortuorum. Zum theologischen Verständnis der leiblichen Auferstehung, Darmstadt 1986.

GROHMANN, MARIANNE, Aneignung der Schrift. Wege einer christlichen Rezeption jüdischer Hermeneutik, Neukirchen-Vluyn 2000.

GROHMANN, MARIANNE, Intertextualität als Vermittlungsmodell zwischen jüdischer und christlicher Hermeneutik, in: Wiener Jahrbuch für Theologie 2, Wien 1998, 265-284.

GROHMANN, MARIANNE, Psalm 113 und das Lied der Hanna (1Sam 2,2-10) – Paradebeispiele für eine intertextuelle Lektüre?, in: Alkier/Hays, Bibel, 137-156.

GÖZINGER, ALBRECHT, Homiletik (Lehrbuch Praktische Theologie), Gütersloh 2008.

GÜTTGEMANNS, ERHARDT, studia linguistica neotestamentica. Gesammelte Aufsätze zur linguistischen Grundlage einer neutestamentlichen Theologie. 2. Aufl., München 1971.

HABERMANN, JÜRGEN, Präexistenzaussagen im Neuen Testament, Frankfurt u.a. 1990.

HAHN, FERDINAND, Teilhabe am Heil und Gefahr des Abfalls. Eine Auslegung von 1 Ko 10,1-22, in: De Lorenzi, L. (Hg.), Freedom and Love, SMBen.BE 6, Rom 1981, 149-171.

HARDMEIER, CHRISTOF, Textwelten der Bibel entdecken, Gütersloh 2003.

HATINA, THOMAS R., Intertextuality and Historical Criticism in New Testament Studies, Bibl.Interpr. 7 (1999), 48-68.

HAYS, RICHARD B., Christ Died for the Ungodly: Narrative Soteriology in Paul? HBT 26/1 (2004), 48-68.

HAYS, RICHARD B., "Is Paul´s Gospel Narratable?", JSNT 27.2 (2004), 217-239.

HAYS, RICHARD B., The Faith of Jesus Christ. The Narrative Substructure of Galatians 3:1-4:11, SBL Dissertation Series 56, Atlanta 1983.

HAYS, RICHARD B., Die Befreiung Israels im lukanischen Doppelwerk, in: Alkier/Hays, Bibel, 117-136.

HAYS, RICHARD B., Echoes of Scripture in the Letters of Paul, New Haven 1989.

HAYS, RICHARD B., Schriftverständnis und Intertextualität bei Paulus, ZNT 14 (2004), 55-64.

HAYS, RICHARD B., The Conversion of Imagination. Paul as Interpreter of Israel´s Scripture, Grand Rapids 2005.

HAYS, RICHARD B., The Conversion of Imagination: Scripture and Eschatology in 1 Corinthians, NTS 45 (1999), 391-412.

HAYS, RICHARD B., The Story of God´s Son: The Identity of Jesus in the Letters of Paul, in: Gaventa/ders., Seeking the Identity, 180-199.

HEBEL, UDO J., Intertextuality, allusion and quotation, New York 1989.

HEINEMANN, WOLFGANG, Zur Eingrenzung des Intertextualitätsbegriffes aus textlinguistischer Sicht, in: Klein/Fix, Textbeziehungen, 21-38.

HELBIG, JÖRG, Intertextualität und Markierung. Untersuchungen zur Systematik und Funktion der Signalisierung von Intertextualität, Beiträge zur neueren Literaturgeschichte; Folge 3, Band 141, Heidelberg 1996.

HENGEL, MARTIN, Aufgaben der neutestamentlichen Wissenschaft, NTS 40 (1994), 321-357.

HENGEL, MARTIN, Psalm 110 und die Erhöhung des Auferstandenen zur Rechten Gottes, in: Anfänge der Christologie, FS Ferdinand Hahn, Göttingen 1991, 43-73.

HIEKE, THOMAS, Vom Verstehen biblischer Texte. Methodologisch-hermeneutische Erwägungen zum Programm einer „biblischen Auslegung", BN 119/120 (2003), 71-100.

HIEKE, THOMAS/NICKLAS, TOBIAS, „Die Worte der Prophetie dieses Buches". Offenbarung 22,6-21 als Schlussstein der christlichen Bibel Alten und Neuen Testaments gelesen, BThSt 62, Neukirchen-Vluyn 2003.

HINDS, STEPHEN, Allusion and Intertext. Dynamics of appropriation in Roman poetry, Cambridge 1998.

HOESTERY, INGEBORG, Verschlungene Schriftzeichen, Frankfurt 1988.

HOFIUS, OTFRIED, „Einer ist Gott - Einer ist Herr". Erwägungen zu Struktur und Aussage des Bekenntnisses 1Kor 8,6, in: ders., Paulusstudien II, 167-180 [Erstveröffentlichung 1997].

HOFIUS, OTFRIED, Christus als Schöpfungsmittler und Erlösungsmittler. Das Bekenntnis 1Kor 8,6 im Kontext der paulinischen Theologie, in: ders., Paulusstudien II, 181-192 [Erstveröffentlichung 2000].

HOFIUS, OTFRIED, Herrenmahl und Herrenmahlparadosis. Erwägungen zu 1Kor 11,23b-25, ZThK 85 (1988), 371-408.

HOFIUS, OTFRIED, „Gott war in Christus". Sprachliche und theologische Erwägungen zu der Versöhnungsaussage 2Kor 5,19a, in: ders., Exegetische Studien, 132-143.

HOFIUS, OTFRIED, Paulusstudien II, WUNT 143, Tübingen 2002.

HOLTHUIS, SUSANNE, Intertextualität. Aspekte einer Rezeptionsorientierten Konzeption, Stauffenburg-Colloquium 28, Tübingen 1993.

HOLTZ, TRAUGOTT, Theo-logie und Christologie bei Paulus, in: ders., Geschichte und Theologie des Urchristentums. Gesammelte Aufsätze, WUNT 57, 189-204.

HORSLEY, RICHARD A., The Background of the Confessional Formula in 1Kor 8,6, ZNW 69 (1978), 130-135.

HÜBENTHAL, SANDRA, Transformation und Aktualisierung. Zur Rezeption von Sach 9-14 im Neuen Testament, SBB 57, Stuttgart, 2006.

HÜBNER, HANS, Biblische Theologie des Neuen Testaments. Band 2 - Die Theologie des Paulus, Göttingen 1993.

HÜBNER, HANS, Vetus Testamentum und Vetus Testamentum in Novo Receptum. Die Frage nach dem Kanon des Alten Testaments aus neutestamentlicher Sicht, in: Zum Problem des Biblischen Kanons, Neukirchen-Vluyn 1988, 147-162.

JANOWSKI, BERND, An die Stelle des anderen treten. Zur biblischen Semantik der Stellvertretung, in: Frey/Schröter, Deutungen, 43-68.

JANOWSKI, BERND, Das Leben für andere hingeben. Alttestamentliche Voraussetzungen für die Deutung des Todes Jesu, in: Frey/Schröter, Deutungen, 97-118.

JANOWSKI, BERND, Er trug unsere Sünden. Jesaja 53 und die Dramatik der Stellvertretung, in: ders., Gottes Gegenwart in Israel. Beiträge zur Theologie des Alten Testaments, Neukirchen-Vluyn 1993, 303-326.

JANOWSKI, BERND, Sühne als Heilsgeschehen. Studien zur Sühnetheologie der Priesterschrift und zur Wurzeo KPR im Alten Orient und im Alten Testament, WMANT 55, Neukirchen-Vluyn 1982.

JANOWSKI, J. CHRISTINE/JANOWSKI, BERND/LICHTENBERGER, HANS P., Stellvertretung. Theologische, philosophische und kulturelle Aspekte, Band 1: Interdisziplinäres Symposion Tübingen 2004, Neukirchen-Vluyn 2006.

JAUß, HANS ROBERT, Racine und Goethes Iphigenie - Mit einem Nachwort über die Partialität der rezeptionsästhetischen Methode, in: Warning, Rainer (Hg.), Rezeptionsästhetik. Theorie und Praxis, 4. Aufl., München 1994, 353-400.

JESKE, RICHARD L., The Rock was Christ: The Ecclesiology of 1 Corinthians 10, in: Lührmann, Dieter/Strecker, Georg (Hg.), Kirche. FS Günther Bornkamm, Tübingen 1980, 245-255.

JÜNGEL, EBERHARD, Gott als Geheimnis der Welt. Zur Begründung der Theologie des Gekreuzigten im Streit zwischen Theismus und Atheismus, 7. Aufl., Tübingen 2001.

KAHL, WERNER, Exegetische Forschung im Umbruch. Die Bibel unter neuen Blickwinkeln, BiKi 61,3 (2006), 166-170.

KAHL, WERNER, Gott und numinose Zwischenwesen, in: Erlemann, Kurt u.a. (Hg.), Neues Testament und Antike Kultur, Band 3, Neukirchen-Vlyun 2005, 88-109.

KAHL, WERNER, Interkulturelle Hermeneutik - Kontextuelle Exegese. Ein Modell der Schriftauslegung für das 21. Jahrhundert, in: Schönborn, Ulrich (Hg.), Wege des Verstehens. Beiträge zu einer interkulturellen Hermeneutik, Hermannsburg 2001, 135-151.

KAHL, WERNER, Psalm 2 und das Neue Testament. Intertextuelle Aspekte anhand ausgewählter Beispiele, in: Sänger, Gottessohn, 232-250.

KÄSEMANN, ERNST, Das theologische Problem des Motivs vom Leibe Christi, in: ders., Paulinische Perspektiven, 2. Aufl., Tübingen 1972, 178-210.

KEESMAAT, SYLVIA C., Paul and his Story. (Re)Interpreting the Exodus Tradition, JSNTS 181, Sheffield 1999.

KIRCHHOFF, RENATE, Die Sünde gegen den eigenen Leib. Studien zu πορνή und πορνεῖα in 1 Kor 6,12-20 und dem sozio-kulturellen Kontext der paulinischen Adressaten, StUNT 18, Göttingen 1994.

KLAUCK, HANS-JOACHIM (HG.), Monotheismus und Christologie. Zur Gottesfrage im hellenistischen Judentum und im Urchristentum, QD 138, Freiburg u.a. 1992.

KLEIN, JOSEF/FIX, ULLA (HG.), Textbeziehungen. Linguistische und literaturwissenschaftliche Beiträge zur Intertextualität, Tübingen 1997.

KOCH, DIETRICH-ALEX, Die Schrift als Zeuge des Evangeliums. Untersuchungen zur Verwendung und zum Verständnis der Schrift bei Paulus, BHTh 69, Tübingen 1986.

KOEHLER, OSKAR, Vom Sinn und Unsinn in der Geschichte, Freiburg 1985.

KÖHLMOOS, MELANIE, Das Auge Gottes. Textstrategie im Hiobbuch, Tübingen 1999.

KÖRTNER, ULRICH H.J., Der inspirierte Leser. Zentrale Aspekte biblischer Hermeneutik, Göttingen 1994.

KRATZ, REINHARD G./SPIECKERMANN, HERMANN (HG.), Götterbilder, Gottesbilder, Weltbilder. Polytheismus und Monotheismus in der Welt der Antike, Band I: Ägypten, Mesopotamien, Persien, Kleinasien, Syrien, Palästina, FAT II,17, Tübingen 2006.

KRATZ, REINHARD G./SPIECKERMANN, HERMANN (HG.), Götterbilder, Gottesbilder, Weltbilder. Polytheismus und Monotheismus in der Welt der Antike, Band II: Griechenland und Rom, Judentum, Christentum und Islam, FAT II,18, Tübingen 2006.

KREBERNIK, MANFRED/OORSCHOT, JÜRGEN VAN (HG.), Polytheismus und Monotheismus in den Religionen des Vorderen Orients, AOAT 298, Münster 2002.

KREITZER, LARRY, 1 Corinthians 10:4 and Philo´s Flinty Rock, Communio Viatorum 35 (1993), 109-126.

KRISTEVA, JULIA, Bachtin, das Wort, der Dialog und der Roman, in: Kimmich, Dorothee u.a. (Hg.), Texte zur Literaturtheorie der Gegenwart, Stuttgart 2003, 334-348.

KRISTEVA, JULIA, Bakhtine, le mot, le dialogue et le roman, in: Critique XXIII (1967), 438-465.

KRISTEVA, JULIA, Die Revolution der poetischen Sprache, Frankfurt 1978.

KRISTEVA, JULIA, La révolution du language poétique, Paris 1974.

KRISTEVA, JULIA, Le texte du roman: Approche sémiologique d´une structure discursive transformationelle, The Hague 1970.

KRISTEVA, JULIA, Probleme der Textstrukturation, in: Blumensath, Heinz (Hg.), Strukturalismus in der Literaturwissenschaft, Köln 1972, 243-262.

KRISTEVA, JULIA, The Kristeva Reader, hg. von Toril Moi, New York 1986.

KÜMMEL, WERNER G., Das Neue Testament. Geschichte der Erforschung seiner Probleme, 2. Aufl., München 1970.

LACHMANN, RENATE (HG.), Dialogizität, Theorie und Geschichte der Literatur und Schönen Künste (Neue Folge, Reihe A, Band 1), München 1982.

LACHMANN, RENATE, Ebenen des Intertextualitätsbegriffs, in: Das Gespräch, München 1984, 133-138.

LACHMANN, RENATE, Gedächtnis und Literatur, Frankfurt 1990.

LEGARTH, PETER V., Typology and its Theological Basis, European Journal of Theology 5 (1996), 143-154.

LEHMANN, KARL, Auferweckt am dritten Tag nach der Schrift. Früheste Christologie, Bekenntnisbildung und Schriftauslegung im Lichte von 1 Kor. 15,3-5, QD 38, Freiburg u.a. 1968.

LEVI-STRAUSS, CLAUDE, Mythos und Bedeutung, Frankfurt 1995.

LINDEMANN, ANDREAS, Die Rede von Gott in der paulinischen Theologie, ThGl 69 (1979), 357-376.

LINK, CHRISTIAN, Die Spur des Namens. Wege zur Erkenntnis Gottes und zur Erfahrung der Schöpfung, Neukirchen-Vluyn 1997.

LINK, CHRISTIAN, In welchem Sinne sind theologische Aussagen wahr? Zum Streit zwischen Glaube und Wissen, Neukirchen-Vluyn 2003.

LINK, CHRISTIAN, Schöpfung, HST 7 (2 Bände), Gütersloh 1991.

LISZKA, JAMES JAKÓB, A general introduction to the semeiotic of Charles Sanders Peirce, Bloomington u.a. 1996.

LONGENECKER, BRUCE W. (HG.), Narrative Dynamics in Paul: A Critical Assessment, Westminster 2002.

LONGENECKER, BRUCE W., Narrative Interest in the Study of Paul. Retrospective and Prospective, in: ders., Narrative Dynamics, 3-18.

LOUGHLIN, GERARD, Tellings God´s Story. Bible, Church and narrative theology, Cambridge 1996.

LÜTZ, MANFRED, Gott. Eine kleine Geschichte des Größten, München 2007.

LUZ, ULRICH, Das Geschichtsverständnis des Paulus, München 1968.

LUZ, ULRICH, Kann die Bibel heute noch Grundlage für die Kirche sein? Über die Aufgabe der Exegese in einer religiös-pluralistischen Gesellschaft, NTS 44 (1998), 317-339.

LYOTARD, JEAN-FRANÇOIS, Das Postmoderne Wissen. Ein Bericht, hg. von Peter Engelmann, 5. Aufl., Wien 1994.

MAI, HANS-PETER, Bypassing Intertextuality. Hermeneutics, Textual Practice, Hypertext, in: Plett, Intertextuality, 30-59.

MAUSER, ULRICH, Die Bibel: Das Buch der werdenden Einzigkeit Gottes, in: Hübner, Hans/Jaspert, Bernd (Hg.), Biblische Theologie. Entwürfe der Gegenwart, BThSt 38, Neukirchen-Vluyn 1999.

MAYORDOMO, MOISÉS, Argumentiert Paulus logisch? Eine Analyse vor dem Hintergrund antiker Logik, WUNT 188, Tübingen 2005.

MERK, OTTO, Biblische Theologie des Neuen Testaments in ihrer Anfangszeit. Ihre methodischen Probleme bei Johann Philipp Gabler und Georg Lorenz Bauer und deren Nachwirkungen, MThSt 9, Marburg 1972.

MERKLEIN, HELMUT, Der Theologe als Prophet. Zur Funktion prophetischen Redens im theologischen Diskurs des Paulus, NTS 38 (1992), 402-429.

MERKLEIN, HELMUT, Die Einheitlichkeit des ersten Korintherbriefes, ZNW 75 (1984), 153-183.

MERZ, ANNETTE, Die fiktive Selbstauslegung des Paulus. Intertextuelle Studien zur Intention und Rezeption der Pastoralbriefe, NTOA/StUNT 52, Göttingen u.a. 2004.

MISCALL, PETER D., New Heavens, New Earth, New Book, in: Fewell, Reading between Texts, 41-56.

MITCHELL, MARGARET M., Concerning περὶ δε, in 1 Corinthians, NovT 31 (1989), 229-256.

MITCHELL, MARGARET M., Paul and the Rhetoric of Reconciliation, Tübingen u.a. 1992.

MOOR, JOHANNES C. DE, Intertextuality in Ugarit and Israel, Leiden u.a. 1998.

MORGENSTERN, MATTHIAS, Halachische Schriftauslegung. Auf der Suche nach einer jüdischen ‚Mitte der Schrift', ZThK 103 (2006), 26-48.

MORRIS, CHARLES WILLIAM, Grundlagen der Zeichentheorie. Ästhetik und Zeichentheorie, München 1972.

MOYISE, STEVE, Intertextualität und Historische Zugänge zum Schriftgebrauch im Neuen Testament, in: Alkier/Hays, Bibel, 23-34.

MOYISE, STEVE, Intertextuality and Biblical Studies: A Review, Verbum et Ecclesia 23 (2002), 418-431.

MOYISE, STEVE, Paul and Scripture. Studying the New Testament Use of the Old Testament, Grand Rapids 2010.

MOYISE, STEVE, The Old Testament in the New. An Introduction, London/New York 2001.

MÜLLER, KLAUS E. U.A. (HG.), Historische Sinnbildung. Problemstellungen, Zeitkonzepte, Wahrnehmungshorizonte, Darstellungsstrategien, Hamburg 1997.

MÜLLER, WOLFGANG G., Namen als intertextuelle Elemente, Poetica 23 (1991), 139-165.

NIEBUHR, KARL-WILHELM, Exegese im kanonischen Zusammenhang. Überlegungen zur theologischen Relevanz der Gestalt des neutestamentlichen Kanons, in: Auwers, Jean-Marie/de Jonge, Henk J., The Biblical Canons, BEThL 163, Leuven 2003, 557-584.

NORDHEIM, MIRIAM VON, Geboren von der Morgenröte? Psalm 110 in Tradition, Redaktion und Rezeption, WMANT 117, Neukirchen-Vluyn 2008.

OROSZ, MAGDOLA, Intertextualität in der Textanalyse, Wien 1997.

OSTEN-SACKEN, PETER VON DER, „Geschrieben zu unserer Ermahnung ..." Die Tora in 1.Korinther 10,1-13, in: ders., Die Heiligkeit der Tora. Studien zum Gesetz bei Paulus, München 1989, 60-86.

OTTO, ECKART, Das Gesetz des Mose, Darmstadt 2007.

PEIRCE, CHARLES S., Collected Papers, Band 2: Elements of Logic, Cambridge 1932.

PEIRCE, CHARLES S., Phänomen und Logik der Zeichen, hg. und übers. von Helmut Pape, Frankfurt 1983.

PEIRCE, CHARLES S., Semiotische Schriften, hg. von Christiane Koesel /Helmut Pape, , 3 Bände, Frankfurt 2000.

PELLEGRINI, SILVIA, Elija – Wegbereiter Gottes. Eine textsemiotische Untersuchung im Markusevangelium, HBSt 26, Freiburg u.a. 2000.

PETERSON, ERIK, ΕΙΣ ΘΕΟΣ. Epigraphische, formgeschichtliche und religionsgeschichtliche Untersuchungen, FRLANT 41, Göttingen 1926.

PETÖFI, JANOS S., Explikative Interpretation. Explikatives Wissen, in: Petöfi, János S./Olivi, Terry, Von der verbalen Konstitution zur symbolischen Bedeutung – From verbal constitution to symbolic meaning, Papiere zur Textlinguistik 62, Hamburg 1988, 184-195.

PFISTER, MANFRED, Konzepte der Intertextualität, in: Broich/Pfister, Intertextualität, 1-30.

PHILLIPS, GARY A., Introduction: Exegesis, Eisegesis, Intergesis, in: Aichele/Phillips, Intertextuality, 7-18.

PIPPIN, TINA, Jezebel Re-Vamped, in: Aichele/Phillips, Intertextuality, 221-233.

PLETT, HEINRICH F. (HG.), Intertextuality, Research in Text Theory/Untersuchungen zur Texttheorie 15, Berlin/New York 1991.

POPKES, WIARD/BRUCKER, RALPH (HG.), Ein Gott und ein Herr. Zum Kontext des Monotheismus im Neuen Testament, BThSt 68, Neukirchen-Vluyn 2004.

PREISENDANZ, WOLFGANG, Zum Beitrag von R. Lachmann, Dialogizität und poetische Sprache, in: Dialogizität, 25-28.

REESE-SCHÄFER, WALTER, Lyotard zur Einführung, 3. Aufl., Hamburg 1995.

REINMUTH, ECKART, Allegorese und Intertextualität. Narrative Abbreviaturen der Adam-Geschichte bei Paulus (Röm 1,18-28), in: Alkier/Hays, Bibel, 57-69.

REINMUTH, ECKART, Anthropologie im Neuen Testament, Tübingen 2006.

REINMUTH, ECKART, Narratio und argumentatio – zur Auslegung der Jesus-Christus-Geschichte im Ersten Korintherbrief. Ein Beitrag zur mimetischen Kompetenz des Paulus, ZThK 92 (1995), 3-27.

REINMUTH, ECKART, Neutestamentliche Historik. Probleme und Perspektiven, ThLZ.F 8, Leipzig 2003.

REINMUTH, ECKART, Paulus. Gott neu denken, Biblische Gestalten 9, Leipzig 2004.

RESE, MARTIN, „Intertextualität" – Ein Beispiel für Sinn und Unsinn „neuer" Methoden, in: Tuckett, Christopher M. (Hg.), The Scriptures in the Gospels, BEThL 131, Leuven 1997, 431-439.

RICHARDSON, NEIL, Paul´s Language about God, JSNT.SS 99, Sheffield 1994.

RIFFATERRE, MICHAEL, Intertextual representation: On mimesis as interpretative discourse, Critical Inquiry 11(1), 141-162.

RIFFATERRE, MICHAEL, La production du texte, Paris 1979.

RIFFATERRE, MICHAEL, La syllepse intertextuelle, Poétique 40 (1979), 496-501.

ROESSLER, ELKE, Intertextualität und Rezeption, Frankfurt 1999.

ROOSE, HANNA, Polyvalenz durch Intertextualität im Spiegel der aktuellen Forschung zu den Thessalonicherbriefen, NTS 51 (2005), 250-269.

ROOT, MICHAEL, The Narrative Structure of Soteriology, in: Hauerwas, Stanley M./Jones, L. Gregory, Why Narrative? Readings in Narrative Theology, Grand Rapids 1989, 263-278.

RÖSEL, MARTIN, Die Übersetzung der Gottesnamen in der Genesis-Septuaginta, in: Daniels, Dwight R./Gleßmer, Uwe/Rösel, Martin (Hg.), Ernten, was man sät, FS Klaus Koch, Neukirchen-Vluyn 1991, 357-377.

RÖSEL, MARTIN, The Reading and Translation of the Divine Name in the Masoretic Tradition and the Greek Pentateuch, JSOT 31,4 (2007), 411-428.

RÖSEL, MARTIN, Theo-logie der griechischen Bibel. Zur Wiedergabe der Gottesaussagen im LXX-Pentateuch, VT XLVIII,1 (1998), 49-62.

SANDERS, JAMES A., Intertextuality and dialogue, in: Biblical theology bulletin 29 (1999), 35-44.

SÄNGER, DIETER, Das Alte Testament im Neuen Testament, in: ders.: Von der Bestimmtheit des Anfangs, Neukirchen-Vluyn 2007, 302-348.

SÄNGER, DIETER (HG.), Gottessohn und Menschensohn. Exegetische Studien zu zwei Paradigmen biblischer Intertextualität, BThSt 67, Neukirchen-Vluyn 2004.

SÄNGER, DIETER (HG.), Heiligkeit und Herrschaft. Intertextuelle Studien zu Heiligkeitsvorstellungen und zu Psalm 110, BThSt 55, Neukirchen-Vluyn 2003.

SAUSSURE, FERDINAND DE, Grundfragen der allgemeinen Sprachwissenschaft, 3. Aufl., Berlin u.a. 2001

SCHALK, HELGE, Umberto Eco und das Problem der Interpretation. Ästhetik, Semiotik, Textpragmatik, Würzburg 2000.

SCHALLER, BERNDT, 1 Kor 10,1-10(13) und die jüdischen Voraussetzungen der Schriftauslegung des Paulus, in: ders., Fundamenta Judaica, StUNT 25, Göttingen 2001, 167-190.

SCHENK, WOLFGANG, Textlinguistische Aspekte der Strukturanalyse, dargestellt am Beispiel von 1 Kor XV. 1-11, NTS 23 (1977), 469-477.

SCHIFFNER, KERSTIN, Lukas liest Exodus. Kanongrenzen überschreitende Beobachtungen, in: Ballhorn/Steins, Bibelkanon, 304-309.

SCHMID, WOLFGANG/STEMPEL, WOLF-DIETER (HG.), Dialog der Texte, Wiener Slawistischer Almanach 11, Wien 1983.

SCHMITHALS, WALTER, Die Briefe des Paulus in ursprünglicher Gestalt, Zürich 1984.

SCHMITHALS, WALTER, Die Gnosis in Korinth, 3. Aufl., Göttingen 1956.

SCHMITZ, THOMAS A., Moderne Literaturtheorie und antike Texte. Eine Einführung, Darmstadt 2002.

SCHNEIDER, MICHAEL, Texte - Intertexte - Schrift. Perspektiven intertextueller Bibellektüre, in: Strecker, Christian (Hg.), Kontexte der Schrift II. Kultur, Politik, Religion, Sprache, Stuttgart 2005, 361-376.

SCHNEIDER, MICHAEL/HUIZENGA, LEROY A., Das Matthäusevangelium in intertextueller Perspektive, ZNT 16 (2005), 20-29.

SCHNEIDER-FLUME, GUNDA, Dogmatik erzählen. Ein Plädoyer für biblische Theologie, NZSTh 45 (2003), 137-148.

SCHNEIDER-FLUME, GUNDA, Grundkurs Dogmatik. Nachdenken über Gottes Geschichte, 2. Aufl., Göttingen 2008.

SCHNELLE, UDO, Paulus. Leben und Denken, Berlin u.a. 2003.

SCHNIDER, FRANZ/STENGER, WERNER, Studien zum Neutestamentlichen Briefformular, NTSS XI, Leiden u.a. 1987.

SCHRAGE, WOLFGANG, Die Bedeutung der „Schriften" im 1. Korintherbrief, in: ders., Studien, 1-31.

SCHRAGE, WOLFGANG, Studien zur Theologie im 1.Korintherbrief, BThSt 94, Neukirchen-Vluyn 2007.

SCHRAGE, WOLFGANG, Unterwegs zur Einheit und Einzigkeit Gottes. Zum „Monotheismus“ des Paulus und seiner alttestamentlich-frühjüdischen Tradition, BThSt 48, Neukirchen-Vluyn 2002.

SCHRÖTEN, JUTTA, Das Spiel mit Anspielungen, in: BiLi 69 (1996), 228-237.

SCHULTZ, RICHARD L., The search for quotation, Verbal parallels in the prophets, JSOT.S 180, Sheffield 1999.

SCHÜẞLER, WERNER (HG.), Wie lässt sich über Gott sprechen? Von der negativen Theologie Plotins bis zum religiösen Sprachspiel Wittgensteins, Darmstadt 2008.

SELLIN, GERHARD, 1Korinther 5-6 und der „Vorbrief“ nach Korinth, NTS 37 (1991), 535–558.

SELLIN, GERHARD, Der Streit um die Auferstehung der Toten. Eine religionsgeschichtliche und exegetische Untersuchung von 1. Korinther 15, FRLANT 138, Göttingen 1986.

SELLIN, GERHARD, Hauptprobleme des ersten Korintherbriefes, ANRW 2,25,4, Berlin u.a. 1987, 2940-3044.

SIGFRED PEDERSEN, Biblische Theologie. Eine Frage nach dem Gottesverständnis, in: Biblische Hermeneutik, JBTh 12 (1997), 67-86.

SLATER, NIALL W., Intertextualität in der griechisch-römischen Komödie, Stuttgart 1993.

SLOAN, ROBERT B., 2 Corinthians 2:14-4:6 and "New Covenant Hermeneutics", in: Bulletin for biblical research 1995, 129-154.

SMIT, J., "Do not be idolaters". Paul´s Rhetoric in First Corinthians 10:1-22, NovT XXXIX, 1 (1997), 40-53.

SNYMAN, GERRIE, Who is Speaking?, in: Intertextuality and Textual Influence, Neotest. 30/2, Pretoria 1996, 427-449.

SÖDING, THOMAS, Starke und Schwache, in: ders.: Das Wort vom Kreuz. Studien zur paulinischen Theologie, WUNT 93, Tübingen 1997, X-XXX.

SOMMER, BENJAMIN D., A prophet reads scripture, Allusion in Isaiah 40-66, Stanford 1998.

SOMMER, BENJAMIN D., Exegesis, allusion and intertextuality in the Hebrew Bible, VT 46, Leiden 1996, 479-489.

STANLEY, CHRISTOPHER D., „Pearls before Swine“: Did Paul´s Audiences understand his Biblical Quotations, Novum Testamentum XLI, 2 (1999), 125-144.

STANLEY, CHRISTOPHER D., Arguing with Scripture. The Rhetoric of Quotations in the Letters of Paul, New York/London 2004.

STEGEMANN, WOLFGANG, Amerika, du hast es besser, in: Anselm, Reiner/ Schleissing, Stephan/Tanner, Klaus (Hg.), Die Kunst des Auslegens. Zur Hermeneutik des Christentums in der Kultur der Gegenwart, Frankfurt 1999, 99-114.

STEINER, GEORGE, Warum Denken traurig macht. Zehn (mögliche) Gründe, Frankfurt 2006.

STEINS, GEORG, Methodologische Grundlagen einer kanonisch-intertextuellen Lektüre, in: ders., Die Bindung Isaaks im Kanon (Gen 22), BSt 20, Neukirchen-Vluyn 1999, 9-102.

STEMBERGER, GÜNTER, Einleitung in Talmud und Midrasch, 8. Aufl., München 1992.

STEMBERGER, GÜNTER, Hermeneutik der jüdischen Bibel, in: Dohmen, Christoph/ders., Hermeneutik der Jüdischen Bibel und des Alten Testaments, KStTh 1,2, Stuttgart u.a. 1996, 23-132.

STIERLE, KARLHEINZ/WARNING, RAINER, Das Gespräch, Poetik und Hermeneutik XI, München 1984.

STILL, E. COYE, Paul´s Aims regarding ΕΙΔΩΛΟΘΥΤΑ: A New Proposal for Interpreting 1 Corinthians 8:1-11:1, NovT XLIV, 4 (2002), 333-343.

STOCKER, PETER, Theorie der intertextuellen Lektüre, Modelle und Fallstudien, Paderborn 1998.

STRAUB, JÜRGEN, Geschichten erzählen, Geschichte bilden. Grundzüge einer narrativen Psychologie historischer Sinnbildung, in: ders., Erzählung, Identität und historisches Bewußtsein. Die psychologische Konstruktion von Zeit und Geschichte, Frankfurt 1998, 81-169.

TATUM, BARNES W., The LXX Version of the Second Commandment, JSJ 17 (1986), 177-195.

TEGTMEYER, HENNING, Der Begriff der Intertextualität und seine Fassungen – Eine Kritik der Intertextualitätskonzepte Julia Kristevas und Susanne Holthuis, in: Klein/Fix, Textbeziehungen, 49-81.

THEIßEN, GERD, Methodenkonkurrenz und hermeneutischer Konflikt: Pluralismus in Exegese und Lektüre der Bibel, in: Mehlhausen, Joachim (Hg.), Pluralismus und Identität, Gütersloh 1995, 127-140.

THOMA, CLEMENS/ERNST, HANSPETER, Die Gleichnisse der Rabbinen. Vierter Teil: Vom Lied des Mose bis zum Bundesbuch: ShemR 23-30, Judaica et Christiana 18, Bern 2000.

THOMAS, RICHARD F., Reading Vergil and his texts, Studies in Intertextuality, Ann Arbor 1999.

THYEN, HARTWIG, Das Johannesevangelium, HNT 6, Tübingen 2005.

THYEN, HARTWIG, Jesu Leiden, Sterben und Auferstehen nach Texten des Johannesevangeliums, in: Arbeitsgemeinschaft Missionarische Dienste (Hg.), Seht, euer Gott. Sieben Auslegungen zu Passions- und Ostertexten aus dem Johannesevangelium, Neukirchen-Vluyn 1988, 8-49.

THYEN, HARTWIG, Johannes und die Synoptiker, in: ders., Studien, 155-181.

THYEN, HARTWIG, Studien zum Corpus Iohanneum, WUNT 214, Tübingen 2007.

THYEN, HARTWIG, Vom Tode zum Leben: Intertextualität in der Erzählung von der Auferweckung des Lazarus (Joh 11,1-12,19), DBAT 27 (1991), 138-158.

TRIMPE, BIRGIT, Von der Schöpfung bis zur Zerstreuung. Intertextuelle Interpretationen der biblischen Urgeschichte, Osnabrücker Studien zur Jüdischen und Christlichen Bibel 1, Osnabrück 2000.

TROBISCH, DAVID, Die Endredaktion des Neuen Testaments. Eine Untersuchung zur Entstehung der christlichen Bibel, NTOA 31, Freiburg (Schweiz) 1996.

UTZSCHNEIDER, HELMUT, Text - Leser - Autor. Bestandsaufnahme und Prolegomena zu einer Theorie der Exegese, BZ 43 (1999), 224-238.

VOGEL, MANUEL, Commentatio mortis. 2. Korinther 5,1-10 auf den Hintergrund antiker ars moriendi, FRLANT 214, Göttingen 2006.

WAALER, ERIK, The *Shema* and The First Commandment in First Corinthians, WUNT II,253, Tübingen 2008.

WAGNER, J. ROSS, Heralds of the Good News. Isaiah and Paul "In Concert" in the Letter to the Romans, NT.S 101, Leiden u.a. 2002.

WATSON, FRANCIS, Is There a Story in These Texts?, in: Longenecker, Narrative Dynamics, 231-239.

WEISE, GÜNTER, Zur Spezifik der Intertextualität in literarischen Texten, in: Klein/Fix, Textbeziehungen, 39-48.

WEREN, WIM, Intertextualiteit en bijbel, Kampen 1993.

WILK, FLORIAN, Die Bedeutung des Jesajabuches für Paulus, FRLANT 179, Göttingen 1998.

WILK, FLORIAN, Isaiah in 1 and 2 Corinthians, in: Moyise, Steve/Menken, Marten J.J. (Hg.), Isaiah in the New Testament, London/New York 2006, 133-156.

WILK, FLORIAN, Paulus als Nutzer, Interpret und Leser des Jesajabuchs, in: Alkier/Hays, Bibel, 93-116.

WILK, FLORIAN, Verblendet oder verstockt? Gottes Macht und der Misserfolg des Evangeliums in der Sicht des Paulus, in: Kratz, Reinhard G./Spieckermann, Hermann (Hg.), Vorsehung, Schicksal und göttliche Macht, Tübingen 2008, 193-214.

WILLIS, WENDELL LEE, 1 Corinthians 8-10: A Retrospective after twenty-five Years, RestQ 49/2 (2007), 103-112.

WILLIS, WENDELL LEE, Idol Meat in Corinth. The Pauline Argument in 1Corinthians 8 and 10, SBL Dissertation Series 68, Chico 1985.

WISCHMEYER, ODA, Texte, Text und Rezeption. Das Paradigma der Text-Rezeptions-Hermeneutik des Neuen Testaments, in: dies./Scholz, Bibel, 155-192.

WISCHMEYER, ODA/SCHOLZ, STEFAN, Die Bibel als Text. Beiträge zu einer textbezogenen Bibelhermeneutik, NET 14, Tübingen/Basel 2008.

WITHERINGTON, BEN, Not so idle thoughts about Eidolothuton, TynB 44,2 (1993), 237-254.

WITHERINGTON, BEN, Paul´s Narrative Thought World. The Tapestry of Tragedy and Triumph, Louisville 1994.

WOLDE, ELLEN J. VAN, Texts in dialogue with texts, BI 5 (1997), 1-28.

WOLDE, ELLEN J. VAN, Trendy Intertextuality?, in: Draisma, Intertextuality, 43-49.

WOLTER, MICHAEL, Der Heilstod Jesu als theologisches Argument, in: Frey/Schröter, Deutungen des Todes Jesu im Neuen Testament, 297-313.

WORTON, MICHAEL/STILL, JUDITH (HG.), Intertextuality. Theories and Practices, Manchester/New York 1990.

WOYKE, JOHANNES, Götter, ‚Götzen', Götterbilder. Aspekte einer paulinischen ‚Theologie der Religionen', BZNW 132, Berlin u.a. 2005.

WREDE, WILLIAM, Paulus, Halle 1904.

WRIGHT, NICHOLAS TH., Monotheism, Christology and Ethics: 1 Corinthians 8, in: ders., The Climax of the Covenant. Christ and the Law in Pauline Theology, Minneapolis 1993, 120-136.

WRIGHT, NICHOLAS THOMAS, The Climax of the Covenant. Christ and the Law in Pauline Theology, Minneapolis 1993.

YEO, KHIOK-KHNG, Rhetorical Interaction in 1Corinthians 8 and 10. A Formal Analysis with Preliminary Suggestions for a Chinese Cross-Cultural Hermeneutic, Biblical Interpretation Series 9, Leiden u.a. 1995.

ZELLER, DIETER, Der eine Gott und der eine Herr Jesus Christus. Religionsgeschichtliche Überlegungen, in: Söding, Thomas (Hg.), Der lebendige Gott. Studien zur Theologie des Neuen Testaments. FS Wilhelm Thüsing (NTA N.F. 31), Münster 1996, 34-49.